Katrin Liebers

Kinder in der flexiblen Schuleingangsphase

Katrin Liebers

Kinder in der flexiblen Schuleingangsphase

Perspektiven für einen
gelingenden Schulstart

VS VERLAG FÜR SOZIALWISSENSCHAFTEN

Bibliografische Information der Deutschen Nationalbibliothek
Die Deutsche Nationalbibliothek verzeichnet diese Publikation in der
Deutschen Nationalbibliografie; detaillierte bibliografische Daten sind im Internet über
<http://dnb.d-nb.de> abrufbar.

Zugl. Dissertation an der Universität Potsdam, 2007

1. Auflage 2008

Alle Rechte vorbehalten
© VS Verlag für Sozialwissenschaften | GWV Fachverlage GmbH, Wiesbaden 2008

Lektorat: Katrin Emmerich / Sabine Schöller

VS Verlag für Sozialwissenschaften ist Teil der Fachverlagsgruppe
Springer Science+Business Media.
www.vs-verlag.de

Umschlaggestaltung: KünkelLopka Medienentwicklung, Heidelberg
Druck und buchbinderische Verarbeitung: Krips b.v., Meppel
Gedruckt auf säurefreiem und chlorfrei gebleichtem Papier
Printed in the Netherlands

ISBN 978-3-531-16043-6

Inhalt

1 Einleitung

Wer das erste Knopfloch verfehlt,
kommt mit dem Zuknöpfen nicht zu Rande.
J.W. von Goethe[1]

1.1 Fragestellung

Wenn ein Kind in die Schule kommt, liegen vor ihm etwa zwölf- bis fünfzehntausend Stunden Unterricht. Von den ersten Schuljahren hängt dabei weitgehend ab, wie erfolgreich ein Kind seinen Weg in der Schule und im Leben beschreiten kann, auch wenn, wie der Lernpsychologe Ernst A. Hany (1998) schreibt, diese ersten Jahre des Lernens in der autobiografischen Rückschau[2] zunehmend in Vergessenheit geraten. Erst durch die neueren internationalen Schulleistungsstudien[3] wurde der öffentliche Blick wieder stärker auf das Lernen am Schulanfang gerichtet:

> „Die Grundschule als diejenige Einrichtung, die als einzige für die Förderung aller Schülerinnen und Schüler unabhängig von sozialer Herkunft und Vorleistung zuständig ist, hat eine Funktion, die gerade im Rahmen der derzeitigen Gesamtarchitektur des deutschen Bildungswesens von herausragender Bedeutung ist. Was auf der Ebene der Grundschule nicht gelingt, lässt sich auf der Ebene der Sekundarstufe I, wenn überhaupt, nur noch schwer nachholen." (Bos et al. 2004: 188)

Bereits seit den neunziger Jahren des 20. Jahrhunderts liegen in empirischen Längsschnittuntersuchungen, z. B. in der LOGIK-Studie[4] und in der an LOGIK

---

1 Aus dem Nachlass in „Maximen und Reflexionen" (1974: 496).
2 Hany nimmt hierbei in seinem Vortrag zur Förderung von hochbegabten Kindern in der Grundschule Bezug auf eine Studie von Trost und Sieglen (1992), die die beruflichen Leistungen von 4.000 jungen Erwachsenen längsschnittlich untersuchten.
3 Die internationalen Vergleichsuntersuchungen, wie die PISA-Studien aus den Jahren 2000/2003 (Baumert et al. 2001/2002/2005) und die Internationale-Grundschul-Lese-Untersuchung (IGLU, Bos et al. 2004/2005) führten, obwohl diese für spätere Schuljahre konzipiert waren, zu zahlreichen bildungspolitischen Maßnahmen im Bereich des frühen Lernens sowie des Übergangs in die Schule (vgl. hierzu zum Beispiel die PISA-Handlungsfelder der KMK 2002).
4 Longitudinalstudie zur Genese individueller Kompetenzen (MPI 2006).

angelagerten SCHOLASTIK-Studie[5] Ergebnisse vor, die auf die überaus große Bedeutung des frühen Lernens für die weitere Lernentwicklung eines Kindes aufmerksam machten und eine Weiterentwicklung des Unterrichts in der Grundschule und am Schulanfang einforderten. Dabei waren es im Wesentlichen vier Entwicklungstendenzen, welche im ausgehenden 20. Jahrhundert von der Forschung aufgegriffen wurden und dazu beitrugen, dass die Weiterentwicklung der Grundschule und insbesondere auch des Anfangsunterrichts um neue Perspektiven bereichert wurden:

1. Neben den oben genannten Studien legten etliche weitere Studien (so zum Beispiel Neuhaus-Siemon 1993, Rabenstein et al. 1989, Spiegel/Selter 1997) die enorme Heterogenität der Lernausgangslagen von Schulanfängern in den Bereichen von Schriftsprache und Mathematik offen, wobei die Unterschiede zwei und mehr Entwicklungsjahre umfassen können.

2. Es zeigte sich, dass - trotz der mithilfe von Jahrgangsklassen intendierten Homogenität - bereits am Schulanfang deutliche Unterschiede im Hinblick auf das Lebensalter, die soziokulturelle und religiöse Herkunft, die ökonomische Situation, die Familienformen, das individuelle Weltwissen oder die Erfahrungen als Mädchen oder Junge, vorhanden sind (vgl. hierzu Hinz 1993, Folling-Albers 1995, Krappmann/Oswald 1995, Beck/Scholz 1995, Prengel 1993/1999, Elschenbroich 2001, Opp/Speck-Hamdan 2001, Oswald 2004).[6]

3. In den zahlreichen Schulversuchen zur Integration lernten immer mehr Kinder erfolgreich in Grundschulklassen, die nach traditionellem Verständnis in einer Sonderschule zu beschulen wären. Zugleich fand die europäische Inklusionsdiskussion Eingang in die Theoriebildung (Haeberlin 1991, Hinz 1993/2002).

4. Es traten Tendenzen einer Morbidisierung der Grundschule zu Tage, indem zunehmend mehr pathologisierte Lern- und Entwicklungsstörungen von Grundschulkindern thematisiert (vgl. hierzu Opp et al. 1999) und therapeutische Arbeitsansätze für die Grundschularbeit diskutiert wurden.

---

5 Schulorganisierte Lernangebote und Sozialisation von Talenten, Interessen und Kompetenzen (Weinert/Helmke 1997).
6 Die Erforschung von Disparitäten im Bildungssystem hat in den letzten Jahren zusätzlich Akzente durch die Armutsforschung (Holz/Skoluda 2003, Palentin 2005, Miller 2006, Beisenherz 2007) und die Forschung zu Kindern mit Migrationshintergrund (stellvertretend Gogolin 2002, Schründer-Lenzen 2006) erhalten.

Diesen Entwicklungstendenzen, vor allem den damit verbundenen überaus heterogenen Lernvoraussetzungen der Schulanfänger, kann ein traditionell ausgerich-
teter Anfangsunterricht nicht gerecht werden. Prengel (1999: 29) schreibt dazu:

> „Die Heterogenität der Erstklässler ist derart drastisch belegt, dass Pädagogik nicht
> umhin kommt, Antworten zu entwickeln! Wer diese Forschungsergebnisse ignoriert
> und weiterhin Anfangsunterricht als gleichschrittigen Unterricht der homogen ge-
> dachten Schulklasse entwirft, geht an der Realität der Schülerinnen und Schüler vor-
> bei."

Die Kultusministerkonferenz (KMK 1997a/b) reagierte auf die Problemlage
durch eine bundesweite Diskussion zur Neugestaltung des Schulanfangs und mit
der Verabschiedung der „Empfehlungen der Kultusministerkonferenz zum
Schulanfang" (KMK-Beschluss vom 24.10.1997). Neben der Frage nach der
Optimierung des Schulanfangs für alle Kinder stand die Frage nach der Gestaltung einer pädagogischen Qualität des Anfangsunterrichts, um der Heterogenität
der Schulanfängerinnen und Schulanfänger gerecht werden zu können. In allen
Bundesländern, mit Ausnahme vom Saarland und Mecklenburg-Vorpommern[7],
sind in den neunziger Jahren des 20. Jahrhunderts Eingangsstufenmodelle entwickelt, erprobt und eingeführt worden (Berthold 2005, Faust 2005/2006a/b).[8]

Im Auftrag des Ministeriums für Bildung, Jugend und Sport des Landes
Brandenburg (MBJS) sind seit 1992 drei Schulversuche[9] zu einer veränderten,
kindgerechten und flexiblen Schuleingangsphase durchgeführt worden, bevor im
Jahr 2004 die flexible Schuleingangsphase (FLEX) als eine mögliche Regel-
schulform im „Brandenburgischen Schulgesetz" (BbgSchulG vom 12.04.1996,
in der Novellierung vom 1. Juni 2001, MBJS 2001) verankert wurde.

Das erste Pilotprojekt einer veränderten kindgerechten Schuleingangsstufe
wurde im Land Brandenburg bereits 1992 an den Grundschulen Werneuchen und
Neuzittau begonnen. In den Jahren 1999 bis 2001 folgte der Schulversuch FLEX
2 an zwei Grundschulen in Spremberg und Forst. Noch während des Schulversuchs FLEX 2 setzte im Jahr 2001 parallel der Schulversuch FLEX 20 an 20
Grundschulen des Landes ein, der bis zum Jahr 2004 dauerte. Zeitgleich erfolgte
ab dem Jahr 2003 eine Ausweitung auf weitere Grundschulen im Land Brandenburg. Im Schuljahr 2006/2007 boten 139 Schulen flexible Eingangsklassen
(FLEX) an, damit lernt ein Sechstel aller Schulanfänger in FLEX-Klassen (vgl.
hierzu die ausführliche Darstellung der Genese im Abschnitt 2.3.7).

---

7 Der erste Schulversuch erfolgte im Land Mecklenburg-Vorpommern erst im Jahr 2005.
8 Vergleichbare Entwicklungen zur veränderten Schuleingangsphase sind auch in den in den
deutschsprachigen Nachbarländern zu beobachten (vgl. hierzu Grogger/Wolf 2004; Tajalli/Polzer
2004 für Österreich sowie EDK 2000, Heyer-Oeschger 2004 und Stamm 2004 für die Schweiz).
9 Eine ausführliche Darstellung der Schulversuche erfolgt im Abschnitt 2.3.7.

Die FLEX im Land Brandenburg soll einen frühen Beitrag zur Verminde-
rung der Folgen von Bildungsdisparitäten im Übergang zur Schule leisten (Bildungskommission Berlin-Brandenburg 2003) und verfolgt dabei bildungspolitische Zielstellungen wie die „Steigerung der Förderfähigkeit der Grundschule für alle
Kinder und die Verringerung von Selektivität am Schulanfang, Unterstützung individueller Lernbiografien schneller und langsamer lernender Kinder, Prävention von Lernversagen und Stigmatisierung sowie Vermeidung von frühen Feststellungsverfahren". (Liebers
2004a: 11) Dazu wurde eine Schulorganisationsform entwickelt, in der die Kinder, je nach Lernentwicklung, ein bis drei Jahre in einer jahrgangsübergreifenden
Klasse lernen und zusätzlich in Kleingruppen gefördert werden. Die Jahrgangsmischung wird in der FLEX als eine bewusste Antwort auf die Heterogenität der
Lernanfänger[10] gesehen und soll als Organisationsform eine kindgerechte, diffe-
renzierende Unterrichtsgestaltung sowie eine Individualisierung des Unterrichts
rahmen, um sowohl das fachliche als auch das soziale Lernen aller Schulanfänger zu fördern.

Das individuelle Voranschreiten der Schulanfänger soll durch ein Unterrichtskonzept unterstützt werden, bei dem im Rahmen der jahrgangsgemischten
Lerngruppe nicht mehr ausschließlich einheitliche Klassenziele vorgegeben
werden (vgl. hierzu Laging 1999, Wenning 2004, Christiani 2004, Faust
2005/2006a/b). Im Mittelpunkt des Unterrichtsmodells in der FLEX steht die
Unterstützung der individuellen Kompetenzentwicklung von allen Kindern, damit diese die in den länderübergreifenden Rahmenlehrplänen für die Grundschule (2004) genannten Anforderungen für die Jahrgangsstufen 1 und 2 in Einklang
mit ihren Lernvoraussetzungen bestmöglich erfüllen können. Für langsamer
lernende Kinder wird mehr Lernzeit gewährt und schneller lernende Kinder können zügiger voranschreiten. Um für jedes Kind Lernerfolgserlebnisse zu ermöglichen, wird eine Passung zwischen Lernvoraussetzung und Lernanforderung
durch eine ausführliche lernprozessbegleitende Diagnostik am Schulanfang und
im Verlauf des weiteren Schuljahres angestrebt (Schuck 2003, Matthes
2003/2006). Mithilfe einer lernprozessbegleitenden Diagnostik (förderdiagnostische Lernbeobachtung, vgl. hierzu Matthes 2003) sollen Lern- und Entwicklungsprobleme möglichst frühzeitig erkannt und zugleich soll späterem Lernversagen präventiv vorgebeugt werden. Damit frühe Zuschreibungsprozesse im
Sinne des von Wocken (1996) kritisierten ‚Etikettierung-Ressourcen-Dilemmas'
nicht notwendig werden, wird eine sonderpädagogische Förderung in den Bereichen Lernen, Sprache und Verhalten in der Regel in jeder FLEX-Klasse vor-

---

10 Wenning (2004) postuliert die Jahrgangsklasse und die damit hauptsächlich verbundene Lernform
des Frontalunterrichts als Prototypen industrialisierten Lernens, die einen Homogenisierungsdruck
innerhalb der Schulklassen ausüben. Durch Jahrgangsklassen wird nach seiner Auffassung die Einheitlichkeit der Leistungsfähigkeit von Kindern vorausgesetzt und Einheitlichkeit produziert.

gehalten (Liebers 1997). Zugleich sollen mit binnendifferenzierenden Unterrichtsformen wie Wochenplan- und Freiarbeit (vgl. hierzu die FLEX-Handbücher, LISUM 2003) die sozialen Folgen von Lerndisparitäten, wie zum Beispiel auf langsame Kinder zu warten oder schwache Leistungen im Klassenvergleich öffentlich zu machen, gemindert werden (vgl. hierzu auch Hössl/Vossler 2006).

Eine Rhythmisierung des Tagesablaufs soll die Eingewöhnung in den veränderten Rhythmus schulischen Lernens stützen und die Berücksichtigung wesentlicher physischer Bedürfnisse von jungen Kindern ermöglichen. Das FLEX-Modell zielt mit seiner veränderten Lernkultur auch darauf, dass sich ein Klassenklima im Sinne einer caring community (Lambrich 1997) entfalten kann, in dem Kinder Freundschaften pflegen und fürsorgliches Handeln erlernen und in dem individuelles Wohlergehen und Gemeinsinn im Einklang stehen. Durch das interpersonale Lernen in gleichaltrigen und jahrgangsgemischten Gruppen wird eine soziale Einbettung des akademischen Lernens unterstützt. Nicht zuletzt sollen sich Kinder im Lebensraum Schule[11] wohl fühlen. In einer kindgerechten, vorbereiteten Lernumgebung können Kinder mithilfe herausfordernder Lerngelegenheiten, wie zum Beispiel Lese-, Experimentier- und Computerecken, Freude am Lernen und eine hohe intrinsische Motivation entwickeln und ihr akademisches Lernen durch die Herausbildung positiver Leistungsemotionen stärken.

Selektierende Maßnahmen wie Zurückstellungen, Klassenwiederholungen, Wiederausschulungen sowie Überweisungen an Förderschulen[12] sind während der ersten zwei Schuljahre im Modell der flexiblen Eingangsklassen nicht vorgesehen. Zusätzlich zur bereits oben erwähnten förderdiagnostischen Lernbeobachtung reichern gezielte sonderpädagogische Förderangebote in Kleingruppen die Lernentwicklung von Kindern mit Lern-, Sprach- und Verhaltensproblemen, aber auch von Kindern mit Begabungen an. Zur Unterstützung eines individualisierenden und differenzierenden Anfangsunterrichts unterrichten multiprofessionelle Teams von Grundschul- und Sonderpädagoginnen.

Mit den beschriebenen Parametern zählt das Modell der FLEX in Brandenburg zu den fortgeschrittensten Realisierungsformen der neuen Eingangsphase, bei dem sowohl die jahrgangsstufenübergreifende integrative Lerngruppe als auch

---

11 Einige FLEX-Schulen haben spezielle, etwas separierte FLEX-Bereiche in ihrem Schulhaus eingerichtet, die noch einmal ganz speziell auf die Bedürfnisse der Schulanfänger ausgerichtet sind, einzelnen Schulen haben auch kleine separate „FLEX-Häuser" in denen ausschließlich FLEX-Klassen untergebracht sind. Diese Räume wurden in Zusammenarbeit mit Eltern so gestaltet, dass sich junge Kinder darin geborgen und zugleich zum Lernen angeregt fühlen können.
12 Bezogen auf Kinder mit Förderbedarf in den sonderpädagogischen Förderschwerpunkten Lernen, Sprache und emotionale Entwicklung. Für Kinder mit Körper-, Sinnes- und geistigen Behinderungen erfolgt eine Aufnahme in die FLEX nach Antrag der Eltern und einer entsprechenden Entscheidung des Förderausschusses.

die Mitarbeit von sozial- bzw. sonderpädagogischem Personal konstituierend sind (Faust 2006b).[13]

Die theoretischen Begründungen für das FLEX-Modell wurden aus reform-pädagogischen, grundschulpädagogischen sowie bildungspolitischen Diskursen, einschließlich ihrer empirischen Befunde, abgeleitet (Faust-Siehl et al. 1996, Faust-Siehl 1997, Weinert/Helmke 1997). So stellt Edelstein (1997: 479) in Auswertung der Ergebnisse der SCHOLASTIK-Studie fest, dass eine bessere Passung zwischen Unterricht und individuellen Lernangeboten in der Grund-schule mit den herkömmlichen Unterrichtsmodalitäten nicht erreicht werden kann und dass es „ein dem vorherrschenden diametral entgegengesetztes System radika-ler Individualisierung des Unterrichts wäre, das die individuellen Unterschiede, statt sie zu stabilisieren, teils optimieren, teils kompensieren, teils verflüssigen könnte", und dass, „nichts (...) freilich schwieriger und voraussetzungsvoller [ist] als die Abkehr von den überlieferten Strategien des Klassenunterrichts". Das FLEX-Modell mit seinen ver-bindlichen pädagogischen Standards eines jahrgangsübergreifenden, individuali-sierenden Unterrichts soll dabei die geforderte radikale Individualisierung des Anfangsunterrichts unterstützen (vgl. hierzu Lambrich et al. 1997).

Zu allen drei Schulversuchen zum veränderten Schulanfang im Land Bran-denburg, dem Pilotprojekt zur flexiblen, kindgerechten Schuleingangsphase (1992-1995), dem Schulversuch FLEX 2 (1999-2001) sowie dem Schulversuch FLEX 20 (2001-2004), wurden Evaluationen und Begleituntersuchungen vom MBJS in Auftrag gegeben (Abschlussberichte von Witzlack/Burrmann 1995, Branzke 2002, Liebers 2004a, vgl. hierzu Kap. 4). Den Begleituntersuchungen lag, in Korrespondenz zu den Aufgaben der jeweiligen Schulversuche und ihrer Erprobungsschwerpunkte, im Kern eine bildungspolitische Anwendungsorientie-rung zu Grunde (Rossi et al. 1988/2004, Stamm 2003). Im Mittelpunkt der Er-probung in den Schulversuchen FLEX 2 und FLEX 20 standen die unterrichtli-che Umsetzung des oben umrissenen Modells der FLEX sowie Fragen danach, wie dieses Modell unter den verschiedenen sozialräumlichen Bedingungen reali-siert und als Modell in ein Flächenland implementiert werden kann. Die Evalua-tionen ermöglichten Rückmeldungen für unterschiedliche Akteure: an die Bil-dungspolitik zur Rechenschaft zu den eingesetzten Ressourcen, an die Schulauf-sicht zur Optimierung der weiteren Implementierung und an die Lehrkräfte zur Weiterentwicklung der Unterrichtsqualität. Durch die regelmäßige Teilnahme der Kinder an länderübergreifenden Vergleichsarbeiten am Ende der Schulein-gangsphase liegen zudem empirische Daten zur Leistungsentwicklung der Kin-

---

13 Die Eingangsstufenmodelle in den Ländern Berlin, Bremen, Niedersachsen und Thüringen gehö-ren ebenfalls zu dieser Realisierungsform. Eine ausführliche Typologie der unterschiedlichen Ein-gangsmodelle in Deutschland befindet sich im Abschnitt 2.3.7.

der vor, die einen Querschnittsvergleich mit den Leistungen von Kindern in regulären zweiten Klassen ermöglichen (Ditton/Krüsken 2006).

Eine „Optimierung des Schulanfangs"[14] im Sinne eines guten Gelingens des Schulstarts für alle Kinder war in allen Schulversuchen im Land Brandenburg das erklärte Ziel. Dabei wurde das Gelingen des Schulstarts aller Kinder infolge einer bestmöglichen Umsetzung der oben genannten kind- und förderorientierten Rahmenbedingungen und Standards sowie auf Grund der alltäglichen Erfahrungen der Beteiligten als Tatsache angenommen oder als gegeben vorausgesetzt, ohne dass diese Frage des Gelingens selbst untersucht worden ist. Ziel dieser Arbeit ist deshalb die Beantwortung der Frage, wie der Schulstart der Kinder in der FLEX im Land Brandenburg gelingt. Dazu ist herauszuarbeiten, wie ein gelingender Schulstart definiert werden kann und welche Konzepte dafür von Bedeutung sind.

Für den Diskurs zum Schulanfang waren bisher theoretische Konstrukte eines ökosystemischen Denkens maßgeblich. Diese Arbeit versucht die Konstrukte eines ökosystemischen Denkens mit Ansätzen der Kindheitsforschung vor einer historischen Perspektive zu verbinden. Im Sinne eines ökosystemischen Verstehens des Schulanfangs werden Kinder im Kontext von Schule, Peer Group und Familie gesehen und diese Personengruppen demzufolge in das Untersuchungskonzept einbezogen. Kinder, Eltern sowie die professionell im Feld tätigen Experten entwickeln dabei eine jeweils eigene Sicht auf die Dinge. Zinnecker (1996) spricht von ‚getrennten Lebenswelten' von Kindern und Lehrenden, für die der Unterricht keineswegs eine gemeinsame Umwelt darstellen muss. Um die unterschiedlichen Deutungsmuster in dieser Arbeit berücksichtigen zu können, werden deshalb für die Beantwortung der Fragestellung Daten aus den unterschiedlichen Perspektiven der Beteiligten berücksichtigt.

Eine erste Perspektive wird aus Befunden rekonstruiert, die von professionell im Feld tätigen Experten, sowohl von Forschenden als auch Lehrenden, generiert wurden. Lehrende und auch Forschende haben dabei jeweils eigene berufsspezifische Sichten auf den Schulerfolg von Kindern. Lehrende tragen mit ihren Deutungen zugleich nachhaltig zur Motivation, zu den Schulleistungen und zum Schulerfolg von Kindern bei (Hössl/Vossler 2006).

Eine zweite Perspektive umfasst die Deutungen von Eltern. Eltern entwickeln eine eigene, biografisch, sozial und regional geprägte Sichtweise auf das Gelingen des Schulanfangs ihrer Kinder (Schneider 1996) und stellen für ihre Kinder wichtige Ko-Konstrukteure des Übergangs in die Schule dar. Sie unterstützen (in der Regel) ihre Kinder bei der Entwicklung von den Kompetenzen, die sie benötigen, um die Herausforderungen des Übergangs in die Schule erfolg-

---

14 So lautete der offizielle Name sowohl vom Schulversuch FLEX 2 als auch vom Schulversuch FLEX 20.

reich zu meistern (Griebel/Niesel 2004/2006) und prägen mit ihrer Anteilnahme am schulischen Geschehen sowie ihrer Zufriedenheit mit den kindlichen Leistungen die schulische Persönlichkeitsentwicklung ihrer Kinder (Helmke 1983, Eder 1995).

Eine dritte Perspektive erfasst Deutungsmuster von Kindern über sich selbst und andere Kinder. Ein der Kindheitsforschung verpflichteter Zugang zum Feld nimmt Kinder als Handelnde und Mitgestaltende ernst und stellt sie in den Fokus der wissenschaftlichen Untersuchung (Heinzel 2000). Aus diesem Grund werden die unmittelbaren Deutungsmuster von Kindern zu ihren Schulerfahrungen empirisch erhoben. Mit ihrer Perspektive wird eine ökosystemische Herangehensweise erst konstituiert.

In dieser theoretischen Rahmung wird die Frage nach dem Gelingen des Schulanfangs durch drei Teilfragen untersetzt:

- Wie gelingt der Schulstart der Kinder in der FLEX aus der Perspektive der professionell im Feld tätigen Experten?
- Wie gelingt der Schulstart der Kinder in der FLEX aus der Perspektive der Eltern?
- Wie gelingt der Schulstart in der FLEX aus der Perspektive der Kinder?

Mit dieser ökosystemischen Vorgehensweise, die ein mehrperspektivisches Untersuchungskonzept begründet, wird Neuland bei der Erforschung des Schulanfangs in der FLEX beschritten. Die bislang vorliegenden Evaluationen berücksichtigen zumeist nur die Perspektiven der Experten und in einzelnen Fällen die der Eltern. Die Perspektiven von Kindern auf ihren Schulanfang in der FLEX sind weitgehend unerforscht, über ihre Schulerfahrungen in der FLEX im Land Brandenburg, aber auch in den Eingangsphasen in anderen Bundesländern, liegen bislang keine empirisch gesicherten Erkenntnisse vor (vgl. hierzu Kap. 4).

Die Frage nach einem gelingenden Schulstart ist dabei keinesfalls eine neue Frage in der Pädagogik, bereits in der Vergangenheit hat es vielfältige regionale Bestrebungen gegeben, den Schulanfang für Kinder zu optimieren. Deshalb sollen die drei ausgewählten Perspektiven einer ökosystemischen Vorgehensweise um eine historische Perspektive angereichert werden. In einem ersten Schritt werden deshalb historische Reformbestrebungen zum Schulanfang untersucht. Damit stellt sich die vierte Frage:

- Welche Reformbestrebungen zum Schulanfang sind seit dem Beginn des öffentlichen Schulwesens in Brandenburg zu beobachten und mithilfe welcher Konzepte wurde ein gelingender Schulanfang jeweils beschrieben?

Aus den Befunden aus allen vier Perspektiven wird die Antwort auf die Frage nach dem Gelingen des Schulstarts der Kinder in der FLEX generiert. Diese Arbeit sieht ihr Ziel darin, den Schulanfang in der FLEX empirisch zu untersuchen und damit verbundene Phänomene zu beschreiben und zu ordnen. Es soll untersucht werden, welche Phänomene dazu beitragen können, dass Kinder in ihrer jeweiligen Lebenssituation von gelingenden Schulerfahrungen in der flexiblen Schuleingangsphase berichten. Auf dieser Basis soll ein Beitrag zur weiteren Konzeptualisierung des Modells der Eingangsphase geleistet werden, indem Ableitungen für die Gestaltung der FLEX benannt werden, die gelingende Schulerfahrungen für alle Kinder unterstützen.

1.2 Überblick über die Anlage der Untersuchung und den Aufbau dieser Arbeit

Die vorliegende Arbeit gibt einen Überblick über historische, für das Land Brandenburg relevante Reformbestrebungen zum Schulanfang, legt den aktuellen Forschungsstand zum veränderten Schulanfang dar und ermöglicht perspektivenspezifische Einblicke in die Entwicklung von Kindern in der FLEX. Dazu werden Daten unterschiedlicher Studien (1995-2006) und eigener Forschungen aus einem Zeitraum der Jahre 2001 bis 2006 zusammengeführt und hinsichtlich der Fragestellung dieser Arbeit ausgewertet. In Korrespondenz zu den oben genannten vier Untersuchungsfragen gliedert sich diese Arbeit in vier Untersuchungsteile. Die jeweils perspektivenspezifischen Untersuchungsansätze und die spezifischen Methoden der Datenerhebung und Auswertung (Brosius/Koschel 2005) werden in den ersten Abschnitten der entsprechenden Kapitel beschrieben.

Im Anschluss an diese Einleitung werden im nachfolgenden Kapitel 2 regional relevante bzw. einflussreiche Reformbestrebungen zum Schulanfang seit dem Beginn des öffentlichen Schulwesens in der Kurmark Brandenburg[15] zusammengefasst und es wird analysiert, welche Konzepte zur Optimierung des Schulstarts aller Kinder im Kontext der jeweiligen Zeitgeschichte entwickelt wurden. Der historische Rückblick beginnt mit kurmärkischen Reformbestrebungen des 18. Jahrhunderts und erstreckt sich bis hin zu den Reformbestrebungen zu veränderten Schuleingangsmodellen in den neunziger Jahren des 20. Jahrhunderts. Hier wird insbesondere der Kontext für die Entwicklung der FLEX im Land Brandenburg erörtert.

---

15 Die Kurmark stellte den ehemaligen Hauptteil der Mark Brandenburg (Altmark, Mittelmark, Prignitz, Uckermark, Neumark ...) dar und umfasste einen Großteil der Gebiete des heutigen Landes Brandenburg. (Quelle: Der Brockhaus Geschichte: Mittelalterliche Welt und frühe Neuzeit von A-Z: 310, F.A. Brockhaus, Leipzig und Mannheim, 2001).

Gegenstand von Kapitel 3 ist der aktuelle Forschungsstand zum Schulanfang. Aus den vorliegenden Theorien zum Schulanfang werden diejenigen zentralen Konzepte herausgearbeitet, welche als Indikatoren für einen gelingenden Schulanfang gelten können, und begründet, welchen Einfluss diese Konzepte auf einen gelingenden Schulanfang nehmen. Zu den zentralen Konzepten eines gelingenden Schulanfangs werden empirische Befunde vorgestellt, die für eine Präzisierung der perspektivenspezifischen Untersuchungsfragen von Relevanz sind. Am Ende des Kapitels werden die präzisierten Forschungsfragen vorgestellt.

Das Kapitel 4 widmet sich der Rekonstruktion der Expertenperspektive auf der Basis vorliegender empirischer Befunde aus den Evaluationen und Begleituntersuchungen zur flexiblen Schuleingangsphase im Land Brandenburg (Witzlack/Burrmann 1995, Branzke 2002, Schröder/Emmer 2002, Protzen 2002, Schröder 2004, Rittel et al. 2004, Kaiser 2004, Prengel/Misslitz 2004). Zudem werden eigene Untersuchungsergebnisse aus der Schulversuchsbegleitung (Liebers 2004c/d/2007) sowie Daten aus den länderübergreifenden Vergleichsarbeiten vorgestellt (Ditton/Krüsken 2004a/2005a/b/2006, MBJS 2005, Neumann/ Harych 2007). Die vorliegenden Ergebnisse aus den Evaluation und Begleituntersuchungen werden unter dem Fokus gesichtet, welche empirischen Befunde zur Beantwortung der Forschungsfrage nach einem gelingenden Schulanfang beitragen können.

Im Kapitel 5 wird die Frage geklärt, wie Eltern das Gelingen des Schulanfangs ihrer Kinder in der FLEX wahrnehmen und bewerten. Hierfür erfolgt eine erneute Auswertung von Daten aus einer Akzeptanzbefragung von 406 Elternhäusern (Liebers 2004b) unter der genannten Fragestellung.

Das Kapitel 6 untersucht das Gelingen des Schulstarts aus der Perspektive der Kinder. Es werden Ergebnisse einer Kinderbefragung zu den Lern- und Schulerfahrungen von 286 Kindern in der FLEX vorgestellt, die mithilfe des standardisierten Fragebogens „FEESS 1-2" von Rauer und Schuck (2004) und einem soziometrischen Erhebungsbogen untersucht worden sind.

Die Analyse- und Untersuchungsergebnisse aus den vorangegangenen Kapiteln werden im Kapitel 7 zusammengeführt. Es wird geprüft, inwieweit sich die berichteten Ergebnisse aus den drei Perspektiven von Experten, Eltern und Kindern decken, ergänzen oder widersprechen und welche Verallgemeinerungen möglich sind. Vor dem Hintergrund der historischen Reformbestrebungen und aktueller Forschungsstände zum Lernen am Schulanfang wird diskutiert, inwieweit im Hinblick auf die zentralen Konzepte von einem gelingenden Schulstart der Kinder in der FLEX gesprochen werden kann, inwieweit die flexible Schuleingangsphase den Schulanfang für alle Kinder zu optimieren vermochte und welche Probleme dabei sichtbar wurden. Hier wird abschließend die Frage zu beantworten sein, wie der Schulstart der Kinder in der FLEX aus der Sicht der beteiligten Experten und Eltern und unter besonderer Berücksichtigung der Sicht der Kinder gelingt und welche Entwicklungsperspektiven für die Zukunft der FLEX auf der Basis dieser empirischen Ergebnisse sichtbar werden.

1.3 Danksagung

Bei der Arbeit an dieser Studie standen mir zahlreiche Kolleginnen und Kollegen mit ihrem Rat zur Seite, bei denen ich mich an dieser Stelle bedanken möchte. Daten, die ich im Auftrag des Landesinstituts für Schule und Medien Berlin-Brandenburg erhoben hatte, konnte ich durch die Unterstützung von Jan Hofmann für diese Arbeit nutzen. Darüber hinaus verdanke ich sehr viele wertvolle Anregungen den Fachgesprächen mit Ute Geiling, Frank Tosch, Hanno Schmitt und Harald Uhlendorff. Mein ganz besonderer Dank gilt Annedore Prengel und Hans Oswald.

2 Reformbestrebungen zum Schulanfang in Brandenburg

2.1 Fragestellung des Kapitels

Im brandenburgischen Raum lässt sich bis zum heutigen Tag eine fast 250-jährige Geschichte des Strebens nach einem gelingenden Schulanfang belegen, die sowohl von Kontinuitäten als auch von Brüchen gekennzeichnet ist. Ziel dieses Kapitels ist es darzustellen, welche pädagogischen Reformbestrebungen zum Schulanfang existierten, welche Zielstellungen, Methoden und Organisationsformen die Reformbestrebungen kennzeichneten und welche Konzepte für den Schulanfang und den Anfangsunterricht als wichtig erachtet wurden.

Der historische Rückblick in dieser Arbeit zeigt, dass das Streben nach pädagogischer Innovation keinesfalls so neu ist, wie es manchmal in aktuellen Tagesdiskussionen erscheinen möchte. Schmitt (1993a: 9) schreibt dazu: „Das gute Neue ist niemals ganz neu", und stellt im Hinblick auf reformorientierte Schulen fest, dass deren Geschichte so alt ist, „wie der Gedanke einer Verbesserung von Bildung und Erziehung durch die Schule überhaupt". (a.a.O.: 11) Schmitt weist in auf den Wert der Rekonstruktion und des Bewusstmachens historischen Erbes sowie auf das Eindenken in Bedingungen des Scheiterns schulreformerischer Alternativen hin. Das Bewusstmachen historischer Reformbestrebungen in Bezug auf einen gelingenden Schulanfang zielt weniger darauf, dass „glaubwürdige Zeugen für das eigene Anliegen (...) gesucht werden". (Oelkers 1996: 17) Vielmehr ist die Frage zu stellen, inwieweit die Reformbestrebungen der Vergangenheit in der Gegenwart noch aufgehoben und passfähig sind und welche Schlussfolgerungen sich aus ihnen im Hinblick auf den Schulanfang ziehen lassen.

Zahlreiche Studien und Forschungsberichte liegen zur allgemeinen Schulgeschichte vor, so u. a. bei Tenorth (1988) sowie Herrlitz et al. (1993). Etliche schulgeschichtliche Darstellungen (Hilker 1924, Flitner/Kudritzki 1984, Röhrs 1991, Amlung et al. 1993, Schmitt 1993a, Oelkers 1996) fokussieren auf die Geschichte der Reformpädagogik, die auch Veränderungen für den Schulanfang mit sich brachte. Götz (1997) untersucht die Entwicklung der Volksschule in der Zeit des Nationalsozialismus. Zusammenfassende Darstellungen zur Geschichte der Grundschule seit ihrer Gründung 1920 geben unter anderem Nave (1980),

Rodehüser (1989), Neuhaus (1991), Sandfuchs (1998), Prengel (1999) sowie Götz und Sandfuchs (2001). Zusammenfassende historische Überblicksdarstellungen zu den Institutionen, in denen Kinder die ersten Schuljahre verbringen, sind eher selten. Von Reyer (2006) liegt eine Institutionengeschichte von Kindergarten und Grundschule vor. Der „Bildatlas zur Schulgeschichte seit der Urgesellschaft" von Alt (1960) sowie die Veröffentlichung „Tausend Jahre Schule" von Schiffler und Winkeler (1999) enthalten Sammlungen von Bildquellen, aus denen Hinweise auf den Schulalltag von jüngeren Schulkindern ableitbar sind. Ebenso lassen sich aus den Texten und Quellen bei Dolch (1971) und Hopemann (1988) einige Schlussfolgerungen zum Schulalltag am Schulanfang im Kontext der Entwicklungsgeschichte von Rahmenlehrplänen ziehen.

Zur Geschichte des Schulanfangs und seiner pädagogischen Konzepte wurden überwiegend einzelne Epochen oder Teilaspekte erforscht, so gibt es zum Beispiel die Studien von Sandfuchs (2001) zu Schulanfang und Anfangsunterricht im letzten Drittel des 18. Jahrhunderts, von Lichtenstein-Rother und Röbe (1991) zum Anfangsunterricht um die Jahrhundertwende vom 19. zum 20. Jahrhundert sowie von Prengel (1999) zu Schulanfang und Anfangsunterricht in der Grundschule seit ihrer Gründung im Jahr 1920. Rüdiger et al. (1976) fokussieren ihre Forschungen auf den Diskurs zum Schuleintritt und zur Schulfähigkeit seit der nachreformatorischen Zeit. Zur neueren Geschichte des Anfangsunterrichts unter spezieller Berücksichtigung auch der Eingangsstufendiskussion liegen Arbeiten von Neuhaus (1991), Götz (2004) und Faust (2005) vor. Diese Forschungen zur neueren Geschichte spiegeln in erster Linie die Entwicklung des Anfangsunterrichts im westdeutschen Raum wider. Zur Entwicklung des Anfangsunterrichts in der DDR sind die Arbeiten von Drews (1994) und Geiling (1999) zu nennen.

Ein historischer Überblick über die geschichtliche Entwicklung des Schulanfangs sowie des Anfangsunterrichts seit dem Beginn des öffentlichen Schulwesens im deutschen Raum stellt bislang ein Forschungsdesiderat dar, das erst noch einer Bearbeitung bedarf. Für diese Arbeit ist eine Darstellung der Bestrebungen zur Reform des Schulanfangs und des Anfangsunterrichts in ausgewählten Zeitabschnitten unter dem Aspekt von Interesse, welchen Beitrag diese Reformbestrebungen zur Weiterentwicklung des Schulanfangs leisten sollten. Erstmals erfolgt hier eine Fokussierung auf die Reformbestrebungen, die im brandenburgischen Raum ihre Wirkungen entfalteten, weil diese für die gewählte Fragestellung nach dem Gelingen des Schulanfangs in Brandenburg von besonderer Relevanz sind. Damit stellen sich in diesem Kapitel folgende zwei Fragestellungen:

1. Welche regional bedeutsamen bzw. einflussreichen Reformbestrebungen zum Schulanfang können seit dem Beginn des öffentlichen Schulwesens in Brandenburg bis zur heutigen Schuleingangsphase berichtet werden?

2. Welche pädagogischen Zielstellungen, Methoden und Organisationsformen wurden in diesen Reformbestrebungen zum Schulanfang tradiert und bieten Anknüpfungspunkte für den Diskurs zum Schulanfang?

Die Ergebnisse der historischen Analyse bilden eine Folie relevanter Konzepte ab, vor deren Hintergrund die Fragen dieser Arbeit nach dem Gelingen des Schulanfangs der Kinder in der FLEX-Phase historisch eingeordnet und hinsichtlich zukünftiger Weiterentwicklungen geschärft werden können.

2.2 Methodisches Vorgehen

Für die Beantwortung der Fragestellung dieses Kapitels werden in den nachfolgenden Abschnitten ausgewählte Bestrebungen zur Reform des Schulanfangs analysiert. Für diese Analyse ist es notwendig, die Reformbestrebungen vor dem Hintergrund der Kontexte der jeweiligen Zeit zu betrachten, um das Neue deutlicher herausarbeiten zu können. So wirken beispielsweise die Lesetexte aus Rochows „Kinderfreund"[16] ohne weiteres Kontextwissen auf einen heutigen Leser vermutlich eher „altbacken" und moralisierend. Wird jedoch mitgedacht, dass für die meisten Kinder in dieser Zeit am Schulanfang, soweit sie überhaupt zur Schule gingen, nur Bibel- und Psalmentexte als Lesenlernstoffe dienten, eröffnet sich eine völlig neue Sichtweise auf die Lesestücke. Um also die Reformbestrebungen angemessen darstellen zu können, wird es für diese Arbeit unumgänglich, ausgewählte zeitgeschichtliche, politische, ökonomische, geisteswissenschaftliche und schulische Entwicklungen der jeweiligen Zeit knapp zu skizzieren. Erst mithilfe einer Auseinandersetzung mit den jeweiligen historischen Kontexten wird ein Zugang in die unterschiedlichen Erfahrungsfelder der pädagogischen Bestrebungen zur Reform des Schulanfangs eröffnet (Böhme/Tenorth 1990). In diesem Sinne erfolgt in einem ersten Schritt jeweils eine Kontextdarstellung, bei der die geltenden gesetzlichen Grundlagen der Schulaufnahme sowie zeittypische Zielstellungen und Rahmenbedingungen des Anfangsunterrichts skizziert werden. Im zweiten Schritt werden vor diesem Kontext ausgewählte, zumeist regional bedeutsame oder regional einflussreiche Reformbestrebungen zum Schulanfang dargestellt und es wird analysiert, welche Zielstellungen und Innovationsvorhaben mit ihnen verbunden sind.

---

16 Teil 1 von 1776 sowie Teil 2, der Ergänzungsband von 1779, liegen als Faksimiledrucke (2003/2006) vor. Die Neuausgaben besorgten Hanno Schmitt und Frank Tosch.

Als Reformbestrebungen werden in diesem Kapitel Konzepte und Aktivitäten aufgefasst, welche darauf gerichtet sind, den Schulanfang für alle Kinder[17] zu optimieren. Die Reformbestrebungen können dabei von Pädagoginnen und Pädagogen ausgehen, ebenso zählen reformorientierte Unterrichtsmodelle von Schulen, reformorientierte Bestrebungen von Ministerialverwaltungen sowie die zum verändertem Schulanfang initiierten Schulversuche der siebziger und neunziger Jahre des 20. Jahrhunderts dazu. Ein besonderer Akzent liegt dabei, wie bereits ausgeführt, auf Reformbestrebungen, die regional für Brandenburg bedeutsam waren.

Für die Analyse der Reformbestrebungen zur Gestaltung des Schulanfangs erfolgte eine Durchsicht von relevanten Forschungsergebnissen und publizierten Text- und Bildquellen zur Bildungsgeschichte - stellenweise wurden in Einzelfällen auch Originalquellen[18] und eigene Analysen einbezogen. Die Interpretation dieser vorliegenden Forschungsergebnisse fand als ein Prozess des Verstehens und Vergleichens von Theorien und Konzepten statt: Es wurde rekonstruiert, welche reformorientierten Bestrebungen zum Schulanfang vor dem Hintergrund des Bestehenden entstanden sind und welche zentralen Konzepte diese Reformbestrebungen kennzeichneten. Das Neue in dieser Arbeit ist darin zu sehen, dass vorhandene schulgeschichtliche Erkenntnisse aus drei Jahrhunderten unter dem Fokus der Reform des Schulanfangs für alle Kinder neu systematisiert werden.

Die Analyse der historischen Reformbestrebungen zum Schulanfang setzt in der Zeit der Anfänge des öffentlichen Schulwesens in der Kurmark im 18. Jahrhundert ein. Es folgen die Abschnitte zum 19. Jahrhundert im Königreich Preußen sowie zum Kaiserreich, zur Zeit der Weimarer Republik sowie die zur Nazidiktatur. Im Anschluss werden die Reformbestrebungen im geteilten Nachkriegsdeutschland bis hin zu den Reformbestrebungen zum Schulanfang im wiedervereinigten Deutschland der heutigen Zeit dargestellt. Dementsprechend gliedert sich die Analyse in diesem Kapitel in die Zeitabschnitte zu den Reformbestrebungen

- der Kurmark im 18. Jahrhundert
- der preußischen Reformen im 19. Jahrhundert
- des Kaiserreichs
- der Weimarer Republik

---

17 Damit stellen die Analysen zu den Reformbestrebungen bis 1920 vor allem das niedere Schulwesen in den Fokus und verzichten auf Darstellungen zu Schulformen, die nicht für alle Kinder zugänglich waren.

18 Bei Zitaten aus Originalquellen wird auf die Wiedergabe der Hervorhebungen der Autoren verzichtet.

- der Nationalsozialistischen Diktatur
- des geteilten Nachkriegsdeutschlands sowie
- des wiedervereinten Deutschlands am Ende des 20. Jahrhunderts.

Die betrachteten Zeitabschnitte werden als exemplarische Felder für die Gestaltung des Schulanfangs eingeführt und daraufhin befragt, welche Phase neue Konzepte und Befunde für den Schulanfang in Brandenburg brachte, an welche Erfahrungen angeknüpft werden kann und welche Konzepte über Jahrhunderte tradiert werden.

2.3 Ausgewählte historische Bestrebungen zur Reform des Schulanfangs

2.3.1 Kurmärkische Reformbestrebungen im 18. Jahrhundert

In Preußen erließ Friedrich Wilhelm I. (1713-1740)[19] im Jahr 1717 die allgemeine Schulpflicht[20], die jedoch nicht an einen Schulbesuch gebunden war. Vielmehr war es eine Unterrichtspflicht, welche die Hausväter verpflichtete, für den Unterricht ihrer Kinder zu sorgen (Vgl. Mächler 1980, Tenorth 1988). Für diejenigen Kinder, deren Hausväter dieser Unterrichtspflicht nicht nachkommen konnten oder wollten, galt nach Vollendung des fünften Lebensjahres die Pflicht, eine Schule zu besuchen „hinkuenftig an denen Orten, wo Schulen seyn", und zwar, „im Winter taeglich und im Sommer wann die Eltern die Kinder bey ihrer Wirtschafft benoetigt seyn, zum wenigsten ein oder zweymal die Woche". („General-Edikt" von Friedrich Wilhelm I. 1717, zit. nach Mächler 1980: 224) Als Schulaufnahmekriterium wurde das vollendete fünfte Lebensjahr[21] und somit ein bestimmtes Lebensalter festgelegt. In der Residenz- und Garnisonsstadt Potsdam gründete Friedirich Wilhelm I. ein Netz von sechs Elementarschulen[22] und unterstützte auch die Einrichtung von Schulen auf dem Lande, da er, wie Rocksch (1998) beschrieb, die Bedeutung elementarer Bildung der unteren Schichten für die Stär-

---

19 Bei den preußischen Königen werden hier und nachfolgend die Jahre ihrer Regierungszeit angegeben.
20 Bereits vor dieser Schulpflichtregelung in Preußen lassen sich seit der reformatorischen und nachreformatorischen Zeit regionale Schulordnungen sowie Einschulungsregelungen in für öffentliche Schulen in Fürstentümern und Königreichen im deutschsprachigen Bereich nachweisen (Dolch 1971, Alt 1960, Hopemann 1988, Rüdiger et al. 1976, Kammermeyer 2000, Tenorth 1988, Oelkers 1996, Reyer 2006).
21 Rüdiger et al. (1976) wiesen in ihren Analysen darauf hin, dass im 18. Jahrhundert ein offensichtliches staatliches Interesse an einer frühen Pflichtbeschulung bestand.
22 Die Schulen waren wie der König selbst pietistischen Grundsätzen verbunden. Die Schulmeister dieser Potsdamer Schulen stammten fast alle aus den Franckeschen Stiftungen in Halle (Rocksch 1998).

kung seiner Armee sowie der Wirtschaft erkannte. In staatlicher Verantwortung gab es zu dieser Zeit kein flächendeckendes Schulnetz. Staatliche Schulen existierten in den Garnisonsstädten, ansonsten wurden Schulen, wenn überhaupt, durch die Kirchen und manchmal auch saisonal über Wanderlehrer organisiert (vgl. Lassahn/Stach 1979, Herrlitz et al. 1993, Schiffler/Winkeler 1999). Vielfach erteilten örtliche Küster, Kantoren oder Prediger den Unterricht. Die lokale Aufsicht lag in der Regel beim jeweiligen Ortsgeistlichen, die Schulkontrolle wurde gemäß den Kirchen- und Visitationsordnungen von Superintendenten und Konsistorialverwaltungen wahrgenommen (Dolch 1971, Mächler 1980, Tenorth 1988, Hopemann 1988). Als Lehrer waren aber auch Kriegsinvaliden, verarmte Handwerker und andere Personen tätig, die zum Teil selbst nicht einmal das Rechnen beherrschten.[23] Oft waren die Schulstuben zugleich die Wohn- und Schlafstuben der Schulmeister. Aus zahlreichen Textquellen und Abbildungen der Zeit (Alt 1960, Schiffler/Winkeler 1999) geht hervor, dass die Schulstuben zudem für die Haushaltsführung der Lehrerfamilie herhalten mussten und einige Schulmeister parallel noch einem Handwerk, zum Beispiel dem Schneiderhandwerk, während der Unterrichtszeit nachgingen.[24] Das zur Verbesserung der Schulsituation von Friedrich II. (1740-1786) im Jahr 1763 erlassene „General-Landschul-Reglement" regelte als erste Volksschulordnung[25] (Reyer 2006) unter anderem die Dauer der Schulpflicht, die Anzahl der täglichen Unterrichtsstunden sowie die Inhalte des Unterrichts. Auch hier wurde die Einschulung relativ früh, spätestens nach dem vollendeten fünften Lebensjahr, wenn möglich aber eher, festgelegt (vgl. hierzu Rüdiger et al. 1976). Das „General-Landschul-Reglement" sollte die allgemeine Schulpflicht in Preußen durchsetzen helfen, vermochte aber im Rückblick nach den Einschätzungen von Tenorth (1988) und Hopemann (1988) am tatsächlichen Zustand in den Elementarschulen nur wenig zu ändern.

Nach Vollendung des fünften Lebensjahres galt damit für alle Kinder in Königreich Preußen seit dem Jahr 1717 eine Bildungspflicht. Trotzdem gab es für viele Kinder keine Möglichkeit, eine Schule zu besuchen: Vielfach existierten keine öffentlichen Schulen in ihrer Nähe oder sie blieben der Schule wegen Armut, fehlender Einsicht der Eltern oder notwendigen Arbeiten auf den Feldern fern. Für die Eltern bedeutete der Schulanfang ihrer Kinder einen doppelten

---

23 Ein erstes kurmärkisches Schullehrer- und Küsterseminar wurde 1748 in Berlin von Hecker gegründet (Lassahn/Stach 1979, Mächler 1980). Trotz der feudalabsolutistischen Staatsform in Preußens existierten damit anders als in anderen Verwaltungsbereichen im Bereich des Schulwesens noch keine zentralen staatlichen Steuerungsmechanismen.
24 Etliche dieser schulischen Bedingungen in der Kurmark wurden bereits in der Mitte des 18. Jahrhunderts von Hecker kritisch analysiert und beeinflussten seinen Entwurf für die Formulierung des „General-Landschul-Reglements" (vgl. Lassahn/Stach 1979; Hopemann 1988).
25 Mächler (1980) weist darauf hin, dass sich an den Regelungen des „General-Landschul-Regelements" zur Volksschule bis zum 1. Weltkrieg nichts Grundsätzliches mehr änderte.

finanziellen Verlust, es fiel nicht nur die Arbeitskraft der Kinder aus, sondern zugleich musste von ihnen auch noch Schulgeld, eine Schulausstattung und Lebensmitteldeputate für die Schulmeister oder Wanderlehrer aufgebracht werden. Der Unterricht erfolgte in der Regel in einklassigen Schulen, wobei über die Gestaltung des Anfangslernens wenig veröffentlichte Quellen vorliegen. Die Auswertungen von Bildquellen (Alt 1960; Schiffler/Winkeler 1999) lassen jedoch einige Schlüsse zu. Häufig sind Situationen abgebildet, in denen Kinder einzeln anstehen, um ,überhört' (im Sinne von überprüft) werden, während die anderen Kinder der Klasse eigenen Beschäftigungen nachgehen. In vielen Klassen folgte nach der Einführung des ABC und einem mühevollen Auswendiglernens dessen mithilfe von ABC-Tafeln oder ,Alphabetarien' das Zusammensetzen der Syllaben sowie das Buchstabieren und Syllabieren ganzer Wörter.[26] Im Anschluss dienten zumeist die Bibel oder Psalmenbücher als Leselernstoffe, von denen einzelne Ausgaben für den Leseunterricht von Kindern dahingehend aufbereitet waren, dass Einzelwörter durch kleine Bildchen ersetzt wurden (vgl. hierzu das Beispiel bei Alt 1960: 386). Vielfach übten Kinder über vier bis fünf Jahre das Syllabieren anhand vertrauter religiöser Texte, ohne dass sie das selbstständige Erlesen neuer Wörter erlernten (vgl. hierzu Gümbel 1980, Heuss 1993, Boddin 2005). Nichtkönnen oder Nichtverstehen wurde nach den Analysen von Schiffler und Winkeler (1991/1999) mit Dummheit bzw. Verstocktheit gleichgesetzt, von welcher mit Strafen abgeschreckt werden musste. Nach ihren Darstellungen erhielten diejenigen Kinder, welche unachtsam arbeiteten oder als faul galten, ein Eselsbild umgehängt, einen Hut mit Eselsohren aufgesetzt oder wurden auf sogenannten Eselbänken platziert.

Für die Situation vieler Schulanfänger am Ende des 18. Jahrhunderts in Preußen scheint die Schilderung von Klöden[27] (1874: 51 ff.) typisch zu sein, der in einer Schule lernte,

> „welche von einer mehr als siebzig Jahre alten Frau gehalten wurde. Sie bewohnte ein kleines schlechtes Häuschen (...) das nur eine Stube und den Hausflur umschloss.

---

26 Die Buchstabiermethode entstand im 15./16. Jahrhundert im Zusammenhang mit der Buchdruckerkunst. Nach dem Einprägen der Buchstaben in der Reihenfolge des Alphabets erfolgte ein Zusammenlesen (Vau-a-te-e-er heißt Vater) oder ein Zusammenschlagen und Einprägen der Syllaben (a-be heißt ab) und ein anschließendes Zusammenlesen der Syllaben eines Wortes. Dabei fehlte den Kindern und zumeist auch den Lehrern jede Einsicht in die Struktur der phonemorientierten deutschen Schriftsprache (Gümbel 1980, Heuss 1993). Eine Weiterentwicklung stellte die Syllabiermethode dar, bei der die Buchstabennamen der Konsonanten übergangen wurden und zusammen mit den Vokalen eingeführt wurden (Boddin 2005). Syllabiermethoden waren in dieser Zeit in Preußen sehr verbreitet. Parallel existierten in dieser Zeit verschiedene Lautier- und Ganzwortmethoden, die jedoch unter den Schulmeistern wenig verbreitet waren (vgl. hierzu Gümbel 1980).
27 Karl Friedrich Klöden (1786-1858) wurde 1817 Direktor des Königlichen Volksschullehrer-Seminars in Potsdam, vgl. dazu auch nachfolgenden Abschnitt.

Das Zimmer war auf dem Fußboden mit Ziegeln belegt, die kleinen Fenster befanden sich oben nahe der Decke und waren so blind, dass man nicht hinaus sehen konnte. Ein großer Ziegelofen stand neben dem Kamin und vor dem saß die alte Frau und spann den ganzen Tag, neben sich auf einem Schemel eine hölzerne Kelle und Rute, die einzigen und mir schon sehr wohl bekannten Lehrmittel. Drei frei stehende rohe, doch glatt geriebene Bänke ohne Lehnen nahmen die Schuljugend, Knaben und Mädchen auf, bis sie notdürftig lesen konnten. Die eine Bank trug die ABC-Schützen, die zweite buchstabierte, die dritte fing zu lesen an. Der Schulunterricht begann mit dem Gesange eines feststehenden Liederverses (...) und einem feststehenden kurzen Gebete, welches einer im Singsang hersagte, und hierauf ging einer nach dem anderen zur spinnenden Frau und sagte aus der gewöhnlichen Fibel mit dem Hahne[28] seine Buchstaben oder sein ,a, b, ab' her. Die Alte sprach wenig, machte ein Kind Fehler, so schob sie ihr Spinnrad beiseite, kippte mit einer Hand das Kind über den Schoß, hob mit der anderen den Rock in die Höhe und bearbeitete nach Gutdünken das Sitzfleisch. Dann kam ein anderes Kind an die Reihe, bis man durch war. Etwas anderes wurde nicht vorgenommen und lange Stunden saß man still und müßig, bis die bestimmte Zeit verflossen war."

Zusammenfassend kann konstatiert werden, dass der Unterricht für Schulanfänger der unteren Stände im 18. Jahrhundert in der Regel von ungünstigen Rahmenbedingungen, rigider Disziplinierung, Erziehung zur Obrigkeitshörigkeit und dem Katechismus als zentralem Inhalt geprägt war (vgl. hierzu insbesondere Sandfuchs 2001).

Die philosophische Strömung der Aufklärung erfasste zu dieser Zeit auch die beginnende öffentliche Bildungsdiskussion in Preußen. Die Neubestimmung der individuellen Bildsamkeit des Menschen kennzeichnete eine erste reformpädagogische Phase (Benner 1998). Aufklärerische oder philanthropische Schulreformbestrebungen waren in der Regel an einzelne Schulreformer gebunden. Der märkische Gutsherr und Aufklärer Friedrich Eberhardt von Rochow (1734-1805) war einer der bedeutendsten Schulreformer seiner Zeit.[29] Mit der erfolgreichen Alphabetisierung in seiner Gutsherrschaft beginnt die flächendeckende Alphabetisierung in Preußen vierzig Jahre vor den preußischen Reformen von Stein und Hardenberg (Schmitt/Tosch 2001, Schmitt 2006).

---

28 Viele Fibeln des 18. Jahrhunderts tragen Abbildungen von einem Hahn, der nach Boddin (2005) zum Sinnbild des Erstlesens wurde. Der Hahn geht zurück auf einen Buchdrucker in Frankfurt O., der um 1570 den Hahn als Wappentier seiner Stadt auf seine Fibelausgaben druckte.
29 Rochow entstammt einem alten und einflussreichen Rittergeschlecht, sein Vater war Königlicher Preußischer Staats- und Kriegsminister. Verhaftet in der feudalen Gesellschaft reformierte er als ,sanfter Reformer' seine Gutsherrschaft mit weit reichenden Reformen, die auf eine Verbesserung der individuellen Lebensumstände zielten, wobei die „Sozialverfassung in der ständischen Gesellschaft keineswegs in Frage gestellt" wurde (Schmitt 2001: 31).

Rochow hatte den Zusammenhang von ökonomisch erfolgreicher Gutsherr-schaft und Bildung der Landbevölkerung erkannt und legte mit den von ihm errichteten Schulen für die Kinder in seiner Gutsherrschaft den Grundstein für eine Alphabetisierung der Landbevölkerung (Schmitt 2006). Infolge der Not-wendigkeit einer Ökonomisierung der Landwirtschaft um immer wiederkehrende Kriegsschäden, Bevölkerungswachstum und Missernten auszugleichen, versuch-te Rochow Aufklärung, Vernunft und sittliche Werte unter die ländliche Bevöl-kerung zu bringen. Die Landbevölkerung sollte aus eigener Kraft gegen Hunger und Armut angehen und Missernten möglichst vermeiden lernen (Schmitt 2006, Tenorth 1988). Dazu war es seiner Meinung nach notwendig, Aberglauben, Vor-urteile und Fatalismus durch den Erwerb von anwendungsfähigem Wissen und ‚industriöser Gesinnung' zu überwinden (vgl. Lassahn/Stach 1979, Schmitt/ Tosch 2001, Schmitt 2006). Rochow wollte, dass die Erziehung zur Vernunft und eine grundlegende Bildung frühzeitig bei den Kindern unabhängig von ihrer Herkunft[30] einsetzte und begann 1772 mit dem Aufbau seiner drei Musterschulen Reckahn, Krahne und Göttin[31] (Schmitt/Tosch 2001, Schmitt 2006).

Über die Arbeit in den Musterschulen liegt umfangreiches Quellenmateri-al[32] von Carl Friedrich Riemann (1756-1812) vor. Riemann war Lehrer am Pots-damer Großen Waisenhaus und hat im Jahr 1780 über ein halbes Jahr lang täg-lich die Schulwirklichkeit in der Musterschule Reckahn als Hospitant erlebt. Seine Beobachtungen und Erkenntnisse legte er detailliert in seinem Bericht „Versuch einer Beschreibung der Reckahnschen Schuleinrichtung"[33] nieder.

Der Unterricht in der Musterschule Reckahn begann am 2.1.1773. Dazu ließ Rochow eigens ein neues Schulhaus bauen und sorgte für eine ausreichend große und helle Schulstube. Die Räume waren zum Garten hin ausgerichtet und mit neuen Möbeln und vielfältigen Lehrmitteln ausgestattet. Die Eltern mussten kein Schulgeld bezahlen und der Lehrer Heinrich Julius Bruns (1746-1794) wurde von Rochow persönlich ausgesucht und auf den Unterricht in der Musterschule vorbereitet (Tosch 1995). Bruns erhielt ein höheres Einkommen als andere Leh-rer auf dem Lande. Das Schulleben und der Unterricht wurden durch eine ver-bindliche Schulordnung geregelt.

Sehr ausführlich beschrieb Riemann (1809: 29) die Ziele, die Methodik und die Gestaltung des Unterrichts in den Musterschulen. Ein wichtiges Ziel lag nach seiner Auffassung darin, dass der Verstand auf den Willen wirken sollte und

---

30 Aus den Schülerlisten geht nach Schmitts (2006) Darstellung hervor, dass tatsächlich Kinder aus allen sozialen Schichten in diesen Schulen lernten. Die Listen führen Kinder von Tagelöhnern, Land-und Waldarbeitern, Handwerkern sowie von Bediensteten bei der Kirche oder beim Gutsherrn auf.
31 Heute zum Landkreis Potsdam-Mittelmark gehörig.
32 Die gesamte Quellenlage wird von Schmitt (2006) dargelegt.
33 Dieser Bericht erschien in vier von Riemann überarbeiteten Auflagen seit 1781 in Berlin.

„also Unterricht mit Gewöhnung zu verbinden sey, um durch beydes gemeinschaftlich die künftige selbstthätige Anwendung der Kräfte zum Guten bei den Kindern zu befördern", und dass diese durch Bildung, „möglichst verständig, sittenhaft gut, für ihren Stand brauchbar und dadurch zugleich ihres Lebens bestmöglich froh werden".[34] Jährlich lernten ca. 60 bis 70 Kinder in zwei Klassen, wobei der Unterricht der jüngeren Kinder vormittags und der Unterricht der älteren nachmittags stattfand.

Die Anfangsklassen führten vom Schulanfang bis zum fertigen Lesen. Dabei wurde die erste Klasse in zwei Abteilungen eingeteilt. Die größeren Kinder halfen den allerkleinsten und sollten dadurch selber lernen oder erhielten eigene Lernaufträge. Die jüngsten Kinder lernten anfangs nur täglich eine Stunde in einer eigenen Lerngruppe, weil es nach Riemanns Darstellung (1798: 43)

> „eine eben so grausame als zweckwidrige und für Körper und Geist schädliche Gewöhnung seyn würde, sie in den Jahren, wo ihr Körper durch Bewegung und freyen Gebrauch seine Stärke (...) erhalten müsse, täglich 6 Stunden lang an einem Orte (…) unbeweglich sitzen zu lassen, und so ihre natürliche Munterkeit (…) ganz und für immer zu tödten".

Zehn Jahre später galt diese Maxime noch immer, weil, wie Riemann (1809: 13) schrieb, sonst „ihre Gesundheit und Munterkeit leide und ihnen so die Schule kein angenehmer Aufenthalt seyn könnte". Die besondere Bedeutung des Anfangsunterrichts wurde in den Musterschulen theoretisch ausdrücklich hervorgehoben (a. a. O. 41):

---

34 Durch diese Bildungsziele, zu denen auch das individuelle Glück im Rahmen der gegebenen Möglichkeiten einer ständisch geprägten Gesellschaft zählt, werden die philanthropischen Bestrebungen der Musterschulen deutlich ausgewiesen. In Korrespondenz dazu stehen die Paragrafen der Schulordnung, welche die Behandlung der Kinder durch die Lehrer beschreiben. Dazu gehören im § 12 Liebe zur Jugend, Geduld und Sanftmuth, im § 13 Frohsinn und Heiterkeit, im § 14 Achtung vor dem Schüler und der § 15 fordert, dass die Schüler mit Freundlichkeit und Ernst zu behandeln sind. Von den Kindern wird im Gegenzuge Ordnung an den Plätzen, Ruhe und Sitte im Unterricht, Pünktlichkeit, Gehorsam, Höflichkeit, Bescheidenheit Reinlichkeit und Schamhaftigkeit erwartet. § 17 regelt, dass Kinder in froher Tätigkeit zu erhalten sind: „Endlich müsse der Lehrer, soviel es nur, der Aufmerksamkeit und dem nöthigen Ernst unbeschadet, geschehen könne, auch die Kinder möglichst froh oder heiter bei ihrem Lernen zu machen suchen; weil wer mit Mißmut arbeite, allemal träge und schlecht arbeiten werde, dagegen aber ein heiterer und froher Sinn jede Arbeit versüße, jede Schwierigkeit muthvoller und schneller übersteigen helfen. So wie dieses Froh- und Gernsein der Kinder in der Schule durch alles gehindert werde, was ihnen die Schule zu einem widrigem Aufenthalt mache, das Lernen in derselben erschwere und ihren Fleiß ohne alle Ermunterung lasse, so werde es andererseits durch einen gefälligen Umgangston des Lehrers mit ihnen, durch die gefühlte Nützlichkeit und durch zweckmäßige Abwechselung ihrer Beschäftigungen, durch öftere Gelegenheit zur eigenen Fähigkeitsäußerung und durch Anwendung verständiger Ermutigungsmittel ihres Fleißes befördert." (Riemann 1809: 63)

„Den ersten Unterricht, den sechsjährige Kinder das erste Jahr hindurch erhalten, hält man in der Schule zu Reckahn fast für den allerwichtigsten, und betrachtet ihn gleichsam als die Stimmung zu allem richtigen Denken und Urteilen, worauf sich die nachmalige regelmäßige Entwickelung aller ihrer Anlagen und Fähigkeiten gründet."

Dabei galt vor allem das Ziel, dass die Kinder „die Schule lieb gewinnen, sie gern besuchen, aufmerksam und fleißig in derselben seyn". (Riemann 1798: 43) Diese besondere Betonung der Bedeutung des Anfangslernens und die Beschreibung von eigenen Zielen und Methoden können bis heute Gültigkeit beanspruchen und standen im krassen Gegensatz zu vielen der weiter oben beschriebenen Unterrichtskonzepten jener Zeit. In den Textzeilen wird ein Bildungsverständnis offenkundig, welches weit über das vom König Friedrich II. (zit. nach Hopemann 1988: 41) seinerzeit erwartete Bildungsziel hinausging welches dieser so beschrieb: „Dass die Schulmeister auf dem Land die Religion und die Moral den jungen Leuten lehren ist recht gut (…) sonst ist es auf dem platten Land genug, wenn sie ein bisschen Lesen und Schreiben lernen; wissen sie aber zu viel, so laufen sie in die Städte und wollen Sekretär und so was werden".

Eine Hauptregel des Anfangsunterrichts bestand bei Rochow darin, von den sinnlichen Wahrnehmungen der Kinder auszugehen, die Aufmerksamkeit sowie den Gebrauch der Sinne zu schulen sowie über alles Gehörte und Gesehene zu sprechen. Die Ausbildung der Sprache spielte dabei von Anfang an eine wichtige Rolle und das Lesen- und Rechnenlernen sollte mit Themen aus dem Leben der Kinder verbunden werden. Zum Lesenlernen wurde weder eine Fibel noch ein ABC-Büchlein verwendet, auch lehnte man Methoden, wie das Backen und Aufessen von Buchstaben nach Basedows Methode, ab (vgl. Riemann, 1798). Die Schulanfänger durchliefen einen gemeinsamen Lehrgang, bei dem täglich drei bis vier Buchstaben mit zunehmendem Schwierigkeitsgrad einzeln vorgezeichnet und deren Merkmale besprochen wurden. Nach dem Erlernen aller Buchstaben wurde eine Tafel mit allen Buchstaben des Alphabets eingeführt und mit dem Buchstabieren und Syllabieren einsilbiger Worte begonnen und dann auf die weitere Übung in Gruppen oder mithilfe des Volksschullesebuchs „Der Kinderfreund" gesetzt. Rochow postulierte als eine Voraussetzung für seine Unterrichtsreform ein aufeinander abgestimmtes System der Instrumente Lehrplan, Methode und Medien. Aus diesem Anspruch heraus entwickelte er für seine Musterschulen das Schullesebuch „Der Kinderfreund"[35], welches 1776

---

35 Schmitt (2003) wies im Nachwort zum Faksimiledruck des „Kinderfreunds" darauf hin, dass die europaweite Verbreitung des „Kinderfreunds" vor allem durch eine „Rezeption von unten" erfolgte und dadurch einen Beitrag zur allgemeinen Alphabetisierung leistete. Rochows Hoffnung auf eine Einführung als allgemeines Volksschullesebuch in Preußen erfüllte sich nicht, obwohl er nach Schmitts Darstellung 1772 zu dieser Hoffnung durch einen Brief des preußischen Ministers von

erschien (Vorfassung 1772, Teil 2 folgte 1779). Der Kinderfreund wird in der historischen Bildungsforschung als das älteste Volksschullesebuch in Deutschland betrachtet und sollte mit seinen 79 Lesestücken das Verbindungsglied zwischen Fibel und Bibel schaffen.

Neu war ebenso der Anspruch, mit den Bauernkindern an der kindlichen Lebenswelt orientierte Lesestücke des „Kinderfreunds" zu ‚katechisieren', d. h. im Unterrichtsgespräch in Dialogform zu bearbeiten (vgl. Petrat 1995). In Riemanns Aufzeichnungen von Unterrichtsstunden finden sich Hinweise darauf, dass jedes Kind bereits im Anfangsunterricht einzeln, entsprechend seines Entwicklungsstandes, befragt worden ist.

Die Versetzung in die zweite Klasse erfolgte nicht nach Alter sondern nach den erworbenen Fähigkeiten, „wobey man sich nicht nach dem Alter, sondern nach den Fähigkeiten der Kinder richtete, und ihre gehörige Reife dazu: damit sie dort nicht zurückbleiben, oder den Unterricht der anderen erschweren mögten". (Riemann 1789: 16) Dazu gehörte auch, dass die versetzungsfähigen Kinder im Vorfeld bereits ein halbes Jahr lang jeweils mittwochs und sonnabends am Unterricht der zweiten Klasse teilnahmen. Schwache Kinder konnten unabhängig vom Alter länger in der Anfangsklasse verweilen, was Riemann (1798: 116) wie folgt beschrieb:

> „[Man] lässt die unfähigeren oder nachlässigeren, wenn sie auch ältern seyn und ebenso lange in der unteren Classe gesessen haben sollten, als andere, die versetzungsfähig befunden werden, lieber noch ein Jahr, auch wol länger zurück."

Sandfuchs (2001) und Schmitt (2006) weisen darauf hin, dass es in der Reckahner Schule im Sinne der Volksaufklärung bereits um integrative Unterrichtsziele ging, wenn sie Riemann (1798: 116) im Hinblick auf Schwierigkeiten zitieren, „das rechte Verhältnis zu treffen, (…) den Unterricht so zu vertheilen, dass langsamere Köpfe nicht vernachlässigt und fähigere (…) nicht versäumet werden".

Das Modell der Musterschulen wurde auch für andere Schulen in dieser Zeit zum Vorbild, wie Schreiter (2001) exemplarisch für das Militärweisenhaus in Potsdam zeigen konnte.[36] Zur Verbreitung des rochowschen Konzepts in der

---

Zedlitz ermutigt worden war. Dieser schlug vor, eine Erprobung des „Versuchs eines Schulbuchs für die Kinder der Landleute", ein Vorläufer des Kinderfreunds, in Rochows Schuldistrikt zu starten. Gleichwohl erlebte kein anderes Lesebuch eine so ‚lawinenartige Durchsetzung' in der Auflagenhöhe, die von Freyer (2001) für die Zeit von 1780 bis 1860 mit mehr als einer Million Exemplare angegeben wird, wobei der Höhepunkt der Rezeption von ihm auf die Zeit von 1800 bis 1830 datiert wird.

36 Im Militärweisenhaus, welches 1724 von Friedrich Wilhelm I. nach dem Vorbild der Franckeschen Stiftungen gegründet worden war, wurde 1779 eine nach rochowschen Vorbild angelegte „Instruktion für die Lehrer" von einer Schulkommission entwickelt. Diese wurde mithilfe Riemanns, nach dessen halbjähriger Hospitationszeit, sowie einem weiteren Lehrer aus den Musterschulen umgesetzt. Auch an der Potsdamer Garnisonschule war ein ständiger Hospitant der Reckahner Schule

Kurmark und darüber hinaus trug u. a. die große Anzahl von etwa 1.500 Besucherinnen und Besuchern bei, von denen in ca. 60 Fällen längere Studienaufenthalte nachgewiesen sind (vgl. Scholz 2001).[37]

In einer seiner letzten Schriften – dem „Versuch eines allgemeinen Schulplans" (1800/1802) – betonte Rochow bei Nichtinfragestellung der ständischen Gesellschaft den Gleichheitsgedanken bezogen auf die Kinder aller Stände und entwickelte folgerichtig eine Theorie eines gemeinsamen Unterrichts für alle Kinder. In seinem dreistufigen Bildungssystemvorschlag ist die Kinderschule dazu da, allen Kindern unabhängig von ihrem Stand Unterricht und Ausbildung zu geben, um aus ihnen verständige Menschen zu machen. Dieses Ideengut war seiner Zeit weit voraus und erzeugte überwiegend Misstrauen im ständisch geprägten absolutistischen Staatswesen, wie Sandfuchs (2001) zeigt. Zugleich weist Sandfuchs (2001: 168) nach, dass dieses Misstrauen „und die Furcht vor der systemsprengenden Kraft von Rochows aufklärerischer Pädagogik", verhinderten, dass Rochows Ideen zum Muster für die staatliche Schulentwicklung in Preußen wurden. Damit erweist sich die Wirkungsgeschichte seines Konzepts als widersprüchlich, ohne direkte Folgen im allgemeinen preußischen Schulsystem wurden Rochows pädagogische Reformbestrebungen, insbesondere auch die zum Schulanfang, dennoch zu einer Wiege der preußischen Volksschule und wirkten durch das besondere Engagement von Einzelpersonen im preußischen Staatsschulwesen weiter (Natorp 1809, Schmitt 1999/2001).

2.3.2 Reformorientierte Ansätze im beginnenden preußischen Staatsschulwesen

1787 wurde als erstes staatliches Planungs- und Schulaufsichtsinstrument das Oberschulkollegium in Preußen gegründet, welches allein König Friedrich Wilhelm II. (1786-1797) unterstand (Mächler 1980). Das „Allgemeine Landrecht für die preußischen Staaten" vom 1.6.1794 erklärte zudem im § 1 Schulen zu Veranstaltungen des Staates, wodurch ihnen nach Auffassung von Heinemann (1974) eine staatspolitische Funktion zugewiesen wurde. Der nachfolgende preußische König Friedrich Wilhelm III. (1797-1840) strebte eine Reform des Landschulwesens an, die sich an die Landschulerneuerung der Aufklärung anschließen sollte.[38] Staatsminister Julius Eberhardt von Massow (1750-1816) wurde 1798 be-

---

(D. J. G. Kluckhuhn) von 1781-1826 tätig, welcher den Religions- sowie den Lese-, Schreib- und Rechenunterricht im Sinne Rochows mit für Kinder lebensnahen Stoffen verband (Rocksch 1998).

37 All diese Aktivitäten strahlten weit über Preußen hinaus bis in andere Länder wie zum Beispiel nach Dänemark aus, wo eine intensive Rezeption von Rochows pädagogischen Ideen und deren Einfluss auf wichtige Schulreformen nachgewiesen werden konnten (Markussen 2001).

38 In diese Zeit fiel auch die Gründung der ersten Taubstummenanstalt 1788 sowie der Blindenanstalt 1806 in Berlin.

auftragt, eine Bestandsaufnahme der öffentlichen Schulen in Preußen durchzuführen. 1801 legte von Massow seinen „Vorläufigen Plan zur Schulverbesserung" vor, mit dessen Hilfe unter anderem der Einfluss der Kirchen und der Religionsunterricht deutlich eingeschränkt (vgl. Hinz 1991, Mächler 1980) und das Volkslesebuch „Der Kinderfreund" von Rochow zur allgemeinen Einführung empfohlen wurde (Freyer 2001). Die Umsetzung der Reformvorschläge scheiterte aus finanziellen Gründen sowie wegen des beginnenden Krieges gegen Napoleon.

Nach der Niederlage Preußens gegen Napoleon im Jahr 1806 und dem damit einhergehenden Zusammenbruch des feudalabsolutistischen Systems wurde eine grundlegende Erneuerung des gesellschaftlichen Lebens sowie der Staatsverwaltung notwendig.[39] Die staatlich-administrativ eingeleitete Modernisierung ermöglichte längerfristig die Durchsetzung der Schulpflicht und unterstützte eine breite Alphabetisierung (Tenorth 1988, Schmitt 1993b, Oelkers 1996). Zugleich wurde die übliche Kinderarbeit zunehmend an gesetzlich strengere Auflagen gebunden.[40] Infolge der Reformen von 1806 erfolgte vor allem eine schnelle Entwicklung des Gymnasialschulwesens, aber auch das niedere Elementarschulwesen sah sich hohen Erwartungen ausgesetzt (Tenorth 1988).

Trotz der intensiven Bemühungen um Schulreformen war die praktische Organisation des niederen Schulwesens in der ersten Hälfte des 19. Jahrhunderts in Preußen nach den Darstellungen von Herrlitz et al. (1993), Tenorth (1988) und Schmitt (1999) vielerorts von unzureichenden Bedingungen gekennzeichnet.[41] Während seiner Inspektionsreise 1809 besuchte der kurmärkische Schulrat Natorp (1809, zit. nach Schmitt 1999: 42) über 100 Elementarschulen in der Kur-

---

39 Mit einer ‚kontrollierten Revolution von oben' sollten die längst überfälligen Reformen eingeleitet werden. Der staatlich initiierten Bildungsreform kam bei der Erneuerung des Gesellschaftswesens eine zentrale Rolle zu (Herrlitz et al. 1993; Schmitt 1999). Mit dem Wirken von Wilhelm von Humboldt (1767-1835) setzte seit 1809/1810 eine Zentralisierung des Volksschulwesens ein. Die dafür notwendige Verwaltungsreform wurde gekennzeichnet durch die Einrichtung einer staatlichen Schulaufsicht, die Erarbeitung neuer Lehrpläne, die Entwicklung eines Prüfungswesens und eine beginnende Zentralisierung der Lehrerbildung, was insgesamt zu einer konzeptionellen Vereinheitlichung mit dem Ziel der Freisetzung aller für den Modernisierungsprozess des Staates notwendigen Kräfte führen sollte (vgl. Hinz 1991, Hopemann 1988, Schmitt 1999). Die Volksschulreform stattete zugleich Provinzialregierungen, städtische Schuldeputationen und ländliche Schulvorstände mit weit reichenden schulaufsichtlichen Befugnissen aus. Selbsttätigkeit, Selbstverwaltung und Prinzipen allgemeiner Menschenbildung fanden gemeinsam mit Forderungen nach Rechtsgleichheit breite Unterstützung (Schmitt 1999).

40 1825 betrug die durchschnittliche Arbeitszeit von Kindern in der Stadt Potsdam täglich zwischen 13-14 Stunden (Cornelsen 2002).

41 Herrlitz et al. (1993) weisen darauf hin, dass die meisten der 17.623 Landschulen, die um 1818 in Preußen existierten, von den Reformbestrebungen vermutlich unberührt blieben, weil die Rahmenbedingungen, insbesondere die Finanzierungsformen der Volksschulen, keine tatsächlichen Veränderungen zuließen.

mark und fasste die Besuche mit dem Resümee zusammen, dass „das Brandenburgische Schulwesen den Stempel der gemeinsten Trivialität in sich trägt. Es ist um nichts
besser als es im Jahre 1763 war, da das Landschulreglement erlassen wurde". Damit
galten für den Unterricht in den Elementarschulen und auch für den Unterricht
am Schulanfang noch nahezu die gleichen Bedingungen, wie sie im vorangegangenen Abschnitt beschrieben worden sind. Dies lässt sich auch anhand der Untersuchungen zu den zahlreich vorliegenden Bildquellen über Elementarschulen
in der ersten Hälfte des 19. Jahrhunderts belegen (Schiffler/Winkeler 1999), die
ebenfalls zumeist Situationen des Abhörens einzelner Kinder zeigen, vermehrt
sind aber auch körperlich strafende Schulmeister dargestellt. Obwohl fortschritt-
liche pädagogische Ideen in dieser Zeit bereits weite Verbreitung erfuhren und
zunehmend ausgebildete Lehrpersonen Anstellung in den Elementarschulen
fanden, konnten nach Tenorth (1988) die pädagogischen Ansprüche an einen
guten Elementarschulunterricht wegen des bestehenden Mangels an ausgebildeten Lehrern selten eingelöst werden.

Tendenziell lässt sich nach den Analysen von Rüdiger et al. (1976) seit Beginn des 19. Jahrhunderts das Erreichen des vollendeten sechsten Lebensjahrs als
Einschulungskriterium feststellen, so sah der süvernsche „Preußische Unter-
richtsgesetzentwurf" von 1819 vor, dass die Schulpflicht mit dem beginnenden
siebten Lebensjahr einsetzen sollte, aber nur dann, wenn bis dahin eine entsprechende Bildungsfähigkeit und Reife vorhanden waren. Damit wurde im frühen
19. Jahrhundert die bis heute übliche doppelte Konnotation von Alter und Entwicklungsstand zur Beschreibung von Schulreife eingeführt. Eine vorzeitige
Schulaufnahme sowie eine Zurückstellung waren nach diesem Entwurf im Aus-
nahmefall möglich.[42]

Wegen der steigenden Schülerzahlen wurden in vielen Schulen regelmäßig
bis zu 70 Kinder unterschiedlichsten Alters von einem Lehrer in einem Raum
unterrichtet. In einigen Schulen Berlins lernten zeitweilig bis zu 180 Kinder in
einem Raum (Tenorth 1988, Oelkers 1996) und auch für die Potsdamer Gemein-
deschule I wurden im Jahr 1846 von 175 Kinder in einer Klasse berichtet

---

42 Nach der Neuregelung des Schulwesens durch die „Verfassungsurkunde für Preußen" vom 31.
Januar 1850 und den darauf aufbauenden Gesetzen zum Unterrichtswesen fiel der gesetzliche Anfangstermin der Schulpflicht im Allgemeinen wieder mit der Vollendung des fünften Lebensjahres
zusammen. Die „Amtlichen Nachrichten über das Elementar-Schulwesen in Preußen" von 1867
weisen ergänzend darauf hin, dass in den einzelnen Provinzen der gesetzliche Anfangstermin auf
spätere Zeit verlegt sein kann. Zurückstellungen waren möglich, aber: „Nur unter Genehmigung der
Obrigkeit und des geistlichen Schulvorstehers kann ein Kind über den Anfangstermin der Schul-
pflichtigkeit hinaus von der Schule zurückgehalten, oder der Schulunterricht zeitweise ausgesetzt
werden." (Ministerium der Unterrichtsangelegenheiten 1867, Abs. 2, Abschn. 3)

(Rocksch 1998).[43] Zwar konnten zunehmend mehr Kinder den Unterricht in einer öffentlichen Schule besuchen, dieser fand jedoch für viele Schulanfänger in übervollen Klassen statt. Das bedeutete, dass vielerorts vermutlich 30 bis 40 Schulanfänger jährlich in diesen einstufigen Klassen Aufnahme fanden und von Lehrern unterrichtet wurden, die ihnen und ihren speziellen Lernbedürfnissen wahrscheinlich nur sehr wenig Aufmerksamkeit entgegenbringen konnten. In vielen ländlichen Gegenden unterschied sich der Anfangsunterricht zudem wahrscheinlich kaum von dem, den Klöden für das ausgehende 18. Jahrhundert schilderte (vgl. hierzu den Abschnitt 2.3.1). Die wenig geeignete Syllabiermethode stellte in Preußen[44] immer noch eine verbreitete Methode des Lesenlernens dar. Vielerorts blieben die Bibel und der Katechismus nach wie vor die einzigen Lesebücher für die Schulanfänger.

Große Probleme ergaben sich nach Tenorth (1988) im Hinblick auf die Herstellung und Aufrechterhaltung von Disziplin in den übervollen Klassen der Volksschulen, wobei die Disziplin oftmals mithilfe von körperlichen Strafen bzw. der Angst vor ihnen erzielt werden sollte: „Die meisten Volksschulen (...) sollten eher nur Zuchthäuser als Erziehungshäuser heißen, weil sie lediglich auf ‚Ruhe, Ordnung und Gehorsam‘ Acht haben und gerade nicht erziehen. Lehrer in diesen Schulen sind ‚Polizeimeister‘, keine Pädagogen, und ihr ‚Prinzip der Furcht‘ verhindert die wahre sittliche Bildung", lautete Stephanis Urteil im Jahr 1836 (zit. nach Oelkers 1996: 49). Vergleichbare Schilderungen von Demütigungen und körperlichen Misshandlungen von Kindern in den Schulen der Zeit finden sich in vielen biografischen Quellentexten aber auch als häufiges Motiv der Genremalerei (vgl. hierzu u. a. die Quellensammlung von Rutschky 2003 sowie von Alt 1960, Schiffeler/Winkler 1991). Fasst man die Rahmenbedingungen zusammen, so kann konstatiert werden, dass Schulanfänger vom ersten Schultag an in für ihre Bedürfnisse unangemessen große soziale Gebilde hineingerieten, mit zahlreichen älteren Kindern in viel zu engen Räumen lernten und mit harten Strafen rechnen mussten.

Insbesondere die Schriften und die Schulversuche Johann Heinrich Pestalozzis (1746-1827) entfalteten ab 1806/07 einen großen Einfluss auf die staatlichen preußischen Schulreformen. Pestalozzis Elementarmethode sollte als Richtmaß und Muster für alle preußischen Elementarschulen dienen (Schmitt 1993b). Die Aufgabe des Elementarunterrichts sah Pestalozzi in der Kultivierung

---

43 Zu Beginn des 19. Jahrhunderts begannen die Schülerzahlen deutlich anzuwachsen: Während 1816 nur 54 % der relevanten Altersgruppen in die Schule gingen und das zumeist auch nur in den Wintermonaten, stiegen die Zahlen bis 1846 auf 78 % (Tenorth 1988: 150).
44 In Bayern wurde bereits ab 1803 von Schulrat Heinrich Stephani (1765-1850) verstärkt auf den Einsatz der Lautiermethode gedrängt (Gümbel 1980).

der Wahrnehmung und des Denkens, in die der Schriftspracherwerb[45] integriert wird. Das Ausgehen von der Form, der Zahl und der Sprache als Methode, wurde nach seinen eigenen Aussagen für alle Kinder, auch die ärmsten Kinder des Volkes entwickelt. Sprache, Anschauungskraft und mütterliche Liebe stellten aus seiner Sicht die Fundamente einer der Menschennatur angemessenen Erziehungsweise dar. Diese wird „durch die harmonische Ausbildung der Trias ‚Kopf-Herz-Hand' bestimmten Grundkräfte im Individuum definiert, wobei die Kräfte (...) als die genetisch bedingten Anlagen und Fähigkeiten zu verstehen sind. Demnach ist es das Wesen der Methode (...), dass sie das Innerste aller Anlagen weckt, wo diese immer nur da sind". (Hinz 1991: 95) Pestalozzi orientierte sein Unterrichtskonzept an einem entwicklungsphysiologischen Reifungskonzept, das auf einen Einklang von Unterricht und kindlichen Reifungsphasen zielte. Diese boten sich in entwicklungsphysiologischen und inhaltlich-methodischen Reihungen und Stufenfolgen dar. Seine Elementarmethode stützte sich auf eine „Berücksichtigung der Individualität jedes Schülers als eine dem intellektuellen, physischen und sittlichem Entwicklungsstand angemessene gesetzmäßige Vorgehensweise, in der die äußeren und inneren Anschauungen so zugeordnet werden, dass sie als logische Reihenfolge in die bereits bestehenden Denkkategorien und Begriffe eingeordnet werden können". (Hinz 1991: 97) Unter dieser Zielsetzung leitete Pestalozzi seine Prinzipien ab. Hierzu gehören die Prinzipien:

- der Entwicklung
- der Altersgemäßheit
- der Elementarisierung (das Ausgehen von den Elementen Form, Zahl und Wort)
- des lückenlosen Voranschreitens vom Leichten zum Schwierigen
- der Förderung der Selbstkraft durch Selbsttätigkeit sowie des Vermittelns von Anschauungen
- des Gleichgewichts der Bildung von Kopf, Herz und Hand
- des Primats des Erzieherischen,

wobei er „die unbedingte Zuwendung zum Kind als erste Bedingung pädagogischer Arbeit deutlich", herausstellt (Tenorth 1988: 91). Pestalozzi (1964: 176 f.) betonte immer wieder die Berücksichtigung der individuellen kindlichen Anlagen, wenn er z. B. 1809 schrieb:

„Die Methode will nichts entwickeln, als was im Kinde als Anlage vorhanden ist, und diese Anlage selbst hinwiederum einzig von ihr aus und ihrem inneren Mittel-

---

45 Für den Schriftspracherwerb nutzt Pestalozzi das Buchstabieren und entwickelte die Syllabiermethode weiter, indem er Papptäfelchen mit groß gedruckten Buchstaben einsetzte, welche man trennen und verbinden konnte (vgl. hierzu Meyers Konversationslexikon von 1885: 717).

punkte". Die Individualität, den Reichtum und die Vielfältigkeit der Anlagen des Kindes sah er als Spiegel des ganzen Universums, als Spiegel des „Einen, Unwandelbarens und Ewigens" und als „Offenbarung der göttlichen Idee"

Aus diesen Prinzipien ergab sich für Pestalozzi (1964) das Postulat, jedes Kind mit seinen Anlagen zu erfassen und eine darauf abgestimmte Elementarbildung zu realisieren. Um bei den großen Schülerzahlen in Yverdon einen den Anlagen gerecht werdenden Unterricht realisieren zu können, erfolgte dieser nach seinen Beschreibungen mithilfe weitgehend homogener Kurse, die nach dem Leistungsvermögen der Kinder zusammengestellt wurden. Die Lernfortschritte wurden nach Pestalozzis Angaben in Schülerberichten und Elternberichten niedergelegt.

Für Pestalozzi (1992: 30) hatten altersgemischte Lerngruppen am Schulanfang einen wichtigen Stellenwert, denn er schrieb 1799, dass er „das erste Lernen eines solchen gemischten Haufens von Kindern von ungleichem Alter überhaupt vorzüglich für ein Mittel an[sah], das Ganze zu einer mit meinem Zweck harmonischen Stimmung zu verbinden". Auch Aspekte eines nach heutigem Verständnis sozialen Lernens fanden Berücksichtigung, wenn Pestalozzi (1992: 18) ausführte:

> „Mein wesentlicher Gesichtspunkt gieng jetzt aller erst darauf, die Kinder durch die ersten Gefühle ihres Beysammenseyns, und bey der ersten Entwicklung ihrer Kräfte zu Geschwistern zu machen (...) und der aus ihm hervorgehenden Stimmung das rechtliche und sittliche Gefühl allgemein zu beleben."

Pestalozzis Texte lassen sich so interpretieren, dass innerhalb seiner Methode das körperliche und seelische Wohlbefinden eine wichtige Stellung für das kindliche Lernen und die Entwicklung des Selbstbewusstseins einnahmen. So galt für Pestalozzi (1992:18) der Grundsatz: „Suche deine Kinder zuerst weitherzig zu machen, und Liebe und Wohlthätigkeit ihnen durch die Befriedigung ihrer täglichen Bedürfnisse, ihren Empfindungen, ihrer Erfahrung und ihrem Thun nahe zu legen, sie dadurch in ihrem Inneren zu gründen und zu sichern, dann ihnen viele Fertigkeiten anzugewöhnen, um dieses Wohlwollen in ihrem Kreise sicher und ausgebreitet ausüben zu können."
Auch beschrieb er eine Naturgemäßheit der Erziehung, die sich seines Erachtens darin ausdrückte, dass „unsere Kinder im allgemeinen so froh und glücklich sind, wie sie ohne eine der Naturgemäßheit sich nähernde Existenz nicht sein und leben könnten" (1964: 267), wobei diese Passage als eine frühe Beschreibung von kindorientiertem Unterricht gedeutet werden kann. Der Unterricht nach der Elementarmethode schätzte er als leicht und nicht übermäßig anstrengend ein, da er auf den früheren Erkenntnissen aufbaute.

Speziell für die Zeit in den Jahren von 1804 bis 1810 werden drei Rezepti-onsphasen[46] der Pädagogik Pestalozzis in Preußen angegeben (Menze 1975, Hinz 1991, Rocksch 1996), wobei in diesem Abschnitt nur die Aspekte der Entwick-lung und Rezeption der Elementarmethode sowie seiner Ideen zum Anfangsun-terricht gestreift werden sollen.

Über die Tätigkeit des Schulrats Bernhard Christian Ludwig Natorp[47] für die kurmärkischen Regierung in Potsdam (1809-1816) sowie über die Tätigkeit seines Nachfolgers Wilhelm von Türk[48] (1817-1833), fanden Pestalozzis Ansätze verstärkt Eingang in die Volksschullehrerbildung in der Kurmark und damit vermutlich auch in die Diskussion zur Gestaltung des Anfangsunterrichts in Elementarschulen (Lassahn/Stach 1979, Hinz 1991, Schmitt 1993b/1999, Rocksch 1996/2002, Scholz 2006).

Natorp entwickelte die pädagogischen Ideen seiner Zeit in der Tradition der Volksaufklärung weiter und griff neben der Elementarmethode Pestalozzis zugleich auch Rochows Ansätze sowie die Methoden von Bell und Lancaster[49] (vgl. weiter unten) für seine praktische Beratungstätigkeit in den Elementarschu-len der Kurmark auf. Zudem gründete er ein flächendeckendes Netz von regel-mäßig stattfindenden Schullehrer-Konferenz-Gesellschaften[50] und Lesezirkeln[51],

---

46 Eine erste Rezeption der pestalozzischen Ansätze in Preußen datiert Menze (1975) um 1804/05, eine zweite nach der Niederlage gegen Napoleon und eine dritte Phase ab 1809, in der zwanzig junge Pädagogen auf preußische Staatskosten in die Anstalten Pestalozzis entsandt wurden (vgl. hierzu Rocksch 1996).

47 Als ein wesentlicher Arbeitsschwerpunkt während Natorps Tätigkeit für die kurmärkische Regie-rung wird sein Wirken für die Weiterentwicklung der Lehrerbildung gesehen, welche er als Voraus-setzung zur Verbesserung der Volksbildung sah. 1812 legte Natorp seinen „Grundriß eines Schulleh-rer-Seminariums für die Kurmark" vor, welches einen zweijährigen Ausbildungsgang vorsah.

48 Türk arbeitete einige Jahre bei Pestalozzi in Ifferten/Yverdon.

49 Natorp nimmt in seine Empfehlungen zur Ausstattung von Schulbibliotheken von 1809 auch die Werke von D. Andreas Bell (1753-1832) und Joseph Lancaster (1778-1838) auf. Lancasters Buch „Ein einziger Schulmeister unter tausend Kindern in Einer Schule. Ein Beitrag zur Verbesserung der Lehrmethode und Schuldisciplin in niederen Volksschulen" ist von Natorp selbst übersetzt worden und erschien bereits 1808. D. A. Bells „Schulmethodus. Ein Beitrag zur Verbesserung der Lehrme-thode und Schuldisciplin in niederen Volksschulen. Ein Seitenstück zu Lankasters Schrift" erschien ebenfalls 1808 in deutscher Sprache.

50 Nach Scholz (2006) Untersuchungen gab es ein aktives und flächendeckendes Netz von 153 Schullehrer-Konferenzgesellschaften in der Kurmark, sodass nahezu alle Schulmeister mit den Ideen Natoprs, Pestalozzis und Rochows konfrontiert gewesen sein dürften.

51 Für die von Natorp empfohlene Einrichtung von Schulbibliotheken enthält seine Veröffentlichung „Kleine Schulbibliothek. Ein geordnetes Verzeichnis auserlesener Schriften für Lehrer an Elementar-schulen" von 1809 insgesamt vier kommentierte Literaturverzeichnisse: „A – Journale oder Zeit-schriften Schullehrer, B – Schriften für Schullehrer über Erziehung, Unterricht und Schulehalten, C – Lehrbücher, theils für Schüler, theils für Lehrer und D – Schriften für Schullehrer, Schüler und Schulfreunde zur lehrreichen Unterhaltung". (Natorp 1809: 22) In der Sektion C sind neben den Klassikern der Zeit (vgl. hierzu Scheuerl 1998) insgesamt elf Beiträge zur Pädagogik Pestalozzis als Leseempfehlungen enthalten. Natorp versah sein Verzeichnis mit einer ausführlichen Würdigung des

um für die gering besoldeten Schulmeister ein finanziell erschwingliches Fort-
bildungsangebot zu ermöglichen (Natorp 1809, Schmitt 1993b, Scholz 2006).
In Preußen erfolgte eine verstärkte Rezeption der Bell-Lancaster-Methode
über die Adaption des Modells in den pädagogischen Schriften von Carl Chris-
toph Gottlieb Zerrenner (1780-1852), der 1830 im Auftrag der preußischen Regierung an die Eckernförder[52] Normalschule reiste (Lassahn/Stach 1979). Die
darin enthaltene Elementarschule wurde in Anlehnung an das englische Modell
des gegenseitigen Unterrichts geführt. Während im englischen Bell-Lancaster-
Modell des gegenseitigen Unterrichts schwerpunktmäßig der Lehrer ein Ober-
monitor war, der Schülermonitore für das wechselseitige Lernen anleitete und
Schüler von Schülern lernten, bezeichnete Zerrenner (1834, zit. nach Lassahn/
Stach 1979: 138 f.) das dänische Modell in Eckenförde als Organisationsmodell
der wechselseitigen Schuleinrichtung, weil der Lehrer hier Lehrender für alle
Kinder blieb und „die Untergehülfen beaufsichtigen und leiten blos die schwächeren
Schüler bei den Uebungen dessen, was der Lehrer selbst lehrte". Wesentliche Kennzei-
chen dieser Methode waren ein sehr hierarchischer Aufbau, eine strenge Disziplin und mechanische Momente des Unterrichts, welche eine genaue lehrgangs-
gemäße Einteilung des Stoffes notwendig machten. Der Leselehrgang war in
acht und der Rechenlehrgang in zehn Stufen eingeteilt (Lassahn/Stach 1979).
Schulanfängern bot sich damit die Möglichkeit, in ihrem eigenen Tempo die
Lehrgangsstufen zu beschreiten und gegebenenfalls so lange auf einer Stufe zu
verharren, bis die benötigten Kenntnisse und Fähigkeiten sicher beherrscht wurden.[53]
Zerrenner entwickelte nach den vorliegenden Beschreibungen in
Eckernförde ein Modell einer Unterrichtsorganisation mit eher leistungshomoge-
nen Hauptklassen und teilte diese noch einmal in mehrere verschiedene Unterab-

---

Werkes von Rochow. Auch Riemanns Beschreibung von Reckahn von 1798 ist mit aufgeführt. In
dieser versuchte Riemann die Ansätze von Rochow mit denen von Pestalozzi zu vergleichen und
durch eigene Vorschläge weiterzuentwickeln.
52 Eckernförde gehörte zu dieser Zeit zum Königreich Dänemark.
53 Friedrich Paulsen (1846-1908) schilderte in seinen Lebenserinnerungen (1909) einen Schultag in
einer Einklassenschule mit wechselseitiger Methode in Langenhorn, in die er 1851 mit fünf Jahren
eingeschult wurde. Da er bereits lesen konnte, wurde er schnell zum Untergehilfen für zum Teil
doppelt so alte Kinder, denn für einige Kinder war das Lesenlernen an den Buchstaben- und Sylla-
biertabellen „eine schwierige Kunst, deren Erlernung in der Schule nach der alten Methode jahrelang
in Anspruch nahm und von manchem, bei unregelmäßigem Schulbesuch war es fast die Regel, nie zu
einiger Sicherheit gebracht wurde". (Paulsen 1909, zit. nach Rutschky 2003: 540) In diesem beschriebenen Schulalltag ist vor allem die Idee zu erkennen, in den großen Klassen, in denen Kinder
im Alter von 5 bis 16 Jahren in einem Raum lernten, individualisiertes Lesen- und Rechnenlernen für
das einzelne Kind durch Differenzierung über das Gehilfensystem zu ermöglichen. Paulsen wurde
später ein einflussreicher Pädagoge, wirkte überwiegend in Berlin und widmete sich unter anderem
der Dorfschule, welche er als eine „ganze Welt im Kleinen" auffasste (zit. nach Saupe 1929: 269).

teilungen nach den verschiedenen Fächern des Unterrichts, besonders für Lesen, Schreiben und Rechnen. Während der Lehrer bei einer Gruppe intensiver weilte, arbeiteten andere Gruppen in Selbsttätigkeit unter der Anleitung von ‚Gehülfen' und ‚Untergehülfen'. Diese Einteilung von Kindern nach Lernfortschritten ermöglichte für jedes Kind vom Schulbeginn an die genaueste Abstufung für Lernaufgaben im Bereich Lesen, Rechnen und Schreiben zu finden und damit den Schriftspracherwerb besser als in anderen Modellen zu sichern.[54] Darüber hinaus legte Zerrenner besonders hohen Wert auch auf die Förderung des individuellen Lerngeschehens dadurch, dass die Lehrer gehalten wurden, ein Lernprotokoll für die Kinder in den Lektionsklassen zu führen. Diese Lektionstagebücher sollen den Lehrer in die Lage versetzen „in jedem Augenblicke (...) aufs genaueste zu ersehen, auf welcher Stufe und bei welcher einzelnen Übung jeder einzelne Schüler in jedem Lehrfache steht", um jeden Schüler angemessen fördern zu können (Zerrenner 1834, zitiert nach Lassahn/Stach 1979: 141). Diese Textpassage kann dahingehend interpretiert werden, dass von Anfang an für jedes Kind eine individuelle Förderung sichergestellt werden sollte. Zerrenner hebt in seiner Beschreibung des Modells der wechselseitigen Unterrichtung noch folgende Punkte hervor, die für den Anfangsunterricht von Vorteil sind: Die Schuleinrichtung ist nicht an bestimmte Lehrmethoden gebunden. Der Lehrer gewinnt mehr Zeit für den Unterricht der Kinder. Die Schuleinrichtung beinhaltete nach Zerrenner (1834: 14 f.) einen mächtigen Antrieb zum Fleiß,

> „die den Einzelnen fast unwillkürlich mit fortreißt, die feste Abstufung des ganzen Lehrweges, den das Kind überblickt, und auf welchem jedes Kind selbst sein Fortschreiten und Stillstehen sinnlich vor Augen steht, und die stete Aufsicht und Ermunterung, die das Kind hier findet".

Die Überzeugung von einem geregelten und freundlichen Leben in der Schule als Voraussetzung für Lust und Liebe zur Schule findet ebenso in Zerrenners Schrift (1834) Erwähnung wie die Überzeugung, mithilfe der Tagebücher durch die Zuteilung der Aufgaben Rückstände vermeiden zu können. Zerrenner wies darauf hin, dass Schulversäumnisse zurückgingen und sah eine Erklärung darin, dass sich die Kinder bei steter froher Tätigkeit wohl fühlen. Zerrenner argumentierte, dass selbst ein schwacher Lehrer in dieser Einrichtungsform mehr als in einer gewöhnlichen Schule zu erreichen vermag. Feste Ordnung, Regelmäßigkeit

---

54 Lassahn/Stach (1979) würdigen Zerrenners Modell als ein frühes System der Differenzierung nach Förderung und Begabung. Durch dieses wurde der Anspruch auf individuelle Förderung in einem differenzierten Lese- und Rechenunterricht systematisch und bei Methodenfreiheit des Einzellehrers umgesetzt. Auch wenn das Schüler-Schüler-Lernen, welches die Bell-Lancaster-Methode kennzeichnet, in diesem Modell schwächer entwickelt ist, wird Selbsttätigkeit und auch soziales Lernen erzielt.

und fester Gehorsam sind nach seiner Ansicht ebenso wichtige Prinzipien wie brüderliche Hilfe, gemeinnützige Tätigkeiten und gesundheitsförderliche Arbeitshaltungen, sodass für Schulanfänger unterstützende soziale und emotionale Bedingungen in diesem Modell vermutet werden können.

2.3.3 Reformpädagogische Bestrebungen in der Kaiserzeit

Nach der Gründung des deutschen Kaiserreichs unter preußischer Vorherrschaft wurden die „Allgemeinen Bestimmungen betreffend das Volksschul-, Präperanden- und Seminarwesen" am 15. Oktober 1872 von Minister Adalbert Falk (1827-1900) erlassen (Quelle enthalten in Königlich Preußischer Minister 1876). Die dazu gehörende „Allgemeine Verfügung über Einrichtung, Aufgabe und Ziel der preußischen Volksschule", die bis 1921 gelten sollte, definierte nach Heinemanns (1980) Auffassung im Wilhelminischen Kaiserreich die Aufgaben, Ziele und Organisationsformen der Volksschule unter den Anforderungen der beginnenden zweiten Industrialisierung neu. So wurde die 1854 in den stiehlschen Regulativen[55] festgelegte Einklassigkeit der Volksschule aufgehoben und durch eine dreiklassige Regelform ersetzt, wobei schon 1873 nach Darstellung Rosins (1927) die sechsklassige Volksschule als besonders empfehlenswert gesehen wurde. Daraus kann geschlussfolgert werden, dass nun zahlreiche Schulanfänger Aufnahme in eine eigene Jahrgangsklasse oder in eine zwei bis drei Jahrgangsstufen umfassende Klasse fanden.[56] In den Allgemeinen Bestimmungen wurden ebenso die Raumgröße festgelegt und die Höchstgrenzen für die Klassenstärke (70) geregelt. Die inhaltliche Neubestimmung ging jedoch nach Rosins Bewertung (1927) noch weiter: Die falkschen Bestimmungen ermöglichten, dass die bislang argwöhnisch reglementierte Volksschule zu einer mehr als nur auf die engen Grenzen des für nützlich gehaltenen Wissens gerichteten Elementarschule werden konnte. So wurde der Realienunterricht wieder eingeführt und der Einfluss des vorherrschenden Religionsunterrichts zurückgedrängt, indem der

---

55 Falk war nach Darstellung Rosins (1927) bereits 1858 zu der Einsicht gelangt, dass die stiehlschen Regulative die Volksschule an ihrer inhaltlichen Weiterentwicklung hinderten und machte es sich zu einer seiner ersten Aufgaben als Kultusminister, diese Regulative im neugegründeten Kaiserreich außer Kraft zu setzen.
56 In der Stadt Potsdam erfolgte im Zusammenhang mit den neuen Bestimmungen im Zeitraum von 1877 bis 1881 eine Reorganisierung des Elementarschulwesens. Aus den ein- bis dreiklassigen Elementarschulen wurden sechsstufige Gemeindeschulen geschaffen, welche zumeist zweizügig und in einer strikten Trennung als Mädchen- und Jungenschulen organisiert worden sind (Rocksch 1998).

religiöse ‚Memorierstoff' verringert wurde, ‚geistloses Einlernen' war zu vermeiden.[57]

Seit 1890 konnte nach Tenorth (1988) davon ausgegangen werden, dass
sich die Schulpflicht in Preußen tatsächlich durchgesetzt hatte, sodass die Schule,
zumeist die Volksschule, von allen Kindern und Jugendlichen zumindest für
sechs Jahre besucht wurde. Flitner und Kudritzki (1984) weisen darauf hin, dass
damit so viele schulpflichtige Kinder wie in keinem anderen Land dieser Zeit die
Schule besuchten und der Schulbesuch in dieser Zeit zu einer akzeptierten Be-
gleiterscheinung im Leben von Kindern wurde.[58] Allgemeine Bildung sowie
Erwerbs- und Urteilsfähigkeit, welche als Ziele des Volksschullernens galten,
wurden danach in enger Beziehung zu den Qualifikationsanforderungen der
Industrialisierung gesehen (Herrlitz et al. 1993) und fanden nach Tenorth (1988:
197) eine breite Akzeptanz: „Schule wird (...) zwar auch zu einer universalisierten
Instanz sozialer Disziplinierung, aber sie wird zunehmend auch von den Betroffenen
selbst als eine lebenslauf- und karrieredefinierende Einrichtung erfahren und in den
Selbstbildern der Heranwachsenden wie ihrer Eltern auch in der Arbeiterschaft, als eine
solche Instanz gesucht und akzeptiert."

Die ersten Schultage in der Volksschule dienten, wie sich anhand verschiedener Quellen belegen lässt, in der Regel der Vermittlung der für den Schulbesuch notwendigen Verhaltensregeln. Der Lehrer trat „als Tradent gesicherter Werte"
auf, er vertrat „dem Schüler gegenüber die geschichtlich gewordenen Gehalte, sittliche
und geistige Objektivationen sowie äußeren Ordnungen und Regelungen des Verhaltens".
(Lichtenstein-Rother/Röbe 1991: 22, vgl. z. B. auch Foerster 1902 und Kehr 1880) Das
Erlernen von Schulzucht und Disziplin erlangte nach diesen Quellen für den
Schulanfänger eine hohe Relevanz. Es waren vor allem Verhaltensweisen wie
die Konzentration auf den Lehrer und seine Anweisungen, Aufgerufenwerden
und Sprechen nach Melden und Genehmigung durch den Lehrer, Ausrichten der
Sitz- und Handpositionen nach den Tischkanten, die so lange geübt wurden, bis
sie für alle Kinder verfügbar waren. Ziel der Ordnungsübungen war nach den
Analysen von Lichtenstein-Rother und Röbe (1991: 22) „dem damaligen Verständnis des schulischen Auftrags entsprechend, die Schulanfänger auf das planmäßige, stetige
Fortschreiten im Klassenunterricht" vorzubereiten, aber auch zu einer inneren Dis-

---

57 Falk und sein Kampf für eine moderne Volksschule in Verantwortung des Staates fanden nach
Rosins Darstellung (1929) seinerzeit eine breite Unterstützung in der Volksschullehrerschaft, nicht
zuletzt auch durch seinen Einsatz für eine bessere finanzielle Ausstattung der Volksschulen sowie für
eine angemessene Besoldung der Volksschullehrer.

58 Um 1900 besuchen ca. 93 % der Kinder die öffentliche Volksschule, die anderen Kinder lernten
in privaten Einrichtungen. Weniger als 0,01 % der Kinder besuchten ohne triftige Gründe keine
Schulen (Quelle: Preußische Statistik 1901, enthalten in Mächler 1980). Die Unterrichtsorganisation
wurde weltweit als vorbildlich angesehen (Flitner/Kudritzki 1984). Auf der Pariser Weltausstellung
von 1867 wurde zum Beispiel ein preußisches Dorfschulmusterhaus präsentiert (Schiffler/Winkeler
1991).

ziplin zu führen. Pädagogische Werke wie „Das erste Schuljahr" von Foerster (1902) widmeten sich über mehrere Seiten den genauen Sprachvorgaben für Lehrerinnen und Lehrer und entwickelten eine drehbuchartige Abfolge von Ordnungsübungen in den ersten Schulstunden und Schultagen. Dabei kann die gewählte Ansprache der Kinder durch den Lehrer im gegebenen Rahmen als zugewandt und kinderfreundlich eingeschätzt werden.

Der Erfolg eines Lehrers wurde von Erfolgsautoren der Zeit wie Kehr[59] (1880: 35, zit. nach Lichtenstein-Rother/Röbe 1991: 27) daran gemessen, inwieweit in den Klassen die folgenden Merkmale bereits nach wenigen Minuten bei einer Beobachtung durch Externe erkennbar waren:

„a.   die anständige Körperhaltung der Kinder;
b.   die gespannte Aufmerksamkeit der Kinder während des Unterrichts;
c.   die lauten, vollständigen, zusammenhängenden Antworten der Kinder;
d.   die schöne, deutliche Handschrift und die Reinlichkeit in den Schreib-, Aufsatz- und Zeichenbüchern;
e.   die Ruhe vor und während des Schulunterrichts sowie die Ordnung beim Weggehen;
f.   die Lernlust der Kinder und die Freude über das Gelingen ihrer Arbeit;
g.   die Art und Weise der Fertigung häuslicher Arbeiten etc."

Andere Autoren des ausgehenden 19. Jahrhunderts und beginnenden 20. Jahrhunderts, wie zum Beispiel Ziller und Troll setzten im Anfangsunterricht auf eine Erziehung durch ‚Gesinnungsstoffe', bei denen die notwendigen Verhaltensweisen über geeignete und anscheinend kindgerechte Unterrichtsinhalte wie Geschichten aus dem Schulleben, Märchen und Fabeln vermittelt werden sollten. Ziller gab 1886 als konzentrierten Gesinnungsstoff für das erste Schuljahr ausgewählte Märchen von den Brüdern Grimm in fester Folge[60] vor, an denen alle anderen Unterrichtsfächer angeschlossen werden sollten.[61] Troll argumentierte in seiner „Theorie und Praxis des ersten Schuljahres" (1906, 9. Auflage 1921), die Hauptsache des Elementarunterrichts nicht mehr Lesen und Schreiben sein zu lassen, sondern den Gesinnungsunterricht an erste Stelle der Reform des Lehrplans zu setzen, um damit der ‚Emporbildung' des Schülers zu dienen und dem-

---

59 Kehrs Werk „Die Praxis der Volksschule" von 1880 lag in neun Auflagen vor und wurde in sieben Sprachen übersetzt.
60 Die Folge sah vor: 1. „Sterntaler", 2. „Die drei Faulen", 3. „Die drei Spinnerinnen", 4. „Strohhalm, Kohle und Bohne", 5. „Die sieben Geißlein", 6. „Hühnchen und Hähnchen", 7. „Wolf und Fuchs", 8. „Lumpengesindel", 9. „Bremer Stadtmusikanten", 10. „Zaunkönig und Bär", 11. „Fundevogel", 12. „Der Arme und der Reiche" (Ziller 1886, zit. nach Quellen zur Geschichte der Erziehung (1968: 319.) Zudem existierten noch zahlreiche weitere Auswahlvorschläge (vgl. hierzu Troll 1921).
61 Lichtenstein-Rother und Röbe (1991: 33) sehen darin „eine weitgehende Indoktrination sowie eine völlige Verfälschung des Umgangs", mit den Inhalten der Märchen und Erzählungen.

entsprechende Bildungsstoffe in den Lehrplan aufzunehmen. Diesem Anliegen sowie den kindlichen Entwicklungsbesonderheiten wurden seiner Ansicht nach die deutschen Märchen besonders gerecht. So legte er in seinem praktischen Teil dar, wie Verhaltensweisen wie Gehorsam und Fleiß der Kinder gegenüber Vater und Mutter über die Märchen „Die sieben Geißlein", „Rotkäppchen" und „Frau Holle" zu erarbeiten und mit den anderen Inhalten des Lehrplans zu verbinden seien. Alles in allem beschrieb er neun märchengestützte Verhaltensthemenfelder. Göbelbecker arbeitete in seiner Fibel von 1914 mit einer Geschichtenfolge aus dem Leben vom Schulanfänger Rudi, wobei Rudi und seine Erlebnisse als ansprechendes Verhaltensübungsmodell für Schulanfänger wirken sollten. Göbelbecker ging es um die Gewinnung der Herzen und die Erregung der Lernlust vom ersten Tage an (Fibelbeispiel in Lichtenstein-Rother/Röbe 1991).

Für den Anfangsunterricht wurde in dieser Zeit eine Vielzahl von Unterrichtskonzepten veröffentlicht[62], die sich stark auf psychische und physiologische Besonderheiten des Kindes beim Eintritt in die Schule bezogen (vgl. hierzu Troll 1906). Ebenso existierten für den Leselehrgang eine Vielzahl von Fibeln, bei denen sich die Leselehrgänge nach sehr verschiedenen Methoden aufbauten (vgl. hierzu die Übersichten bei Boddin 2005). Die Inhalte und Abbildungen orientierten sich nach Boddins Analysen stärker an kindlichen Lebensthemen, nach Offermanns (1999) Ansicht hatten diese Fibeln jedoch, wie die Fibeln in anderen Zeiten auch, eine stabilisierende Funktion für das bestehende Herrschaftssystem inne. So waren nach seinen Untersuchungen bereits für Schulanfänger in der Kaiserzeit der Sieg Deutschlands über Frankreich, die Konstituierung des deutschen Reiches, der erste Weltkrieg, Heldentod und antijüdische Tendenzen wichtige Themen in den Fibeln. Die Lebensrealität vieler Kinder, bei denen Armut als Massenphänomen auftrat, blieb als Thema weitgehend ausgespart. Die Buchstabiermethode wurde im Jahr 1872 durch den Abschnitt 24 in der „Allgemeinen Verfügung über Einrichtung, Aufgabe und Ziel der preußi-

---

62 Insgesamt entstand in dieser Zeit eine sehr große Fülle von Veröffentlichungen zum Unterricht in ersten Klassen, so zum Beispiel: Lehmensick (1888): „Psychologische Beobachtungen an Kindern des 1. Schuljahres. Praxis der Erziehungsschule", Altenburg; Hartmann (1890): „Die Analyse des kindlichen Gedankenkreises als naturgemäße Grundlage des 1. Schulunterrichts", Annaberg; Engel (1899): „Das erste Schuljahr", Berlin; Kirsch (1899): „Das erste Schuljahr", Gotha; Gansberg (1902): „Schaffensfreude. Ein Weg zur Belebung des ersten Unterrichts", Leipzig; Rein/Pickel/Scheller (1903): „Das erste Schuljahr", Leipzig; Fritz (1903): „Einführung in das erste Schuljahr", Karlsruhe; Ritthaler (1904): „Zur Theorie des grundlegenden Unterrichts", München Göbelbecker (1904): „Unterrichtspraxis im Sinne naturgemäßer Reformbestrebungen für das Gesamtgebiet des 1. Schuljahres", Wiesbaden; Heinemann (1903): „Der einheitliche Sprachunterricht in den ersten Schuljahren", Langensalza; Henck (1905): „Das erste Schuljahr. Ein Lehrgang im Sinne moderner Bestrebungen", Jena; Fuß (1906): „Der Unterricht im 1. Schuljahr", Dresden; Scheerer (1910): „Der Lehrer der Kleinen. Eine Didaktik und Methodik des Elementar-Unterrichts", Leipzig; Troll (1911): „Der Märchenunterricht in der Elementarklasse", Langensalza; und viele andere mehr.

schen Volksschule" (Quelle enthalten in: Königlich Preußischer Minister 1876) formal für den Erstleseunterricht außer Kraft gesetzt. Linguistisch begründete Anlaut- und Schreiblesemethoden sowie Ganzwort- und Mischmethoden, die der Lautorientierung der deutschen Schriftsprache besser entsprechen, fanden in den Fibeln und im Unterricht eine weitere Verbreitung (Gümbel 1980).

Das Lebensalter wurde zum entscheidenden Kriterium für den Schuleintritt und stärkte als Kriterium das System der Jahrgangsklassen.[63] Neben der altersgemäßen Einschulungen waren eine vorzeitige Schulaufnahme sowie Möglichkeiten der Zurückstellung vom Schulbesuch gesetzlich geregelt, so zum Beispiel im „Volksschulgesetzentwurf für Preußen" von 1892 (vgl. hierzu Rüdiger et al. 1976, Mächler 1980). Seit 1870 gibt es nachgewiesene Bestrebungen, Schulneulinge am Schulanfang systematisch zu untersuchen, so bei Friedrich Bartholomäi, der in Berlin mithilfe einer Fragebogenuntersuchung umfangreiche Untersuchungen zum kindlichen Vorstellungskreis von Kindern der unteren Klassen durchführte (vgl. hierzu Rüdiger et al. 1976).

Mehrere Quellen legen den Schluss nahe, dass der Schulanfang zunehmend als wichtiges biografisches Ereignis durch entsprechende familiäre und gesellschaftliche Rituale, zumindest in den wohlhabenden Familien, begleitet wurde[64]

---

63 Viele Kinder sind infolge von sozialen Verelendungsprozessen nicht den steigenden Anforderungen und Leistungserwartungen der nun jahrgangsstufenbezogen organisierten Volksschule gewachsen (Schiffler/Winkeler 1991, Kanter 1999, Ellger-Rüttgardt 2005). Kanter (1999: 371) weist darauf hin, das infolge der konsequenten Durchsetzung der Schulpflicht „zunehmend mehr leistungsversagende, nicht selten verhaltensauffällige und mehrheitlich sozialschwache Kinder", auftauchen, „für die der übliche Frontalunterricht in Klassen mit 80-120 Kindern nicht taugte". Er führt aus, dass die besonderen Bildungsbemühungen erst dann einsetzten, als die schwach befähigten Kinder zu einem öffentlichen Bildungsproblem, „negativ formuliert, zu einem ‚Ärgernis' des öffentlichen Bildungswesens wurden" (a.a.O.), wohingegen für Kinder mit (Sinnes- und Körper-) Behinderungen schon seit längerem Bildungseinrichtungen existierten. Mit der Gründung der Hilfsklassen erwachte die Separierungsidee als Gegenströmung eines gelingenden Schulstarts für alle Kinder, welche das Versagen einzelner Kinder antizipierte. Infolge dessen wurden für „schwachbegabte" Kinder in den achtziger Jahren des 19. Jahrhunderts Hilfsklassen gebildet, aus denen sich die Hilfsschulen konzeptionell entwickelten. Kanter weist darauf hin, dass bereits nach damaligen Untersuchungen das Kriterium ‚schwachbefähigt' für die Minderheit der in den Hilfsklassen aufgenommenen Kinder galt. Nach seinen Analysen handelte es sich vielmehr um Auffangeinrichtungen, die Kinder und Jugendliche zur Entlastung der öffentlichen Schule aufnahmen. Die erste Hilfsklasse wurde 1881 in Braunschweig eröffnet, Klassen in Brandenburg und Berlin folgten erst relativ spät (Brandenburg 1896, Cottbus 1897, Forst 1902, Guben 1898). In Berlin wurden zunächst Nebenklassen mit dem Ziel der Zurückführung gebildet, erst ab 1912 existierten Bestimmungen über eigenständige Nebenklassen. Auch für ‚mindersinnige' Kinder mit Körper-, Seh- und Hörbehinderungen und für ‚krüppelhafte' Kinder erfolgte ein rascher Ausbau des Sonderschulwesens (Kanter 1999, Ellger-Rüttgardt 2005). Kinder mit geistigen Behinderungen wurden in den ‚Idiotenanstalten' und in Psychiatrien aufgenommen (Speck 1990).

64 Neben neuen Kleidungsstücken zum Schulanfang wurden Zuckertüten in einigen Provinzen wie Thüringen und Sachsen immer häufiger und verbreiten sich von dort aus weiter. Seit 1910 wurden im Erzgebirge Zuckertüten serienmäßig produziert und vertrieben (Löwe 2004). Nach den Darstellungen

(Schiffler/Winkeler 1991, Schneider 1996, Löwe 2004). An den Schulen begannen sich Einschulungsfeiern als Rituale herauszubilden (Binger 2006). Die Kinder der unteren Stände wurden in die Volksschulen eingeschult, die Kinder kleiner Kaufleute, Handwerker und Gewerbetreibender sowie der oberen Stände sortierten sich, je nach den finanziellen Möglichkeiten der Eltern, auf verschiedene Privatschulen oder erhielten Hausunterricht.

Die konkreten schulischen Rahmenbedingungen für Schulanfänger konnten, wie aus verschiedenen Quellen hervorgeht (Alt 1960, Schiffler/Winkeler 1991, Quellensammlung 1968, Rutschky 2003), je nach Schulstandort sehr verschieden ausfallen. In Preußen setzte vor allem in den Städten der Gründerzeit ein umfangreiches Schulneubauprogramm ein, um den steigenden Schülerzahlen gerecht werden zu können (Rocksch 1998). Vielerorts, vor allem in ländlichen Regionen sowie in abgelegenen Provinzen Preußens, überwogen nach den durchgesehenen Quellen jedoch noch die einklassigen Volksschulen mit 100 und mehr Kindern pro Klasse, in denen die pädagogische Weiterentwicklung der Volksschule nur schleppend vorankam[65] und nach wie vor eher ungünstige Rahmenbedingungen[66], auch für das Anfangslernen, vorherrschend waren.

Das späte 19. Jahrhundert wurde von Benner (1998) als Ausgangspunkt einer zweiten reformpädagogischen Phase gesehen, welche die Schwächen und Probleme der alten Staatsschule um 1900 öffentlich benannte. Sie stellte den verblassenden, alten Idealen ein neues Menschenbild entgegen (Flitner/Kudritzki 1984, Tenorth 1988, Röhrs 1991) und forderte das Recht des Kindes auf missbrauchsfreie Beschulung und gerechte Behandlung ein (Weisser 1995). Ausgehend von der Natur des Kindes als Motiv der Reform stand eine ‚Pädagogik vom

von Binger (2006) waren seit 1850 Zuckertüten auch bei Kindern der niederen Schichten üblich, diese wurden mit Schulsachen, Schürzen und Holzpantoffeln gefüllt. Glückwunschkarten und Erinnerungsfotografien wurden um die Jahrhundertwende sehr beliebt.

65 Bergg schildert seine ersten Schuljahre um 1873 in der Volksschule in Königsberg im Rückblick so: „Unterrichtsmittel und Lehrverfahren konnten den Umständen nach als gut betrachtet werden. Aber die Erziehung war ein Hohn auf den Geist des Jahrhunderts. Mit Stock, Rohr, Peitsche, Hand, Faust und Fuß ward auf allen Teilen des Schülerleibs herumgearbeitet. Sogar eine richtige Prügelmaschine stand im Gebrauch. Diese Schultyrannei zeugt heillose Furcht. Manche Kinder mussten zur Schule geschleppt werden, mit Stricken gebunden, andere rissen aus, streiften tage-, ja wochenlang in der Freiheit umher ... Vor allem das Auswendiglernen ganzer Bibelkapitel und einer Unmasse Gesangsbücher langweilte! Himmel, was hagelte da nicht alles an Schlägen in unsere Reihen hinein! Ich schlüpfte im Ganzen noch ziemlich glatt durch. Dafür plagte ich mir aber oft noch während des Schulgangs den Kopf, betrat die Klasse mit fiebriger Stirn und saß wie erlöst, wenn ich das im Augenblick für den Augenblick Gelernte zur rechten Zeit herunterleiern konnte." (Bergg 1913: 15ff.).

66 Vgl. hierzu August Bebels Rede über die Schulzustände in preußischen Volksschulen vor dem Deutschen Reichstag am 24. November 1902 (In: Quellen zur Geschichte der Erziehung, 1968: 334ff.).

Kinde aus'[67] im Zentrum der pädagogischen Schriften. Ellen Key (1907) veröffentlichte dazu im Jahr 1900 ihr Standardwerk „Das Jahrhundert des Kindes"[68]. Dem Bild des Kindes in der Reformpädagogik[69] weist Oelkers (1996: 97) eine Schlüsselrolle zu: „Das Kind, nicht das konkrete Individuum, sondern das mythische Bild[70], übernimmt eine Schlüsselrolle in der pädagogischen Diskussion Anfang des 20. Jahrhunderts", wobei dem Kind eine Erneuerung des Ganzen zugetraut wurde. Dieses mythisch-sentimentale Bild wird nach seiner Darstellung von sehr unterschiedlichen weltanschaulichen, religiösen, sozialistischen, nationalistischen Motiven oder auch esoterischen Theorien mit bestimmt und führt zu unterschiedlichen Ansätzen für den Unterricht. Für die neue Pädagogik gab es nach den vorliegenden Einschätzungen sehr unterschiedliche Zielstellungen und didaktisch-methodische Bestrebungen (Hilker 1924, Oelkers/Osterwalder 1999). Die Verschiedenheit der Reformansätze lässt sich auch hinsichtlich der daraus abgeleiteten Anfangsunterrichtskonzeptionen belegen. Diese reichen vom häuslichen

---

67 Die ‚Pädagogik vom Kinde' aus wurde historisch nachhaltig von einem romantischen Blick auf Kinder gespeist, für den nach Baader (2002) die Zeit seit dem späten 18. und dem frühen 19. Jahrhundert als Ausgangspunkt zu benennen ist. Historische Grundlagen für dieses romantische Bild vom Kind, welches die Pädagogik so nachhaltig inspirierte, waren Ideen von Jean Jacques Rousseau, Dichtungen von Jean Paul und Novalis. Auch in der Malerei setzte sich, geprägt durch Klassik und Romantik, seit dem frühen 19. Jahrhundert eine zunehmend romantische Sichtweise auf Kinder durch. Kinder wurden als ursprüngliche Wesen betrachtet, deren kindliche Unschuld es zu erhalten galt (Baader 1996). Sowohl das Entstehen der bürgerlichen Kleinfamilie mit der sich sorgenden Mutter als auch die zunehmende Entfremdung durch die außerhäusliche Beschulung der Kinder unterstützten nach Baader (2002) diese romantische Sichtweise. Innerhalb der romantischen Auffassung vom Kinde zeichnen sich zwei verschiedene romantische Bilder des Kindes ab: ein vorromantisches, an Rousseau orientiertes Bild vom unverdorbenen Kind, welches mit sich selbst und der natürlichen und göttlichen Ordnung in Einklang lebt sowie das eigentlich romantische Bild, bei welchem mit der Geburt des Kindes auch das Göttliche wieder in der Welt erscheint (Baader 1996/2002; Prengel/Schmitt 2000; Ullrich 1998/2002). Beide Denkbilder „bilden zusammen das romantische Kindheitsideal, welches sich vom aufgeklärten Bild des Kindes als einem erst noch zu kultivierendem und zu disziplinierendem Triebwesen diametral unterscheidet" (Ullrich 2002: 50). Damit suchte das romantische Kindheitsbild „den Weg zurück in die vollkommene Kindheit und die Bewahrung des Verlorenen" (a.a.O.).

68 Das von Key gezeichnete Bild des Kindes bezieht sich nach Ullrichs (1998: 245) Darstellungen ausdrücklich auf gesunde und normal begabte Kinder: „Sozial randständige und auffällige Kinder – verelendete, behinderte, delinquente u.a. – werden von Key als ‚entartet', ‚degeneriert' oder ‚minderwertig' wahrgenommen" und für eugenische Maßnahmen vorgeschlagen, vgl. auch Key (1907, Kap. 1).

69 Das verbindende Element aller neuen Konzepte einer ‚Pädagogik vom Kinde' aus ist nach Oelkers und Osterwalders Analyse (1999) weniger eine gemeinsame Theorie als vielmehr eine neue Einstellung, die sich in der Mentalität, der Sprache und dem Habitus der Reformer spiegeln.

70 Diese Deutung bleibt nicht unwidersprochen. Ullrich (2002: 49) weist seinerseits daraufhin, dass nicht vom „Mythos der Kindheit" im ursprünglichen Sinne des Begriffs Mythos gesprochen werden kann, sondern allenfalls von einer „Ursprungserzählung über das Kind" und dass es sich genau genommen um zwei literarisch-philosophische Kunstmythen handelt (1998).

Unterricht zum Beispiel bei Berthold Otto bis hin zu sehr elaborierten schulischen Lernansätzen für sehr junge Kinder bei Maria Montessori und haben bei
Anton Sickinger ein gänzlich umgestaltetes Schulsystemmodell auch im Anfangsunterricht zur Folge. Diese drei ausgewählten Pädagogen und ihre Reform-
konzepte werden nachfolgend wiederum mit dem Blick auf den Anfangsunterricht etwas ausführlicher dargestellt, weil für diese einige regionale Einflüsse auf
das Schulwesen im brandenburgischen Raum nachgewiesen werden können.

Berthold Ottos Ansätze für den Anfangsunterricht in der Hauslehrerschule

Berthold Otto[71] (1859-1933) wirkte als Hauslehrer und gründete 1906 in Berlin-
Lichterfelde seine Hauslehrerschule. Otto (zit. nach Saupe 1929: 199) betonte
stets, dass sein Schulentwurf kein einfach übertragbares Muster für öffentliche
Volksschulen sei:

> „Die Schule hat nicht die Absicht, eine Normalschule, eine Musterschule zu wer-
> den, sondern sie soll die Stelle sein, wo ich und meine Lehrer das organische
> Wachstum des Geistes beobachten können. Bei uns ist die Vorbedingung vollkom-
> mene Freiheit von jeder vorbedachten theoretisch-pädagogischen Einwirkung. Wir
> befreien den Schüler nur von all den schädlichen Einwirkungen, die ihn gehindert
> haben, so zu wachsen, wie sein Geist es verlangt".

Aufgenommen werden konnten alle Kinder unabhängig von ihren persönlichen
Voraussetzungen oder Eigenschaften. Otto wendete sich dagegen, dass Wissen
den Kindern lehr- und stunden-planmäßig eingetrichtert wurde und setzte das
Modell der organischen Wissensentwicklung dagegen, bei dem der Schüler zunächst seine eigenen geistigen Interessen entwickeln sollte. Ebenso wie sich nach
seiner Ansicht der Körper organisch aus eigenem Bauplan heraus entwickelte,
nahm er dieses auch für die geistige Entwicklung an. Die ‚Geistesgesetze‘ hat

---

71 Berthold Otto war nach Saupes Einschätzung (1929) einer der schärfsten Kritiker des öffentlichen
Schulwesens, wobei er eine große Bekanntheit auch durch die Herausgaben seiner Zeitschrift „Der
Hauslehrer" erlangte. Otto wurde wegen seiner anarchistisch anmutenden Vorstellungen einer Schule
der Freiwilligkeit und des fehlenden Zwanges oft angefeindet, gleichzeitig erfuhr er in Anbetracht
seiner Erfolge auch viel Bewunderung. Prengel und Schmitt (2000) weisen darauf hin, dass in den
Jahren bis 1914 bereits 1.500 Besucher aus zahlreichen Ländern und nahezu allen Kontinenten über
die Eintragungen im Besucherbuch nachweisbar waren. Saupe schätzte 1929 ein, dass viele seiner
Ansätze, wie der Gelegenheitsunterricht, der Gesamtunterricht auf der Unterstufe, die Schülerfrage,
die Selbstregulierung sowie die Berücksichtigung der Altersmundart, der Fassungskraft und der
Interessen Eingang in die Grundschule der späten zwanziger Jahre gefunden haben. In direkter Linie
zu seinem Modell wurden mit Adaptionen und Weiterentwicklungen die Dorfschule Holbeck bei
Luckenwalde (heute Landkreis Teltow-Fläming) sowie die beiden Berthold-Otto-Schulen ab 1930 in
Magdeburg gegründet.

nach seiner Meinung der Geist sich ein für allemal selber gegeben und der Lehrer hat ihnen zu gehorchen (Otto 1925 in Flitner/Kudritzki 1984). Methodisch entwickelte er hierfür ein Gesamtunterrichtsmodell, welches sich von den anderen Gesamtunterrichtsmodellen der Reformzeit dadurch unterschied, dass es einen streng durchgeführten, regelmäßigen Gelegenheitsunterricht beinhaltete. Dieser Gelegenheitsunterricht umfasste alle Schülerinnen und Schüler vom sechsten bis zum achtzehnten Lebensjahr sowie alle Lehrenden und fand wöchentlich drei- bis viermal in der letzten Unterrichtsstunde statt (vgl. hierzu Saupe 1929, Prengel/Schmitt 2000). In diesen Stunden standen Fragen der Lernenden an die Welt in ihrer Gesamtheit im Mittelpunkt, auf welche alle Kinder, beginnend mit dem jüngsten, antworten konnten. Aus diesem freien Unterrichtsgespräch wurden die Themen für fächerverbindende Projekte entwickelt. Altersbezogene Anfänger-, Unter-, Mittel- und Oberkurse bearbeiteten zudem noch eigene Gesamtunterrichtskurse. Fachbezogene Arbeitsgemeinschaften ermöglichten den freiwilligen Erwerb fachspezifischer Kenntnisse. Zu den wichtigsten Prinzipien gehörte die Freiwilligkeit aller Lernentscheidungen sowie der vollständige Verzicht auf Disziplinierungen durch die Lehrenden (Prengel/Schmitt 2000). [72]

Ein wichtiges Prinzip für den Anfangsunterricht bildete bei Otto eine Unterrichtssprache unter Verwendung einer ‚Altersmundart‘, wobei er das Kind als einen Neuschöpfer und nicht als einen Erben der Sprache sah. Die Altersmundart beschrieb Otto (1905, zit. nach Flitner/Kudritzki 1984: 198) als eine der geistigen Entwicklung angemessene Sprache: „Altersmundarten nennt man die verschiedenen Sprachen, die ihr in verschiedenen Lebensaltern sprecht." Diese Sprache ist wortärmer und weniger kompliziert, beschreibt vor allem einfache Dinge materieller und seelischer Art, ist aber trotzdem geeignet, politische, wirtschaftliche und andere Sachverhalte kindgerecht zu bearbeiten, wobei Otto der Anschaulichkeit ebenfalls eine grundsätzliche Bedeutung zuschrieb.

Im Schreib-Lese-Unterricht des ersten Schuljahres setzte Otto auf die begriffliche Methode und entwickelte 1897 eine Lautlehre, bei der als Brücke zwischen dem Anschauungsunterricht und der Sprachlehre alle Laute mit Begriffen (z.B. „l = Zungenbrummer“, „f = Zahnlippenbö“) benannt wurden. Danach erfolgte die Zerlegung der Silben und Worte in Laute bei Benennung der Lautnamen sowie eine sich anschließende Verschriftung (Otto 1897, in Flitner/Kudritzki 1984). Indem er auf die Unterscheidung von Lauten und Buchstaben drängte, und Lernanfänger zur Beobachtung ihres Sprechens und der Laut-

---

72 Eine Selbstverwaltung durch Schülerinnen und Schüler erfolgte in der Hauslehrerschule mithilfe von Schülergesetzen, Schülergerichten und einer Schulkanzlei mit ‚polizeilichen Befugnissen‘. Für das Verhältnis von Lernenden und Lehrenden ging Otto von einem freiwilligen ‚Ehrfurchtsgehorsam‘ aus. Die konsequent durchgehaltenen Prinzipien irritierten selbst reformorientierte Pädagogen wie Fritz Karsen anfänglich (vgl. hierzu Saupe 1929).

diskriminierung anleitete (vgl. hierzu Kerner 1924), knüpfte er an die auf Valentin Ickelsamer zurückgehende lautorientierte Lesemethode aus dem Jahre 1527 an und schaffte er einen Zugang zur Schriftsprache, der als phonologische Bewusstheit eine wichtige Bedeutung im Anfangslernen hat (Heuss 1993).

Differenzierung der Schulorganisation in der öffentlichen Volksschule als Zugang für einen veränderten Anfangsunterricht

Einen gänzlich anderen Weg der Reform der Volksschule verwirklichte Joseph Anton Sickinger[73] (1858-1930). Sickinger wirkte überwiegend als Schulbeamter in Mannheim[74], sein Mannheimer Schulsystem wurde jedoch seinerzeit vor allem durch den internationalen Schulkongress in Nürnberg 1904 weltbekannt (Saupe 1929). Das Mannheimer Schulsystem stellte einen Versuch dar, die Volksschule auf differenzialpsychologischer Basis sowohl vertikal als auch gleichzeitig horizontal zu gliedern, um allen Kindern, sowohl den schwachen als auch den starken, einen guten Unterricht bei Unterstützung der Selbsttätigkeit zu ermöglichen.[75] Bislang ist wenig darüber bekannt, inwieweit Sickinger spezielle Ansätze für den Anfangsunterricht[76] verfolgte. Allerdings dürften auch Schulanfänger davon profitiert haben, dass die Verantwortung der Volksschule für alle Kinder betont wurde. Sickinger entwickelte seit 1901 ein System von Hauptklassen für normalleistungsfähige Kinder, ergänzt durch Förder- und Hilfsklassen für schwächere Kinder sowie fremdsprachliche Klassen und Übergangsklassen für besonders veranlagte Kinder. So versuchte Sickinger, für alle Kinder der Pflichtschule, sowohl für die Begabten als auch für die Sorgenkinder, eine Harmonie zwischen den biologischen Bedürfnissen der kindlichen Natur und den Anforderungen der Bildungsstoffe, Lehr- und Lernweisen zu ermöglichen, um das Ler-

---

73 Saupe (1929: 252) würdigte Sickingers Wirken mit folgenden Worten: „Sickinger ist ein Organisator großen Stiles. Er ist unter den leitenden deutschen Schulmännern derjenige, der durch Wort und Schrift, vor allem aber durch praktisches Handeln, das Augenmerk der verantwortlichen Kreise immer wieder darauf gerichtet hat, dass die Schule (...) jede Einzelkraft im Volksleben nicht bloß schlechthin, sondern zur höchstmöglichen Entwicklung bringen muß, und zwar dadurch, daß sie sich als lebendiges Gebilde den Begabungs- und Entwicklungsgesetzen des Schülers anpaßt. Noch ehe man von ‚Versuchsschulen' sprach, hat Sickinger einen großangelegten Versuch der Schulorganisation gewagt: die Umgestaltung der einförmigen Einheitsschule in die psychologisch-differenzierte Einheitsschule."
74 Sickinger hatte es geschafft, die Mannheimer Bürgerschaft von seinen Plänen zu überzeugen, sodass er diesen Umbau des Schulwesens in der Stadt Mannheim konsequent durchführen konnte.
75 Nach Saupe (1929: 249) ging Sickinger bei seinen Organisationsplänen immer vom Gedanken einer Einheitsschule aus: „Er lehnte die Gleichheitsschule ab und verlangt die psychologisch durchorganisierte Einheitsschule. Sie ist ihm ‚ein System von Schulen, das in planvoller Abstufung der natürlichen Verschiedenheit der Beanlagungen und der Mannigfaltigkeit der Berufe Rechnung trägt."
76 Hingewiesen sei auf sein Manuskript „Stoffplan für den Darstellungsunterricht (Formen, Stäbchenlegen, Zeichnen) im ersten Schuljahr". (zit. nach Troll 1921)

nen wirksamer und freudvoller zu gestalten und setzte sich dabei von Anfang an für die gemeinsame Grundschule für alle Kinder ein.[77]

Aufschlussreich ist Sickingers Konzept eines sukzessiven Abteilungsunterrichts in allen Klassen der Grundschule, welches vermutlich insbesondere auch für Schulanfänger unterstützend gewesen sein dürfte. Der sukzessive Abteilungsunterricht ermöglichte es den Klassenlehrern, ihre Klasse je nach ‚Lernbedürftigkeit' in zwei Gruppen zu teilen, die in einer bestimmten Anzahl von Stunden zeitlich getrennt unterrichtet wurden. Zusätzlich wurde Nachhilfeunterricht für langsamer lernende Kinder eingeführt. Sickinger (zit. nach Saupe 1929: 249) trägt einem Individualisierungsgedanken Rechnung, der bis heute Gültigkeit besitzt, wenn er formuliert:

„dass der Besuch der gleichen, nämlich der einen öffentlichen Schule nicht mechanisch gleiche Schulung für alle, sondern vielmehr, damit allen Kindern das von der Schule verheißene gleiche Recht tatsächlich zuteil werden kann, gleiche Möglichkeit für jedes Kind bedeutet, einen gleich guten, d.h. einem seinem individuellen Kräftemaß und Entwicklungstempo entsprechenden und deshalb geistiges Wachstum verbürgenden Unterricht zur erhalten".

Trotz der weltweiten Resonanz auf das Mannheimer Schulsystem bleibt dieses nach Saupes (1929) Angaben nicht unangefochten. In Deutschland sind in den späten zwanziger Jahren in 150 Orten Einrichtungen nach diesem System geschaffen worden, in der Provinz Brandenburg zum Beispiel in Berlin und in Forst/Lausitz[78].

---

77 Sickinger zielte mit seinem Konzept auf eine harmonische Entwicklung der Gesamtpersönlichkeit, indem alle Seiten des kindlichen Wesens Geist, Körper, Wille, Gemüt und die schöpferischen Anlagen gefördert werden sollten. Um dieses Ziel einer Harmonisierung der Schulerziehung zu erreichen, führte er unterschiedliche Maßnahmen in den Volksschulen ein, wie zum Beispiel den verbindlichen Spielnachmittag, alljährliche große Spielfeste mit Wettkämpfen, Schulbrausebäder, verbindlichen Schwimmunterricht, Schülerwanderungen sowie schulärztliche Untersuchungen und unentgeltliche Schulzahnpflege. Ergänzt wurden diese Maßnahmen durch vielfältige Angebote zur handwerklich-ästhetischen Erziehung wie wahlfreie Zeichenkurse, Werkstätten zum systematischen Handarbeitsunterricht, Werkunterricht, Schülervorführungen im Nationaltheater, Schülerkonzerte, unentgeltliche Singschule, Lichtbildervorführungen, Schülerbüchereien und Kurse zur Blumenpflege. Zugleich legte er großen Wert auf unterstützende Rahmenbedingungen wie zum Beispiel Lehrerfortbildung, kostenlose Bereitstellung von Lehr- und Lernmitteln, eine Bereitstellung von ausreichenden Klassenräumen sowie die Herabsetzung der ‚Klassenbesuchsziffern'. Ein wichtiges Prinzip, welches er nach Saupe (1929) einführte und komplett durchsetzte, war das Klassenlehrer- und Klassenraumprinzip.

78 In Forst wurde 70 Jahre später eine der ersten Schulen mit flexibler Schuleingangsphase im Land Brandenburg eingerichtet.

Anfangsunterrichtliche Aspekte im reformpädagogischen Konzept von Maria Montessori

Ebenfalls von großem Einfluss auf den Anfangsunterricht in dieser Zeit waren die pädagogischen Ansätze von Maria Montessori (1870-1950). Die intensive Verbreitung von Montessoris Ideen im Berliner Raum ist nach Bergers Darstellung (2000) ohne das Wirken von Clara Grunwald (1877-1943) undenkbar.[79] Montessoris neuer Begriff der Erziehung beruht auf der Beobachtung des Kindes und einem gezielten Aufbau von Freiheit in der Lernumwelt und in jedem Menschen selbst (Montessori 1938/1987, Röhrs 1991). Wichtige Eckpunkte ihres Ansatzes sind Konzepte wie zum Beispiel das der sensiblen Perioden, der inneren Ordnung und der elementaren Handlungen (Böhm 1991).

Methodisch spielen die Wiederholung der Übungen, die freie Wahl der Tätigkeit, die vorbereitete und ästhetisch gestaltete Lernumgebung eine wichtige Rolle.[80] Eine feststehende Methode umreißt Montessori (1938/1987: 141) nicht ausdrücklich, weil diese sich jeweils aus der Beobachtung der individuellen Entwicklung des einzelnen Kindes ergeben soll:

> „Man sieht nicht die Methode: was man sieht, ist das Kind. Man sieht die Seele des Kindes, die, von allen Hindernissen befreit, sich gemäß ihrer eigenen Natur kundgibt. Die kindlichen Eigenschaften, die hierbei zutage treten, gehören schlechthin dem Leben an, gleich den Farben der Vögel und den Gerüchen der Blumen; sie sind in keiner Weise die Folge einer ‚Erziehungsmethode'. Es ist jedoch klar, daß solche Naturgegebenheiten durch eine Erziehung beeinflusst werden können, deren Ziel es ist, sie in der Entwicklung zu fördern und zu schützen."

---

79 Grunwald trat 1919 dem „Bund der entschiedenen Reformer" bei und wählte die Verbreitung der Montessori-Pädagogik zu ihrem Arbeitsschwerpunkt. Für die im Jahr 1914 geplante Deutsche Werkbundausstellung bereitete sie im Auftrag des „Deutschen Bundes für Schulreform" eine Ausstellung eines Montessori-Zimmers mit den Montessori-Lehrmitteln sowie entsprechende Werbeprospekte vor (Berger 2000). Der Ausbruch des ersten Weltkrieges verhinderte die Durchführung dieser Ausstellung. Später gelang es ihr, Montessori für den Vortrag „Grundlinien meiner Erziehungsmethode" in Berlin zu gewinnen, welcher am 27.10.1922 stattfand. Berger (2000) legt dar, wie infolge dieses Vortrages vor allem in Berlin und Jena, aber auch anderen Städten eine wahre Montessori-Euphorie ausbrach und zahlreiche Montessori-Einrichtungen gegründet worden sind. Diese benötigten dringend ausgebildete Pädagogen und Grunwald organisierte 1923 einen ersten Ausbildungskurs im Berliner Zentralinstitut für Erziehung und Unterricht. Ein erneuter Montessori-Boom wurde nach Berger in der Region dadurch ausgelöst, dass es mehrere Ausstellungen mit Unterstützung der Berliner Kaufhäuser Israel und Wertheim gab. Von den 25 Montessori-Kinderhäusern, welche 1928 in Deutschland existierten, befanden sich 16 in Berlin und ebenso waren vier der neun Montessori-Grundschulklassen in Berlin ansässig (Berger 2000). Clara Grunwald wurde 1943 nach Auschwitz-Birkenau deportiert.

80 Die ungeheure Vielfalt dieses Ansatzes ist unter anderem in Montessoris Buch: „Kinder sind anders" (1987) dargelegt. An dieser Stelle kann nur eine holzschnittartige und unvollständige Darstellung erfolgen.

Insgesamt zielt Montessoris Ansatz auf eine völlig neue frühkindliche Erziehung sowie eine neue Erziehung im Anfangsunterricht, die jeweils über drei Jahrgangsstufen hinweg altersgemischt stattfinden. Die hohen Ansprüche an die ethischen Voraussetzungen der Erziehenden im Hinblick auf eine grenzenlose Anerkennung des Kindes finden sich als wichtige Voraussetzungen ihrer Pädagogik in Kapiteln wie „Die Schaukraft der Liebe" oder „Die Würde" wieder. Montessori (1987: 198) beschreibt die kindliche Entwicklung als Arbeit, die das Kind leistet, indem es „durch unermüdliche Aktivität, durch Kraftanstrengungen, Erfahrungen, Eroberungen und Leiden, durch harte Proben und mühsame Kämpfe (...) Schritt für Schritt seine schwierige und wunderbare Aufgabe", erfüllt und immer neue Formen der Vollkommenheit erreicht. Arbeit, auch ausdrücklich die von Kindern, wird von ihr als Grundlage für höchste Befriedigung, Gesundheit und innere Erholung gesehen.[81]

Eine wichtige Rolle spielten die von Montessori entwicklungslogisch und fachdidaktisch generierten Übungsmaterialien wie zum Beispiel das Sinnesmaterial, das Material zum Rechnenlernen sowie die Materialien zum Schreibenlernen, die heute noch in nahezu unveränderter Form weltweit eingesetzt werden. In diesen Materialien, die konsequent das Prinzip der Selbsttätigkeit verfolgen, ist „die Form methodisch gelenkter kindlicher Aktivität, die sich in der Selbstkontrolle den Grad der Bündigkeit des Tuns vergegenwärtigen kann", ein Grundprinzip (Röhrs 1991: 233). Die von Montessori beschriebenen Zugänge des Kindes zur Schrift und zum Zahlbegriff sowie die von ihr dazu entwickelten Materialien haben die Konzepte des Rechnen- und Schreibenlernens im Anfangsunterricht nachhaltig verändert. Montessori entwickelte um 1900 ein von ihr selbst als neu bezeichnetes Verfahren des gleichzeitigen Erlernens des Lesens und Schreibens, welches auf den Studien der Materialien von Seguin sowie eigenen Beobachtungen fußte. Einen Ausgangspunkt für ihr Konzept beschrieb sie in den spontanen Schreibbewegungen der Kinder. Den Schreibunterricht baute sie unmittelbar vom Alphabet her auf. Der Lehrvorgang fand mithilfe von Schmirgelpapierbuchstaben statt, bei dem auf der ersten Stufe Sinneseindrücke durch Fühlen und Sehen der Buchstabenformen erarbeitet wurden. Auf der zweiten Stufe stand das Wiedererkennen der Formen der Buchstaben im Mittelpunkt. Auf der dritten Stufe erfolgte das sprachliche Benennen der Lautwerte der Buchstaben. Diese Stufenfolge sollte zum freiwilligen und spontanen Ausbilden des Schreibens führen. Wenn

---

81 Welchen Einfluss niederdrückende seelische Faktoren infolge ungünstiger Lern- und Lebensbedingungen auf den Stoffwechsel und alle übrigen Körperfunktionen ausübten und wie umgekehrt freudige Seelenregungen die vitalen Funktionen positiv zu stimulieren vermochten, erregte als Phänomen der ‚körperlichen Parallelentwicklungen' seinerzeit große Aufmerksamkeit und Beachtung, so sprach die Presse von Wunderkindern in den Kinderhäusern (vgl. hierzu Montessori 1987).

dieser Entwicklungsschritt vom Kind gegangen selbst worden ist, setzt die Arbeit der Lehrerin ein, die weitere Schriftsprachentwicklung zu lenken. Die in weiter oben beschriebenen neuen Erziehungsverfahren, freiere Gestaltungsformen des erzieherischen Verhältnisses, eine Pluralität der Lernformen sowie eine Dezentralisierung der Unterrichtsführung und eine Steigerung der Eigenaktivität können nach Röhrs (1991) als Ertrag der Reformpädagogik auch für den Anfangsunterricht gesehen werden. Damit waren zu Beginn des 20. Jahrhunderts eine Vielzahl von Zielen, Methoden[82] und Organisationsformen, die eine Reform des Anfangsunterrichts unterstützen, konzeptionell entwickelt und überwiegend auch in der Praxis erprobt. Prengel und Schmitt (2000: 218) schätzen, bezogen auf das reformpädagogische Erbe ein, dass es vermutlich über die genannten reformpädagogischen Entwicklungen hinaus „nur zwei tatsächlich neue Entwicklungen reformpädagogischer Praxis am Ende des 20. Jahrhunderts [gibt], die nicht schon am Anfang des Jahrhunderts erfunden waren", die Integration von geistig behinderten Kindern sowie der Einsatz digitaler Medien.

2.3.4 Reformbestrebungen in der Weimarer Republik

Nach dem militärischen und politischen Zusammenbruch des Kaiserreichs 1918 und der Abdankung des Hohenzollern-Kaisers Wilhelm II. (1888-1918) startete die Deutschen Republik unter schwierigen ökonomischen und politischen Bedingungen als erste Demokratie in Deutschland. Die „Weimarer Reichsverfassung" von 1919 regelte in den Paragrafen 143-146 das organisch auszugestaltende öffentliche Schulwesen und eine achtjährige Schulpflicht. Im § 146 wurde eine für alle Schüler gemeinsame Grundschule beschrieben, auf die sich das mittlere und höhere Schulwesen aufbaute (vgl. dazu auch Herrlitz et al. 1993, Prengel 1999, Götz/Sandfuchs 2001, Reyer 2006, Tosch 2006). Die Weimarer Verfassung beließ im § 147 zunächst das Recht auf Privatunterricht durch Hauslehrer oder in Privatschulen (enthalten in Quellensammlung zur Geschichte der Erziehung, 1968). Im Jahr 1920 erfolgte als Novum die Einführung des gemeinsamen Besuchs der vierjährigen Grundschule von allen Kindern des Volkes mithilfe des Reichsgrundschulgesetzes („Reichsgesetz betreffend die Grundschulen und die Aufhebung der Vorschulen" vom 28. April 1920). Mithilfe der Erlasse vom 2.

---

82 Für den Anfangsunterricht im Lesen und Schreiben sind neben der erwähnten Methode von Montessori und der weiter oben dargestellten, artikulatorisch-begrifflichen Lesemethode von Otto (vgl. Abschnitt 2.3.3) zahlreiche weitere Leselehrmethoden in dieser Zeit entwickelt worden. Neben ganzheitlichen Zugängen entstanden vielfältige Mischformen analytischer und synthetischer Leselehrmethoden, die von entsprechenden Fibeln untersetzt wurden. Zahlreiche Fibeln zeichnen sich durch eine kindorientierte Gestaltung und durch eine Berücksichtigung der Kindersprache aus (vgl. hierzu Gümbel 1980; Offermann 1999; Boddin 2005; Rother 1954).

März 1921 sowie vom 13. April 1921 waren die kostenpflichtigen öffentlichen Vorschulen zur Vorbereitung auf den Besuch des Gymnasiums bis 1923/1924 in Preußen abzuschaffen (Tosch 2006). Dagegen konnten nach den Ausführungsbestimmungen zum Gesetz vom 28. April 1920 private Vorschulen aus wirtschaftlichen Gründen in Preußen zunächst bis 1929/1930 weiter bestehen bleiben. Außerdem besuchten bis zum Ende der zwanziger Jahre nach Toschs Analysen (2006) gemäß § 4 des Grundschulgesetzes jährlich über 100 Kinder in Potsdam privaten Unterricht in Familienschulen oder Privatunterrichtszirkeln. Zugleich gab es in den neu geschaffenen Grundschulen spezielle Begabungszüge, die wie zuvor eine dreijährige Grundschulzeit zur Vorbereitung auf das Gymnasium ermöglichten. Tosch (2006: 94) interpretiert diese Regelungen so, dass für einen „geringen Teil der Schüler quasi ‚Vorschulverhältnisse' in der zeitlichen Dimension wiederhergestellt", werden konnten. Dies bedeutete zugleich, dass die Grundschule für alle Kinder nicht wirklich alle Kinder beschulte.

Trotz der bestehenden Ausnahmeregelungen erfolgte im Rahmen der Festschreibung der Schulpflicht in Preußen nach Tenorth (1988) erstmalig eine Festschreibung einer verbindlichen Besuchspflicht der öffentlichen Grundschule für alle Kinder und ersetzte die bis dahin in Preußen geltende Unterrichtspflicht. Die Schulaufnahme erfolgte per Erlass von 1922 jeweils zu Ostern für diejenigen Kinder, die das sechste Lebensjahr bis zum 30. Juni des Jahres vollendeten (vgl. hierzu Rüdiger et al. 1976). Einschulungsfeiern, bei denen nun auch ältere Kinder kleine Programme aufführten, wurden nach Bingers (2006) Analysen zunehmend üblicher.

Die Bindung des verbindlichen Schuleintritts an das Lebensalter, führte zu einer weiteren Durchsetzung des Jahrgangsklassensystems sowie zu Regularien der Zurückstellung und des Überspringens. In diesem Kontext entstanden erste Testuntersuchungen zur Schulreife, so der „Arbeitsplan für die Untersuchung der Schulneulinge" des Leipziger Lehrervereins von 1921, die „Testserie zur Untersuchung von Schulneulingen" von Winkler aus dem Jahre 1922, sowie der „Schulreifetest" von Danziger (erschienen 1933, vgl. hierzu u. a. Burgener Woeffray 1996). Rüdiger et al. (1976: 181) weisen darauf hin, dass in den zwanziger Jahren des 20. Jahrhunderts die Maxime galt, dass jede Schule die ‚ernste Pflicht' habe, ‚schulunreife' Kinder abzuweisen.

Nicht in die Grundschule aufgenommen wurden nach Darstellung von Prengel (1999) Kinder mit Behinderungen, welche entweder im Sinne einer äußeren Differenzierung Aufnahme im zunehmend ausgebauten Sonderschulwesen[83] fanden oder als nicht schulfähig bezeichnet und vom Unterricht ausgeschlossen wurden. Ellger-Rüttgardt (1995: 481) verweist auf die Beratungen des

---

83 Für die Überweisung an Hilfsschulen wurden formalisierte Überweisungsverfahren entwickelt (Hofsäss 1995).

Hamburger Lehrerrats von 1919 zur Einheitsschule, die keinen Zweifel daran ließen, „dass die ‚anormalen' Kinder schon im ersten Schuljahr aus der ‚Gemeinschaft herauszunehmen und in die Hilfsschulen zu überführen seien".[84] Zugleich gab es nach ihren Untersuchungen etliche Vertreter in der Volksschullehrerschaft, die Hilfsschulen ablehnten, weil sie nicht dem Ideal der allgemeinen Volksschule für alle Kinder entsprachen. Diese Lehrer forderten stattdessen eine umfassende Reform der Volksschule, die sowohl leistungsstarken als auch schwach begabten Kindern zu Gute kommen soll mithilfe von reduzierten Klassenfrequenzen, inhaltlichen und methodischen Veränderungen, Schulzeitverlängerungen, Kern- und Kursunterricht sowie dem Einsatz von Hilfsschullehrern an Volksschulen.

Die gemeinsame Grundschule für alle Kinder des Volkes verkörperte nach Prengels Analysen (1999) sowohl eine demokratisch-egalitäre Integrations- als auch eine Selektionsfunktion, bei der die ständisch begründete Statuszuweisung abgeschafft und durch eine leistungsbegründete Statuszuweisung ersetzt wurde, mit deren Hilfe bestimmt wurde, welche höheren Bildungsgänge von Kindern beschritten werden können (vgl. hierzu auch Neuhaus 1991 und Reyer 2006). Götz und Sandfuchs (2001: 19) beschreiben das pädagogisch-didaktische Profil der Weimarer Grundschule „als Stätte grundlegender und kindgemäßer Bildung", und weisen darauf hin, dass eine Förderung aller kindlichen körperlichen und geistigen Fähigkeiten sowie eine anschlussfähige stoffgebundene Kenntnisvermittlung angestrebt wird.

Die „Reichsrichtlinien über Zielbestimmung und innere Gestaltung der Grundschule"[85] vom 18.7.1921 beschreiben das Ziel der ersten vier Schuljahre als eine allmähliche Entfaltung der kindlichen Kräfte aus dem Spiel- und Bewegungstrieb zum ‚sittlichen Arbeitswillen', der sich innerhalb der Schulgemeinschaft betätigt, und orientieren auf eine Erfassung der räumlichen und geistigen Kinderheimat unter besonderer Berücksichtigung des ‚kindertümlichen' sprachlichen Ausdrucks, der Schulung von Auge und Hand sowie auf eigene werktätige Arbeit. Für den Unterricht empfehlen die „Richtlinien für den Lehrplan der Grundschule" vom 16. März 1921 in den Anfangsklassen einen Gesamtunter-

---

84 Ellger-Rüttgardt (1995: 481) verweist zugleich darauf, dass sich insbesondere in Hamburg und Berlin die stärkste Kritik an den Hilfsschulen formierte und dass sich die beiden Städte zu „Zentren der Bildungsreform im Bereich der Erziehung Behinderter und Benachteiligter entwickeln, da in diesen Regionen die Grenze zwischen allgemeiner Pädagogik und Heilpädagogik nie als eine endgültige gezogen wurde". Es existieren Versuchsschulen, die nachweislich viele schulleistungsschwache Kinder aufnahmen.

85 Die „Reichsrichtlinien" bauen auf den zuerst im Land Preußen erlassenen „Richtlinien zur Aufstellung von Lehrplänen für die Grundschule" vom 16.3.1921 auf und wurden 1923 in nahezu identischer Form von der Reichsregierung für ganz Deutschland herausgegeben als „Richtlinien über die Zielbestimmung und innere Gestaltung der Grundschule sowie Bestimmungen, die aus den Richtlinien in Verbindung mit den Grundschulgesetzen folgen", vgl. hierzu Reyer (2006).

richt, der den Unterbau für einen schrittweisen Einsatz der klassischen Fächer bilden soll:

„Für den Anfangsunterricht ist eine strenge Scheidung der Lehrfächer nach bestimmten Stunden nicht vorzuschreiben, statt ihrer vielmehr ein Gesamtunterricht zuzulassen, in dem die verschiedenen Unterrichtsgegenstände zwanglos abwechseln. Im Mittelpunkt dieses Gesamtunterrichts steht der heimatkundliche Anschauungsunterricht, in dem sich die grundlegenden Übungen im Sprechen und Lesen, im malenden Zeichnen, Schreiben, Rechnen und Singen eingliedern." (zitiert nach Reyer 2006: 154)

Diesem Ansatz folgen auch viele Fibeln, die eine enge Verbindung zum Heimatkundeunterricht herstellten und nach Boddins Darstellung (2005: ohne Seitenzahl) „moralisierende Inhalte einschränken, das Gefühl pflegen, persönlichkeitsbildend wirken, dem Schaffensdrang des Kindes entgegenkommen". Die ‚kindertümlichen' Fibeln setzen auf eine radikale Vereinfachung von Sprache und Inhalten und nutzen oftmals kurze unvollständige Sätze.[86]

An den neu gegründeten Grundschulen setzt sich mithilfe dieser Maßnahmen neben den traditionellen Volksschulansätzen in größerem Maße reformpädagogisches Ideengut durch. Prinzipien der Reformpädagogik, wie Anschaulichkeit, Fasslichkeit, Selbsttätigkeit und Entwicklungsorientiertheit werden durch Gesamtunterricht in den Jahrgangsstufen 1 und 2, Spiel, Lehrwanderungen, Beobachtungen und praktische Aktivitäten untersetzt. Götz und Sandfuchs (2001) weisen einen Einfluss reformorientierter Leitformeln hinsichtlich einer Kindorientierung in den preußischen Planungsdokumenten nach, stellen aber auch fest, dass diese keine Monopolstellung erreichen konnten.

Für den Anfangsunterricht wurde per „Erlass zur Einschränkung der körperlichen Züchtigung" vom 28. März 1928 verfügt, dass disziplinarisch zu ahnden ist, wenn Kinder im ersten und zweiten Schuljahr geschlagen werden, weil dadurch das Vertrauensverhältnis des Kindes zum Lehrer behindert würde (enthalten in Apelt/Kluger 2000).[87]

Verschiedene Quellen deuten darauf hin, dass nach dem Eingang reformpädagogisch begründeter Ideen in die staatlichen Steuerungsinstrumente, wie die Zielbeschreibung der Grundschule, die Stundentafel und die Lehrpläne, die Re-

---

86 So zum Beispiel in der Fibel „Lernen und Lachen" von Loose und Rupprecht von 1928 aus dem Ferdinand Hirt Verlag in Breslau oder die Fibel „Guck in die Welt" von 1926/1929, herausgegeben vom Leipziger Lehrerverein.

87 Auf die Verbreitung und die Härte der Prügelstrafen weisen etliche Quellen in der Quellensammlung die „Geschichte der Erziehung" (Autorenkollektiv, Berlin. 1968) hin: In Preußen gingen danach in den Jahren 1915-1921 nachweislich 488 Kinder in den Freitod aus Angst vor der Prügelstrafe, darunter 16 Kinder im Alter von fünf bis zehn Jahren.

formbestrebungen in dieser Zeit unter anderem darauf zielten, die neuen kindorientierten Richtlinien in die Praxis zu implementieren.[88] Zahleiche Schriften zum Anfangsunterricht unterstützten dieses Vorhaben und warben für einen anderen Anfangsunterricht (Troll 1921, vgl. hierzu auch Lichtenstein-Rother/Röbe 1991). So schrieb der Schulrat Eckhardt (1924, zit. nach Lichtenstein-Rother/Röbe 1991: 34):

> „Das erste Schuljahr muß eine Entwicklungsschule und eine Arbeitsschule werden. Der Schulneuling mit seinem starkentwickelten Sinn für Sachen, seinem lebhaften Bewegungsbedürfnis, seinem Denken in sachlichen Einzelvorstellungen, seinem beweglichen Gefühlsleben, seiner sinnlichen, noch kaum in die Zucht des Willens genommenen Aufmerksamkeit, seinem Spiel- und Beschäftigungstrieb, seinem schwachen Willen und seiner noch großen Ermüdbarkeit kann schon zur Sicherung der Gesundheit seines geistigen und körperlichen Lebens nicht einen Unterricht vertragen, der für ältere Kinder zugeschnitten ist. Wenn man dann noch hinzunimmt, daß die hoffnungsvollsten Voraussetzungen zur geistigen Entwicklung in einer kraftvollen Eigentätigkeit des Kindes liegen, dann kommt man, auch wenn man kein Anhänger pädagogischer Neuerungssucht und Regellosigkeit ist, von selbst zur Forderung des freien Anfangsunterrichts, d.h. einer Unterrichtsgestaltung, die nicht an Lehr- und Stundenplan gebunden ist, sondern eine tägliche Neuschöpfung der für die Bedürfnisse der kindlichen Seelen abgestimmten Lehrerpersönlichkeit ist."

Neben einer reformpädagogisch begründeten Weiterentwicklung der Grundschulen wurde zugleich eine Reform der Landschulen (Link 2002) eingeleitet. Die Landschulen wurden trotz des allgemeingültigen Jahrgangsklassenstufensystems in Orten mit weniger als 2.000 Einwohnern in der Regel als einklassige Volksschulen geführt. Ihr Schüleranteil lag nach Link (2002) im Jahr 1927 in Preußen bei immerhin 42 % aller Schülerinnen und Schüler. Daraus kann geschlussfolgert werden, dass nach wie vor ein sehr großer Teil der Kinder den Anfangsunterricht in einklassigen Schulen erhielt. Nach Links Analysen stellten die Struktur der Landschule, deren Bildungsaufgabe und Bildungsinhalte, sowie die praktische und die methodisch-didaktische Umsetzung des Unterrichts die drei hauptsächlichen Felder der Landschuldiskussion dar, welche maßgeblich von Wilhelm Kircher, basierend auf seinen Erfahrungen aus dem von ihm 1923 gegründeten „Haus der Sonne", mitgeprägt wurden (Link 2002). Zeitgleich vollzog sich in dieser Zeit deutschlandweit eine rasche Entwicklung von reformpädagogisch

---

88 Inwieweit das konzipierte und oben beschriebene pädagogisch-didaktische Profil der Grundschule in der Praxis realisiert wurde bzw. auch unter den materiellen Notlagen der Zeit zum Beispiel in den Landschulen (Link 2002) realisiert werden konnte, ist nach der Einschätzung von Götz/Sandfuchs (2001) wissenschaftlich noch nicht hinreichend untersucht worden.

arbeitenden Versuchsschulen (Schmitt 1993a), bei denen auch Reformbestrebungen zum Anfangsunterricht zu vermuten sind.[89]
In diese Zeit fällt die Schulkonzeption von Peter Petersen. Sein Jena-Plan findet, durch Quellen belegbar, Eingang in die Arbeit von sieben Schulen der Provinz Brandenburg. So setzte die weltliche Volksschule Finsterwalde, nach ersten eigenen Reformversuchen unter ihrem Rektor Fritz Behrendt, ab 1930 den Jena-Plan um (vgl. hierzu Dühlmeier 2004, Petersen 1934). Ebenso begannen ab 1929 einige Volksschulklassen in Frankfurt an der Oder unter Ruth Gericke den Jena-Plan einzuführen. Im Jahr 1930 folgten die evangelischen Mädchenvolksschulen (Oberstufe und Grundschule) Wittenberge, einzelne Klassen der Volksschule Zielenzig und ab 1931 die einklassige Hilfsschule in Zielenzig in der Neumark (heute Polen). Ebenfalls 1930 begann die Volksschule in Altküstrinchen mit der Umsetzung des Jena-Plans und 1933 erfolgte die Umstellung einer dreiklassigen Landschule in Niemaschkleba im Landkreis Guben. Die Erfahrungen dieser Schulen sowie ihre Stoff- und Stundenverteilungen sind in Petersens Sammelwerk: „Die Praxis der Schulen nach dem Jena-Plan, Band III", erschienen im Jahr 1934, zusammengefasst. In welchem Umfang von diesen Umstellungen auch der Anfangsunterricht in den genannten Schulen betroffen ist, muss erst noch untersucht werden. Wegen der regionalen Bedeutsamkeit für Reformbestrebungen in der Provinz Brandenburg sollen hier einige anfangsunterrichtliche Aspekte der Pädagogik Petersens näher vorgestellt werden.

Konzeptionelle Aspekte des Anfangsunterrichts bei Peter Petersen

Peter Petersen (1884-1952)[90] richtete ab 1924 im Universitätsseminar Jena eine neue Übungs- und Forschungsschule ein, in der er sein Konzept einer Schule als Lern- und Lebensort entwickelte, welche durch die zentralen Prinzipien Selbst-

---

89 Für die Weimarer Republik insgesamt berichtet Schmitt (1993a) von 200 reformpädagogisch geprägten Schulversuchen sowie fast 300 weltlichen bzw. Sammelschulen im Jahr 1932. Die Zentren lagen dabei in Hamburg, Düsseldorf, Berlin und Sachsen. Hinzu kamen einige Schulversuchsschulen im ländlichen Bereich der ehemaligen Kurmark. 1932 soll die Zahl der Versuchsschulklassen allein in Berlin bei 637 Klassen gelegen haben, welche von insgesamt 22.570 Schülerinnen und Schülern besucht wurden (Prengel/Schmitt 2000), weitere 23.585 Kinder besuchten in diesem Jahr die 53 weltlichen Schulen, die nach den Analysen Haubfleischs (1998) und Lehbergers (2002) zur Gruppe der reformpädagogisch arbeitenden Schulen Berlin gezählt werden können. Zugleich existierten in Berlin auch heilpädagogische Einrichtungen mit reformpädagogischen Ausrichtungen (vgl. hierzu Hillenbrandt 1994).
90 Die Diskussion um Petersens Anpassungen und Verstrickungen in der NS-Zeit können im Rahmen dieser Arbeit nicht diskutiert werden. Die Neugründung der Jena-Plan- Schule in Jena nach dem Krieg findet 1950 ihr Ende (vgl. hierzu auch nachfolgenden Abschnitt). Petersen stirbt 1952 verbittert und einsam in Jena (vgl. hierzu Retter 1995).

ständigkeit, Gemeinschaft und Mitverantwortung geprägt war. Petersen (1927, zitiert nach Petersen 1980: 67 f.) wollte nicht über eine Änderung von Unterrichtsmethoden eine neue Schule machen sondern „aus der Schule als Ganzem etwas Neues (...) machen, d.h. das ganze Schulleben von Grund auf zu ändern". Für seinen Entwurf einer staatlichen Lebensgemeinschaftsschule waren das Gespräch, das Spiel, die Arbeit und die Feier als die vier Urformen des Lernens und Sich-Bildens prägend (Petersen 1980). Hinzu kamen von Petersen beschriebene spezielle Organisationsgrundformen, wie Stammgruppen statt Jahrgangsklassen, Wochenplanarbeit statt ‚Fetzenstundenplan' sowie gruppenunterrichtliche Verfahren und Kurse zur Sicherung des Mindestwissens (Petersen 1980; Dietrich 1991), die für diese Urformen des Lernens den Rahmen bilden sollten.[91]

Für das Anfangslernen sah der Jena-Plan vor, dass die Schulanfänger in die jahrgangsgemischte Untergruppe aufgenommen werden sollten, die Schülerinnen und Schüler des 1.-3. Schuljahres umfasste. Das Bildungsgefälle innerhalb der Gruppen wurde nach Petersen bewusst erzeugt, um ein Unterrichtsleben im Sinne des Jena-Plans zu ermöglichen. Innerhalb der Stammgruppen gab es ‚Lehrlinge', ‚Gesellen' und ‚Meister'. Begabte und ‚Führer' sollten in dieser Stammgruppe eine angemessene Förderung erfahren und ebenso sollte das Springen schneller lernender Schüler unterstützt werden. Für Kinder waren flexible Verweildauervarianten und kein Sitzenbleiben vorgesehen, denn alle Kinder rückten spätestens nach drei Jahren in die nächste Gruppe auf.

Der Jena-Plan enthält einen festen Wochenarbeitsplan, der dem Rhythmus des kindlichen Lernens angepasst war und nach dem Kinder von Anfang und in allen Gruppen unterrichtet wurden. Die Wochenarbeitspläne zielten auf die organisatorische Umsetzung von Gruppenarbeit, bei der in Tischgruppen an Gesamtthemen gearbeitet wurde, sowie auf das Lernen in Kursen und Gesprächskreisen, mit deren Hilfe das 45-Minuten-Lernen und die klassische Fächerung überwunden werden sollte. Ausgewiesen waren auch Freizeiten sowie Gemeinschaftsformen (z. B. Feier, freies Arbeiten, Kreis).

Einen besonderen Stellenwert gerade auch für das Anfangslernen nahm in Petersens Konzept die Aneignung methodischer Verfahren ein, weil Petersen davon ausging, dass diese ein Fundament dafür legen, Sachen und Vorgänge selbst zu klären. Ergänzend zum Gruppenunterricht existierten deshalb Einschulungskurse, Niveaukurse und Wahlkurse. Die Kurse orientierten sich an klassischen Lehrformen wie dem fragend entwickelnden Unterrichtsgespräch oder

---

91 Weitere wichtige Elemente des Jena-Plans waren:
- das Erteilen von Arbeits- und Leistungsberichten anstelle von Zensuren
- die Einbeziehung von Festen und Feiern im Dienst einer Gemeinschaftsbildung
- die Gestaltung der Schulwohnstube als Raum für soziale und sittliche Erziehung und
- der Aufbau einer Schulgemeinde als Lebensstätte der Jugend

dem geleiteten Lehrgespräch und dienten dazu, dass sich die Kinder notwendige Mindestlernstoffe sicher aneignen konnten. In den Einführungskursen erfolgte eine Einführung der Schulanfänger in die Lese-, Schreib- und Rechenlehrgänge. Einschulungskurse umfassten Einschulungen in spezielle fachliche Inhalte und Methoden der Bearbeitung und wurden von Petersen als ‚Elementargrammatik' aufgefasst, welche eine Voraussetzung für das freie Arbeiten darstellte. Bei Bedarf wurden auch reine Übungskurse eingerichtet. In den Niveaukursen wurden vergleichbar begabte Kinder unabhängig vom konkreten Alter zusammengefasst und verblieben so lange in diesem Kurs, bis sie in den nächsten Niveaukurs aufrücken konnten.

Eine wichtige Rolle spielte im Anfangsunterricht nach Jena-Plan die spielerische Beschäftigung mit Arbeitsmitteln wie Leselotto, Namenskästen oder Farbtafeln, welche in Anklang an die Materialien von Maria Montessori von Elisabeth Apelt und Herrmann Bühnemann für allgemeine Schulen weiterentwickelt worden waren (vgl. hierzu Homack 1934, Rohrs 1991). Durch bewegten Unterricht, Rhythmisierung innerhalb des Schulalltages, 100-minütiger Arbeitszeiten sowie durch eine förderliche Pausengestaltung sollte der wachsende kindliche Körper angemessen berücksichtigt werden. Zur Begründung wurden von Petersen genaue Beobachtungen und Untersuchungen aus der eigenen pädagogischen Tatsachenforschung wie auch Untersuchungen aus der sich entwickelnden Kinderpsychologie zugrunde gelegt. Vielfältige Forschungsergebnisse zum Anfangsunterricht sowie zum Lernen in der Untergruppe werden im Jena-Plan III (1934) vorgestellt. Sehr ausführlich wird die Anfangsunterrichtsmethodik sowie die Entwicklung des Lesens und Schreibens in offenen Lernformen von Käthe Homack 1934 beschrieben und mit traditionellen Anfangsunterrichtsszenarien verglichen.

Insbesondere für den Schulanfang wurden im Jena-Plan zahlreiche spezifische Anfangsunterrichtselemente entwickelt. Die Stammgruppe sollte das individuelle Verweilen sowie individuelle Schulaufnahmetermine ermöglichen, die nicht mehr an bürokratisch definierte Termine gebunden waren. Dadurch konnten individualisierte Formen der Einschulung gefunden werden. Durch die Lebensform der Untergruppe sowie den besonderen Anfangsunterrichtsansatz wurde von Petersen bereits 1927 (Petersen 1980: 29 f.):

> „das ernste Problem der ‚Schulreife' einfach gelöst" - „schulpflichtige, aber noch nicht voll schulreife Kinder entwickeln sich in der Untergruppe, die ihnen drei ruhige Jahre ohne Bedrohung durch Sitzenbleiben gewährt ungestörter und erleiden weder körperliche noch seelische Schädigungen".

Bei Bedarf war nach seinem Konzept eine vorübergehende Einordnung in den Niveaukursen einer niedrigeren Abteilung möglich, ohne dass ein Kind aus sei-

ner Altersgruppe herausgerissen werden sollte. Eine kindgerechte Gestaltung des
Übergangs in die Schule spielte in den Aufsätzen von Käthe Homack (1934) eine
wichtige Rolle. Zu Ostern gab es nach ihrer Beschreibung die Feier für die
Schulanfänger, die feierlich in der Gegenwart der Eltern und der Schulgemeinde
aufgenommen wurden. Unter Einhaltung fester Formen wurden die Schulanfänger von ihren Paten in den Schulsaal geleitet und mussten ein Gelübde sprechen.
In einer Untergruppe lernten nicht mehr als 40 Schüler, davon in der Regel 12
bis 15 Schulneulinge, was nach Homack (1934: 39) eine gute Ausgangsbedingung
für die Schulneulinge schaffte:

> „Das bedeutet eine sehr große Erleichterung vor allem aber eine echte, lebenswahre
> Einführung der Schulanfänger in das Schullernen und Schulleben. Dabei wird
> zugleich der Zusammenhang mit den Lernformen vor der Schulzeit auf natürliche
> Weise erhalten und kann vom Lehrer leichter ausgenutzt werden".

Petersen wies bereits 1927 auf die Bedeutung der Anschlussfähigkeit von vorschulischen und schulischen Lernprozessen hin, ein Thema, das er 1940 explizit
aufgriff in seiner Sammelschrift „Kindergarten und Volksschule organisch verbunden".

Von Petersen wurde betont, dass ‚Hilfsschüler' oftmals auf Grund einer
Überforderung durch ‚unkindlich' angespannte Forderungen nach Leistungen in
Normalklassen erzeugt würden. Aus Versuchen[92] war ihm bereits bekannt, dass
solche Hilfsschüler im Gruppenverband über die ersten zwei bis drei Jahre so gut
hinübergeleitet werden konnten, dass sie anschließend in der ‚normalen' Schule
ausreichend folgen konnten. Petersen wies in seinen Vorträgen darauf hin, dass
76 % der Hilfsschüler zu Unrecht an der Hilfsschule seien und nahm dies als
Bestätigung seines Weges, Hilfsschüler an der Jena-Plan-Schule zu belassen.
Allerdings beschränkte er die Aufnahme auf ‚Spätentwickler' und ‚schulmäßig
wenig begabte' Kinder, wohingegen er so genannte ‚pathologische' Kinder in die
Heilerziehung überwies, um die Tragfähigkeit der Gruppen nicht übermäßig zu
strapazieren (Ellger-Rüttgardt 1995).

Neben den oben genannten sieben Schulen, die in der Provinz Brandenburg den
Jena-Plan einführten, gab es weitere reformorientiert arbeitende Grund- und

---

92 Petersen bezieht sich hier auf Untersuchungen aus Halle, nach denen 23 % der Schülerschaft an
Hilfsschulen Spätentwickler waren, sowie auf die Hamburger Untersuchungen seiner Mitarbeiterin
Frieda Buchholz (1939), welche über 20 Jahre Hilfsschüler beobachtete und diese als Normalkinder
charakterisierte, welche in die allgemeine Volksschule gehörten. Hofsäss (1995) verweist ergänzend
auf den Untersuchungsbericht von Wegner-Etzrodt (1930): Das Hilfsschulkind in der Normalklasse.
In: Die Hilfsschule 23 (1930).

Landschulen im brandenburgischen Raum, zu denen bislang nur wenig erschlossene Belege in der Literatur vorliegen, so finden die Schulen in Hohenkönig, Woltersdorf, Müllrose, Altes Lager und Holbeck in der Literatur Erwähnung (Schmitt 1993a), ohne dass bei allen Schulen im einzelnen rekonstruiert werden kann, welche Reformschwerpunkte von ihnen bearbeitet wurden.[93]

Für die einklassige Dorfschule Holbeck bei Luckenwalde entwickelte Johannes Kretschmann nach Röhrs' (1991) Darstellung seit 1921 die Ideen von Berthold Otto weiter. Schwerpunkte sind für ihn der Gesamtunterricht und das spielerische Lernen, bei denen ihm eine Atmosphäre für spontane Kinderfragen sehr wichtig ist. Entwickelt werden in der Schule Holbeck Lernformen wie die Lotterie, das Lexikon, das Jahrbuch, die Kinderzeitung, Geburtstagssitten und Erzählstunden, die der Vertiefung des Lernens dienen (Röhrs 1991).

Die Arbeit der Dorfschule in Bornim[94], nahe Potsdam, ist ausführlich dokumentiert und untersucht von Werler (1992). Die Dorfschule Bornim verfolgte den Weg einer breiten Zuwendung zu vielfältigen reformpädagogischen Strömungen, was Werler (1992) anhand der Themen der Lehrerdiskussionen mithilfe der Schulchronik rekonstruieren konnte: Zu den protokollierten Themen gehörten Gemeinschaftserziehung, Arbeitsschule, Kunsterziehungsthemen, Unterrichtsgespräche, Lernen und Lachen, Gesamtunterricht, freie Einzelbeschäftigung ebenso wie das Wirken Heinrich Scharrelmanns sowie ein Bericht über die Montessoriausstellung in Berlin. Vom Schulleiter Martin Spielhagen (1927) liegt neben anderen Veröffentlichungen speziell zum Anfangsunterricht das Heft „Gesamtunterricht in der einklassigen Landschule im ersten und zweiten Schuljahre"[95] vor. Spielhagen entwickelte ein Konzept für einen Gesamtunterricht in ersten und zweiten Klassen, bei dem ausgehend von heimatkundlichen Inhalten der gesamte Stoff erarbeitet werden sollte. Dazu entwarf Spielhagen wegen der eingeschränkten Möglichkeiten einklassiger Landschulen zwanzig ‚Gesamtunterrichtsbilder' für die Wandtafel, die den Rahmen für einen zweijährigen jahrgangsübergreifenden Kurs bilden sollten. Der Schreibleseunterricht hatte nach seinem Ansatz eine punktuelle Verbindung zum Gesamtunterricht. Wichtig waren ihm die Sprachförderung, das selbstständige Arbeiten und ein Meister-Neulings-Verhältnis zwischen dem zweiten und ersten Jahrgang. Von Ostern bis Pfingsten, so beschrieb es Spielhagen (1927: 23), wurde täglich eine Stunde gesonderter Kursunterricht für Schulneulinge erteilt, um die

---

93 Insgesamt zeigt sich hier ein Forschungsdesiderat, es gibt kaum Veröffentlichungen über reformorientierte Landschulen in der Provinz Brandenburg.

94 Die Dorfschule Bornim erlangte weltweite Bekanntheit durch Schulbesucher aus allen Erdteilen, deren Anzahl in den Schuljahren 1927/28-1928/29 jährlich zwischen 190 und 500 Besuchern lag.

95 Das Heft erschien in der Reihe: Beiträge zur Praxis der einfachen Volksschule, herausgegeben von den Schulräten E. Gürhth (Luckenwalde) und W. Hoppe (Jüterbog) (heute Landkreis Teltow-Fläming) in erster Auflage bereits 1923.

„von zu Hause aus oft eingeschüchterten Kleinen zutraulich zu machen. Bei Spiel und Sang, bei Spaziergängen und Plauderstündchen, beim Erzählen von Märchen und beim Malen bunter Bilder haben sich die Kleinen bald davon überzeugt, daß ihre neue Heimat nicht die Schreckenskammer ist, die ihnen oft von unvernünftigen Eltern angedroht worden ist. Scheu und Furcht haben sie abgelegt, und sie kommen gern zur Schule."

Aus den zahlreich dokumentierten Schulbesuchen des Kollegiums der Dorfschule Bornim bei anderen Schulen in Berlin und Brandenburg (Werler 1992) lässt sich vorsichtig schließen, dass es reformpädagogische Diskurse in der Provinz Brandenburg gegeben hat, so zum Beispiel mit den Grundschulen in Brieselang, Wildau, Eichkamp, Wilmersdorf (Stadtteil in Berlin), Nowawes (Stadtteil in Potsdam), Wensickendorf, Oberschöneweide (Stadtteil in Berlin) und Frankfurt an der Oder, bei denen bislang jedoch noch nicht untersucht ist, inwieweit anfangsunterrichtliche Fragestellungen eine Rolle spielten.

2.3.5 Reformbestrebungen in der Zeit der NS-Diktatur[96]

Das jähe Ende reformpädagogischer Bestrebungen lässt sich ab 1933 infolge der faschistischen Machtergreifung konstatieren. Die meisten reformpädagogisch orientierten Schulen sowie Versuchsschulen wurden geschlossen[97], weil die liberalen Ideen einer Individualisierung im krassen Gegensatz zu einer Erziehung für die deutsche Volksgemeinschaft standen (Berger 2000).

Für die Pädagogik des Nationalsozialismus[98] produzierten die NSDAP und ihre Organisationen pädagogisches Schrifttum in ungeheurem Ausmaße, welches ‚aus der Praxis für die Praxis' konzipiert wurde und dabei nach Miller-Kipps Analysen (1989) weitgehend von Theorieferne sowie einem fehlenden pädagogischen Diskurs gekennzeichnet war. Miller-Kipp unterscheidet pädagogische Propaganda-, Rechtfertigungs-, Selbstdarstellungs- und Anleitungsliteratur, die

---

96 Infolge einer reichsweit angezielten ‚Gleichschaltung des Bildungswesens' können in diesem Kapitel nur an einigen wenige Stellen brandenburgspezifische Entwicklungen dargestellt bzw. Quellen genutzt werden.

97 So wurden zwischen 1932 und 1934 die Genehmigungen für die weltlichen und die Lebensgemeinschaftsschulen in Preußen beendet (Haubfleisch 1998), 1934 die Jena-Plan-Schulen weitgehend verboten, 1935 das Mannheimer Schulsystem außer Kraft gesetzt (Wikipedia), 1936 alle Montessori-Einrichtungen (Berger 2000) geschlossen.

98 Damit wird auf die Unterscheidung von Pädagogik des und Pädagogik im Nationalsozialismus von Miller-Kipp 1989 verwiesen, wobei hier ausschließlich zur Pädagogik des Nationalsozialismus referiert werden soll.

alle nach einer ideologischen Schablone erziehungspolitischer Absichten[99] entwickelt wurden, welche durch Hitlers „Mein Kampf"[100] und den dortigen Erziehungsaussagenvorgeben waren.[101] Determinationslehren zweiteilen die Menschen in solche mit angeborenen herausragenden Fähigkeiten und Menschen ohne diese, folgerichtig gibt es in diesem Konzept eine Pädagogik für die Elite und eine für den Rest des Volkes mit dem dominierenden Ziel der Pflichterfüllung.

Die Grundschule wurde unter nationalsozialistischer Herrschaft wieder stärker in den organisatorischen und curricularen Gesamtzusammenhang der Volksschule eingeordnet und hatte die „hohe Aufgabe, die deutsche Jugend zur Volksgemeinschaft und zum vollen Einsatz für Führer und Nation zu erziehen" („Erlaß zur Einführung der Richtlinien für die unteren Jahrgänge der Volksschule" vom 10.4.1937, zit. nach Fricke-Finkelnburg 1989: 25). Hitlers Reichsminister für Wissenschaft, Erziehung und Volksbildung Rust nahm nach seinem eigenen Kommentar zum Reichschulpflichtgesetz vom 6. Juli 1938 (enthalten in A-pel/Kluger 2000) dabei für sich in Anspruch, zum ersten Mal die Idee einer Gemeinschaftsschule für alle Kinder des Volkes verwirklicht zu haben, indem er die Vorklassen der Weimarer Republik endgültig abschaffte und Grundsätze zum Neuaufbau der Volksschule erließ. Diese Ideologie einer ‚wahren' Gemeinschaftsschule ging einher mit der Ausgrenzung von Millionen Kindern von Minderheiten und von Kindern mit Behinderungen (vgl. dazu weiter unten).

Die unteren Jahrgänge der Volksschule beinhalteten konzeptionell eine Mischung aus Elementen der Weimarer Grundschule sowie spezifisch nationalsozialistischen Elementen, wobei „eine Vermittlung von grundlegenden Fertigkeiten und Kenntnissen als Aufgabe erhalten [bleibt], der aber eine die individuelle Persönlichkeitsbildung negierende edukative Zielsetzung vorgeordnet wird". (Götz/Sandfuchs 2001: 22) Ziel war die Erziehung eines für Führer und Volk stets einsatzbereiten deutschen Menschens. Götz (1997: 123) fasst die Abgrenzung von kind- und reformorientierten Ansprüchen der Grundschule folgendermaßen zusammen: „Formelhaft verkürzt, heißt das: Erziehung und Unterricht in der Grundschule sollen sich nicht

99 In der NS-Pädagogik wird in vielfacher Hinsicht das ideelle Erbe bemüht, am augenfälligsten am 21.3.1933, dem Tag von Potsdam, dabei wird nach Miller-Kipp (1989: 31) der Tag von Potsdam auch für die NS-Pädagogik „mythischer Ort: Feier und Beschwörung ihrer selbst".
100 Steinhaus (1989), Oelkers (1989) und Herrlitz et al. (1993) weisen darauf hin, dass Hitlers „Mein Kampf" nur bereits aus der Kulturkritik bekannte Theorien zu Erziehung vorzuweisen hatte. Steinhaus (1989) zeigt, welche Folgen die geschichtsphilosophischen Mythen der Kulturkritik der Wilhelminischen Zeit in der NS-Pädagogik zeitigten.
101 Steinhaus (1989) zitiert Spengler, der schon 1921 Zucht und ‚Züchtung statt Bildung' quasi als ‚rassegemäße Erziehung' empfahl. Die ‚gewaltige geistige Not des deutschen Volkes' brauchte dem damaligen Zeitgeist entsprechend neue Mythen und neue Führer und brachte zahlreiche Irrationalismen hervor. Christentum, Aufklärung und Neuhumanismus als Ideale der Erziehungstheorie des 19. Jahrhunderts wurden von Nationalismus, Rassismus und Antisemitismus verdrängt.

mehr von einer ‚Pädagogik vom Kinde' aus, sondern von einer ‚Pädagogik vom Volke' aus leiten lassen".

Prengel (1999) weist darauf hin, dass gemeinsames Lernen missbraucht wurde für eine auch für Kinder verführerische rassistische und militaristische Ideologie. Die Schülerselbsttätigkeit wurde nicht mehr fortgeschrieben und weitgehend durch uniformierte Belehrungsmethoden ersetzt. Fibeln, wie zum Beispiel die Berliner Schreiblesefibel aus dem Jahre 1935 von Ferdinand Hirt, stehen nun in ihren Inhalten und Illustrationen im Dienst der NS-Ideologie. Bilder von Hakenkreuz- und SS-Fahnen, SA-Aufmärschen und Kindern in Hitlerjugenduniform sind häufig, die Texte für die Schulanfänger beinhalten neben klassischen Fibeltexten, Reimen und Gebeten auch Texte zum Krieg, zu Kameradschaft und Panzerkreuzern sowie zur Notwendigkeit von ‚Winterhilfe' und ‚Eintopfsonntagen' (vgl. hierzu Fibelbeispiel bei Offermann 1999). Zahlreiche Erlasse und Einzelanordnungen regelten Details auch zum Anfangsunterricht, so zum Beispiel die „Anordnung vom 24.4.1934 zum Gebrauch der Schiefertafel in 1. und 2. Klassen", die „Einzelanordnung vom 7.9.1934 zur Ersetzung der Antiquaschrift durch die Sütterlinschrift" und die Nichtzulassung von Blockschrift als Schreibschrift (1940 wieder außer Kraft gesetzt), der „Runderlaß vom 15.12.1938 zum Gesamtunterricht im ersten Schuljahr" sowie die Vorschrift zum Gebrauch von Lineaturen und Schreibheften mit vorgegebenen Abständen der Linien in den Anfangsklassen (vgl. hierzu die Quellensammlung in Apel/Kluger 2000).

Nach dem „Gesetz über die Schulpflicht im Deutschen Reich (Reichsschulpflichtgesetz)" vom 6. Juli 1938 (enthalten in Hänsel 2006) erfolgte zu Ostern die Aufnahme derjenigen Kinder in die Schule, welche bis zum 30. Juni das sechste Lebensjahr vollendeten. Kinder, welche bis zum 30. September des gleichen Jahres das sechste Lebensjahr vollendeten, konnten aufgenommen werden, wenn sie die entsprechende Reife aufwiesen. Nach Analysen von Rüdiger et al. (1976) gab es zahlreiche ärztliche Bemühungen zur Diagnostik des Schulneulings, die Weiterentwicklung von Schultests wurde ab 1933 staatlicherseits jedoch unterbunden.

Kinder, die nicht die nötige Veranlagung zeigten, waren zunächst für ein Jahr zurückzustellen, bevor sie ggf. nach einer entsprechenden Untersuchung in eine Hilfsschule aufgenommen werden durften (vgl. „Allgemeine Anordnung über die Hilfsschulen in Preußen" vom 27.April 1938, enthalten in Hänsel 2006). Zugleich galt die Schulpflicht auch für Kinder mit geistigen oder körperlichen Behinderungen und war an Sonderschulen zu absolvieren (§ 6), „bildungsunfähige Kinder und Jugendliche" waren von der Schulpflicht befreit (§ 12). Im Jahr 1941 wurde der Schuljahresbeginn infolge der Kriegsbeeinträchtigungen auf den

Herbst verlegt, alle Kinder, die nun bis zum Ende des Jahres das sechste Lebensjahr vollendeten, wurden schulpflichtig (Rüdiger et al. 1976).

Die Pflicht zum Besuch der öffentlichen Schulen galt auch für Kinder jüdischer Eltern und ‚Mischlinge', worauf in dem Erlass zu den „Auswirkungen des Reichsbürgergesetzes auf das Schulwesen" vom 2. Juli 1937 ausdrücklich hingewiesen wurde, obwohl bereits 1935 schon eine Absichtserklärung zu einer vollständigen Rassentrennung bekannt gegeben wurde, die sich vermutlich nicht sofort flächendeckend umsetzen ließ. Deshalb wurde 1937 angeordnet, dass jüdische Sammelklassen eingerichtet werden, in denen jüdische Lehrer unterrichten, die nach dem Berufsbeamtengesetz ausgeschieden waren. Nach der Reichskristallnacht wurde verfügt, dass „Juden der Besuch deutscher Schulen nicht gestattet [ist]. Sie dürfen nur jüdische Schulen[102] besuchen. Soweit es noch nicht geschehen sein sollte, sind alle zur zeit eine deutsche Schule besuchenden Schüler und Schülerinnen sofort zu entlassen." (Bekanntmachung vom 15.11.1938 im Amtsblatt, zit. nach Fricke-Finkelnburg 1989: 271) Fricke-Finkelnburg weist darauf hin, dass die Schulpflicht für jüdische Kinder 1942 faktisch infolge der Deportationen aufgehoben wurde.

Die Sonder- und Hilfsschulen übernahmen ab 1935 eine wichtige Funktion innerhalb der ‚erb- und rassenpflegerischen' Maßnahmen des Staates (vgl. hierzu die Dokumente in Fricke-Finkelnburg 1989 und Hänsel 2006). Die Hilfsschulen wurden zur systematischen „Vorarbeit und Mitwirkung der Schulen bei der Durchführung des Gesetzes zur Verhütung erbkranken Nachwuchses" („Erlaß des Br. MFB. vom 9.7.1935", enthalten in Hänsel 2006) verpflichtet. Sie hatten und termingemäß Kinder zu melden, welche das zehnte Lebensjahr vollendeten und mit einer genetischen Krankheit gem. § 1 des „Gesetzes zur Verhütung erbkranken Nachwuchses" vom 14. Juli 1933 (enthalten in Hänsel 2006) behaftet waren oder in Verdacht standen, behaftet zu sein. Zugleich waren diejenigen Kinder zu benennen, welche wegen ‚hochgradig körperlicher oder geistiger Mängel' aus der Schule entlassen worden sind. Auf diesem Wege wurden viele Kinder aus Hilfsschulen der Zwangssterilisation und schwerer behinderte Kinder der Euthanasie übergeben (Rudnick 1985, Speck 1990, Brill 1994, Ellger-Rüttgardt 1999).[103]

---

102   Die Einrichtung von Volksschulen für jüdische Kinder wurde per Ausführungsanweisung vom 4. Juli 1939 zur Pflichtaufgabe der Reichsvereinigung der Juden in Deutschland.
103   Die Euthanasie war durch kein Gesetz begründet, sondern legitimierte sich durch den „Erlaß in geheimer Reichssache" vom 1.9.1939 (zurückdatiertes Datum), mit welchem Hitler namentlich zu bestimmende Ärzte ermächtigte, nach menschlichem Ermessen bei unheilbar Kranken den Gnadentod gewähren zu können. (vgl. hierzu Braune in Ellger-Rüttgardt 1999). Brandenburg-Görden, eine der modernsten psychiatrischen Kliniken um 1930, war ab 1939 ‚Zwischenstation' für die benachbarte Euthanasie-Anstalt Brandenburg. 1941 erfolgte eine offizielle Einstellung der Euthanasie - Aktion T 4 und die Heilanstalt wurde zur „Reichsschulanstalt für Kindereuthanasie" und eine Außenstelle des Kaiser-Wilhelm-Instituts für Hirnforschung, in der hunderte von Kindern der Forschung zum Opfer fielen (vgl. hierzu Hübener 1993). Hübener (1993: 244) belegt, dass der „Prozess der sich in

Eine der letzten reformorientierten Schulen, die nach der Errichtung der NS-Diktatur in Deutschland überhaupt entstand, war die von Adolf Reichwein (1898-1944)[104] im Herbst 1933 übernommene Landschule in Tiefensee in der Mark Brandenburg.

Adolf Reichwein und die Landschule Tiefensee[105]

Die etwa 40 Kinder in der Landschule Tiefensee, darunter auch die Schulanfänger, arbeiteten lehrplanfrei in Vorhaben, dabei lernten sie in Gruppen, zu denen Kinder unterschiedlicher Jahrgangs- und Leistungsstufen gehörten. Eine individuelle Förderung aller Kinder stand im Zentrum dieses Modells.

Schneller lernende Kinder unterstützten jüngere Kinder und zwei lernbehinderte Kinder wurden ausdrücklich in die Gruppen integriert. „Es darf", so Reichwein (zit. nach Amlung 1993: 157), „kein Kind vernachlässigt oder gar, angeblich ‚minderen Anspruchs' aus der Nachbarschaft offen oder insgeheim ausgeschieden werden".

Reichweins Landschulmodell stellt nach Amlung (1993: 271) „eine Sammlung, kritische Sichtung, Erprobung und bündige Zusammenfassung fast aller reformpädagogischer Leitmotive und Teilergebnisse dar",[106] und dürfte deshalb vermutlich

---

der Zeit der 'wilden Euthanasie' verselbständigte, (...) mehr Menschen das Leben kosten [sollte] als die erste Phase der Vernichtung". Etliche Sonder- und Heilpädagogen haben sich mitschuldig gemacht an der Ausgrenzung behinderter Kinder (Brille 1994). Nach den Untersuchungen von Ellger-Rüttgardt (1999) gab es unter den zahlreichen Hilfsschulpädagogen nur eine Pädagogin, die eine Verteidigungsschrift für Hilfsschulkinder im Dritten Reich verfasste, das Buch „Das brauchbare Hilfsschulkind – ein Normalkind" der bereits im Abschnitt 2.3.4 erwähnten Hamburger Hilfsschullehrerin und Petersenschülerin Frieda Buchholz erschien 1939 in Weimar.

104   Die Arbeit an der Landesschule stellte für Reichwein eine schwierige Gratwanderung dar – als „politisch unzuverlässiger" Beamter leitete er eine Landschule, die auch bei den Vertretern der NS-Diktatur als vorbildliche einklassige Landschule galt und deshalb Besuchern gern vorgeführt wurde (Amlung 1993, vgl. hierzu auch Lingelbach 1998). Reichwein wurde 1933 im Zuge des Gesetzes zur Wiederherstellung des Berufsbeamtentums von der Universität Halle entlassen und bewarb sich um das Amt des Landschulleiters. Damit verbundene Kompromisse aber auch Denunziationen belasteten ihn, sodass er 1939 an das Berliner Museum für Völkerkunde wechselte. Als Schulfachmann des Kreisauer Kreises und als potenzieller Bildungsminister für eine Regierung nach Hitler wird Reichwein als Vertreter des 20. Juli 1944 hingerichtet.

105   Heute Landkreis Barnim.

106   Der vielfach bei früheren Reformern anzutreffenden Überhöhung des kindlichen Wesens und einer Überbetonung von Freiheit und von Aspekten organischen Wachstums steht Reichwein (1993) skeptisch gegenüber, wenn er beispielsweise Erzieher und Kind als lebendige Einheit, als schaffende Gruppe, als Gemeinschaft sieht. Er sieht das wirkliche Können als Voraussetzung für Lust am Lernen, für die dann jedoch im späteren Kindesalter der lange Atem, das Durchhalten und die Verpflichtung zum Tun benötigt werden, sich so also in einem Werkschaffen zusammenfinden. Dabei betont er die Notwendigkeit eines festen Kanons: „Die Erziehung zum Werkschaffen darf also nicht etwa,

auch viele Reformbestrebungen für Schulanfänger, so ganz explizit die Anerkennung des Spiels als Grundform des kindlichen Schaffens, realisiert haben, ohne dass diese im einzelnen bereits erforscht worden sind.

Mit Beginn des Krieges fielen in den Schulen zahlreiche schuluntypische Aufgaben wie zum Beispiel kriegswirtschaftlich notwendige Sammlungen an. Die zunehmenden Ausfälle infolge von an die Front eingezogenen Lehrkräften, fehlenden Heizmaterialien, Umnutzungen und Bombenschäden an Schulgebäuden führten nach Götz (1997: 127) dazu, dass seit 1940 ein „lehrplangerechter Vollunterricht nicht mehr die Regel, sondern allenfalls die Ausnahme darstellte", und auch für Schulanfänger kein systematischer Unterricht mehr erfolgte. Viele Schulanfänger des Jahres 1944 mussten nach dem Krieg das erste Schuljahr wiederholen (mündliche Quelle).

Steinhaus (1989: 108) weist darauf hin, dass die NS-Pädagogik der seit Wilhelminischer Zeit vorliegenden kulturkritisch begründeten Erziehungslehre keine einzige neue Idee hinzufügte:

> „Das Sammelsurium der pädagogisch klingenden Parolen, das sie mit rüden Herrschaftsattitüden und zunehmend primitiveren Methoden proklamieren, stand bereits seit Jahrzehnten in weitverbreiteten Büchern zu lesen. (...) Die Abdankung der Erziehungswissenschaft von ihrem beachtlichen Standard am Ende der Weimarer Republik hatte eine recht natürliche Folge. Im Dritten Reich ist kein einziges bedeutendes pädagogische Werk mehr verfasst worden."

Dementsprechend sind auch keine Reformbestrebungen im Hinblick auf die Optimierung des Schulanfangs für alle Kinder zu vermerken. Vielmehr wurden grundlegende Ideen einer Grundschule für alle Kinder durch den Ausschluss und die Tötung von jüdischen Kindern und Kindern mit Behinderungen in ihr Gegenteil verkehrt.

---

um Zeit und Kraft zu gewinnen, die Erwerbung eines festen Kanons von Grundwissen in die zweite Linie verdrängen, sondern ist im Gegenteil auf die intakte Bereitschaft der Wissensschule angewiesen. Diese aber, mit ihrer unermüdlichen und geregelten Form reiner Übung, verliert alles Zwanghafte, weil sie beständig vom Spiel und vom Werk Leben, Farbe und sinnvolle Bestätigung empfängt" (Reichwein, 1937 in Reichwein 1993: 43). Nach Amlung zeigt sich in der Rekonstruktion der Pädagogik von Tiefensee ein „Bild einer faszinierenden einfallsreichen Schulreformarbeit (..), die als ausgereiftes schulpädagogisches Modell aus der Spätphase der Reformpädagogik um die Einseitigkeiten mancher Reformschulen in den Anfangsjahren der pädagogischen 'Bewegung vom Kinde aus' weiß und die konsequent die Lehren aus den kontroversen Diskussionen in den 20-er Jahren um die Frage 'Führen oder Wachsenlassen' und um die ‚Wiederentdeckung der Grenze' für die Erziehungspraxis gezogen hat" (Amlung 1993: 272).

2.3.6   Entwicklungen im getrennten Deutschland

Nach dem Zusammenbruch des faschistischen Regimes wurden durch die alliier-
ten Kräfte im Potsdamer Abkommen vom 8. August 1945 Verabredungen für das
Schulwesen getroffen, die eine Überwindung des Faschismus und eine Demokratisierung der Schule ermöglichen sollten (vgl. hierzu Götz/Sandfuchs 2001 und
Quellensammlung zur Geschichte der Erziehung von 1968). Dazu gehörten Fest-
legungen zur Revision der Bildungsinhalte, zur Entnazifizierung des schulischen
Personals sowie zu einer demokratischen Neugestaltung des Schulsystems. Be-
standen für diese demokratische Schulreform anfangs noch gemeinsame Auffassungen, entstanden jedoch schon bald unterschiedliche Entwicklungen in den
Besatzungszonen. In diesem Abschnitt soll erörtert werden, welche Rolle ein
gelingender Schulanfang in der DDR[107] gespielt hat und welche Konzepte für
den Anfangsunterricht zum Tragen kamen. In einem Exkurs werden neben den
Entwicklungen in der DDR auch die Reformbestrebungen zum Schulanfang im
westlichen Teil Deutschlands dargestellt und zugleich die Diskussionen zu Früh-
einschulungen und konzeptionelle Entwicklungen zu einer veränderten Eingangsstufe in den siebziger Jahren des letzten Jahrhunderts in Deutschland
(West) reflektiert, weil insbesondere diese Reformbestrebungen nach dem Zusammenbruch der DDR für die Reformbestrebungen zum Schulanfang im Land
Brandenburg wegweisend wurden.

Der Schulanfang im Einheitsschulmodell in der DDR

In der sowjetischen Besatzungszone (SBZ) waren schon im Spätsommer 1945
von der sowjetischen Militäradministration (SMAD) mithilfe des „Befehls Nr.
40. Über die Vorbereitung der Schulen zum Schulbetrieb" vom 25. August 1945
(enthalten In Qeullensammlung zur Geschichte der Erziehung 1968) bildungspolitische Vorentscheidungen zugunsten einer grundlegenden Schulreform gefallen.[108] Das „Gesetz zur Demokratisierung der deutschen Schule" vom Juni 1946

---

107   Da in der DDR ein einheitliches, zentral gesteuertes Bildungswesen installiert wurde, können
in diesem Abschnitt nur DDR-Entwicklungen und in einzelnen Fällen brandenburgspezifische Besonderheiten berichtet werden. Bereits 1947 wurde der Staat Preußen und damit die Provinz Brandenburg aufgelöst und durch Länder ersetzt. Das Gebiet der ehemaligen Provinz Brandenburg wurde
1952 in drei eigenständige Bezirke Potsdam, Frankfurt Oder und Cottbus sowie Ost-Berlin aufgeteilt,
wobei einige der nördlichen Kreise Brandenburgs den Bezirken Neubrandenburg und Schwerin
zugeordnet wurden. Das Gebiet der Neumark stand seit dem Potsdamer Abkommen unter polnischer
Verwaltung (Heinrich 2006).
108   Die wichtigsten Schlüsselstellen im Bildungssystem waren nach den Darstellungen von Geissler et al. (1996) mit parteierfahrenen Kommunisten besetzt worden. Zugleich wurde Bildungsperso-

(enthalten in Quellensammlung zur Geschichte der Erziehung 1968) schaffte in der SBZ einen einheitlichen allgemein bildenden Unterrichtsgang bis zum achten Schuljahr, wobei ab Klasse sieben ein Kern- und Kursunterrichtssystem einsetzte, mit dessen Hilfe eine traditionelle und als volkstümlich aufgefasste Bildung überwunden werden sollte.[109]

In der Praxis war davon auszugehen, dass nahezu alle Schulen zerstört waren oder zwischenzeitlich als Flüchtlingslager und Lazarette dienten. Zugleich stellten der Mangel an Heizmaterial, Schulausstattungen, Unterrichtsmaterialien und Schreibwaren sowie der Hunger von Kindern und Lehrkräften enorme Herausforderungen dar. Auch der Lehrermangel bereitete nach Geissler et al. (1996) offenkundig große Probleme.[110] Hinzu kam, dass in vielen Orten der SBZ wegen der zahlreichen Flüchtlinge aus den ehemaligen Ostprovinzen Deutschlands

---

nal eingesetzt, welches aus dem schulreformerischen Lager der Weimarer Republik entstammte und den Traditionen der „Einheitsschule" zuzurechnen war. Dabei trafen sich die grundsätzlichen demokratischen Zielstellungen dieses sehr unterschiedlichen Personenkreises mit denen der sowjetischen Besatzungsmacht im Hinblick auf eine differenzierte Einheitsschule. Bei der konkreten inhaltlichpädagogischen Gestaltung des neuen Schulwesens koexistierten in den frühen Jahren der SBZ nach den Analysen von Geissler et al. (a.a.O.) noch verschiedene Strömungen: Neben traditionellen herbertianischen Volksschulpädagogen agierten Arbeitsschulvertreter sowie weitere Vertreter der Reformpädagogik.

109 In der Diskussion mit der Sowjetischen Militäradministration (SMAD) zum Entwurf eines Schulgesetzes (März 1946, Geissler et al. 1996: 70) beschrieb Paul Wandel (1905-1995) sehr ausführlich, wie diese neue Einheitsschule beschaffen sein sollte und legte dar, dass die entscheidende Frage die nach dem Inhalt der neuen Schule sei und weniger die der Form, wobei er sich hier ausdrücklich auf die Versuchsschulen der Weimarer Zeit bezog: „Entgegen den Versuchen, der Schule so etwas ganz Freies zu geben, das überhaupt nicht mehr zu kontrollieren ist, sind wir der Meinung, daß die Schule den Kindern eine solide Bildung geben muß, die Kinder mit dem Wissen und den Fähigkeiten auszurüsten, daß sie im praktischen Leben sowohl in der Gemeinschaft Hilfe leisten sowie ein glückliches Leben gestalten können" (Diskussionsbeitrag Geissler et al. 1996: 74). Damit versuchte Wandel eine Synthese zwischen vom Kinde aus und einer neuen sozial gerechten Lernschule herzustellen. Inhaltlich folgte aus dem Einheitsschulgedanken, dass alle Bildungsanstalten vom Kindergarten bis zur Hochschule zu einem einheitlichen, organisch entwickelten System zusammengeschlossen werden sollten. Der Grundschule sollte ein obligatorischer Kindergartenbesuch ab dem fünften Lebensjahr vorgeschaltet werden. Aufnahme fand auch der Gesamtunterricht auf allen Stufen.

110 „Zahlreiche Lehrkräfte, die sich in erheblicher Weise aktiv für das gestürzte Regime eingesetzt hatten, waren geflohen. Ein großer Prozentsatz war gefallen, ein nicht geringerer Teil befand sich irgendwo in Krieggefangenschaft" (Rückblick der Schulabteilung der SED von 1948 in: Geissler et al. 1996). Nicht viel anders sah es mit dem pädagogischen Nachwuchs aus. Von den übriggebliebenen Lehrkräften wurden viele entlassen. So wurde im Ergebnis zur Kontrolle des Befehls Nr. 40 der SMAD vom 23.10.1945 festgestellt, dass die „Säuberung des Lehrerkollegiums von faschistischen Elementen und die Heranziehung der deutschen antifaschistischen Intelligenz zur pädagogischen Tätigkeit unbefriedigend verläuft" (Geissler et al. 1996: 61). Während in Mecklenburg nahezu 86 % der Lehrer in der Stellung belassen wurden, stellte man im Kreis Belzig in der Provinz Brandenburg ein anderes Extrem fest: Hier wurden alle Lehrer ohne Rücksicht auf den Grad ihrer Tätigkeit in der NSDAP entlassen.

plötzlich sehr viel mehr Kinder als bisher in die Schule aufgenommen werden mussten.[111] Für den Erstleseunterricht sind die nationalsozialistischen Fibeln verboten worden, vielfach wurden jedoch wegen Lehrbuchmangels alte Fibeln mit überklebten Abbildungen und Texten eingesetzt. Das erste neue Fibelwerk „Guck in die Welt. Ein Lesebuch für die Kleinen mit farbigen Bildern" erschien 1946 in Leipzig und knüpfte nahezu lückenlos an die gleichnamige Fibel von 1929 an (Boddin 2005).

Seit 1947 fand nach den Darstellungen von Geissler et al. (1996) die relativ plurale Phase der Schulreform infolge der stärkeren machtpolitischen Instrumentalisierung durch die SED ein Ende. Bis dahin noch verbreitetes reformpädagogisches Ideengut wurde von nun ab von SED-Funktionären diffamiert als „gefährliche sektiererische, opportunistische und nationalistische Abweichungen".[112] Nach Tendenzen einer Sowjetisierung von Schule, der Politik des „neuen Kurses" und einer zwischenzeitlichen Liberalisierung erfolgte ab 1958 der Übergang zur sozialistischen Entwicklung des Schulwesens, welches im „Gesetz über die sozialistische Entwicklung des Schulwesens in der DDR" vom 2. Dezember 1959 (enthalten in Quellensammlung zur Geschichte der Erziehung 1968) seinen Niederschlag fand. Zur Überwindung der Kluft von Schule, gesellschaftliche Leben und Produktion erfolgte die Einführung der Allgemeinbildenden Polytechnischen Oberschule, bei der eine Verbindung von Unterricht mit produktiver Arbeit mithilfe des polytechnischen Unterrichts erfolgen sollte. Nach dem Eintritt in das „neue, sozialistische Zeitalter", und nach dem, „Sieg der sozialistischen Produktionsverhältnisse ist der umfassende Aufbau des Sozialismus zum Hauptinhalt der schöpferischen Arbeiterklasse" (Quellensammlung zur Geschichte der Erziehung 1968: 530) geworden, dem durch das „Gesetz über das einheitliche sozialistische Bildungssystem" vom 25. Februar 1965 Rechnung getragen werden soll.

Die Grundstufe wurde 1959 zur dreijährigen Unterstufe der Allgemeinbildenden Polytechnischen Oberschule (POS) umgewandelt. Die vierte Klasse galt als Übergang zur ersten Klasse zur Mittelstufe. Das Jahrgangsstufensystem war

---

111   Ein Schulrat berichtete auf der Tagung der brandenburgischen Schulräte vom 28.-31.8.1945, dass in Guben, einem Ort in der Nähe von Cottbus an der Grenze zu Polen, 450 Lernanfänger registriert seien und der Ort mit diesem Zuwachs auf 10 Klassen nicht fertig werde (Geissler et al. 1996: 56).

112   Kurze Zeit später geriet auch die Idee der Einheitsschule als „Auffassungen liberaler, bürgerlicher und kleinbürgerlicher Schulreformer" und als „opportunistische Theorie der Sozialdemokratie vor 1933" in die Kritik, wohingegen das neue Schulsystem den „gegenwärtigen gesellschaftlichen Bedürfnissen zur Erfüllung unserer Wirtschaftspläne und des Aufbaus des staatlichen und kulturellen Lebens" dienen sollte (Vermerk an Genossen Walter Ulbricht vom 17.7.1950 in: Geissler et al. 1996: 115 f.). In ihren Erinnerungen beschreibt Neumann (1995), dass die Reformpädagogik seit spätestens 1952 in der DDR tabu war und die ihr verbundenen Lehrer wegen Alters aus dem Blickfeld verschwunden waren oder ihre Ämter verloren hatten. Damit war die Reformpädagogik auch weitgehend aus dem öffentlichen Bewusstsein verdrängt (Lost 2002).

als Prinzip in den schulgesetzlichen Grundlagen verankert. Trotzdem gab es in ländlichen Gebieten weiterhin als ‚Notlösungen' Mehrstufenklassen, die als zu überwindende rückständige Relikte galten. Für sie existierten eigene Lehrplanuntersetzungen und Handreichungen.[113] Für die mehrstufigen Anfangsklassen schlugen Magdanz und Ballmann (1960) vor, möglichst erste mit zweiten Klassen zu kombinieren, wiesen aber einschränkend darauf hin, dass dies nicht überall möglich sein wird, weil gelegentlich auch andere zweistufige Kombinationen und drei- und vierstufige Klassen bestehen. Methodisch legten sie und auch andere Autoren ein Abteilungsunterrichtskonzept vor, dass neben gemeinsamen jahrgangsübergreifenden Stunden zum Beispiel in Musik oder Zeichnen darauf beruhte, dass wesentliche Lernleistungen in Stillarbeit zu erbringen waren, während sich der Lehrer dem anderen Teil der Klasse widmete. Dazu war der Schulanfänger möglichst schnell zu befähigen, produktiv still zu arbeiten.

Die Unterstufe der POS war jenseits der ‚Erziehung zur Liebe zum sozialistischen Vaterland'[114] nach den Einschätzungen von Götz und Sandfuchs (2001: 27) davon gekennzeichnet, dass:

- die Grundfertigkeiten im Lesen, Schreiben und Rechnen drei Viertel der Stundentafel einnahmen
- nahezu alle Schulanfänger eine vorschulische Förderung durchlaufen hatten, die sich an Vorformen der Lehrgebiete der Unterstufe orientierte
- Kindergärten, Schule und Hort oft in einem Gebäude untergebracht waren und kooperierten
- Kindergartengruppen nahezu geschlossen in die erste Schulklasse wechselten
- der gesamte Unterricht von zentralen Vorgaben durch Lehrplan und schulpolitische Führungsorgane bestimmt war
- ein eher ‚preußisch-strenges' Selbstverständnis der Lehrerinnen sowie ein überwiegender Frontalunterricht vorherrschend waren.

Die Aufnahme in die POS erfolgte gemäß der „1. Durchführungsbestimmung zum Gesetz über das einheitliche sozialistische Bildungssystem" (Gbl. 1965) jeweils am 1. September für alle Kinder, die bis zum 31. Mai des gleichen Jahres das sechste Lebensjahr vollendet hatten. Vorzeitige Einschulungen waren mög-

---

113 So die Veröffentlichungen zum Mehrstufenunterricht in den Klassenstufen 1/2 und 3/4 zum Deutschunterricht bzw. 1/4 zum Mathematikunterricht (Autorenkollektiv) aus den Jahren 1968, die im Wesentlichen Stoffverteilungsvorschläge enthielten. Im Jahre 1988 erlebten diese Hefte eine Neuauflage, sodass vermutet werden kann, dass bis zum Ende der DDR Mehrstufenklassen vorhanden waren.
114 Das Motiv der Erziehung zum sozialistischen Vaterland lässt sich auch an den Texten und Abbildungen der Fibel für die Erstklässler belegen (vgl. auch Boddin 2005).

lich für Kinder, die bis zum 1. September das sechste Lebensjahr vollendeten. In Ausnahmefällen konnten Kinder zurückgestellt werden. Für Kinder mit wesentlichen physischen und psychischen Schädigungen galten Sonderbestimmungen. Bei ‚völliger Bildungsunfähigkeit' erlosch die Bildungspflicht. Die Räte der Kreise, Städte und Gemeinden hatten die Aufnahmeverfahren zu sichern (vgl. hierzu Geiling 1999).

Nach den Untersuchungen von Geiling (1999) etablierte sich seit den siebziger Jahren innerhalb der pädagogischen Psychologie der DDR eine prozessorientierte Lernfähigkeitsdiagnostik[115], die auch die Entwicklung von Schulfähigkeitsverfahren beeinflusste. Für die meisten Kinder jedoch wurden nach Geilings Darstellung die Einschätzungen von Kindergärtnerinnen, Schulärzten sowie das Einschulungsgespräch als ausreichend für die Entscheidungsfindung angesehen.

Kinder mit Behinderungen wurden nicht in die POS aufgenommen. Infolge der steigenden Anforderungen an eine Erhöhung des Bildungsniveaus in den Polytechnischen Sonderschulen erfolgte ähnlich wie in der BRD ein rascher und hochgradig differenzierter Auf- und Ausbau des Sonderschulwesens (vgl. hierzu Becker/Sieck 1992, Liebers 1997).[116] Das Prinzip einer integrierten Beschulung von Kindern mit und ohne Behinderung wurde kritisch reflektiert.[117]

Eine Hauptzielstellung für die Weiterentwicklung des Anfangsunterrichts lag darin, diesen für Kinder erfolgreicher und effektiver zu gestalten und ein Zurückbleiben zu verhindern. Im Anfangsunterrichtskonzept der Akademie der Pädagogischen Wissenschaften (APW) aus dem Jahre 1976 wurde die besondere Bedeutung des Anfangsunterrichts für das weitere Leben sowie die Anforderungen, die aus diesem Übergang resultieren, benannt und die Verantwortung des Lehrers für eine kontinuierliche Entwicklung aller Kinder hervorgehoben. Das Anfangsunterrichtsmodell ging von den Grundfertigkeiten, Grundkenntnissen,

---

115 In diesem Rahmen etablierten sich Schulfähigkeitsdiagnostika wie der „Schulfähigkeitstest" (SFT) von G. Witzlack (Berlin 1968), der „Erzieherfragebogen 86" (EFB-86) von W. Gutjahr, (Psychodiagnostisches Zentrum Leipzig), der „Kinderbeobachtungsbogen" von K. Ettrich von 1985 (Psychodiagnostisches Zentrum Leipzig) sowie das „Verfahren zur Diagnostik der Schulfähigkeit" von W. Gutjahr von 1977.

116 Bis in die sechziger Jahre wurden Kinder mit geistigen Behinderungen in die C-Züge an Hilfsschulen aufgenommen, seit den siebziger Jahren wurden die ‚schulbildungsunfähigen förderfähigen' Kinder in die rehabilitationspädagogischen Fördertagesstätten im Gesundheitswesen überwiesen, soweit Plätze vorhanden waren (Essbach 1993, Baronjan 1993). Für die Aufnahme in die Hilfsschule wurden verbindliche Regularien der Förderung im Vorfeld sowie einwöchige Aufnahmeverfahren mit standardisierten Lektionen nach lernprozessorientierten Prä-Post-Test-Design entwickelt (vgl. hierzu auch Geiling 1999).

117 Eine integrative Beschulung von Kindern mit Behinderungen wurde nach Baudischs (1979) Darstellung wegen des erforderlichen Maßes an innerer Differenzierung in der Regel als nicht realisierbar betrachtet und abgelehnt, begründet wurde dies mit Niveauverlusten in der Persönlichkeitsentwicklung (Baudisch 1979). Trotzdem kann nicht ausgeschlossen werden, dass es Einzelfälle von heimlicher Integration gegeben haben könnte.

grundlegenden Einstellungen und Verhaltensweisen sowie einer Entwicklung geistiger Fähigkeiten aus.[118]

In den Hinweisen der APW (Hagemann et al. 1976: 125) zur Gestaltung des Anfangsunterrichts wird die Bedeutung dieser Phase für die Aneignung von Wissen, Können und Verhalten sowie für die weitere Lernmotivation und die Stärkung des Willens und der Gefühle klar formuliert:

> „Deshalb kommt der Gestaltung der Anfangsetappe des schulischen Lernens für den erfolgreichen Start aller Lernanfänger eine besondere Bedeutung zu. Gerade in den ersten Schulwochen und Schulmonaten müssen die entscheidenden Voraussetzungen dafür geschaffen werden, daß alle Schüler gern die Schule besuchen, zielstrebig und gewissenhaft lernen und sich in der Klassengemeinschaft wohlfühlen. Von der Effektivität der Bildung und Erziehung in der Klasse 1 hängt weitgehend das erfolgreiche Lernen aller Schüler in den folgenden Klassenstufen ab."

Für einen erfolgreichen Start aller Lernanfänger wurden in dieser Veröffentlichung (a.a.O.: 127) fünf Gesichtspunkte aufgeführt:

- „Erstens: Bereits in Klasse 1 muß jede Unterrichtsstunde die Einheit von sozialistischer Bildung, Erziehung und Entwicklung des Lernanfängers verwirklichen.
- Zweitens: Jede Unterrichtsstunde in Klasse 1 muß ganz besonders in stofflich und didaktisch-methodisch begründete Teilschritte gegliedert sein.
- Drittens: Jede Unterrichtsstunde muß von der ersten Klasse an die gründliche Aneignung und Festigung des Wesentlichen sichern.
- Viertens: Jede Unterrichtsstunde in Klasse 1 muß besonders methodisch variabel aufgebaut sein.
- Fünftens: In jeder Unterrichtsstunde der Klasse 1 muß eine freudvolle Lernatmosphäre herrschen."

Dabei wurden mögliche Entwicklungsprobleme von Schulanfängern sowie Entwicklungsbesonderheiten von Hagemann et al. (1976: 39 ff.).wie folgt dargestellt:

- „Erstens: Lernanfänger wollen lernen, sie sind aber unterschiedlich darauf vorbereitet (...)
- Zweitens: Lernanfänger haben einen hohen Bewegungs- und Tätigkeitsdrang (...)
- Drittens: Lernanfänger haben überwiegend eine situationsgebundene, bildhafte Art des Denkens (...)"

---

118 Zugleich berief sich dieses Konzept auf eine „eindeutige Abgrenzung von allen Erscheinungsformen der Pädagogik vom Kinde aus" und verwies auf Theorien der Entwicklung des Schülers im Prozess der aktiven Tätigkeit (Hagemann et al. 1976: 12).

Die Berücksichtigung individueller Besonderheiten in der ersten Klasse beim Lese-, Schreib- und Rechenlehrgang basierte nach Döberts (1995) Analyse vor allem auf einem angemessenen Lerntempo, sodass ein Mitkommen eines jeden Kindes vom ersten Schultag an gewährleistet werden sollte. Die Erstlese- und Erstschreiblehrgänge erfolgten dabei in der gesamten DDR einheitlich nach der analytisch-synthetischen Methode, welche auch der in allen ersten Klassen der DDR einzusetzenden Fibel[119] zu Grunde lag. Durch einen Unterricht nach den wissenschaftlich begründeten Schrittfolgen der „Unterrichtshilfen für die Klasse 1" (erschienen 1982, Neuauflage 1991) sollte gesichert werden, dass alle Kinder in allen ersten Klassen in einem kleinschrittigen Lehrgang möglichst in den ersten sechs bis sieben Wochen, spätestens jedoch bis zu den Weihnachtsferien, zum ersten Lesen geführt werden konnten (Dathe 1981). Das individuelle Eingehen auf die Schüler (z.B. Kolessowa 1960) und die sorgsame Beobachtung der Entwicklungsfortschritte gehörten zu den wichtigsten Aufgaben des Lehrers. Geiling (1999: 214) schätzt allerdings ein, dass das seit den siebziger Jahren angemahnte Eingehen auf das einzelne Kind im Anfangsunterricht, welches im gewissen Maße als eine Individualisierung des Anfangsunterrichts aufgefasst werden kann, „durch restriktive Vorgaben für einen lehrerzentrierten, lehrplanorientierten und gleichschrittigen Unterricht bis zur Wende deutlich eingeschränkt blieb" und damit kaum realisiert werden konnte.

Die erkannten Entwicklungsunterschiede von Kindern am Schulanfang wurden 1985 von Witzlack differenzierter dargestellt. Er bezieht sich auf die Altersunterschiede, auf das individuelle Entwicklungstempo, auf die Lernfähigkeit des Kindes und seine Leistungsvoraussetzungen sowie auf die Qualität der Vorschulerziehung. Witzlack (1985: 203) beschreibt Schulfähigkeit als „jene Verhaltens- und Leistungseigenschaften (...), von denen das erfolgreiche Lernen in einem Anfangsunterricht abhängt, der die Altersbesonderheiten und die individuellen Entwicklungsunterschiede berücksichtigt". Witzlack macht deutlich, dass der Unterrichtsgestaltung in der ersten Klasse eine wichtige Funktion bei der Erlangung der

---

119   Nach Boddins (2005) Übersichtsdarstellung erfolgte 1950 die erste Ausgabe der Volk-und-Wissen-Fibel „Lesen und Lernen", mit der zugleich der Methodenstreit in der DDR beendet wurde. Von dieser Fibel gab es eine reguläre Ausgabe und eine adaptierte Ausgabe für den Unterricht in Landschulen (vgl. hierzu Magdanz/Ballmann 1960, sowie die „Begleitschrift zur regulären Fibel Lesen und Lernen" von J. Feuer, Berlin 1950). In Zusammenhang mit dem Anfangsunterricht erfolgte eine Vielzahl von methodischen Veröffentlichungen in der Zeitschrift „Die Unterstufe". 1962 erfolgte eine Neuauflage der Fibel in einer völlig überarbeiteten und stark ideologisierten Form. Begleitend wurden erneut zahlreiche methodische Materialien veröffentlicht, wie zum Beispiel „Der Erstleseunterricht" von Krowicki (1962), herausgegeben vom Deutschen Pädagogischen Zentralinstitut. Die nachfolgenden Fibeln enthielten vor allem methodische Veränderungen sowie seit 1974 die bekannt gewordenen Illustrationen von Werner Klemke.

Schulfähigkeit zukommt und dass diese in vollem Maße oft erst im Anfangsunterricht erreicht wird.[120]

Wegen der hohen Bedeutung des Schulanfangs wurde ein umfangreiches System zur Vorbereitung auf den Schulanfang entwickelt, zahlreiche Untersuchungen und viele Veröffentlichungen zu diesem Thema durch die APW angeregt.[121] Als wichtigste schulvorbereitende Maßnahme für alle Kinder wurde der Kindergartenbesuch gesehen. Zu den Maßnahmen im Vorfeld der Einschulung gehörten, dass die zukünftige Klassenlehrerin der ersten Klasse schon im Herbst zuvor feststand und eine Abminderungsstunde dafür erhielt, dass sie regelmäßig in die Kindergärten ging und dort hospitierte. Geiling (1999: 210) stellt fest, dass bei der Bemühung um die Gestaltung der Einschulungsphase „die inhaltliche Profilierung des Kindergartens als schulvorbereitende Institution als Königsweg angesehen" wurde: „Die Hauptstrategie zur Passung von Kind und Schule lag also im Anpassen der Kinder an die Anforderungen der Schule durch die schrittweise Einführung schulähnlicher Situationen und schulbezogene Anforderungen am Ende der Kindergartenzeit."

Zugleich bildeten sich nach ihrer Analyse neben dieser beschriebenen Vorwegnahme schulischen Lernens im Kindergarten auch in der Schule Passungsstrategien aus, um jedem Kind besser gerecht werden zu können. Zusammenfassend ist zu konstatieren, dass nahezu alle Maßnahmen zur Vorbereitung auf die Schule, wie die Schuluntersuchungen, das vorschulische Lernen nach Plan, kompensatorische Maßnahmen und schulärztliche Untersuchungen, im Wesentlichen auf eine Homogenisierung der Lernanfängergruppe zielten. Unter diesem Ziel erfolgten auch alle Maßnahmen der Differenzierung sowie der individuellen Förderung von lernschwachen Kindern in Kindergarten und Schule.

Veröffentlichte Quellen oder Hinweise auf geplante oder diskutierte Veränderungen im Hinblick auf veränderte Schulanfangs- oder Eingangsstufenkonzeptionen innerhalb der DDR-Zeit liegen der Autorin nicht vor. Es kann jedoch vermutet werden, dass in den siebziger Jahren eine kritische Auseinandersetzung

---

120   Geiling (1999) weist in ihrer Untersuchung der Schulaufnahmepraxis darauf hin, dass es in der Entwicklung des Schulfähigkeitsdiskurses parallele Entwicklungen in Ost- und Westdeutschland gegeben hat.
121   Beispiele hierfür sind: Winter, L. (1961): „Wie bereiten wir unsere Kinder auf die Schule vor?"; Witzlack, G. (1961): „Schulanfang, leicht gemacht"; Ussowa, A. (1962): „Die Vorbereitung der Kinder auf die Schule"; Gehlen, W. (1965): „Der Einfluss des Kindergartens auf die Leistungen und das Verhalten der Schulanfänger"; Witzlack, G. (1968): „Zur Entwicklung der Beobachtungsfähigkeit im Vorschulalter und im jüngsten Schulalter"; Witzlack, G. (1968): „Zur Diagnostik und Entwicklung der Schulfähigkeit"; Lompscher, J. (Hrsg.) (1971): „Psychologie des Lernens in der Unterstufe"; Witzlack, G. et al. (1973): „Bald bin ich ein Schulkind"; Breuer, H./Weuffen, M. (1980 6. Aufl.) „Gut vorbereitet auf das Lesen und Schreiben"; Petermann, G. (1986): „Vorschulkinder lernen Sprachlaute differenzieren"; (alle erschienen in Berlin). Hinzu kommen die zahlreichen Veröffentlichungen zum Lernen und zum „Unterricht" im Vorschulbereich, die das Lernen in den späteren Fächern der Grundschule vorbereiten sollten und hier nicht weiter dargestellt werden können.

mit den Grundschulreformvorhaben in Westdeutschland und damit auch mit Eingangsstufenüberlegungen stattgefunden haben muss. Dafür spricht die getroffene Einschätzung in der bereits oben zitierten APW-Veröffentlichung, in der auf die „Bildungsmisere der monopolkapitalistischen Gesellschaft" verwiesen wurde, welche sich auch in geringsten Aufwendungen finanzieller Art für untere Klassen, einer nicht ausreichenden Anzahl der Lehrer und der höchsten Klassenfrequenzen äußere, über die auch „die mit großem Aufwand propagierten Zukunftsprojekte und Reformen" nicht hinwegtäuschen könnten (Hagemann et al. 1976: 10). Diese Einschätzungen erfolgten in Kenntnis und Auseinandersetzung mit den Empfehlungen des Deutschen Bildungsrats von 1970, ohne dass in dieser Replik Bezug auf veränderte Eingangsstufenmodelle genommen wurde.

Seit den achtziger Jahren galt nach Fuchs und Petermann (1991) das Ziel, die Leistungsfähigkeit der Schülerinnen und Schüler noch optimaler zu fördern. Infolge dessen gab es auch zum Schulanfang umfangreiche Forschungen vor allem im Bereich der Didaktik und Methodik in den Fächern, um den Lernprozess der Klasse und des einzelnen Kindes effektiver gestalten zu können. Im Wesentlichen funktionierte der Anfangsunterricht in der beschriebenen Weise bis zum Zusammenbruch der DDR 1989. Es gab methodische und didaktische Weiterentwicklungen in den Fächern, jedoch keine öffentlich geführten Diskussionen zu strukturellen Fragen. 1989 begannen erste inoffizielle Diskussionen infolge der Perestroika in Gremien wie dem Neuen Forum. Eine öffentliche Neuorientierung erfolgte erst nach dem Mauerfall 1990, bei der dann zum Beispiel eine Eingewöhnungsphase beim Übergang in die Schule, eine Abschaffung von Zensuren und des 45-Minuten-Takts in Klasse 1 sowie integrative Klassen[122] gefordert wurden (Liebers 1997, Geiling 1999).

Exkurs zum Schulanfang in der Grundschule sowie zur Entwicklung von Eingangsstufenmodellen im westlichen Deutschland[123]

Auch in den westlichen Besatzungszonen existierten in den ersten Nachkriegsjahren schwierige materielle Rahmenbedingungen. Eine tief greifende Schulreform konnte nach der Analyse zahlreicher Autoren in den westlichen Besatzungszonen infolge der Konsolidierung konservativer Kräfte und der zurückhal-

---

122   Erste staatliche Versuche, eine integrative Beschulung in der Unterstufe zu ermöglichen, lassen sich im Potsdamer Raum seit Herbst 1989 nachweisen (Liebers 1997).
123   Die Eingangsstufenmodelle der BRD hatten nach der Wende eine wichtige Orientierungsfunktion für die Reformbestrebungen zum Schulanfang im späteren Land Brandenburg und werden deshalb hier abweichend vom regionalen Bezug dieser Arbeit ausführlich in ihrer Entwicklung dargestellt.

tenden Politik der westlichen Besatzungsmächte nicht durchgeführt werden (vgl. hierzu u. a. Herrlitz et al. 1993, Geissler et al. 1996; Götz/ Sandfuchs 2001).

Bestehende Bestrebungen zur Einrichtungen von sechsjährigen Grundschulen wurden nach Dühlmeier (2004) nur teilweise oder gar nicht umgesetzt, in den meisten Ländern wurde das traditionelle, konservativ gegliederte Schulsystem mit vierjähriger Grundschule rekonstruiert.[124] Prengel (1999: 62) weist darauf hin, dass die Grundschule in den ersten beiden Nachkriegsjahrzehnten „den alten heimlichen Lehrplan ständischer Selektion weiter mit [- schleppte]".

In der Grundschule finden nach den Analysen von Götz und Sandfuch (2001) in den grundsätzlichen Zielstellungen und Lehr- und Lernformen reformpädagogische, kindorientierte Traditionen Eingang, von denen angenommen werden kann, dass sie den Schulstart für Kinder unterstützen sollten (a.a.O.: 24):

> „Die Grundschule wird als Lebensstätte des Kindes angesehen, in der dieses eine ganzheitliche Bildung und Erziehung erhält; neben den Unterricht treten Gespräch, Spiel und Feier als Unterrichtsformen, Selbsttätigkeit und musische Erziehung spielen eine bedeutende Rolle. Dem Ganzheitsprinzip entsprechend wird der Gesamtunterricht mit dem heimatkundlichen Anschauungsunterricht als Zentrum weiterhin betrieben sowie ganzheitliche Lese-, Rechen- und Schreiblehrgänge angewendet. Grundschule ist der Schonraum, in dem Schulkinder behutsam unterstützt, wachsen und reifen können."

Damit erfolgte eine Wiederaufnahme bereits weiter oben beschriebener reformpädagogischer Konzepte zum Anfangslernen. Nach dem Krieg regelten die Länder zunächst die Aufnahme der Kinder in die Grundschule mithilfe von Landesgesetzen, in allen Ländern außer Bayern wird die Einschulung wieder zu Ostern vorgenommen.[125] Kinder mit Behinderungen werden überwiegend in Sonderschulen eingeschult. Mit dem Einsetzen des wirtschaftlichen Wiederaufbaus

---

124 Dühlmeier (2004) beschreibt diese Zeit als Restaurationsphase im Schulwesen, wobei er zwischen innerer und äußerer Schulreform unterscheidet und darauf hinweist, dass es in den ersten Nachkriegsjahren im Westen mehrere Strukturreformansätze gab, welche jedoch nicht von Dauer waren. Nach dem weitgehenden Scheitern der Strukturreform erfolgte nach Dühlmeiers Rekonstruktion vorrangig eine innere Reform und er konzediert ein Nebeneinander von Restauration und innerer Schulreform innerhalb der ersten eineinhalb Nachkriegsjahrzehnte, was er an unbekannten Reformpädagogen und ihren Projekten in Niedersachsen nachweisen kann. Hier gab es Reformlehrer, die über „ein pädagogisches Vorleben verfügten" und die „nur auf den ersten Blick Teil einer restaurativen Pädagogik waren" (a.a.O.: 466). So zum Beispiel Fritz Behrend (vgl. in Abschnitt 2.3.2), welcher vor dem Krieg in Finsterwalde (Provinz Brandenburg) eine Volksschule nach dem Jena-Plan organisierte und nach dem Krieg als Schulrat in Salzgitter etliche Jena-Plan-Schulen initiierte. Im Mittelpunkt der reformpädagogischen Bemühungen auch zahlreicher unbekannter Reformlehrer an Landschulen standen nach Dühlmeiers Analysen Gesamtunterricht, Unterrichtsgespräch, Vorhaben und Jena-Plan.

125 Auf dem Lande waren Mehrklassenschulen vielerorts noch üblich.

erfolgte ein rascher Wiederaufbau des differenzierten heilpädagogischen Erziehungs- und Bildungswesens, welches an die Errungenschaften der Weimarer Zeit anknüpfte (Kanter 1999).

Der Diskurs zur Einschulungspraxis der fünfziger und sechziger Jahre ist stark von der Debatte um Alfred Kerns Reifungstheorie und seinem Werk „Sitzenbleiberelend"[126] aus dem Jahr 1951 gekennzeichnet. Kern sah einen engen Zusammenhang zwischen Reife und Schulerfolg und glaubte durch eine ‚reifgemäße' Einschulung die Zahl der Schulversager senken und die damit verbundenen Folgen für das Bildungssystem minimieren zu können.[127] So postulierte Kern (1951: 67): „Wenn wir mit der Einschulung eines jeden Kindes warteten, bis es den geforderten Entwicklungspunkt erreicht hätte, dann wäre jedem Kind ein relativ leichtes und erfolgreiches Beschreiten und Durchschreiten der Schulbahn möglich." Die Entwicklung der Schulreife verlief nach Kerns Ansicht synchron mit körperlichen Entwicklungsschüben wie zum Beispiel dem Zahnwechsel. Die anfänglichen Erfolge mit zurückgestellten Kindern führten zur Entwicklung zahlreicher Schulreifetests der ersten Phase[128] (vgl. hierzu auch Burgener Woeffray 1996, Kammermeyer 2000/2001). Es kann konstatiert werden, dass eine wahre Testwelle entstand, Schulreifetests wurden verstärkt eingesetzt, um möglichst ausschließlich ‚schulreife' Kinder in die Grundschule aufzunehmen (Rüdiger et al. 1976, Tietze 2006). Tietze (a.a.O.) betont, dass Heckhausen und Kemmler bereits 1957 nachgewiesen hatten, dass die Schulreife vielmehr ein Problem unzureichender Lern- und Förderchancen darstellte, da sich nach ihren Untersuchungen herausstellte, dass anstelle von 26 % ‚schulunreifen' Kindern bei einer weiteren Messung sechs Wochen nach der Einschulung nur noch 3 % der Kinder, gemessen mit dem Grundleistungstest von Kern, nicht ‚schulreif' waren.

Dennoch führte der dargestellte Diskurs zu einer schrittweisen Erhöhung des Einschulungsalters aller Kinder, um durch ein höheres Einschulungsalter die Chancen der Kinder für einen guten Schulstart zu erhöhen. Durch das „Düsseldorfer Abkommen der Kultusministerkonferenz (KMK)" vom 17. Februar 1955 sowie den „Beschluss der KMK" vom 28./29. April 1955 wurde die Einschulung

---

126   Um 1951 bestand ein Drittel eines Schülerjahrgangs aus Klassenwiederholern.

127   Rüdiger et al. 1976 weisen darauf hin, dass sich in der Notzeit nach 1945 das Problem der körperlichen und seelisch geistigen Reife für viele Schulanfänger stellte. 1946 wurde von Kern der „Grundleistungstest" (GLT) nach dem Vorbild amerikanischer Tests entwickelt.

128   So zum Beispiel der „Grundleistungstest zur Ermittlung der Schulreife" (GLT) von Kern, A. (1966, Beltz); der „Kettwiger Schulreifetest" (KST) von Meis, R. (1967, Beltz); der „Frankfurter Schulreifetest"von Roth, H. et al. (1968, Beltz); der „Reutlinger Test für Schulanfänger" (RTS) von Kratzmeier, H. (1968, Beltz); die „Weilburger Testaufgaben für Schulanfänger" (WTA) von Hetzer, H. und Tent, L. (1971, Beltz), der „Duisburger Vorschul- und Einschulungstest" (DVET) von Meis, R. (1973, Beltz), die von Burgener Woeffray (1996) alle zu den Schulreifetests der ersten Phase von zwei Phasen der Entwicklung gezählt werden.

für alle Kinder auf den ersten April verlegt, die bis dahin das sechste Lebensjahr vollendet hatten. Knapp zehn Jahre später wird mit dem „Hamburger Abkommen" vom 28. Oktober 1964 durch die Kultusminister eine verbindliche Schulaufnahmeregelung für alle Länder der Bundesrepublik geschaffen, bei der die Schulpflicht am 1. August für alle diejenigen Kinder beginnt, welche bis zum 30. Juni des Einschulungsjahres das sechste Lebensjahr vollendet haben (Rüdiger et al. 1976).

Allerdings setzte allmählich ein Diskurswandel von Schulreife- zu Schulfähigkeitskonzepten ein. In ihren Untersuchungen konnten Krapp und Mandel (1977) nachweisen, dass das Urteil der Schulreife nach Schulreifetests wenig präzise und zuverlässig war. Für 17 % der als ‚nicht schulreif' geltenden, aber dennoch in dieser Untersuchung eingeschulten Kinder konnte ein erfolgreicher Besuch des ersten Schuljahres konstatiert werden, wohingegen für 3 % der als ‚schulreif' geltenden Kinder das erste Schuljahr nicht erfolgreich verlief. Der Anteil der Fehlentscheidungen bei Anwendung von Schulreifetests in Höhe von 20 % lag damit deutlich über dem tatsächlichen Anteil aller Kinder in Höhe von 12 %, für die das erste Schuljahr nicht erfolgreich verlief. Die in Folge entwickelten Schulreifeverfahren der zweiten Phase (Burgener Woeffray 1996) versuchten die bis dahin aufgetretenen testtheoretischen Probleme zu überwinden. Zugleich wurde eine lerntheoretisch begründete Schulfähigkeitsdiagnostik entwickelt, deren Ziel in einer Modifikation des Verhaltens und von Bedingungen lag (Kammermeyer 2000). Bereits 1970 wurde der Anspruch an die Schulfähigkeit des Kindes von Schwartz (1970: 287) ausdrücklich in Frage gestellt: „Nicht nur das Kind wird also auf seine Schulfähigkeit hin befragt, sondern auch die Bildungseinrichtungen der Erwachsenen für die Kinder werden in Frage gestellt und so verändert, daß sie zum ‚Weg des Kindes' werden."

Zu einer führenden Vertreterin einer reformpädagogisch orientierten Grundschulpädagogik entwickelte sich Ilse Lichtenstein-Rother (1917-1991). Ihr Standardwerk „Schulanfang. Ein Beitrag zur Arbeit in den ersten beiden Schuljahren" erschien erstmals 1954 und nachfolgend in sieben Auflagen von zusammen ca. 80.000 Exemplaren (Prengel 1999), sodass dieses Werk als ein Klassiker dieser Zeit aufgefasst werden kann. Rother beschrieb wesentliche Prinzipien der Grundschularbeit wie Grundlegung und Kindorientierung als Basis und entwickelte die Theorie von der Grundschule als kindorientiertem Lern-, Lebens- und Handlungsraum weiter. Sie postulierte, dass mit dem Schulanfang das Verständnis von Schule und Schülersein sowie elementare Kenntnisse und Fähigkeiten grundgelegt werden. Die ersten beiden Schuljahre fasste sie als eine Einheit auf, die von der Gesamtaufgabe der Grundschule aus gesehen werden müssen und leitete als Auftrag ab, Kinder die elementaren Fertigkeiten des Lesens, Schreibens und Rechnens zu lehren sowie sie in die Welt einzuführen und einen Beitrag zu einer freien und selbstständigen Lebensweise der Kinder zu leisten.

Dem Verständnis der Zeit entsprechend stellte sie die Problematik der Schulreife dar und verwies auf Forschungsergebnisse zum Zusammenhang von Milieu, Schulreife und Lernleistungen bei Kindern. Sie beschrieb Entwicklungs-, Begabungs- und Umweltunterschiede bei Schulanfängern und ging besonders auf langsame, auffällige und vernachlässigte Kinder ein. Das Kind sah sie in der Tradition von Pestalozzi und Reichwein als ‚werdendes Selbst‘. Für die Entfaltung des einzelnen Kindes an sittlichen und sachlichen Anforderungen sind nach Rothers Darstellung (1954: 37) eine pädagogische Haltung des Lehrenden notwendig, die in jedem Kind das Geschöpf achtet und es anleitet, „seine Bestimmung zu finden", dabei soll jedes Kind so angenommen werden, wie es ist und dabei Geborgenheit und Sicherheit erfahren. Für das mitmenschliche Verhalten postulierte sie Prämissen, wie die der Begrenzung durch den anderen, die Prämisse jeden zu achten, die Prämisse des Helfens, und führte anschließend ihre Gedanken zu ‚falschem und bösem‘ Verhalten[129] aus. Die Berücksichtigung der individuellen Kräfte sollte durch eine Differenzierung in den Anforderungen erfolgen. Rothers Credo (1954: 51) war dabei, dass „an Stelle der gleichen Anforderung (Klassennorm) die gleiche Anstrengung für alle" treten müsse. Sie betonte, dass für alle Kinder mit dem Ende des zweiten Schuljahres das Ziel gesetzt sei, das Lesen, Schreiben und Rechnen zu erlernen. In der Konsequenz beschrieb sie für den Leseunterricht eine Differenzierung im Fortschreiten. Für die Mathematik sollte nach ihrem Verständnis erst dann mit dem gemeinsamen Lehrgang begonnen werden, wenn alle Kinder die dafür notwendigen Voraussetzungen in der Mengenbehandlung erworben hatten. Weitere Differenzierungsmöglichkeiten sah sie im Aufgabenumfang, in Partner- und Stillarbeit, in selbstständigen Arbeitsformen sowie in den Arbeitsmitteln. Den ganzheitlich-analytischen Leselehrgang unterteilte Rother in fünf Stufen, in denen die Voraussetzungen des selbstständigen Erlesens von Inhalten erworben werden sowie in weitere drei Stufen des selbstständigen Erlesens. Ebenso entwickelte sie ein Stufenmodell für den Mengenumgang.[130]

---

129 Prengel (1999: 85) weist in ihrer Würdigung auf die Ambivalenzen hin: „Die traditionelle Orientierung an Ordnung und Sitte, Gehorsam und Geborgenheit verknüpft Ilse Rother von der ersten bis zur letzten Auflage ihres Standardwerks mit reformpädagogischen Orientierungen, die (...) in modifizierter Form auch am Ende des Jahrhunderts für den Anfangsunterricht bedeutsam sind."
130   Parallel wurden in den Schulen analytische und synthetische Methoden, ganzheitliche Methoden sowie unterschiedlichste Mischformen für das Erstlesen eingesetzt. Dabei entwickelte sich ein Methodenstreit, der erst Anfang der siebziger Jahre durch die Untersuchungen von Ferdinand und Heuss beendet wurde und dazu führte, dass fast alle Fibeln methodenintegrativ analytisch-synthetisch arbeiteten (vgl. hierzu Gümbel 1980 und Schründer-Lenzen 2004).

Für die Schulwoche in den ersten beiden Schuljahren legte sie einen Wochenplan zugrunde, für den sie alle 18 bzw. 22 Unterrichtsstunden in Minuten umrechnete und diese bei Auflösung der Fächerstruktur in einen Gesamtplan von täglich 165/220 Minuten umformte. Begrüßung, tägliche Andacht und tägliches Berichten spielten dabei eine immer wiederkehrende Rolle, ebenso wie die tägliche Übung, das Frühstück, die Bewegungsübungen sowie ein weiterer Unterrichtsblock und der Tagesschluss.

Als wichtige Schritte und Hilfsmittel für einen gelingenden Schulanfang sahen Lichtenstein-Rother und Röbe (1991) den Besuch von Kindergartengruppen in der Grundschule, den Akt der Schulanmeldung und vielfältige Formen des Kontakts der Schule zu den Schulanfängern zum Beispiel durch Feste oder persönliche Briefe an die Kinder. Für eine kindorientierte Grundlegung des Lernens in den ersten Schulwochen entfalteten sie pädagogische und didaktischen Perspektiven sowie folgende Erfahrungsbereiche (a.a.O.: 56 ff.):

1. „Das Klassenzimmer als Lernumwelt und schulischer Lebensraum (...)
2. Mitschüler als Nachbarn und Arbeitspartner (...)
3. Regeln und Regelungen kennenlernen, aufstellen, einhalten (...)
4. Schulleiter und Hausmeister als Vertreter der Institution Schule (...)“

Ab 1965 wurden zunehmend Diskussionen zu einer als rückständig empfundenen Grundschule geführt und Vorwürfe einer ‚Kindertümelei' erhoben. Vor dem Hintergrund der Ergebnisse der Intelligenzforschung, der Wirkungen des Sputnikschocks von 1957 und der von Picht 1964 ausgerufenen Bildungskatastrophe spielten seit den späten sechziger Jahren Reformabsichten zur Überwindung des Bildungsrückstandes und Erwartungen wie die Herstellung von Startchancengleichheit eine zentrale Rolle in der bildungspolitischen Diskussion (Krappmann 1985, Tenorth 1988, Burk et al. 1994, Hacker 1992/2001/2004, Götz 2004, Valtin 2006). Benner (1998) bezeichnet diese Zeit als Ausgangspunkt einer dritten reformpädagogischen Phase. Für die Grundschule wurde eine grundlegende Reform von Struktur und Inhalten eingefordert (Schwartz 1970, Neuhaus 1991).

Neuhaus legte 1974 ihre Analyse der Entwicklung der Grundschule von 1920 bis 1966 sowie eine darauf aufbauende erziehungswissenschaftliche Begründung einer Grundschulreform vor. Sie setzte sich kritisch mit der Auffassung von Grundschule als Schonraum auseinander, in dem kindliche Fähigkeiten ohne Druck und äußeren Zwang zur Entfaltung kommen sollten. Vielmehr sah Neuhaus (1991: 109) die Grundschule als einen „Ort der geleiteten, kritisch reflektierten und ständig zu erneuernden Lernprozesse", an dem die Lernfähigkeit der Kinder entwickelt sowie Schüler neu motiviert und in ihrem Lernwillen gestärkt werden müssen. Begründungen leitete Neuhaus aus neueren Erkenntnissen über die Bildsamkeit des Menschen ab und und lenkte den Blick auf familiäre und gesellschaftliche Bedingungen des Lernens. Neuhaus (1991: 110) postulierte eine Neuorientierung des Auftrags der Grundschule, um das bis dahin vorherrschende Konzept einer volkstümlichen Bildung zu überwinden und durch eine Ausrichtung auf ein wissenschaftsorientiertes Lernen zu ersetzen: „Die Schule soll (...) von Anbeginn an die Voraussetzungen für ein wissenschaftliches Denken und ein wissenschaftliches Bewußtsein schaffen und damit ein modernes Umweltverständnis auf wissenschaftlicher Grundlage vorbereiten." Dazu wurde eine Reform der Inhalte und der Gestaltung der Lernprozesse notwendig, wenngleich auch die Kindorientierung als wichtiges Prinzip der Grundschule beibehalten werden sollte: „Auch für die Grundschule gilt das Prinzip der Wissenschaftsorientierung, das jedoch in seiner Ergänzungsbedürftigkeit durch das Prinzip der Kindorientierung gesehen werden muß." (a.a.O.: 114)

Die Herstellung von Bildungskontinuität und von Schulfähigkeit sowie der frühzeitige Ausgleich herkunftsbedingter Bildungsnachteile wurden zentrale Ziele für Reformbestrebungen zum Schulanfang (Schwartz 1975, Valtin 2006). Schulfähigkeit wurde basierend auf den Konzepten von Havighurst (1972, enthalten in Oerter 1998) als Entwicklungsaufgabe gesehen, die sich für ein Kind in dieser Lebensperiode stellt (vgl. dazu auch Kapitel 4). Chancengleichheit sollte durch zusätzliche Fördermaßnahmen und die Gewährung besonderer Chancen während der Schulzeit verbessert und Benachteiligungen durch unterschiedliche Sozialisationsbedingungen ausgeglichen werden. Bildungsbenachteiligung wurde vom Deutschen Bildungsrat (1970: 37) als eng verknüpft mit den Herkunftsfamilien erklärt:

> „Unterschichtenfamilien sind häufig durch andere Sprachmuster, körperliche Disziplinierungsmaßnahmen, starke Betonung von Werten wie Ordnung und Sauberkeit und geringere intellektuelle Anforderungen im Vergleich zu Familien der Mittelschicht charakterisiert, was im ganzen dazu führt, dass ein Teil der Kinder der Unterschicht nicht den Anforderungen der Schule gewachsen ist. Beim Eintritt in die Schule und bereits im Kindergarten werden jedoch alle Kinder mit einem Erziehungsverhalten und mit Erziehungszielen konfrontiert, die stärker an den Standards der Mittelschicht orientiert sind."

Allerdings wurden in der BRD keine kompensatorischen Staatsprogramme wie in den USA aufgelegt, sondern es wurde auf breit angelegte Schulversuche orientiert (Stamm 2003/2004). Eine wichtige Rolle in der Diskussion spielte die Früheinschulung Fünfjähriger, die auch von Entwicklungen wie dem „Headstart"-Programm in den USA[131] beeinflusst wurde (Schwartz 1975, Hacker 2001/2004, Stamm 2003, Götz 2004, Valtin 2006). Als Grund für die Früheinschulung wer-

---

131 An dem bundesstaatlichen Programm „Headstart", welches den Übergang in die Schule erleichtern sollte, nahmen in jener Zeit insgesamt 500.000 benachteiligte Kinder im Vorschulalter teil.

den von Wagner und Krappmann (1982) zum einen der in den sechziger Jahren herrschende Mangel an Kindergartenplätzen benannt, denn nur für ein Drittel der drei- bis fünfjährigen Kinder waren in jener Zeit Plätze vorhanden. Zum anderen fehlten ihrer Ansicht nach Bildungskonzepte für Kindergärten sowie eine Theorie- und Praxisforschung zu frühkindlicher Erziehung.

Zur Bildung Fünfjähriger und zur Eingangsstufe gab es zwei parallele mit kontroversen Diskussionen behaftete Entwicklungen in Deutschland. Die Bund-Länder-Kommission für Bildungsplanung (BLK) förderte entsprechend des Bildungsgesamtplans umfangreiche Modellversuche zum Schwerpunkt „Fünfjährige in Kindergärten, Vorklassen und Eingangsstufen" (BLK 1976) in den damaligen Ländern der Bundesrepublik, während der Deutsche Bildungsrat (1975) Modelle der Eingangsstufe in seinem „Bericht 75" diskutiert.

Gemeinsam ist den Modellversuchen von BLK und Deutschem Bildungsrat, dass sie nach Faust (2005) ‚echte Brückeninstitutionen' zwischen Elementar- und Primarbereich darstellen. Die Ideen zum Gelingen des Schulstarts von Kindern führten erstmals über einzelne Muster-, Reform- oder Schulversuchsschulen hinaus zu einer zeitweilig weiter verbreiteten eigenen Institution des Schulanfangs im Sinne der Eingangsstufe. Die veränderte Eingangsstufe verfolgte als Brücke zwischen Kindergarten beziehungsweise Elternhaus und Grundschule das Ziel, den Schulstart durch geeignete Organisationsformen und Lehr- und Lernformen für alle Kinder erfolgreich zu gestalten. Im Folgenden sollen die unterschiedlichen Modellversuchsansätze von BLK (1976) und Deutschem Bildungsrat (1970/1975) knapp umrissen werden (vgl. hierzu auch Götz 2004).

Modellversuche der BLK zu „Fünfjährigen in Kindergarten, Vorklassen und Eingangsstufen

Die BLK beschrieb im Wesentlichen drei Typen von Modellversuchen, die alle auf eine verbesserte Förderung der Fünfjährigen zielten:

- Typ 1: Modellversuche mit Spiel- und Lernangeboten in jahrgangsgemischten Gruppen innerhalb des Kindergartens
- Typ 2: Modellversuche mit Spiel- und Lernangeboten für Fünfjährige in Vorklassen, die der Grundschule zugeordnet sind
- Typ 3: Modellversuche mit Spiel- und Lernangeboten für fünf- und sechsjährige Kinder im Rahmen einer zweijährigen Eingangsstufe

Insgesamt 46 Modellversuche und deren Ergebnisse wurden in eine Auswertung der Projektgruppe „Einrichtungen für Fünfjährige" einbezogen (vgl. hierzu

Wagner/Krappmann 1982). Unter der Zielstellung, den besten Bildungsort für Fünfjährige zu ermitteln, wurden von der BLK (1976: 15) in diesen Modellversuchen Ziele verfolgt wie:

-    „die pädagogische Förderung jedes einzelnen Kindes im Rahmen des Sozialbezugs der Gruppe
-    der Ausgleich der durch unterschiedliche soziale Voraussetzungen bedingten Defizite durch familienergänzende Maßnahmen
-    die Erleichterung des Übergangs aus der Familie oder dem Kindergarten in den Bereich der Schule"

Die genannten Ziele wurden in den Ländern Baden-Württemberg, Bayern, Bremen, Hamburg, Hessen, Niedersachsen, Rheinland-Pfalz und Schleswig-Holstein erprobt. 7.800 Kinder in 115 Eingangsstufen waren beteiligt. Im Vordergrund standen die individuelle Förderung des Kindes und der Ausgleich von Benachteiligungen. Die planmäßigen Lehrgänge für den Erwerb der Kulturtechniken sollten individuell einsetzen. Dabei sollte ein möglichst reibungsloser Übergang in die Schule gewährleistet werden, um Schwierigkeiten in Folge der Einschulung zu vermeiden. Zur Absicherung der Zielstellungen gab es eine verbindliche Kooperation der Arbeit von Lehrerinnen und Sozialpädagoginnen. Flexible innere Differenzierungen wurden mithilfe von Kleingruppen- und Einzelarbeit angestrebt. Allerdings setzten sich in der Eingangsstufe Formen jahrgangsgemischten Lernens nicht durch.[132] Die integrierte Förderung von Kindern mit Auffälligkeiten, Behinderungen oder Benachteiligungen erfolgte in zahlreichen Eingangsstufen und die BLK (1976: 58) konstatierte ein weitgehendes Gelingen: „Fast alle diese Versuche geben an, dass Lernbehinderte nicht mehr ausgesondert werden müssen, Verhaltensstörungen signifikant abgebaut werden können und der flexible Beginn des Lesens, Schreibens und Rechnens bei den meisten Kindern gelungen ist."

Eingangsstufenmodelle des Deutschen Bildungsrats

Eine zweite Entwicklungslinie wurde durch den Deutschen Bildungsrat (1975) und dessen „Bericht 75 – Entwicklungen im Bildungswesen" verfolgt. In diesem Bericht wurde argumentiert, dass sich die Probleme des Übergangs in die Schule am besten durch die Einrichtung einer Eingangsstufe bewältigen ließen. Der Deutsche Bildungsrat legte dazu umfängliche Grundsätze für die Konzeption

---

132   Neuhaus plädierte 1974 eindringlich dafür, dass die notwendigen Auflösungen der Zwergschulen nicht notwendigerweise eine Aufhebung der jahrgangsübergreifenden Klassen bedeuten müssen sondern dass diese vielmehr für ein Kern-Kurssystem nach den Modellen von Petersen oder Montessori genutzt werden sollten. Diese Argumentation setzte sich nicht durch.

einer Eingangsstufe für Fünf- bis Sechsjährige vor: Auf eine Auslese durch Schulreifeuntersuchungen, Nichtversetzen, Zensierung wurde verzichtet und an die individuelle Lerngeschichte angeknüpft. Die Lerninhalte sollten von den Lebenssituationen der Schüler ausgehen, sich an Projekten orientieren und auch selbst gestellte Ziele der Kinder umfassen. Am Beginn sollte die spielerische Erfahrung überwiegen, die schrittweise in strukturiertere Lernerfahrungen überführt wurde. Das soziale und motorische Lernen erhielt ausreichend Berücksichtigung. Das erste Jahr orientierte sich an den Spiel- und Lernformen des Elementarbereichs, um die Kontinuität des Übergangs abzusichern. Anstelle einer verbindlichen Norm sollten die Lernanforderungen, Lehrgänge und Materialien individualisiert werden und eigene Lernfortschritte ermöglichen. Die Betreuungszeiten und die Lehrer-Schüler-Relationen wurden denen im Elementarbereich angeglichen. Eltern, insbesondere auch aus unteren Sozialschichten, sollte eine verstärkte Mitwirkung im Schulalltag ermöglicht werden.

Der Bildungsrat favorisierte die Bildungspflicht und damit eine Zuordnung der Fünfjährigen zum Primarbereich. In der Folge wurden drei verschiedene Eingangsstufenmodelle entwickelt (Deutscher Bildungsrat 1975: 70ff.):

- Das Modell 1+4 beinhaltete eine vierjährige Dauer der Grundschule. Ihr wurde eine einjährige Vorklasse entweder im Kindergarten oder im Primarbereich vorangestellt. Als besonderes Problem wurde gesehen, dass die administrative Kompetenz für die Fünfjährigen geteilt bleibt, wenn es keine eindeutigen politischen Lösungen gibt.
- Das Modell 2+2 war dadurch gekennzeichnet, dass eine zweijährige Eingangsstufe für Fünf- und Sechsjährige gab, welches auf einem Pflichtkonzept für Fünfjährige basierte. Die Zuständigkeiten für die Fünfjährigen lag bei den Kultusministerien. Gegner dieses Modells argumentierten, dass der Stoff von drei Jahren wegen der besonderen Gestaltung der Eingangstufe dann in der nur zweijährigen Grundstufe bewältigt werden müsse und der Fachunterricht schon bei Neunjährigen einsetze (vgl. hierzu Schwartz 1975).
- Letztendlich votierte die Bildungskommission für das Modell 2+3, bei dem innerhalb der Eingangsstufe der Rahmen für die Aufnahme der Fünfjährigen geschaffen würde und in der sich anschließenden dreijährigen Grundstufenzeit bessere Bedingungen für die Erfüllung des Auftrages der Grundschule gegeben sei.

Die verschiedenen Modelle wurden wissenschaftlich begleitet. So begann in Nordrhein-Westfalen an 50 Modellkindergärten und 50 Vorklassen an Grundschulen ein Erprobungsprogramm zur Effizienz der Förderung von Fünfjährigen (vgl. hierzu Götz 2004). Götz thematisiert die unterschiedlichen wissenschaftlichen Standards der damaligen Begleitforschungen. Aus den vorliegenden wissenschaftlichen Begleituntersuchungen zog die Bund-Länder-Kommission (1976: 7) das Fazit, „dass der Besuch einer vorschulischen Einrichtung für die Förderung der Gesamtpersönlichkeit bedeutsamer ist als der Besuch einer bestimmten Art vorschulischer Einrichtungen". Damit wurde konstatiert, dass Kinder in vorschulischen Einrichtungen in ihrer Entwicklung Kindern ohne vorschulische Förderung voraus sind, ohne dass eindeutig geklärt werden konnte, inwieweit Fördereffekte mit einem bestimmten institutionalisierten Modell verbunden sind. Aus den vorliegenden empirischen Ergebnissen konnten - so das Fazit von Götz (2004) - seinerzeit nicht die für erforderlich gehaltenen Belege einer Notwendigkeit der Einführung von veränderten Schuleingangsstufen erbracht werden. Die Fragen nach einer Früheinschulung waren auch mit der Frage nach der weiteren Zukunft des Kindergartens sowie mit der Frage nach der Finanzierbarkeit verbunden, wie Burk et al. (1994: 4) rückblickend darstellten:

„Wären die Fünfjährigen dem Schulbereich zugeordnet worden, hätte der Kindergarten seine pädagogischen ‚Zugpferde' verloren. Ein überzeugendes Konzept für die Gruppe der Drei- bis Vierjährigen wurde nicht entwickelt. So lässt sich die Stagnation des Ausbaus der Eingangsstufen vermutlich vor allem durch die Nachteile erklären, die für die nichtstaatlichen vorschulischen Einrichtungen mit dem Abzug vieler Kinder verbunden wären. (...) Mitentscheidend waren aber wohl auch institutionelle und vor allem finanzielle Gründe: Eingangstufen hätten einen weiteren Kindergartenjahrgang aus dem für die öffentliche Hand kostengünstigen Wohlfahrtsbereich in das öffentliche Schulwesen verlagert."

Gleichzeitig weisen die Autoren darauf hin, dass auch Zweifel an der Fähigkeit der Schule zur ‚Entschulung' eine Rolle gespielt haben mögen (vgl. hierzu auch Schwartz 1975). Ebenso gab es für die erhoffte kompensatorische Wirkung wenige statistisch relevante Effekte. Die BLK argumentierte, dass eine kompensatorische Erziehung und Schule die prägende Wirkung sozio-ökonomischer und sozio-kultureller Lebensverhältnisse nicht im Sinne von gleichen Startchancen zu überwinden vermochte (BLK 1976, Götz 2004).[133] Vor diesem Hintergrund wurde die Herstellung von Bildungskontinuität zur Aufgabe der Länder und in diesen durch entsprechende Verwaltungsvorschriften zur Zusammenarbeit von Kindergarten und Schule geregelt. In der Folge wurden ab 1977 alle Schulversu-

---

133 30 Jahre später starten vor dem Hintergrund der großen sozialen Disparitäten im deutschen Bildungswesen erneute Diskussionen zu den Möglichkeiten einer kompensatorischen Erziehung (vgl. hierzu Sasse/Valtin 2006).

che zur Eingangsstufe in den Ländern abgebrochen.[134] Die damalige Euphorie zur vorschulischen Bildung verkehrte sich ins Gegenteil, „mit dem Ergebnis, dass fortan das soziale Lernen jegliche Ausrichtung auf kognitive Entwicklung verdrängte und zum dominierenden Konzept deutschsprachiger Kindergärten [der BRD, Anm. Autorin] wurde" (Stamm 2004: 866).

Für die Reformbestrebungen zum Schulanfang bedeuteten diese Entscheidungen ein vorerst rasches Ende der Eingangsstufe, die nur eine kurze Chance von knapp zehn Jahren der Bewährung erhielt. Da das Gelingen des Schulanfangs vor allem als Überwindung von ungleichen Lernvoraussetzungen und damit als Kompensation gesehen wurde, welche Kinder zu vergleichbaren kognitiven Entwicklungen führen sollte, musste die Eingangsstufe aus heutigem Kenntnisstand scheitern. Für die Erklärung von Varianzen von Schülerleistungen ist der nachgewiesene Erklärungsanteil der Institution Grundschule auch bei optimistischen Schätzungen von 25 % (Meyer/Klapper 2006) sehr viel geringer als der Einfluss individuell bedingter Prädiktoren – eine Kompensation von Leistungsunterschieden ist damit und zudem bei anzunehmenden Matthäus-Effekten somit eher unwahrscheinlich (Köller/Baumert 2002, Meyer/Klapper 2006). Auch die Ergebnisse von Tietze (2006), nach denen der pädagogischen Qualität der familiären Umwelten in der Vorschulzeit und der Qualität des Kindergartens ein deutlich höherer Einfluss in den ersten zwei Jahren der Grundschulzeit zukommt als der Schule, so wie sie sich heute darstellt, deuten in diese Richtung. Rückblickend weist Stamm (2004) darauf hin, dass bei einigen Früherziehungsprogrammen langfristige günstige Wirkungen infolge von Sleeper-Effekten erst später sichtbar wurden, sodass Jahre nach der Beendigung einiger Projekte die Urteile über die geringen Erfolge kompensatorischer Erziehung in diesen Projekten revidiert werden mussten.

2.3.7 Reformbestrebungen seit den neunziger Jahren im vereinten Deutschland

Nach dem Zusammenbruch der DDR erfolgte im Oktober 1990 der Beitritt der DDR zur Bundesrepublik Deutschland. Die ehemals fünfzehn Bezirke wurden zu fünf Bundesländern, die eigene, föderale Bildungsgesetze verabschiedeten und bildungspolitisch unterschiedliche Wege gingen. Parallel setzte in den neunziger Jahren in ganz Deutschland eine gesellschaftliche Entwicklung ein, die für die Bildungspolitik nicht ohne Folgen blieb. Die wirtschaftliche Entwicklung in Deutschland verlangsamte sich, die Finanzsituation in den öffentlichen Haushalten wurde zunehmend angespannter und Migration und demografischer Wandel

---

134 Einzig das Land Hessen führte an 50 Schulen die Eingangsstufe weiter, ebenso wurde die Eingangsstufe an der Laborschule Bielefeld fortgeführt.

wurden zu wichtigen Themen der öffentlichen Diskussionen. Gleichzeitig wirkten zunehmend Globalisierungstendenzen und Tendenzen eines beginnenden
Strukturwandels zu einer Dienstleistungs- und Wissensgesellschaft, die veränderte Ansprüche an das Bildungswesen nach sich zogen (Blossfeld 2005; Konsortium Bildungsberichterstattung 2006).

Seit Beginn der neunziger Jahre setzte für die Eingangsstufe eine Renaissance ein, die dadurch forciert wurde, dass eine rapide gestiegene Zahl von zurückgestellten Kindern von ca. 5-14 % je Bundesland und ein gleichzeitiger
Rückgang der vorzeitigen Einschulungen auf ein bis drei Prozent der Schulanfänger und damit ein ansteigendes Einschulungsalter konstatiert wurden (Quelle:
KMK 1997a, vgl. hierzu auch Faust 2006b). Die Bedeutung des Lernens am
Schulanfang für die gesamte weitere Entwicklung des Kindes rückte wieder
stärker in den Vordergrund der bildungspolitischen Diskussionen. Basis für die
Einschulungsdiskussion bildete ein Schulfähigkeitsansatz aus ökosystemischer
Perspektive, wie er von Nickel bereits in den achtziger Jahren (1981) entwickelt
worden war (vgl. hierzu ausführlich Kapitel 3 in dieser Arbeit), bei dem die
Teilkomponenten Schule, Schüler, Ökologie und gesamtgesellschaftliche Situation als sich beeinflussende Teilkomponenten gesehen wurden.[135] Infolge dieser
Sichtweise wird Schulfähigkeit von Vertreterinnen und Vertretern des Grund-
schulverbandes und der Grundschulwissenschaft erstmalig als gemeinsame Aufgabe von Kindertagesstätten, Schule, Eltern und lokalen Behörden aufgefasst
und in der Publikation „Die Zukunft beginnt in der Grundschule" mit konkreten
Handlungs- und Unterrichtsempfehlungen untersetzt (Faust-Siehl et al. 1996). In
dieser Veröffentlichung sind eine veränderte Zielstellung von Schuleingangsun-
tersuchungen, die Abschaffung von Zurückstellungen und Wiederausschulungen,
die integrative Förderung und eine individuelle Verweildauer kombiniert mit
dem Unterricht in möglichst jahrgangsgemischten Klassen ebenso wie sonderpädagogische Prävention, Förderung und Teamteaching als wesentliche Gelingens-
bedingungen für den Schulanfang beschrieben worden und als Modell einer

---

135 Schuleingangsdiagnostik wird dementsprechend als Entscheidungshilfe vor und nach der Einschulung gesehen, bei der die Umweltfaktoren als wichtige Informationsquellen gewertet werden.
Traditionelle Tests wurden als nicht ausreichend betrachtet und durch Beobachtungen und Anamne-
sen untersetzt (Kammermeyer 2000). Seit den achtziger Jahren sind informelle Verfahren entwickelt
worden, die den Ansprüchen einer pädagogischen Ökologie entsprechen sollten. Hierzu zählen nach
Burgener Woeffray (1996) der „Beobachtungsbogen für Kinder im Vorschulalter" (BBK) von Duhm
und Althaus (Braunschweig, Westermann 1979); sowie der „Beurteilungsbogen für Erzieherinnen zur
Diagnose der Schulfähigkeit" (BEDS) von Seibert, B.; Schwab, F. und Ingenkamp, K. (Beltz 1990).
Das „Kieler Einschulungsverfahren" (KEV von Fröse, Mölders, Wallrodt, Beltz) von 1986 sollte die
genannten Teilkomponenten im diagnostischen Prozess berücksichtigen. Seit den neunziger Jahren
erfolgte eine Revidierung der kindattribuierenden Sichtweise von Schulfähigkeit, indem Autoren wie
Smith/Shepard (1988) und Kammermeyer (2000) Schulfähigkeit als soziales Konstrukt definieren,
welches typisch ist für soziale Gruppen und deren kulturelle und regionale Theorien und Traditionen.

veränderten Schuleingangsstufe in die pädagogische Diskussion eingebracht worden. Zahlreiche Vertreter der Grundschulpädagogik unterstützten die Bestrebungen nach einem gelingenden Schulanfang für alle Kinder mit zahlreichen Veröffentlichungen zur Ausgestaltung eines veränderten Schulanfangs (so zum Beispiel Knörzer/Grass 1992, Grundschulzeitschrift 1997, Prengel 1999, Faust-Siehl/Speck-Hamdan 2001, Prengel et al. 2001, Kucharz 2001).

Zur Renaissance von Reformbestrebungen am Schulanfang und der Eingangsstufe trugen zudem die empirischen Daten zu Entwicklungs- und Leistungsunterschieden bei Schulanfängern bei (Neuhaus-Siemon 1993; Rabenstein et al. 1989, Spiegel/Selter 1997).[136] Die Erfolge der Schulversuche zur Integration von Kindern mit Behinderungen, europäische Entwicklungen zu einer inklusiven Praxis, fragwürdig gewordene Erträge von Einschulungstests und Zweifel an der Rückstellungspraxis erschütterten die bis dahin geltende Einschulungsphilosophie (Faust 2005/2006a/b), bei der die Einschulung durch das „Hamburger Abkommen" von 1964 an den Stichtag 30. Juni gebunden war. Die traditionelle Einschulungspraxis, welche mithilfe ärztlicher Untersuchungen, Schuleingangstests und selektiver Maßnahmen wie Zurückstellung, Wiederausschulung und Umschulung in Förderschulen auf Erzeugung größtmöglicher Homogenität durch Segregation in den Anfangsklassen zielte, war obsolet geworden.

Bereits 1994 verwies die Kultusministerkonferenz in ihren „Empfehlungen zur Arbeit in der Grundschule" vom 06.05.1994 darauf, dass mithilfe einer kindorientierten Schule und eines individualisierenden und binnendifferenzierenden Unterrichts der Übergang für Kinder in die Schule und der Anfangsunterricht optimiert werden könne, weil damit den wachsenden Unterschieden in den Lernvoraussetzungen der Schulanfängerinnen und Schulanfänger besser entsprochen werden könne. Drei Jahre später legte die Kultusministerkonferenz (KMK 1997a) angesichts der oben beschriebenen Entwicklungen ihre „Empfehlungen zur Neugestaltung des Schulanfangs" vom 24. Oktober 1997 vor.[137] Diese Empfehlungen, darauf weist Faust (2006b) hin, entwickelten die Fachreferenten der Länderverwaltungen im Ergebnis des bundesweit geführten Diskussionsprozesses von Experten und unter Einbeziehung von Ergebnissen aus den ersten Schul-

---

136 Die Diskussion um die Neugestaltung des Schulanfangs und des frühen Lernens erhielt erneut Anregung durch die Diskussion der Ergebnisse der großen länderübergreifenden Vergleichsuntersuchungen wie TIMSS (1997) und PISA 2000. Neben dem unerwartet schwachen Abschneiden deutscher 15-jähriger Schülerinnen und Schüler in den Vergleichstest zur Literalität und zu mathematischen und naturwissenschaftlichen Kompetenzen erbrachten die Begleitforschungen einige weitere interessante Befunde im Hinblick auf die diagnostische Kompetenz der Lehrkräfte sowie die hohe Selektivität und soziale Disparität des deutschen Schulsystems, welches für benachteiligte Schülerinnen und Schüler, insbesondere mit Migrationshintergrund, nur geringe Lernerfolge ermöglicht.
137 Die Empfehlungen wurden bei Stimmenthaltung Mecklenburg-Vorpommerns beschlossen (vgl. hierzu KMK 1997a, 280. KMK, 23/24. Oktober 1997, Protokollnotiz).

versuchen zur neuen Schuleingangsphase. In den KMK-Empfehlungen (1997a) wird zum einen das hohe Einschulungsalter problematisiert und für eine frühere und flexible Schulaufnahme plädiert. Dazu wird eine Flexibilisierung der Stichtagsregelungen zur Schulaufnahme in den Bundesländern vorgeschlagen und das „Hamburger Abkommen" von 1964 außer Kraft gesetzt. Es werden zudem Maßnahmen der Individualisierung und Differenzierung sowie zur pädagogischen Ausgestaltung der Eingangsstufe auch unter Aufnahme potenziell schwacher Kinder diskutiert. Zur Optimierung des Schulanfangs werden von der KMK (1997a: 7) folgende Perspektiven der Weiterentwicklung benannt:

-   „Grundsätzlich soll allen schulpflichtigen Kindern ohne generelle Feststellung der Schulfähigkeit die Aufnahme in die Schule ermöglicht werden.
-   Gleichzeitig soll die Aufnahme noch nicht schulpflichtiger Kinder mit entsprechendem Entwicklungsalter unterstützt werden.
-   Die rechtzeitige Förderung unterschiedlich schnell lernender Kinder soll in gleichem Maße sichergestellt werden.
-   Lernschwierigkeiten und drohendem Lernversagen soll präventiv begegnet werden, um das Entstehen von sonderpädagogischem Förderbedarf und ggf. Überweisungen in Förderschulen weitgehend zu vermeiden."

Neben der Frage nach der Optimierung des Schulanfangs für alle Kinder stand damit die Frage nach der Gestaltung der pädagogischen Qualität, um der Heterogenität der Schulanfänger gerecht werden zu können. In den Lösungsansätzen verweist der KMK-Bericht vom 08.10.1997 (KMK 1997b) unter anderem auf eine ausreichende Lernzeit und eine kindgerechte Rhythmisierung des Unterrichts, auf die Nutzung von jahrgangsübergreifendem Arbeiten als Möglichkeiten für differenzierendes Arbeiten und soziales Lernen sowie auf den Einsatz von multiprofessionellen Teams.

Angesichts der Bedeutung des Übergangs von der Kita in die Schule sowie eines nichtselektiven Schulanfangs für die weitere Entwicklung von Kindern wurden in Deutschland[138] in den neunziger Jahre des letzten Jahrhunderts zahlreiche Modellprojekte zu einer veränderten, kindgerechten Schuleingangphase gestartet, von denen inzwischen Schulversuchsberichte sowie Ergebnisse der Evaluationen zu den Schulversuchen vorliegen[139] (vgl. hierzu die von der Autorin erstellte Synopse im Anhang sowie die Übersichten bei Carle 2000, Faust-

---

138   Vergleichbare Problemlagen führten in den Nachbarländern Österreich und Schweiz ebenfalls zur Einrichtung von Schulversuchen zur veränderten Schuleingangs- bzw. einer Basisstufe, vgl. hierzu Grogger/Wolf 2004; Tajalli/Polzer 2004 für Österreich sowie EDK 2000, Heyer-Oeschger 2004 und Stamm 2004 für die Schweiz).
139   Eine Ausnahme bilden das Saarland und Mecklenburg-Vorpommern. In Mecklenburg-Vorpommern wurde allerdings 2004 ein erster Modellversuch gestartet.

Siehl 2001, Prengel et al. 2001, Hovestadt/Kessler 2004, Berthold 2005, Faust 2005/2006a/b). Seit dem ersten Schulversuch zur Schuleingangsphase der neuen Generation im Land Brandenburg lassen sich in der genannten Literatur bundesweit 21 Schulversuche und Modellprojekte zur veränderten Schuleingangsphase belegen. Alle Bundesländer, bis auf das Saarland, begannen entsprechende Vorhaben, in einigen Ländern gab es gleich mehrere Schulversuche und Modellprojekte (zum Beispiel in Nordrhein-Westfalen, Thüringen, Brandenburg). Faust (2006a/b) systematisiert die Schulversuche zur neuen Schuleingangsstufe nach den beiden Merkmalen der jahrgangsstufenübergreifenden Lerngruppenbildung sowie der Mitarbeit von sozialpädagogischem Fachpersonal für die Arbeit mit förderbedürftigen Kindern. Mithilfe dieser Merkmale gelangt sie zu einer Zuordnung der Ländermodelle, die hier in aktualisierter Form wiedergeben wird:

-   Typ I – jahrgangsstufenübergreifende Lerngruppen und zusätzliches Fachpersonal für förderbedürftige Kinder: Berlin, Brandenburg, Hessen, Niedersachsen und Thüringen
-   Typ II – jahrgangsstufenübergreifende Lerngruppen ohne zusätzliches Fachpersonal für förderbedürftige Kinder: Bayern, Baden-Württemberg, Bremen, Schleswig-Holstein
-   Typ III – jahrgangsbezogene Lerngruppen und zusätzliches Fachpersonal für förderbedürftige Kinder: Mecklenburg-Vorpommern, Rheinland-Pfalz, teilweise Sachsen-Anhalt
-   Typ IV – jahrgangsbezogene Lerngruppen ohne zusätzliches Fachpersonal für förderbedürftige Kinder: Sachsen[140]

Seit Fausts Beschreibung von 2006 sind einige Veränderungen in den Ländern eingetreten, so stattet Bremen kaum noch mit zusätzlichem Personal aus, Schleswig-Holstein favorisiert ab dem Schuljahr 2008/2009 jahrgangsgemischte Modelle. Die flexible Eingangsphase im Land Brandenburg zählt nach Fausts (2006a/b) Typologie zum Typ I, der sowohl durch eine jahrgangsübergreifende Lerngruppenbildung als auch durch die Mitarbeit von zusätzlichem (sozial-)pädagogischen Fachpersonal für Kinder mit Förderbedarfen gekennzeichnet ist. Beide Merkmale hält Faust für zentral beim Erreichen der Ziele der neuen Schuleingangsstufe. Diese flexible Schuleingangsphase (FLEX) wurde seit den neunziger Jahren in drei aufeinander aufbauenden Schulversuchen erprobt und weiterentwickelt, bevor sie seit dem Schuljahr 2003/2004 als eine optionale Regelform für Grundschulen in der Grundschulverordnung verankert wurde. Im Nach-

---

140 In Nordrhein-Westfalen sind nach Faust (2006b) alle Realisierungsformen gleichzeitig zu beobachten. Hamburg wurde aus dieser Systematik ausgeschlossen, da nur zwei Schulen betroffen sind. Das Saarland führt keine Eingangsstufenmodelle.

folgenden werden wegen der Schwerpunktsetzung auf regionale Reformbestrebungen die vier Entwicklungsstufen der FLEX mit ihren jeweiligen bildungspolitischen und pädagogischen Zielstellungen knapp skizziert.

Modellprojekt „Kindgerechter flexibler Schulanfang" (1992-1995)

Im Rahmen eines reformpädagogisch begründeten Einschulungsmodells wurde
erprobt, wie die Schuleingangsphase gestaltet werden müsse, damit alle Kinder,
unabhängig von ihren individuellen Voraussetzungen, schulfähig sind und welche schulorganisatorischen und didaktisch-pädagogischen Konsequenzen daraus
folgten (Witzlack 1993). Das damalige Modell an den Grundschulen Werneuchen und Neuzittau kennzeichneten folgende Merkmale: Die erste und zweite
Jahrgangsstufe wurden zu einer jahrgangsübergreifenden Eingangsstufe zusammengefasst, in der alle Kinder ohne Zurückstellung, Wiederholung und Ausschulung gemäß ihren individuellen Lernvoraussetzungen ein bis drei Jahre lernten.
Das Lernen in altersgemischten Gruppen machte eine Binnendifferenzierung
zwingend erforderlich und das soziale Lernen erhielt einen erhöhten Stellenwert.
Eingang finden sollten insbesondere didaktisch-methodische Aspekte der Reformpädagogik, wie Freiwilligkeit, Ganzheitlichkeit, Beweglichkeit und Angst-
freiheit.

Schulversuch FLEX 2 (1999-2002)

Einige neuere Fragestellungen, die sich aus der Lernforschung sowie der sonderpädagogischen und Integrationsforschung einerseits und aus der demographi-
schen Entwicklung[141] andererseits ergaben, konnten im ersten Modellprojekt
weder konzeptionell noch in der Zielevaluation ausreichend bearbeitet werden.
Unter Berücksichtigung dieser Fragestellungen sollte die Einführung einer flexiblen Schuleingangsphase konzeptionelle Eckpunkte beinhalten, die über das
vorangegangene Projekt hinauswiesen (Lambrich et al. 1997). Der Schulversuch
FLEX 2 sollte das Schuleingangsphasenmodell unter folgenden vier branden-
burgspezifischen Problemstellungen akzentuieren:

---

141 Zu den erheblichen demografischen Einflüssen gehören im Flächenland Brandenburg nach
Matthiesen (2003), Mading (2004) und Hartig (2005) der Rückgang der Schülerzahlen zum einen
durch den Geburtenknick seit 1989/1990 sowie in den Folgejahren durch eine hohe Abwanderungsra-
te, insbesondere auch von jungen gut ausgebildeten Frauen in andere Bundesländer, was insgesamt
zu sozialen Entmischungstendenzen und einer Heterogenisierung der gesamten Gesellschaft führt
(vgl. hierzu auch Block/Klemm 2005).

1. Die Anzahl der schneller lernenden Kinder, die eine individuelle Schulzeit-
    verkürzung durch vorzeitige Einschulung oder das Überspringen von Klas-
    sen in Anspruch nahmen, war in Brandenburg in den neunziger Jahren sehr
    gering (unter 1 % Springer in allen Primarstufenklassen).
2. Die Anzahl der Rückstellungen zum Schulanfang blieb seit der Wende
    unverändert hoch. Im Land Brandenburg erhielten 1999 durchschnittlich
    8 % der Schulanfänger eine Rückstellungsempfehlung. Dabei schwankten
    die Zahlen von 5 % in einem Landkreis bis zu 12 % in einer kreisfreien
    Stadt (Ministerium für Arbeit, Soziales, Familie und Frauen [MASGF]
    1999).[142]
3. Die hohe Zahl von Kindern mit sonderpädagogischem Förderbedarf im
    Bereich des Lernens, der Sprache und des Verhaltens sowie die durch Ab-
    wanderung von bildungsnahen Familien prozentual stetig anwachsende
    Gruppe von Kinder aus bildungsfernen Elternhäusern erforderte eine quali-
    tative Verbesserung der Lernangebote sowie eine Vermeidung frühzeitiger
    Stigmatisierung. Bei jedem zehnten Schulanfänger wurde 1999 bei den Ein-
    schulungsuntersuchungen Förderbedarf im Sprechen attestiert, der eng mit
    sich verändernden familiären Sozialisationsbedingungen zusammenhängt
    (Häuser/Jülisch 2003). Hatten die Schulärzte 1994 noch bei drei Prozent der
    Kinder während der Einschulungsuntersuchungen ein Feststellungsverfah-
    ren zum sonderpädagogischem Förderbedarf eingeleitet, so lag die Zahl
    1998 bei fünf Prozent (MASGF 1999).
4. In Brandenburg lernen anteilig deutlich mehr Schülerinnen und Schüler an
    Allgemeinen Förderschulen[143] als in zahlreichen anderen Bundesländern.
    Während im Land Brandenburg im Schuljahr 1998/99 vier Prozent aller
    Schülerinnen und Schüler des Landes (in der Regel ohne Migrationshin-
    tergrund) an Allgemeinen Förderschulen beschult wurden, lernten in Hessen
    und Bayern etwa ein Prozent, in Schleswig-Holstein zweieinhalb Prozent
    der Schülerinnen und Schüler (ohne Migrationshintergrund) an Schulen für
    Lernbehinderte (Kornmann et al. 1999: 126).

Um auf die drängenden Probleme der zunehmenden Heterogenität der Kinder,
auf ihre unterschiedlichen Sozialisationsbedingungen und ihre individuellen
Lernausgangslagen pädagogisch und strukturell reagieren zu können, wurde der
Schulversuch FLEX 2 (1999-2002) an den Grundschulen Forst und Spremberg
eingerichtet, der Fragen der zielgruppenspezifischen Förderung und Prävention

---

142 Diese Zahl stieg zum Schuljahr 2004/2005 nach Auskunft des Landesgesundheitsamtes auf
     6 % an und betrifft vorwiegend Kinder aus der unteren Sozialschicht (Böhm/Lüdecke 2005).
143 Allgemeine Förderschulen entsprechen Förder- bzw. Sonderschulen für Lernbehinderte.

sowie des sonderpädagogischen Kompetenztransfers in der flexiblen Eingangsphase in den Mittelpunkt rückte.

Schulversuch FLEX 20 (2001-2004)

In der pädagogischen Diskussion der 1990er Jahre gab es vielerorts einen Kon-
sens dahingehend, dass für die Neustrukturierung des Schulanfangs mehr Wert
auf die Implementierung der Modelle gelegt werden sollte: „Dass einzelne Schulen
den Anforderungen eines solchen Modellversuchs prinzipiell genügen können, ist bekannt, es fehlt jedoch auch international an Strategien, die Ergebnisse der innovativen
Schulen breit gestreut weiteren Schulen für deren Entwicklung dienstbar zu machen."
(Carle 2000: 274) Auf diesem Ansatz aufbauend stand im Mittelpunkt des Schulversuchs FLEX 20 (2001-2004) die Umsetzung eines erprobten Modells unter
Regelbedingungen in die Praxis um die nachfolgende Frage der Systemsteuerung
beantworten zu können: Wie konnte und musste das bislang erfolgreiche pädagogische Modell modifiziert werden, damit es unter den schulstrukturellen und
demografischen Bedingungen des Landes Brandenburg als ein Angebotsmodell
oder als flächendeckendes Modell umgesetzt werden konnte? Aus verschiedenen
erfolgreichen Innovationsvorhaben und Modellversuchen war bekannt, dass
Modellversuche nach der Entlassung aus dem Versuchsstatus unter den Bedingungen des pädagogischen Alltags abbrachen oder keine weitere Ausdehnung
erfuhren (Reiser 1997). Die dritte Etappe von FLEX, die Ausweitung des Schulversuchs auf 20 Grundschulen im Land Brandenburg sollte dazu beitragen, dass
die problematische Implementierung von Modellversuchsergebnissen in den
pädagogischen Alltag besser vorbereitet und selbst zum Erprobungsschwerpunkt
wurde (Liebers 2004a). Damit standen Aufgaben wie die Entwicklung von Un-
terstützungssystemen, Fortbildung, Netzwerkarbeit und Materialentwicklung im
Mittelpunkt der Arbeit.

Flexible Eingangsphase als optionale Regelform im Schulgesetz (seit 2003)

Seit dem Schuljahr 2003/2004 erfolgte eine kontinuierliche Ausweitung des
Modells, interessierte Schulen können das Modell einführen. Im Jahr 2006 lernte
ein Sechstel aller Schulanfänger im Land Brandenburg in einer FLEX-Klasse,
ein Drittel aller Grundschulen bietet FLEX-Klassen an (Liebers 2007).[144]

---

144   Die unterschiedlichen Anteile zwischen Schulen und Kindern erklärt sich daraus, dass zumeist
zwei Anfangsklassen an einer Schule als FLEX-Klassen geführt werden, während weitere Anfangsklassen an den gleichen Schulen jahrgangsbezogen angeboten werden.

Fortbildungen im Umfang von 40 Stunden, inklusive einem Hospitations-service, für alle Lehrerinnen in FLEX-Klassen sowie im Umfang von acht Stunden für Schulleiterinnen und Schulleiter stellen eine verbindliche Voraussetzung dar und bieten eine entsprechende Vorbereitung auf die Arbeit in der FLEX.

Tab. 2.1:   Übersicht zur jährlichen Ausweitung der FLEX im Land
Brandenburg (Quellen: Liebers 2007)

Jahr	Anzahl der Schulen mit FLEX	Anzahl der FLEX-Klassen
2002/ 2003	19	49
2003/ 2004	74	164
2004/ 2005	101	235
2005/ 2006	121	282
2006/ 2007	139	342

Verbindliche, im Rundschreiben „Grundsätze der Arbeit in flexiblen Eingangs-klassen" festgeschriebene pädagogische Standards (MBJS 2003) greifen die KMK-Empfehlungen von 1997(a/b) auf[145] und sollen sichern, dass das Ziel der Optimierung des Schulanfangs in ‚guter' pädagogischer Qualität in allen Schulen erreicht werden kann. Diese Standards sind jeweils mit überprüfbaren Indikatoren untersetzt und in den acht FLEX-Handbüchern mit Unterrichtsbeispielen und Lernbiografien ergänzt worden (LISUM 2003: 8-16). Folgende Standards kennzeichnen die FLEX im Land Brandenburg:

-    Es sollen alle schulpflichtigen Kinder ohne Zurückstellung aufgenommen werden. Wiederholung und Ausschulung sind in FLEX-Klassen nicht vorgesehen.
-    Eine vorzeitige Schulaufnahme von Kindern ab dem vollendeten fünften Lebensjahr ist möglich und wird unterstützt.
-    Es besteht die Möglichkeit, Kinder während des laufenden Schuljahres, in der Regel zum Schulhalbjahr, aufzunehmen.
-    Die individuelle Verweildauer von einem Jahr bis zu drei Jahren soll einen Beitrag zur Optimierung des Schulanfangs liefern. Aufgrund der

---

145   Vgl. hierzu insbesondere den Entwurf zum KMK Bericht vom 8.10.1997.

Erfahrungen ist davon auszugehen, dass in jeder Klasse Kinder lernen, für die eine kürzere oder längere Verweildauer angeraten ist.

- Es gibt eine zielgruppenspezifische Förderung von langsamer und schneller lernenden Kindern. Schneller lernende Kinder sollen individuell gefördert werden. Dazu gehören neben einer kürzeren Verweildauer ebenso anreichernde Angebote. Langsamer lernende Kinder werden durch ein drittes Verweiljahr und präventive Maßnahmen so gefördert werden, dass die Entstehung von Förderbedarf möglichst vermieden und ein guter Start in Klasse 3 ermöglicht werden kann.

- Die Heterogenität der Schulanfänger erfordert eine veränderte Unterrichtsorganisation, die in FLEX-Klassen mit jahrgangsstufenübergreifendem Unterricht sowie Kleingruppenlernen realisiert wird. Im Unterricht wird mithilfe der Prinzipien und Methoden eines geöffneten Unterrichts, einer Sozialerziehung sowie eines rhythmisierter Tagesablauf eine individualisierende Lernkultur gepflegt. Dazu zählen Tages- und Wochenpläne, Werkstätten, Projekte und besondere Lernumgebungen.

- In FLEX-Klassen wird im Vorfeld der Einschulung kein Förderausschussverfahren durch die Schule bei Verdacht auf Förderbedarf in den sonderpädagogischen Förderschwerpunkten Lernen, Sprache oder emotionales und soziales Verhalten eingeleitet. Die förderdiagnostische Lernbeobachtung sowie eine sonderpädagogische Förderung durch multiprofessionelle Teams sichern die Lernentwicklung für diese Kinder mit Förderbedarf in den sonderpädagogischen Förderschwerpunkten Lernen, soziales und emotionales Verhalten sowie Sprache. Es werden vielfältige Informationen zur Lernausgangslage erhoben, um zielgerichtete Fördermaßnahmen zu erschließen.

- Es gibt einen pädagogischen Kompetenztransfer in multiprofessionellen Teams, die die FLEX-Klassen unterrichten.

- Um den Übergang von der Kita zur Schule reibungsloser zu gestalten, gibt es eine verbesserte Zusammenarbeit im Vorfeld der Einschulung. Ziel ist es, damit vielfältige Informationen zu den einzuschulenden Kindern und konkrete Fakten zur Lernausgangslage zu erhalten.

Vergleicht man die Entwicklung der Schuleingangsphase im Land Brandenburg sowie die Renaissance der Schuleingangsphase in anderen Bundesländern mit den Schuleingangsstufenmodellen in der siebziger Jahren des 20. Jahrhunderts, so könnte vordergründig der Eindruck entstehen, dass hier die Wiederbelebung eines Modells erfolgte, welches seinerzeit als gescheitert betrachtet wurde (vgl. weiter oben). Unter dieser Fragestellung vergleicht Götz (2004) die Eingangsstufenmodelle der siebziger Jahre mit den neuen Bestrebungen der Schuleingangs-

phase und gelangt zu der Schlussfolgerung, dass neben vergleichbaren bildungspolitischen Zielstellungen veränderte Ausgangsbedingungen zu veränderten
Zielstellungen und unterschiedlichen pädagogischen Innovationsansprüchen
führen. Insbesondere in den siebziger Jahren sollten unter dem geltenden Gleich-
heitspostulat individuelle Unterschiede durch entsprechende Förderangebote
ausgeglichen werden. Die neue Schuleingangsphase der neunziger Jahre nimmt
aus ihrer Sicht Heterogenität als Fakt auf und ist so konzipiert, „dass sie Pluralität
und Differenz nicht einebnet, sondern deren Existenz anerkennt und als entwicklungsför-
derndes Bereicherungspotenzial nutzt". (Götz 2004: 264) Damit einher geht ein Verzicht auf eine Homogenisierung, in den neueren Konzepten erfolgt vielmehr eine
Entstandardisierung des Schulanfangs[146] sowie eine Infragestellung des Begriffes
der Schulfähigkeit, indem alle Kinder ohne eine selektierende Schuleingangsdiagnostik aufgenommen werden. Die Schuleingangsdiagnostik erhält in diesem
Konstrukt eine neue Aufgabe, die in der Bestimmung der Lernausgangslagen
von Schulanfängern liegt, um deren Lernprozesse individuell angemessen
bestimmen zu können.[147] Mit dem Schlagwort von der „Kindfähigkeit der Schule" (Carle 2000) wird ein Perspektivenwechsel eingefordert, den die Schulver-
suchskonzepte der neunziger Jahre einlösen wollen.

2.4 Diskussion der Ergebnisse der historischen Entwicklungslinien

Fasst man die in den vorangegangenen Abschnitten dargestellten Analyseergeb-
nisse zusammen, so lässt sich seit dem 18. Jahrhundert eine beeindruckende
Vielfalt von Reformbestrebungen zum Schulanfang im öffentlichen brandenburgischen Schulwesen konstatieren, die darauf gerichtet ist, das Lernen der jüngsten Kinder in der Schule zu optimieren. Vergleicht man diese Reformbestrebungen in ihren Zielstellungen und ihren theoretischen Annahmen, so zeigen sich
vier Parallelen:

1. Die theoretischen Annahmen der Reformbestrebungen von Rochows Mus-
    terschulen im 18. Jahrhundert bis hin zur neuen Schuleingangsphase am
    Ende des 20. Jahrhunderts akzentuieren mehrheitlich den besonderen Wert
    des Lernens am Schulanfang als Grundlegung für die gesamte weitere Ent-
    wicklung des Kindes und legen deshalb besonderen Wert auf eine Ausges-

---

146 Nach Prengels (2007) Einschätzung lässt diese Analyse allerdings außer Acht, dass die Konzeption der optimalen Förderung jedes Kindes eine hohe Leistungsorientierung einschließt.
147 Vgl. hierzu das Konzept „ILeA 1- Individuelle Lernstandsanalysen in den ersten sechs Wochen
am Schulanfang und darüber hinaus" (Prengel und Liebers 2005).

taltung des Anfangslernens, welches nahezu allen Kindern aus allen Schichten und Ständen eine grundlegende Alphabetisierung ermöglichen soll.

2. Als ein zentrales Thema der Reformbestrebungen von Rochows Musterschulen im 18. Jahrhundert bis hin zur neuen Schuleingangsphase am Ende des 20. Jahrhunderts zeigt sich eine Anerkennung der jeweils im Kind vorhandenen Potenzial. Kinder werden als vernunftbegabte Wesen gesehen, deren Anlagen und Begabungen es zu unterstützen gilt. Innerhalb der Reformbestrebungen zum Schulanfang gibt es unterschiedliche Versuche, eine möglichst optimale Passung zwischen den kindlichen Lernvoraussetzungen und darauf aufbauenden Lernangeboten zu erzielen, um so allen Kindern erfolgreiches Lernen zu ermöglichen.

3. Innerhalb der Reformbestrebungen von Rochows Musterschulen im 18. Jahrhundert bis hin zur neuen Schuleingangsphase am Ende des 20. Jahrhunderts werden Organisationsformen und Methoden für den Anfangsunterricht entwickelt, die dem jeweiligen Wissensstand der Zeit entsprechend als geeignet angesehen wurden, den individuellen Anlagen, Begabungen und Besonderheiten der Kinder besser zu entsprechen und ein erfolgreiches individuelleres Lernen am Schulanfang besser zu sichern. Nahezu alle Reformbestrebungen zum Schulanfang beziehen sich auf gegebene jahrgangsübergreifende Lerngruppen oder gezielt eingerichtete jahrgangsübergreifende Lerngruppen, in denen mithilfe weiterer Organisationsformen wie zum Beispiel dem Tutorensystem oder dem Meister-Lehrlings-System weitergehende individualisierende Lernangebote und soziales Lernen unterstützt werden sollen. Als zeitlicher Differenzierungsaspekt werden individuelle Verweildauermöglichkeiten geschaffen, die ein individuelles Voranschreiten der Kinder ermöglichen.

4. Für ein gelingendes Lernen am Schulanfang werden in den Reformbestrebungen von Rochows Musterschulen im 18. Jahrhundert bis hin zur neuen Schuleingangsphase am Ende des 20. Jahrhunderts emotionale Lernvoraussetzungen, wie zum Beispiel Lernfreude, physisches und psychisches Wohlbefinden, soziale Aspekte, wie das Gefühl des Angenommenseins sowie motivationale Lernvoraussetzungen wie zum Beispiel Fleiß, Anstrengungswille, Leistungsbereitschaft und Interessiertheit in einem engen Zusammenhang mit erfolgreichem Lernen am Schulanfang, d.h. in erster Linie dem Erwerb der Kulturtechniken und heimatkundlicher bzw. sachunterrichtlicher Inhalte gesehen (akademisches Lernen). Der Erwerb der Lerninhalte, aber auch Lernfreude, Wohlbefinden, Fleiß und Anstrengungswille und das Angenommensein sollen im Anfangsunterricht durch eine kindgerechte Unterrichtsgestaltung bei einer expliziten Berücksichtigung von physischen, psy-

chischen und sozialen Bedürfnissen aller Kinder berücksichtigt und durch die Gestaltung von anregenden Lernumgebungen unterstützt werden.

Der Blick auf diese vier Parallelen zeigt, dass in den Reformbestrebungen zum Schulanfang Ideen, theoretischen Annahmen und Konzepte eines gelingenden Schulanfangs für alle Kinder seit langem tradiert werden. Gleichwohl setzen sich alle Reformbestrebungen zum Schulanfang mit hochgradig verschiedenen gesellschaftlichen Rahmenbedingungen auseinander und reagieren auf sehr unterschiedliche gesellschaftliche Krisensituationen, für die vor dem Wissensstand der jeweiligen Zeit jeweils eigene theoretische Annahmen entwickelt werden.

Wirft man einen Blick auf die Reichweite der Reformbestrebungen zum Schulanfang, so lässt sich konstatieren, dass trotz der internationalen pädagogischen Beachtung vieler brandenburgischer Muster-, Schulversuchs- und Reformschulen und trotz vielfach überzeugender pädagogischer Ergebnisse die Rezeption im öffentlichen Schulwesen der Region Brandenburg aus unterschiedlichsten Gründen mehr oder weniger marginal bleibt und vermutlich einen großen Teil der Lehrerschaft nicht erreicht. Auch wenn etliche der Reformbestrebungen eine ausdrückliche Unterstützung in den jeweiligen staatlichen Schuladministrationen Brandenburgs fanden, können dennoch über alle Zeiten hinweg Schwierigkeiten bei einer breiteren Umsetzung der Reformbestrebungen zum Schulanfang festgestellt werden. Als Ursachen für die eher geringe Reichweite können vorhandene schulische Rahmenbedingungen, eine unzureichende Ausbildung der Lehrerschaft, Widerstände in der Berufsgruppe der Pädagogen sowie auch das Fehlen einer Mehrheit für eine stärker reformorientierte Bildungspolitik vermutet werden (vgl. hierzu Tenorth 1988).

Trotzdem lässt sich das Fazit ziehen, dass es anscheinend latent überdauernde theoretische Annahmen und Konzepte für einen gelingenden Schulanfang für alle Kinder gibt, die vor allem in krisenbehafteten Zeiten aufgegriffen und von reformwilligen Pädagoginnen und Pädagogen unter den Anforderungen der jeweiligen Zeit weiterentwickelt werden. Zu diesen Annahmen gehören die besondere Bedeutung des Anfangsunterrichts für nachfolgendes erfolgreiches Lernen, die Anerkennung der dem Kind innewohnenden Potenziale, eine Unterrichtsgestaltung, welche die individuellen Lernvoraussetzungen möglichst aller Kinder berücksichtigt und in der ein Erwerb der Kulturtechniken sowie soziales und emotionales Lernen als wesentliche Ziele des Anfangsunterrichts gesehen werden.

3 Überblick zum Forschungsstand Schulanfang

3.1 Fragestellung des Kapitels

Im vorangegangenen Kapitel wurden Konzepte eines gelingenden Schulanfangs unter dem Gesichtspunkt erörtert, welche Konzepte in historischen Reformbestrebungen zum Schulanfang eine überdauernde Rolle spielten. In diesem Kapitel soll nun der aktuelle Forschungsstand zum Schulanfang dargestellt werden. Dazu soll das Kapitel zum Forschungsstand am Schulanfang folgende für die nachfolgende Untersuchung wichtige Fragestellungen beantworten:

1. Welcher Forschungsstand liegt zum Übergang in die Schule vor?
2. Wie kann ein gelingender Schulstart für Kinder in der flexiblen Schuleingangsphase definiert werden?
3. Welche zentralen Konzepte für einen gelingenden Schulstart der Kinder sind identifizierbar und geeignet, einen Beitrag zur Beantwortung der Forschungsfrage zu leisten?
4. Welcher Forschungsstand kann zu diesen zentralen Konzepten im Hinblick auf den Anfangsunterricht in veränderten Eingangsphasen aus der Literatur referiert werden?

Aus der Diskussion zum Forschungsstand heraus sollen diese vier Untersuchungsfragen nach dem Gelingen des Schulstarts aus der Experten-, Eltern- und Kinderperspektive konzeptionell untersetzt und so operationalisiert werden, dass aus ihnen Untersuchungspläne ableitbar werden.

In die Recherche wurden sowohl die Forschungsliteratur als auch vorliegende Berichte aus Schulversuchen zur veränderten Eingangsphase in anderen Bundesländern einbezogen. Allerdings ergab die Durchsicht der Schulversuchsberichte (siehe Anhang), dass nur in einzelnen Bundesländern Evaluationsberichte veröffentlicht vorliegen (so in Hessen, Baden-Württemberg, Brandenburg, Thüringen, Niedersachsen, Schleswig-Holstein und Berlin), dass die meisten Berichte (Albers et al. 1997, Burk et al. 1998, Carle/Berthold 2001/2003a/b, Ramseger et al. 2004) sich in ihren Schwerpunkten der Implementierung und Akzeptanzforschung widmen oder Erfahrungsberichte von Schulen beinhalten (Stuchlik 1999; Lassek/Struckmeyer 1999, Cosson 2001). Nur aus einem Bundesland, Baden-Württemberg, liegt eine empirische Wirksamkeitsuntersuchung vor (LEU 2002), die empirische Daten zur Entwicklung der Kinder in der Eingangsphase enthält (vgl. hierzu auch Götz 2004, Faust 2004, 2006a/b).

3.2 Überblick über den Forschungsstand zum Übergang in die Schule

Der Übergang in die Schule bedeutet für ein Kind[148] eine wichtige biografische Zäsur. Es erfolgt ein Eintritt in die Welt des systematischen Lernens und des Erwerbs dafür notwendiger Kompetenzen und Verhaltensmuster, die sich aus den veränderten Zeitrhythmen, schulischen Verhaltensregeln, schulischen Lernformen sowie aus den mit Schule verbundenen Leistungsanforderungen, Leistungshierarchien und Prüfungsmodalitäten[149] ergeben (stellvertretend für viele andere Knörzer/Grass 1992, Faust-Siehl et al. 1996, Prengel 1993/1999/2006, Zirfas 2004, Grotz 2005, Speck-Hamdan 2006). Eng damit verbunden ist der Eintritt in das soziale Gebilde Klasse der Grundschule, das neue Bezugspersonen, viele neue Klassenkameraden und oftmals eine größere Bezugsgruppe als zuvor beinhaltet. Eine Vielzahl von theoretischen Ansätzen, die nachfolgend kurz referiert werden, versucht, diesen Übergang von Kindern aus unterschiedlichen theoretischen Zugängen heraus zu beschreiben.

In der Tradition kulturanthropologischer Theorien wird der Schulanfang von Prengel (1999) als eine Statuspassage aufgefasst, die durchlaufen und von den Kindern aktiv gestaltet werden muss. Dabei werden solche Statuspassagen als Ablösung von der alten Welt und Einführung in die neue Welt in den meisten Kulturen von Initiationsriten begleitet. Prengel (1999: 49) bezeichnet den Schulanfang als eine Art moderner Initiationssituation: „Schulanfang initiiert als erste öffentliche Pflichtsituation (...) in gesellschaftliche Lebensformen. Ob er als eine Initiation in Demokratie gelingt, hängt von den Antworten ab, die Pädagogik auf die gestellte Frage findet." Zu den Ritualen des Schulanfangs liegen vor allem in der kulturwissenschaftlichen Forschung (Binger 2006) sowie in der Ritualforschung (Zirfas 2004) Arbeiten vor. So beschreibt Zirfas die Einschulung als ein Ritual, wobei Rituale nach seiner Argumentation konstitutive Elemente des Lebens sind, die unter anderem eine Balance zwischen Stabilität und Wandel ermöglichen und der Orientierung und Identitätsbildung dienen. Das Ritual Einschulung, welches das „eigentliche Leben vom schulischen Leben trennt und die gelegentlich noch unbe-

---

148 Für Kinder, die Schulen in anderen Kulturkreisen besuchen oder Kinder, die in anderen Ländern der Welt keine Schulen besuchen können, können die hier getroffenen Aussagen nicht ohne weiteres Geltung beanspruchen.
149 Diese Auseinandersetzung mit den Situationen des Geprüftwerdens beschreibt Zirfas (2004) bereits für den Schulanfang.

schwerte Kindheit mit der Geisel der Prüfungen belastet" (Zirfas 2004: 23), folgt dabei den Formen einer rituellen Veranstaltung mit spezifischen Formen seiner Inszenierung. Wie Kinder das Ritual Einschulung rückblickend erleben, untersucht Schneider (1997) in einer biografietheoretischen Studie und studiert „Einschulungserlebnisse im 20. Jahrhundert" (1996) im Rahmen pädagogischer Biografie-Forschung. Heinzel (2006) erforscht Einschulungserlebnisse unterschiedlicher Generationen mithilfe von Erzählcafes.

Geiling (2006) zeigt aus systemsoziologischer Perspektive auf, dass die Statuspassage Übergang in die Schule für einen Teil der Kinder von strukturellen Barrieren gekennzeichnet ist, wie zum Beispiel Schulaufnahmeverfahren und Zurückstellungen, sowie von selektiven Strukturen, wie zum Beispiel Wiederausschulungen, Rückstufungen in Vorklassen und Übergänge in Sonderschulen.

Oerter (1998) legt den entwicklungspsychologischen Ansatz von Entwicklungsaufgaben für die Beschreibung des Übergangs in modernen Gesellschaften zu Grunde: Für Kinder stellt der Übergang von der Kita bzw. der Familie in die Schule eine Entwicklungsaufgabe dar, bei der vom Kind Anpassungsleistungen zu erbringen sind, von deren Gelingen der gesamte weitere Lern- und zum Teil auch Lebensweg abhängt. Oerter (1998: 121) zitiert hier Havighurst, der Entwicklungsaufgaben 1972 normativ definierte als „eine Aufgabe, die sich in einer bestimmten Lebensperiode des Individuums stellt. Ihre erfolgreiche Bewältigung führt zu Glück und Erfolg, während das Versagen das Individuum unglücklich macht, auf Ablehnung durch die Gesellschaft stößt und zu Schwierigkeiten bei der Bewältigung späterer Aufgaben führt." Damit die Entwicklungsaufgabe gemeistert werden kann, ist von den Kindern der Übergang von den Formen des eher intendierten bzw. informellen Lernens in vorschulischen Bezügen zu den Formen des stärker organisierten systematischen Lernens in der Schuleingangsphase zu bewältigen. Giest (2006) beschreibt den Übergang aus tätigkeitstheoretischer Perspektive dann auch als den Übergang von der bis dahin dominierenden Spieltätigkeit zur dominierenden Lerntätigkeit, in der eine Aneignung der ‚höheren Kultur' durch explizites Lernen, willkürliche Aufmerksamkeit und bewusste Begriffsbildung erforderlich wird. Dies verlangt vom Kind, alle inneren Komponenten seiner Tätigkeit zu verändern, auch wenn das Spielen weiterhin hochbedeutsam bleibt.

Aus der entwicklungsökologischen Perspektive beschreiben Bronfenbrenner (1981) und Hacker (1992) den Übergang in die Schule als einen Übergang in eine neue Lebensphase des Kindes, bei dem sich sowohl die Rolle des Kindes als auch sein Lebensbereich verändern. Der Schulanfang hat eine besondere Bedeutung für die individuelle Entwicklung des Kindes, weil Anpassungsleistungen und eine individuelle Umorientierung vom Kind gefordert werden, für die das Kind in der Regel noch keine Strategien entwickelt hat. Ökologische Übergänge beinhalten das Potenzial für positive Entwicklungen, wenn sie Impulse für die

Entwicklung von Kompetenzen freisetzen. Sie können zugleich aber auch negative Entwicklungen auslösen, wenn sie die Bewältigungsressourcen des Kindes überfordern. In diesem Sinne argumentiert auch Weinert (1989: 18), indem er Übergänge und Brüche in modernen Bildungsbiografien für nicht vermeidbar hält und institutionelle, didaktische und soziale Anstrengungen einfordert, damit „aus Übergängen nicht Abstürze und aus Brüchen nicht Gebrochene" werden.

Mogel (1994) fasst den Schulanfang als klinisch-psychologisch kritisches Lebensereignis auf, der mit einer Destabilisierung einhergeht, die eine aktive Neukonstruktion von Strategien verlangen. Martschinke et al. (2005) folgen der Argumentation von Fillip (1990), die diesen Zugang zum Schulanfang als zu sehr klinisch determiniert bewertet und ihrerseits betont, dass erst die individuelle Wahrnehmung und Einschätzung von Lebensereignissen diese für die Person als belastend oder erfreulich etc. qualifizieren. Grotz (2005) und Kammermeyer et al. (2006) verweisen auf risikoerhöhende und risikomildernde Faktoren beim Übergang und am Schulanfang. Prengel (2005b/2006) betont, dass die in der Schule übliche Konfrontation mit den eigenen Leistungen im sozialen Vergleich mit anderen Kindern der Klasse gegebenenfalls auch Kränkungen des Eingeordnetwerdens in eine Hierarchie bedeuten, die von Kindern bewältigt werden müssen.

Im Transitionsmodell (Fthenakis 2004, Griebel/Niesel 2004/2006) werden nicht nur das einzelne Kind, sondern auch dessen Eltern und Bezugspersonen in Kindergarten und Schule als Akteure des Übergangs in die Schule gesehen. Aus der Sicht des Transitionsansatzes beschreibt Griebel (2004), dass der Schuleintritt zumindest des ersten Kindes auch für die Eltern von starken Emotionen, einem Rollenwandel und Wechsel in den Lebensbereichen und Gewohnheiten sowie in den Beziehungen und in der Identität gekennzeichnet wird. Die Autoren unterscheiden drei Ebenen der Transition (individuelle, interaktive und kontextuelle Ebene), auf denen das Kind mit neuen Anforderungen konfrontiert wird. Dabei wird im Modell für den Übergang vom Kindergarten in die Grundschule als Annahme eine Diskontinuität zugrunde gelegt, die nach Ansicht der oben genannten Autoren und den bisher vorliegenden Erfahrungen innerhalb der bestehenden Systeme nur zum Teil oder gar nicht überwunden werden kann. Aus diesem Grunde scheint es sinnvoll, Kinder auf diese Diskontinuität vorzubereiten und ihre Lernkompetenz, ihre Resilienz (Wustmann 2004), sowie ihre Basiskompetenzen in der Kindertageseinrichtung gezielt zu stärken (Fthenakis 2004).

In der bisherigen Darstellung wurde bereits darauf hingewiesen, dass der Übergang in die Schule für das einzelne Kind sowohl positiv als auch ungünstig oder belastend verlaufen kann. Dazu liegen verschiedene Befunde vor. Bellenberg (1999) untersuchte individuelle Bildungsverläufe von der Einschulung bis zum Abschluss unter dem Aspekt, welche Risiken und Chancen sich aus vorzeitiger, fristgemäßer und verspäteter Einschulung ergeben. Auch Breuer und Weuffen (2000) verweisen auf Ergebnisse, nach denen 90 % der Schülerinnen und Schüler mit Lernproblemen in den oberen Klassen bereits im Anfangsunterricht erste Anzeichen dafür erkennen ließen. Beelmann (2000) verweist in seiner Veröffentlichung auf unterschiedliche Anpassungsverläufe von Kindern beim Übergang in die Schule: Während ein Drittel der Kinder in seiner Untersuchung nach dem Übergang nur wenige Anpassungsstörungen erlebten, zeigte sich bei einem weiteren knappen Drittel der Kinder ein hohes Ausmaß an Anpassungsstörungen, die sich so zu verfestigen drohten, dass Beelmann von Risikokindern sprach, es könnte aber ebenso gut von Risikopädagogiken gesprochen werden. Die anderen Kinder waren nach seiner Einschätzung entweder Übergangsgewinner, bei denen Anpassungsstörungen abgenommen, oder Übergangsverlierer, bei denen Anpassungsstörungen zugenommen hatten. Breuer und Weuffen (2000) fassen vorliegende Studien zusammen und konstatieren, dass je nach Maßstab zwischen 12-25 % der eingeschulten Kinder Probleme aufweisen. In ihrer Befragung von Lehrkräften von ca. 23.000 Kindern gaben die Lehrkräfte für 26,5 % der Kinder in den Klassen 1 und 2 Lernprobleme unterschiedlicher Intensität an, davon waren 61 % Jungen. Breuer und Weuffen verweisen ihrerseits auf einen Anteil von ungefähr 15 % an Schulanfängern, die beständige schulische Misserfolge frustrieren. Griebel und Niesel (2004/2006) zitieren Studien von Pianta und Cox (1999), nach denen der Anteil von Kindern mit Übergangsproblemen in den USA mit zwei Fünfteln angegeben wird, sowie von Kienig (2002), nach der in Polen bis zu fünfzig Prozent Kinder mit Verhaltensproblemen nach dem Übergang beobachtet werden. Versucht man diese genannten Studien mit ihren sehr unterschiedlichen Forschungsansätzen zusammenzufassen, so wird in der Zusammenschau deutlich, dass es zwischen 15-30 % Kinder gibt, für die der Schulanfang weniger gut bis dramatisch verlaufen kann und die „Tag für Tag, Woche für Woche, von Zeugnis zu Zeugnis unvorstellbare Drangsale durch unerfüllte Ansprüche, durch Enttäuschungen, Misserfolge und damit zusammenhängende Demütigungen" (Breuer/Weuffen 2000: 18) in der Schule erleben. Beelmann legte 2006 eine neuere Längsschnittstudie zu normativen Übergängen im Kindesalter vor. Anhand seiner Daten argumentiert er, dass die Übergänge von Kindern in den Kindergarten, in die Grundschule sowie in die weiterführende Schule „im allgemeinen nur mit geringfügigen Belastungen und Schwierigkeiten verbunden" (Beelmann 2006: 189) sind, wobei sich für Kinder der Übergang in weiteführende Schulen nach seinen Erkenntnissen als am belastendsten erwies.

Trotz der vorliegenden Untersuchungen weisen Blossfeld et al. (2007) darauf hin, dass bislang in Deutschland gesicherte empirische Befunde zum Anteil der Kinder mit Übergangsproblemen fehlen. Zahlreiche Untersuchungen belegen die besondere Bedeutung des frühen Lernens für die gesamte weitere Lernentwicklung eines Kindes (vgl. hierzu Literaturüberblick bei Hany 1997). Studien, wie zum Beispiel die von Alexander und Entwisle (1988), Gamsjäger und Sauer (1996) sowie von Weinert und Helmke (1997), haben ergeben, dass Leistungshaltungen von Kindern bereits früh festgelegt werden und die Schulleistungen sowie die damit verbundene Emotionen in erstaunlichem Maße ab der zweiten Jahrgangsstufe stabil und bestimmend für die restliche Schulzeit bleiben (siehe hierzu auch Pekrun/Hoffmann 1999, Breuer/Weuffen 2000). Bedeutsam ist insbesondere die lang anhaltende Stabilität der interindividuellen Entwicklungsunterschiede[150], leistungsschwache Kinder verbleiben in der Regel in einer unverändert niedrigen relationalen Position, während leistungsstarke Kinder vom Unterricht profitieren und sich in der Regel in einer relativ hohen Position behaupten (Weinert/Stefanek 1997). Dieser Befund wird auch durch die neuen Ergebnisse aus der LOGIK-Studie (MPI 2006) bestätigt: Kinder, die in der zweiten Klasse überdurchschnittliche Leistungen beim Lösen von Textaufgaben zeigten, erbrachten mehrheitlich - nach Sterns (2003) Untersuchungen - in der elften Klasse immer noch gute oder sehr gute Leistungen. Ganz ähnlich verläuft die Rechtschreibentwicklung nach Schneiders Untersuchungen in der LOGIK-Studie (MPI a.a.O.). Für die im Anfangsunterricht erworbenen sozialen Rollen weist Petillon (1993) vergleichbare Tendenzen nach, auch diese erweisen sich als zeitlich stabil und prägend für die Zeit des Anfangsunterrichts. Wichtig für die gesamte weitere Lernentwicklung ist auch der Befund von Martschinke und Frank (2002) zur Entwicklung des Selbstkonzepts, welches am Schulanfang noch labil ist und in den ersten beiden Schuljahren in zunehmendem Maße von den Mitschülerinnen und Mitschülern sowie von den Lehrerinnen beeinflusst und damit geprägt wird. Bezogen auf die frühe Determiniertheit von Schulkarrieren verweisen Hössl und Vossler (2006) auf zwei unterschiedliche Erklärungsmuster in der Forschungsliteratur. Ein Muster verweist auf die im frühkindlichen und vorschulischen Entwicklungsprozess erworbenen Dispositionen, die spätere Schulerfolge entscheidend beeinflussen. Ein zweites Muster sieht die entscheidenden Grundlagen für den späteren Schulerfolg in den ersten Schuljahren.

Fasst man diese empirische Datenlage zusammen, erscheint es angemessen, dem Übergang und dem gelingenden Lernen am Schulanfang eine besondere Bedeutung für die weitere Entwicklung des Kindes zuzuschreiben (Griebel/Niesel 2006). Von einem erfolgreichen Übergang sprechen Griebel und Niesel (2006: 10) dann, wenn sich das Kind „emotional, psychisch, physisch und intellektuell angemessen in der Schule präsentiert. Das Kind ist dann ein kompetentes Schulkind geworden, wenn es sich in der Schule wohlfühlt, die gestellten Anforderungen be-

---

150 Hany (1997: 403) verweist darauf, dass sich diese Überdeterminiertheit daraus ergibt, dass „sich die meisten Kinder in einer Umwelt entwickeln, die ihrer genetischen Ausstattung angepasst ist, weil beides von den Eltern beeinflusst wird".

wältigt und die Bildungsangebote für sich optimal nutzt". (Grotz 2005: 97) definiert ihrerseits einen Übergang vom Kindergarten in die Grundschule als bewältigt, wenn „dem Kind am Ende des Übergangs die durch den Schuleintritt erforderliche Neuanpassung in seinen beiden Lebensbereichen [Schule und Familie, Anm. Autorin], d. h. aus Lehrer- und Elternsicht gelungen ist. Die Übergangsbewältigung ist umso besser, je weniger emotionale, soziale, kognitive und somatische Probleme das Kind insgesamt an seine Umwelt signalisiert". Als nicht gelungen fasst sie Übergänge dann auf, wenn sich die Anpassungsprobleme eines Kindes im Grenzbereich bzw. im klinisch auffälligen Bereich befinden oder der Übergang durch selektive Maßnahmen abgebrochen wurde.

In enger Beziehung zu den theoretischen Konstrukten zum Übergang in die Schule sind die theoretischen Konstrukte zur Schulfähigkeit zu sehen, da diese den Übergang von Kindern in die Schule im jeweiligen Kontext der Theorieentwicklung dadurch zu optimieren versuchen, dass Voraussetzungen beschrieben werden, die dem Kind einen möglichst erfolgreichen Übergang in die Schule garantieren sollen. Die Entwicklung von Konstrukten zur Schulfähigkeit wurde bereits im Kapitel 2 im Kontext der historischen Entwicklung bis zur letzten Jahrtausendwende dargestellt, sodass an dieser Stelle nur der Verweis auf die entsprechenden Darstellungen im genannten Kapitel erfolgt. Zusammenfassend soll hier darauf verwiesen werden, dass sich der Schulfähigkeitsbegriff im Lauf der letzten 60 Jahre von einer kindattributierenden, schulreifeorientierten Sichtweise verändert hat hin zu einer Auffassung von Schulfähigkeit als einer gesellschaftlichen Aufgabe und als Aufgabe der Schule (‚Kindfähigkeit der Schule'), wobei das Verständnis dessen, was genau als Schulfähigkeit aufzufassen ist, durch regionale soziale Konstrukte bestimmt wird (Rüdiger et al. 1976, Burgener Woeffray 1996, Faust-Siehl et al. 1996, Kammermeyer 2000/2001). Jäger und Riebel stellen dabei fest, dass im Jahr 2006 noch immer unzureichend geklärt ist, was Kinder über die Vorläuferfähigkeiten hinaus für einen erfolgreichen Schulanfang benötigen. Diese Vorläuferfähigkeiten werden von Autorinnen wie zum Beispiel Kammermeyer (2001) relativ genau umrissen, wohingegen andere Autoren wie Ramseger (2007: 25) in diesem Zusammenhang vorschlagen, auf den Begriff Vorläuferfähigkeiten beim Schriftspracherwerb zu verzichten und Schriftspracherwerb als „Kontinuum einer sich ständig ausdifferenzierenden Lese- und Schreibpraxis" aufzufassen.

Tietze (2006) definiert in Weiterentwicklung der in Kapitel 2 dargestellten Konzepte zu Schulreife und Schulfähigkeit seinerseits das Konstrukt Schulfähigkeit über den Zeitpunkt des Eintritts in die Schule hinaus als Bildungserfolg in der zweijährigen Eingangsphase der Grundschule. Er beschreibt Schulfähigkeit als ein vielfach abgestuftes Phänomen, bei der manche Kinder hohe, andere Kinder geringe Bildungsoutcomes am Ende der zweiten Klasse in Abhängigkeit von förderlichen Bedingungen im Vorfeld der Einschulung sowie in der Schulzeit erreichen.

3.3 Arbeitsdefinition eines gelingenden Schulstarts

Der grundlegende Bildungsauftrag der Grundschule richtet sich auf einen autonomen und sozial verantwortlichen Menschen, der sich in der Welt zurechtfindet und diese verantwortungsbewusst mitgestaltet (Einsiedler 1997a/b). Darüber hinaus postuliert Einsiedler (1997b), dass es bei der Beschreibung von erfolgreichem Lernen in der Grundschule nicht nur um Effektivität des Lernens im Sinne von ‚social engineering' sondern auch um Humanität und Verantwortung geht und Kategorien wie Ethos und soziale Achtung einbezogen werden müssen (vgl. hierzu auch Prengel 2005b/2006).[151] Aus seiner Sicht gehören Wohlbefinden, Lernfreude und positive Einstellungen, Interessen, positive Selbstkonzepte, Selbstständigkeit und Verantwortung ebenso wie Kreativität und Sozialkompetenz zu den Zielen des Lernens in der Grundschule.[152] In diesem Sinne konstatieren Kammermeyer und Martschinke (2006) für das Anfangslernen multikriteriale Ziele sowohl auf der Ebene der Leistungsentwicklung als auch auf der Ebene der Persönlichkeitsentwicklung.[153]

Entsprechend diesen theoretischen Annahmen definieren die Rahmenlehrpläne für die Grundschule in den Ländern Berlin, Brandenburg, Bremen und Mecklenburg-Vorpommern (2004), dass die Grundschule einen Beitrag zur Stärkung der Persönlichkeit leisten, Anschlussfähigkeit des Wissens und lebenslanges Lernen sichern sowie Mitbestimmungs- und Teilhabefähigkeit der Kinder in der Gesellschaft anbahnen soll. In Anlehnung an das von Weinert (1998) entwickelte Kompetenzkonzept, in dem Kompetenzen auf kognitive, motivationale, volitionale und soziale Anteile der Person bezogen werden, wurden die Lernziele in den neuen Rahmenlehrplänen als kompetenzorientierte Anforderungen zum Ende der Jahrgangsstufe 2 für die einzelnen Domänen ausgewiesen. In den Standards wurde formuliert, welche Kompetenzen Kinder bis zum Ende der Grundschulzeit im Sinne von Mindeststandards erworben haben müssen (Liebers 2005). Prengel (2005a: 89) weist mit Blick auf das Dilemma von verbindlichen

---

151   Prengel (2006) sieht dabei das Erfahren von Anerkennung und das Konfrontiertwerden mit Anforderungen als die Widersprüchlichkeit des Anfangslernens.

152   Ähnlich argumentieren Zins et al. (2004: 5), die soziales und emotionales Lernen als eine wichtige Voraussetzung für erfolgreiches akademisches Lernen auffassen: „Social and emotional development is not an additonal duty charged to schools along with academic instruction, but rather is an integral necessary aspect to helping all students suceed".

153   Vgl. hierzu auch die Konzeptionen der Begleitforschungsprojekte zur Schuleingangsphase FiS (Hanke/Hein 2006) und Düne (Beutel/Hinz 2006).

Standards in den Rahmenlehrplänen und den heterogenen Lernvoraussetzungen der Kinder darauf hin, dass sicherzustellen ist, „dass jedes Kind durch individuell optimales Lernen seine individuelle Chancengleichheit wahrt" und „dass optimale Leistungsförderung mit innerer Differenzierung einhergeht, damit jedes Kind von seinem Kompetenzniveau aus bestmöglich vorankommt".

Fasst man die Ausgangsüberlegungen zusammen, dann lässt sich ein gelingender Schulstart so definieren, dass Kinder den Übergang in die Schule positiv erleben und in der Eingangsphase ihre Bildungschancen nutzen, indem sie die in den Rahmenlehrplänen beschriebenen fachlichen, methodischen, personalen und sozialen Kompetenzen bestmöglich und in Einklang mit ihren individuellen Lernvoraussetzungen erwerben. Das Erreichen dieser multikriterialen, akademischen und sozio-emotionalen Ziele des Lernens im Anfangsunterricht bildet zugleich die Basis für ein anschlussfähiges Lernen ab der Jahrgangsstufe 3. Werden diese definierten Gelingensvariablen mit beobachtbaren Variablen untersetzt, dann spiegelt sich ein gelungener Schulstart darin, dass Kinder nach dem Übergang in der Eingangsphase

-   ein den individuellen Lernvoraussetzungen angemessenes grundlegendes Leistungsfundament in den Kulturtechniken sowie in weiteren Domänen erwerben
-   ein Wohlbefinden in ihrer neuen Rolle als Schülerin oder Schüler empfinden
-   ihr Selbstkonzept positiv stabilisieren
-   Lernfreude und Anstrengungsbereitschaft entwickeln sowie
-   eine soziale Integration in die Klasse erfahren.

Die eher auf die sozio-emotionale Entwicklung bezogenen Konzepte wie schulisches Wohlbefinden, Lernfreude, Anstrengungsbereitschaft, soziale Integration und Selbstkonzept gehören zu denjenigen Konzepten, die seit dem 18. Jahrhundert in den Reformbestrebungen zum Schulanfang eine wichtige Rolle in der Theoriebildung spielten und zumeist als Voraussetzungen für gelingendes Lernen im Kontext der jeweiligen Theorieentwicklung tradiert wurden (vgl. Abschnitt 2.4). Im heutigen Verständnis werden diese Konzepte sowohl als Bedingungen bzw. Moderatoren für Lernleistungen als auch zugleich als eigenständige Ziele schulischen Anfangslernens ausgewiesen (vgl. hierzu stellvertretend Möller/Köller 1996, Helmke 1997b, Einsiedler 1997a, Hinz et al. 1998, Pekrun/ Hoffmann 1999, Breuer/Weuffen 2000, Rauer/Schuck 2004).

Die Entwicklung eines angemessenen Leistungsfundaments in den Kulturtechniken, hier zusammengefasst als akademisches Lernen, sowie Wohlbefinden, Selbstkonzept, Lernfreude, Anstrengungsbereitschaft und soziale Integration, zusammengefasst als sozio-emotionale Entwicklung, stellen damit die zentralen Konzepte dieser Arbeit dar. Zusammen bilden sie wichtige multikriteriale Ziele des Lernens in der flexiblen Schuleingangsphase ab und spielen zugleich eine wesentliche Rolle in der Bewertung des Gelingens des Schulanfangs aus den Perspektiven von Kindern, Eltern und Lehrerinnen (vgl. hierzu auch Krapp 2003).

3.4 Forschungsstand zur Entwicklung schulischer Leistungen am Schulanfang

Im Hinblick auf das Konstrukt Schulleistungen stellen Köller und Baumert (2002) fest, dass es dafür an eindeutigen psychologischen Theorien fehlt. Sie definieren Schulleistungen als „das auf den Lehrplänen basierende deklarative und prozedurale Wissen in verschiedenen Domänen (...), dessen Erwerb zu einem erheblichen Teil an Lerngelegenheiten im jeweiligen Fachunterricht gebunden ist", und beschreiben grundlegende Kompetenzen in der Muttersprache, der Mathematik, den Naturwissenschaften und Englisch als Kernbereiche, ohne deren Beherrschung „im Extremfall nicht einmal die Einrichtungen des Wohlfahrtsstaates in Anspruch genommen werden" (a.a.O.: 756) können. An dieser Stelle offenbart sich ein Dilemma, das Einsiedler (1997a) und Petillon (1997) als einen Zielkonflikt der Grundschule beschreiben. Zum einen soll Grundschule weit reichende kognitive und auch nichtkognitive, nämlich motivationale, volitionale und soziale Lernziele erreichen. Gleichzeitig bilden aber Schulleistungsmodelle zum Erfassen der Lernleistungen (Heller 1997, Helmke 1997b) in der Regel ausschließlich kognitiv orientierte Schulleistungen ab, sodass wesentliche Ziele bzw. Ergebnisse des Lernens in der Grundschule nicht oder wenn überhaupt ‚nur' als Bedingungsfaktoren[154]

---

154 Als Beispiel zur Illustration dieses Zielkonflikts kann das multikausale Bedingungsmodell für Schulleistungen nach Heller (1997) herangezogen werden. Es unterscheidet zwischen Prädiktoren und Moderatoren von Schulleistungen einerseits und Rahmenbedingungen sowie konstitutionellen Entwicklungsbedingungen andererseits. Prädiktoren sind in diesem Modell kognitive Variablen, die für die zu erbringenden Leistungen maßgeblich sind, wie die Vorleistungen (Vorwissen) und auch die kognitiven Denkfähigkeiten. Moderatoren sind nach Heller alle diejenigen motivationalen und nichtkognitiven Variablen und Persönlichkeitsmerkmale wie zum Beispiel die Motivation, die in der Lage sind, Schulleistung systematisch zu verändern. Auch das Modell der Bedingungsfaktoren schulischer Leistungen von Helmke (1997b: 203) sieht die Persönlichkeit des Kindes als wichtigste Determinante schulischer Leistungen und beschreibt motivationale und volitionale Aspekte als Bedingungsvariablen und nicht als einen Zielbereich von schulischer Leistungsförderung. Stamms (2004) metatheoretisches Arbeitsmodell zur Untersuchung des Kompetenzerwerbs in der Schweizer Basisstufe geht diesbezüglich weiter und erfasst auf der Basis der Unterrichtsmerkmale (Interaktionsvariable) sowohl die kognitive als auch die sozial-emotionale Entwicklung von Kindern als Wirkungsvariable und sieht diese aufgehoben in der Anschlussfähigkeit, die als Auswirkungsvariable erhoben wird.

von Schulleistungen erfasst werden. Dieses Problem stellt in vielen Schulleistungsstudien ein ungelöstes Problem dar (vgl. hierzu Grundschulverband 2005). Insofern sehen sich zahlreiche Schulleistungsstudien in der Grundschule dem Vorwurf einer kognitiven Einseitigkeit ausgesetzt.

Bedingungsfaktoren für Schülerleistungen

Hössl und Vossler (2006) untergliedern die von Weinert und Helmke (1997) aufgelisteten Bedingungsfaktoren für schulische Leistungen nach personellen Bedingungen, schulischen Bedingungen und außerschulischen Bedingungen.[155] Dabei existieren in verschiedenen Studien unterschiedliche Gewichtungen für den Einfluss einzelner Bedingungsfaktoren. Köller und Baumert (2002: 774) fassen verschiedene Studien zu Varianzfaktoren in einer Übersicht wie folgt zusammen:

- genetische Unterschiede: 33-50 %
- Unterschiede in den außerschulische Lernumwelten: 25-40 %
- zeitliche Differenzen im Umfang der Schulbildung: 5-15 %
- Differenzen in der Qualität der Grundschulen: 3 %

Zweifel daran, dass Leistungsunterschiede von Kindern durch die Schule wesentlich beeinflusst werden können, werden auch durch die aktuellen Ergebnisse aus der Longitudinalstudie zur Genese individueller Kompetenzen (LOGIK) erneut gestützt, denn hier zeigte sich, dass der Mathematikunterricht zwar zu höheren Mittelwerten bei Kenntnissen und Fähigkeiten aller Schülerinnen und Schüler führte, die Unterschiede zwischen Kindern aber nicht zu verringern vermochte (MPI 2006). Generell gilt es durch Querschnittstudien als empirisch gesichert, dass sich der größte Teil der Schulleistungsvarianz (80 %) mit individuellen Schülermerkmalen klären lässt, den zweithöchsten Einfluss haben Merkmale der Klasse und des einzelnen Lehrers (13 %). Hingegen fällt der schulische Erklärungsanteil am geringsten aus (7 %) (vgl. hierzu Lipowsky 2006).

Dennoch postulieren sowohl Helmke (2006) als auch Lipowsky (2006), dass der Einfluss der einzelnen Lehrkraft und ihrer fachdidaktischen Kompetenzen nach neueren längsschnittlichen value-added Studien größer als bisher angenommen ist. Lipowsky (a.a.O.) verweist unter anderem auf die Studie von Babu

---

155 Köller und Baumert (2002) legen dar, dass es seit dem Erscheinen des Colemann-Reports im Jahre 1966 fortwährende Zweifel an der pädagogischen Effizienz von Schulen gibt, da Colemann nachweisen konnte, dass 90-95 % der Leistungsunterschiede in Schulen auf andere Faktoren als die Schule selbst zurückzuführen sind.

und Mendro (2003), mit deren Hilfe gezeigt werden konnte, dass insbesondere schwächere amerikanische Grundschulkinder von den fachdidaktischen Kompetenzen ihrer Lehrer profitieren konnten. Er zitiert Ergebnisse einer Studie von Hill et al. (2005), in der signifikante Effekte auf den Lernzuwachs bei Erstklässlern in Mathematik in Abhängigkeit vom fachdidaktischen Wissen der Lehrer festgestellt werden konnten. Hattie (2003: 2) stellt in einer Metastudie dar, dass mithilfe von Lehrervariablen („It is what teachers know, do, and care about wich is very powerful in this learning equation") bis zu 30 % der Varianzen von Schülerleistungen erklärt werden konnten und ruft dazu auf, diese Ressource stärker zu nutzen. Als besonders effektvolle Variablen des Lehrereinflusses ermittelte er das Feedback, die Instruktionsqualität, die Klassenraumumgebung, Lerngelegenheiten und das Tutorenlernen.

Einfluss individueller Lernvoraussetzungen auf Leistungen am Schulanfang[156]

Der Lernerfolg im Anfangsunterricht beim Erwerb der Kulturtechniken des Lesens, des Schreibens und der Mathematik kann durch domänenspezifische Kompetenzen im Vorschulalter besser als durch intellektuelle Fähigkeiten vorhergesagt werden (MPI 2006).[157] Bei den domänenspezifischen Kompetenzen richtet sich der Fokus insbesondere auf die Vorläuferfähigkeiten im Schriftspracherwerb und in der Mathematik. So belegt eine Fülle von Korrelationsstudien, dass die phonologische Bewusstheit hoch mit den späteren Lesefertigkeiten korreliert (vgl. hierzu den Überblick bei Stamm 2004). Ähnlich vermag auch der frühe Erwerb des Zahlbegriffs das Niveau der späteren Mathematikleistungen gut vorherzusagen (Krajewski 2003, Stamm 2004).

Mehrere Untersuchungen versuchten bereits in der Vergangenheit, die Heterogenität der Lernausgangslagen näher zu bestimmen (Rabenstein et al. 1989, Neuhaus-Siemon 1993, Tiedemann/Faber 1994, Spiegel/Selter 1997). Martschinke und Kammermeyer (2003) konnten in der KILIA-Studie bedeutsame Niveauunterschiede innerhalb von Klassen und zwischen Klassen sowohl bei den leistungsspezifischen Lernvoraussetzungen wie der phonologischen Bewusstheit als auch bei persönlichkeitsspezifischen Lernvoraussetzungen feststellen. Im

---

156 Hier werden vornehmlich pädagogische Studien referiert. Inzwischen liegt zum Schulerfolg in der Grundschule auch eine Studie aus volkswirtschaftlicher Sicht vor (Puhani/Weber 2005), die die Effekte des Einschulungsalters auf die Schülerleistung untersucht und zu dem Ergebnis kommt, dass später eingeschulte Kinder deutlich bessere Testleistungen in der Internationalen Grundschulleseuntersuchung (IGLU) erzielen können.
157 Auch Renkl (1996) wertete zahlreiche Untersuchungen dahingehend aus, dass die spezifische Prädiktionskraft des Vorwissens eine notwendige Bedingung bei anspruchsvollen Lernanforderungen darstellt, die nicht durch allgemeine Fähigkeiten kompensiert werden kann.

Hinblick auf den Erwerb von schulrelevanten Vorläuferfähigkeiten berichten Moser et al. (2005) für Schulanfänger in der Schweiz, dass ca. 25 % der Kinder eines Jahrgangs im Erwerb der Vorläuferfähigkeiten und kognitiven Fähigkeiten ein halbes Jahr voraus, 10 % der Schulanfänger sogar ein ganzes Jahr voraus seien. Für mehr als die Hälfte der Kinder gelte aber die ‚Fiktivität der Stunde 0' und etwa 25 % der Kinder kommen ohne schulrelevantes Vorwissen in die Schule. Tietze et al. (2005) konnten in ihrer Untersuchung der Entwicklungsverläufe von Kindern im Alter von 4 bis 8 Jahren in drei Teilstudien (unter Beteiligung auch von Kindern in Brandenburg) nachweisen, dass zur Erklärung von Varianzen in der schulischen Leistungsfähigkeit zu 11 % die Kindmerkmale, zu 23 % die Qualität der Erziehung in der Familie während der Kindergartenzeit, zu 7,5 % die Qualität der Kita, zu weiteren 4 % die Qualität der Unterstützung in der Familie während der Schulzeit und zu 7 % die aktuelle Qualität in der Schulklasse beitragen. Damit zeigen sie, dass die Qualität der Erziehung und Unterstützung im familiären Bereich nahezu doppelt so viel Varianz der Entwicklungsunterschiede erklärt, wie die Qualität der institutionellen Lernorte in Kita und Schule. Zugleich wird aus ihren Untersuchungen ersichtlich, „dass gut drei Viertel der modellerklärten Varianz im Entwicklungsstand der achteinhalbjährigen Kinder durch die Prädiktorenblöcke der Vorschulphase erklärt werden, d.h. durch die pädagogische Qualität im Familiensetting während der Vorschulzeit, durch die Qualität des Kindergartens, den Entwicklungsstand am Ende der Kindergartenzeit sowie durch Alter und Geschlecht". (Tietze et al. 2005: 263 f.)

Ebenso lässt sich im Hinblick auf schulrelevante Verhaltensweisen für den Schulanfang zeigen, dass „individuelle Unterschiede im schulbezogenen Verhalten auf individueller Ebene durch Verhaltensunterschiede im Vorschulalter und insbesondere durch frühere soziale Erfahrungsprozesse", wie zum Beispiel dem elterlichen Verhalten vorherzusagen sind (Spangler 1999: 141). Hössl und Vossler (2006) konnten mit ihren Fallstudien nachweisen, dass dabei das Kennen der schulischen Anforderungen im Hinblick auf das Sozial-, Arbeits- und Lernverhalten sowie die Fächerleistungen nicht nur eine wichtige Voraussetzung, sondern vermutlich sogar einen Bestandteil des Schulerfolgs darstellen.

In den Datensätzen aus den länderübergreifenden Vergleichsarbeiten für die Jahrgangsstufe 2 in Berlin und Brandenburg (Ditton/Krüsken 2005b) nehmen mit steigendem Qualifikationsniveau der Eltern die Schülerleistungen zu. Lineare Zusammenhänge gibt es zwischen den kindlichen Leistungen, sowohl im Lesen als auch in der Mathematik, und dem Buchbestand im Elternhaus.[158] Nach den Untersuchungen lassen sich in Brandenburg 10 % der Varianz der Schülerleis-

---

158 Es zeigte sich, dass im Land Brandenburg die Beziehungen zwischen den erfassten Hintergrundmerkmalen und den Testleistungen insgesamt schwächer ausgeprägt waren als in Berlin und damit die Hintergrundmerkmale wesentlich homogener verteilt sind.

tungen mit individuellen Hintergrundmerkmalen wie höchstem Schulabschluss, Migration, Buchbestand, Vorschulzeiten und Geschlecht aufklären. Zudem tragen klassenbezogene Merkmale zu erheblichen Varianzunterschieden in allen Leistungsbereichen bei (Varianzanteile zwischen Klassen im Lesen 17 %, Lesegeschwindigkeit 32 %, Mathematik 23 % in Brandenburg), dabei ergeben sich die Effekte aus den vorherrschenden Kompositionen von Merkmalen der sozialen und kulturellen Herkunft. Nach diesem Bericht sind in Brandenburg sehr viel homogenere Klassen als in Berlin vorfindbar und Klassenergebnisse damit zu einem größeren Anteil auf die pädagogische Arbeit der einzelnen Lehrerin oder des einzelnen Lehrers zurückführbar (Ditton/Krüsken 2005b).

Diese regionalspezifischen Daten für Zweitklässler werden durch die Ergebnisse der länderübergreifenden Vergleichsarbeiten für die Viertklässler (VERA) in Brandenburg repliziert. Auch hier entfallen knapp 20 % der erklärbaren Leistungsunterschiede im Bereich Arithmetik, Sachrechnen und Lesen auf die Ebene der Schule und der Klasse, während 80 % durch die Individualebene erklärt werden (Helmke et al. 2006). Dass der Einfluss durch das konkrete schulische Setting innerhalb der Klassen dennoch nicht zu übersehen ist, zeigte der ‚faire Vergleich' von Klassenergebnissen bei VERA: Große Unterschiede zwischen den Klassen existieren auch dann, wenn zum Klassenvergleich der auf der Basis der Kontextbedingungen berechnete Erwartungswert zu Grunde gelegt wird.[159] In allen Kontextgruppen gibt es bedeutsame Abweichungen von klassenspezifischen Erwartungswerten. Bei der Hälfte der Klassen existiert ca. eine halbe Standardabweichung entweder nach oben oder unten. Zehn Prozent der schwächsten Klassen unterschreiten ihren Erwartungswert um mehr als eine Standardabweichung[160], während die leistungsstärksten zehn Prozent der Klassen ihren Erwartungswert um mehr als eine Standardabweichung überschreiten, sodass dem Einfluss der Einzelklasse ein signifikanter und zugleich ein starker Effekt zugesprochen werden kann.

Zu den oben genannten Studien, die individuelle Lernvoraussetzungen und deren Einfluss auf die Schulleistungen untersuchen, kommen Untersuchungen hinzu, die typisierbare Risikomerkmale der individuellen Lernentwicklung intensiver untersuchen. Motakef (2006) spricht von Exklusionsrisiken und Inklusionschancen, wenn sie auf die Folgen der Benachteiligung von Kindern aufgrund von Armut, Migration, Geschlecht und besonderem Förderbedarf aufmerksam macht.

---

159 Vgl. hierzu auch die Ergebnisse von Kammermeyer/Martschinke (2006).

160 Ca. 23 % der Grundschulen in Brandenburg gelten nach dieser Untersuchung als Brennpunktschulen, in denen, auch wenn Brennpunktschulen bislang nicht definiert sind, unterrichts- und lernerschwerende Faktoren in konzentrierter Form auftreten (Helmke et al. 2006: 37). Es zeigt sich, dass es auf der Schulklassenebene bedeutsame Zusammenhänge zwischen Schülerleistungen und Kontextmerkmalen, wie Zugehörigkeit zur Grundschicht, Erhalt von Sozialhilfe und Arbeitslosigkeit, in Brandenburg gibt.

So verweisen mehrere Veröffentlichungen der letzen Zeit (vgl. hierzu den Überblick bei Motakef a.a.O.) auf ein häufigeres Schulversagen der Jungen, auf ihre
Überrepräsentanz an Förderschulen und auf eine schlechtere Bewertung in einigen Fächern bei gleichen Leistungen (Bos 2005). Während jedoch Tiedemann
und Faber (1994) sowie Stürzer (2003) keine bedeutsamen Unterschiede in den
kognitiven Lernvoraussetzungen von Jungen und Mädchen am Schulanfang
postulieren, betonen Blossfeld et al. (2007), dass bereits vor dem Schulanfang
und beim Übergang in die Schule Nachteile für Jungen beispielsweise dadurch
zu konstatieren sind, dass sie seltener vorschulische Lernangebote in Kitas wahrnehmen.

Armut von Kindern ist insbesondere in einigen Regionen im Land Brandenburg ein wichtiges Thema, so leben beispielsweise in der Uckermark 38 % der
Kinder von Hartz IV (Potsdamer Neueste Nachrichten vom 10.11.2006). Den
Zusammenhang von Armut und Bildungsarmut sowie sozialer Integration und
Wohlbefinden belegen Holz und Skoluda (2003), Palentin (2005) und Miller
(2006). Walper (2005) weist auf ein Kumulieren von multiplen Beeinträchtigungen von Kindern in Armutsfamilien hin, ein Zusammenhang, der durch die oben
bereits zitierten Daten des Landesgesundheitsamtes für Kinder am Schulanfang
im Brandenburg (Böhm/Lüdecke 2005, Müller-Senftleben 2005) unterstrichen
wird. Beisenherz (2007) verweist auf die Auswirkungen von Armut auf das
Wohlbefinden und die Schulleistungen von Grundschulkindern in Abhängigkeit
von der Dauer der Armut.

Wie bedeutsam dabei die soziale Lage der Familie des Schulanfängers konkret sein kann, zeigen die Ergebnisse der Einschulungsuntersuchungen im Land
Brandenburg aus dem Jahr 2004 (Böhm/Lüdecke 2005). Über 18 % der einzuschulenden Kinder aus sozial schwachen Elternhäusern weisen eine Behinderung auf, während nur zwei Prozent der Kinder mit hohem Sozialstatus von Behinderungen betroffen sind. Medizinisch relevante Störungen im psychomentalen
und kognitiven Bereich korrelieren stark mit dem Sozialstatus der Eltern. Schulanfänger aus sozial schwachen Familien in Brandenburg haben ein siebzehnfach
höheres Risiko einer intellektuellen Entwicklungsverzögerung, ein dreifach höheres Risiko einer Sprachstörung und ein neunfach höheres Risiko einer emotionalen Störung bereits vor Schulbeginn (Müller-Senftleben 2005). Dass in benachteiligten Familien typische Risikomuster aus kultureller Herkunft, Geschlecht und schwachen Schulleistungen schon früh ausgebildet werden, konnte
Kottmann (2006) in ihrer Studie belegen.

Dadurch, dass sich Kinder aus sozio-ökomomisch benachteiligten, bildungsfernen Familien ungleich auf die Grundschulen verteilen, starten Grundschulen mit einem hohen Anteil von Kindern aus sozial benachteiligten Familien
nach den Analysen von Moser et al. (2005) bereits zu Beginn der Schulzeit auf

einem tieferen Kompetenzniveau. Weil Kinder in diesem Falle sowohl zu Hause als auch in der Schule weniger Unterstützung erhalten, sprechen die Autoren von einer doppelten Benachteiligung.

Einfluss von Kontextmerkmalen auf Anfangsunterricht

Relativ gut empirisch untersucht sind fördernde fachübergreifende Kontextmerkmale von gutem Unterricht in der Grundschule (Weinert/Helmke 1997, Lipowsky 2006, Meyer/Klapper 2006, Helmke 2006). Dazu fasst Helmke (2006) Merkmale zusammen wie:

- effiziente Klassenführung, Zeitnutzung
- lernförderliches Unterrichtsklima
- vielfältige Motivierung
- Klarheit, Korrektheit und Strukturiertheit
- Wirkungs- und Kompetenzorientierung
- Schülerorientierung, Unterstützung
- Aktivierung
- angemessene Methodenvariation
- Konsolidierung, Sicherung
- Umgang mit heterogenen Lernvoraussetzungen

Allerdings ist bislang erst in Anfängen empirisch untersucht, welche Kontextmerkmale von Unterricht einen Beitrag zur Leistungsentwicklung im Anfangsunterricht zu leisten vermögen. Knörzer und Grass (1992) benennen als wichtige Gestaltungsregeln für den Anfangsunterricht, dass Kinder in der Schule erfahren, als Person willkommen zu sein, dass ihnen die Balance zwischen dem Erleben persönlicher Einmaligkeit und notwendiger Anpassung gelingen kann und sie die Schule als einen Ort aktiven Lernens erleben. Dabei sollen Kinder Unterricht sowohl in der Kontinuität der Kindergartenerfahrungen als auch als etwas Neues wahrnehmen können. Das Klassenzimmer erhält als Raum die Funktion, zum Lernen rauszufordern und Kindern das Wohlfühlen zu ermöglichen.

Kammermeyer und Martschinke (2006) untersuchten, welchen Einfluss die Unterrichtsqualität auf die Lernentwicklung im Anfangsunterricht haben und konnten zeigen, dass ein Unterrichtsmodell, welches ‚basic human needs' berücksichtigt, einen erfolgreichen Anfangsunterricht kennzeichnet. Dazu gehören Kontextmerkmale des Unterrichts sowie des Lehrerverhaltens, mit deren Hilfe Selbstbestimmung in Freiheitsspielräumen, soziale Eingebundenheit sowie Kompetenzerfahrungen auf der Basis einer individuellen Bezugsnormorientie-

rung ermöglicht werden. Eine konstruktivistische Orientierung der Lehrkraft
kann dabei nach ihren Untersuchungen bis zu 31 % der Varianzen des Leistungs-
zuwachses erklären.

Einfluss von Jahrgangsmischung auf Schulleistungen

Entsprechend dem geringen Anteil von jahrgangsübergreifenden Klassen in
Deutschland gibt es nur wenige Studien zum Lernerfolg in jahrgangsübergreifenden Klassen außerhalb von Alternativ- und Modellversuchsschulen. Bezogen
auf die Schulleistungsentwicklung in jahrgangsübergreifenden Grundschulklassen stellen Rossbach und Wellenreuther (2002) einen Forschungsüberblick zu
amerikanischen Untersuchungen zur Wirksamkeit von Differenzierungsmaß-
nahmen vor. Im Hinblick auf den Unterricht in jahrgangsübergreifenden Gruppen zeigt die Auswertung von 57 vergleichenden Studien von Gutierres und
Slavin (1992, hier zitiert nach Rossbach/Wellenreuther 2002), dass sich Effekte
in den Schulleistungen bei jahrgangsübergreifenden Lerngruppen nur dann finden lassen, wenn diese Gruppenbildung zu homogenen Lerngruppen führt, in
denen in den Fächern mit der Methode der direkten Instruktion unterrichtet wird.
Jahrgangsübergreifende heterogen zusammengesetzte Lerngruppen führen demzufolge nach der Einschätzung von Rossbach und Wellenreuther (2002: 47) zu
keinen Effekten: „Wenn jahrgangsübergreifender Unterricht in heterogenen Gruppen
mit offenem Unterricht im Sinne einer stärkeren Betonung der Individualisierung verbunden ist, dann ist dieser Unterricht nicht effektiver als traditioneller Unterricht, die mögli-
cherweise positiven Effekte individueller Zuwendung werden durch ein erhöhtes Ausmaß
an Stillarbeit und Arbeit mit verschiedenen, speziell schriftlichen Materialien kompensiert." Die Autoren schlussfolgern, dass noch mehr als der organisatorische Rahmen die Koppelung mit der Methode der direkten Instruktion für diese Ergebnisse entscheidend sind und verweisen darauf, dass die untersuchten Studien keine
Aussagen über die Entwicklung von Leistungseinstellungen und, wie ergänzend
hinzugefügt werden muss, anderen emotionalen, volitiven und sozialen Lernzielen ermöglichen.
    Marsolek (2003) fand hingegen in ihrer Untersuchung in 22 jahrgangsüber-
greifenden Lerngruppen in kleinen Grundschulen in Brandenburg heraus, dass
diese in Lesen und Grammatik sowie in Mathematik bessere Leistungen im Vergleich zu Regelschülern erbrachten.
    Zur Leistungsentwicklung in jahrgangsgemischten Eingangsklassen in
Schulversuchen außerhalb Brandenburgs liegen bislang nur die Ergebnisse aus
dem Schulversuch „Schulanfang auf neuen Wegen" (1996-2004) in Baden-
Württemberg (LEU 2002) vor. Hier untersuchte die wissenschaftliche Begleitung
die Entwicklung der Schulleistungen im Bereich Deutsch über mehrere Kohorten

mithilfe standardisierter Verfahren wie dem „Bielefelder Screening zur Früherkennung von Lese-Rechtschreibschwierigkeiten" (BISC)[161], dem „Weingartener
Grundwortschatz Rechtschreib-Test für 1. und 2. Klassen" (WRT 1+)[162] sowie
der „Würzburger Leise-Leseprobe" (WLLP).[163] Im ersten Zwischenbericht wurde eingeschätzt, dass sich die jahrgangsübergreifenden Modelle der Schuleingangsphase im Hinblick auf die Entwicklung der Schulleistungen voll bewährt
haben (LEU 2002). In den nachfolgenden Untersuchungen jedoch verschwand
der Vorteil der jahrgangsübergreifenden Modelle gegenüber den jahrgangsbezogenen Modellen im Hinblick auf die Leistungsentwicklung der Kinder (Götz
2006).

In den Klassen der jahrgangsübergreifenden Basisstufe in der Ostschweiz
ist eine Begleitforschung zur Entwicklung der Schulleistungen von der EDK Ost
(2000) eingereicht worden, deren Ergebnisse im Jahr 2010 zu erwarten sind.

Zusammenfassend kann eingeschätzt werden, dass die Entstehung von Leistungen am Schulanfang sowie Varianzen in den Schulleistungen relativ gut erforscht sind, jedoch die Entwicklung von schulischen Leistungen in jahrgangsübergreifenden Schuleingangsklassen in Anbetracht der Vielzahl von Schulversuchen und Modellprojekten der veränderten Schuleingangsphase empirisch erst
in Ansätzen untersucht ist, was auf ein bereits von Götz (2004) und Faust
(2004/2006a/b) mehrfach beschriebenes Forschungsdesiderat hindeutet.

3.5 Forschungsstand zur sozio-emotionalen Entwicklung von Kindern am Schulanfang

3.5.1 Wohlbefinden am Schulanfang

Das Wohlbefinden der Schülerinnen und Schüler in der Schule steht für sehr
viele Lehrerinnen und Lehrer als ein überaus wichtiges Kriterium für eine gute
Schule, wie Ditton in seiner QUASSU-Studie an weiterführenden Schulen he-
rausfand (2005). Trotz der Bedeutung des Wohlbefindens für die Lernentwicklung des Kindes stellt jedoch das Konzept Wohlbefinden anscheinend ein eher
marginales Thema in der pädagogischen Theoriebildung und in der empirischen

---

161 Jansen, H. Mannhaupt, G. Marx, H. Skrowonek; H. (1999): „Bielefelder Screening zur Früherkennung von Lese-Rechtschreibschwierigkeiten" (BISC). Hogrefe, Göttingen.
162 Birkel (1995): „Weingartener Grundwortschatz Rechtschreib-Test für 1. und 2. Klassen"
(WRT 1+).
163 Kuspert, P. Schneider, W. (1998): „Würzburger Leise-Lese-Probe" (WLLP).

pädagogischen Forschung dar (vgl. hierzu auch Fend/Sandmeier 2004).[164] Wenn auch der Begriff Wohlbefinden in vielen Studien am Rande auftaucht, so gab es in den letzten Jahren nur einige pädagogische Studien[165], die das schulische Wohlbefinden dezidiert zum Gegenstand hatten (Eder 1995, Hinz et al. 1998, Jerusalem/Mittag 1999, Satow 1999, Ryan/Deci 2001, Wischer 2003, Hascher 2004a). Die Lern- und Leistungsemotionen sind nach Götz, Zirngibl und Pekrun (2004) für Kinder unter 12 Jahren bislang kaum erforscht. Nur wenige Studien wie die von Schubert (2004), Schenz (2004), Moser et al. (2005) sowie Gisdakis (2007) untersuchen das Wohlbefinden von Schulanfängern. Ein aktueller Diskurs zum Konzept Wohlbefinden in der Schule wurde durch Haschers Untersuchungen (2004a) angestoßen. Für das Wohlbefinden liegen mit Haschers Sammelband „Schule positiv erleben" (Hascher 2004b) erstmals umfassende empirische Ergebnisse zum schulischen Wohlbefinden in der Sekundarstufe vor.

Becker (1994) beschreibt Wohlbefinden aus psychologischer Sicht als ein Vorhandensein positiv gefärbter Gefühle und Stimmungen bei gleichzeitigem Fehlen von Beschwerden und schlägt eine Unterscheidung von aktuellem und habitualisiertem Wohlbefinden vor. Aktuelles Wohlbefinden spiegelt das momentane Erleben eines Menschen wieder. Das habitualisierte Wohlbefinden ist relativ stabil und beruht auf den aggregierten Erfahrungen der letzten Wochen und Monate. Zudem lässt sich physisches und psychisches Wohlbefinden unterscheiden. Insgesamt ergeben sich damit vier unterschiedliche Formen des Wohlbefindens: aktuelles psychisches Wohlbefinden, habitualisiertes psychisches Wohlbefinden, aktuelles physisches Wohlbefinden und habitualisiertes physi-

---

164 So fehlt dieses Stichwort z. B. in der zweiten Auflage des „Wörterbuchs Schulpädagogik" (Keck et al. 2004), aber auch in vielen anderen pädagogischen Standardwerken wie zum Beispiel dem „Handbuch Grundschulpädagogik und Grundschuldidaktik" (Einsiedler et al. 2001).

165 Zahlreiche Forschungsschwerpunkte zum Wohlbefinden liegen zurzeit im medizinischen Bereich vor, die auf der WHO-Definition von 1946 basieren, welche Gesundheit als Zustand des völligen körperlichen, geistigen und sozialen Wohlbefindens definiert (vgl. hierzu Becker 1997). So finden sich Studien vor allem in der Sozialmedizin, der Pädiatrie, der Gerontologie, der Psychiatrie und der Palliativmedizin sowie auch im sozialpädagogischen Bereich (siehe hierzu Schumacher et al. 2003). Die Autoren weisen auf die enge Verwandtschaft der Konzepte Lebensqualität und Wohlbefinden hin, wobei Lebensqualität eher ein Konzept der Sozialmedizin darstellt, während Wohlbefinden eher ein psychologisches Konzept darstellt. Schumacher et al. (2003) zeigen auf, dass sich das subjektive Wohlbefinden aus der emotionalen/affektiven Komponente und der kognitiv-evaluativen Komponente zusammensetzt. Während die erste Komponente positive und negative Affekte sowie Glücksempfinden umfasst, beinhaltet die kognitiv-evaluative Komponente allgemeine und bereichsspezifische Lebenszufriedenheit. Die Autoren weisen auf das als Wohlbefindensparadox bezeichnete Phänomen hin: Solange existenzielle Mindestanforderungen des Individuums nicht unterschritten werden, führen auch ungünstige oder widrige objektive Lebensumstände wie z. B. gesundheitliche und finanzielle Beeinträchtigungen nicht zu veränderten Bewertungen des subjektiven Wohlbefindens.

sches Wohlbefinden. Aus den habitualisierten Formen ergeben sich die allgemeine und bereichsspezifische Lebenszufriedenheit.

Eder (1995) sieht Wohlbefinden als Resultat der schulischen Verhältnisse, welches allerdings zeitliche Schwankungen aufweist. Nach seinen Untersuchungen in Österreich fühlen sich Kinder in der Grundschule zumeist wohl, während es in der Sekundarstufe zu einem Rückgang des Wohlbefindens kommt.

Hascher (2004a/b) untersuchte Wohlbefinden in der Schule in den Jahrgangsstufen 7-10 in der Schweiz, Österreich und Deutschland. Sie definiert Wohlbefinden in der Schule als einen „Zustand, bei dem positive Emotionen und Kognition gegenüber der Schule, den Personen in der Schule und dem schulischen Kontext bestehen und gegenüber den negativen Emotionen und Kognitionen dominieren". (2004b: 134) Hascher unterscheidet zwischen aktuellem Wohlbefinden, das sie als temporäres Gefühlserleben kennzeichnet, und habituellem Wohlbefinden, welches sie als dauerhafte Gefühlshaltung auffasst. Wohlbefinden in der Schule ist aus ihrer Sicht durch folgende sechs Komponenten gekennzeichnet:

- positive Kognitionen und Emotionen gegenüber Schule
- Freude an der Schule (Freude an Erfolgen)
- schulisches Selbstbewusstsein – sich mit den Anforderungen identifizieren können
- keine Sorgen und Probleme wegen der Schule
- keine körperlichen Beschwerden wegen der Schule
- keine sozialen Probleme in der Schule (vgl. Hascher2004a)

Hascher und Baillod (2004) untersuchten die Bedeutung sozialer Prozesse für das Wohlbefinden. Es wurde offensichtlich, dass unbeliebte und ausgegrenzte Jugendliche im Vergleich zu den beliebten Schülerinnen und Schüler hochsignifikante Unterschiede im Wohlbefinden aufweisen. Das verminderte Wohlbefinden führt seinerseits zu einem Leidensdruck sowie zu einem verminderten sozialen Selbstkonzept und damit einem Teufelskreis weiterer Ausgrenzung.

Hosenfeld und Helmke (2004) fanden für Hauptschüler heraus, dass ein hohes Wohlbefinden mit Klassenmerkmalen, wie einer anspruchsvollen Aufgabenkultur, einer ausgeprägten Schülerorientierung, einer hohen Motivierungsqualität sowie einer effizienten Klassenführung zusammenhängt, aber nicht mit der Höhe des Anspruchsniveaus im Unterricht korreliert.

Fend und Sandmeier (2004) belegen anhand ihrer Schweizer Daten, dass Wohlbefinden deutlich mit Lernfreude, Leistungsbereitschaft und Lernmoral, aber auch mit dem Begabungsselbstkonzept und somit mit wichtigen Persönlichkeitsmerkmalen korreliert. Nachweislich positiv wirken sich die Beziehungskultur in der Schule, die empfundene Einbeziehung in die schulischen Lern- und

Lebensprozesse sowie die Fürsorglichkeit der Lehrpersonen auf das Wohlbefinden aus. Das emotionale Klima wird nach ihren Erfahrungen ganz erheblich vom pädagogischen Weltbild der Lehrkräfte geprägt. Zwischen Jungen und Mädchen fanden Fend und Sandmeier (2004: 178) unerwartete Unterschiede dahingehend, dass sich Mädchen wohl fühlen „wenn die Leistungen stimmen und wenn sie die Gewissheit haben, regelmäßig und gründlich für die Schule zu lernen. Die Jungen fühlen sich wohl, wenn die Leistungen stimmen und sie die Gewissheit haben, dass sie sich anstrengen könnten, wenn sie müssten".

Wohlbefinden in integrativen Grundschulklassen

Aus brandenburgischen Integrationsklassen wird von Preuss-Lausitz (1997a) berichtet, dass in der von ihm durchgeführten Kinderbefragung die ‚Förderkinder' die positivsten Urteile von allen befragten Kindern auf die Frage abgaben, ob sie gern zur Schule gehen. Daneben zeigte sich in seinen Daten, dass in Integrationsklassen generell Kinder häufiger gern zur Schule gehen als Kinder aus Nichtintegrationsklassen. Er hält damit die Vermutung für widerlegt, dass behinderte Kinder angesichts des Leistungsanspruchs und der täglichen Konfrontation mit den Leistungen der anderen Kinder demotiviert werden.

Hinz et al. (1998) weisen ihrerseits darauf hin, dass lernschwache Kinder in mehreren Untersuchungen (Haeberlin et al. 1989, Dumke/Schäfer 1993) weniger positive Schuleinstellungen äußerten und gehen in ihrer Begleituntersuchung zum Hamburger Schulversuch der Integrativen Regelklassen der zentralen Frage nach, ob diese Verknüpfung im Schulversuch aufgehoben werden konnte. Aus ihren Befunden wurde ersichtlich, dass sich 17-27 % der lernschwachen Kinder in den integrativen Regelklassen emotional eher nicht integriert fühlten. In einigen Klassen gelang die Entkopplung von Schulleistungen und emotionaler Zufriedenheit dann, wenn sich Schulen darum besonders bemühen.

Schubert (2004) untersuchte im Kanton St. Gallen das Wohlbefinden von schulleistungsschwachen Kindern in ersten bis dritten Klassen in Abhängigkeit davon, ob sie eine Kleinklasse oder eine Integrationsklasse besuchen. Allgemeines Wohlbefinden des Kindes sieht sie in engem Zusammenhang mit dem Wohlbefinden der Eltern und der Qualität der Eltern-Kind-Beziehung. Schubert resümiert, dass zwischen der Lebenszufriedenheit der Eltern, der besuchten Schulform des Kindes und dem Wohlbefinden der Kinder kein Zusammenhang besteht. Für die Leistungsentwicklung im Zusammenhang mit dem Wohlbefinden ist die Kleinklasse förderlich, wohingegen für die Entwicklung der Sozialkompetenz und des allgemeinen Wohlbefindens die Kleinklasse eher nicht förderlich zu sein scheint.

Wohlbefinden in Eingangsklassen

Schenz (2004) untersucht das Wohlbefinden von Erstklässlern in Wiener Volksschulen und untergliedert dieses in verschiedene Bereiche. Dabei findet sie heraus, dass sich 84 % der Kinder auf den täglichen Gang in die Schule freuen und
sich dort sehr wohl fühlen, sich 76 % der Kinder in ihrer Klasse sehr wohl fühlen, 90 % der Kinder Wohlbefinden in den Spielen äußern und 96 % aller Kinder
Wohlbefinden bei den Lehrern angeben. 86 % der Kinder ‚fühlen sich wohl in
ihrer Haut'. Für die Schweiz zeigen Moser et al. (2005), dass 75 % der Kinder
am Schulanfang gern zur Schule gehen, dabei zeigt sich schon zu Schulanfang,
dass Jungen weniger gern in die Schule gehen.
      Dieses geschlechtsspezifische Ergebnis zum Wohlbefinden am Schulanfang
wird auch durch die Forschungen in Deutschland (Alt 2007) bestätigt. Gisdakis
(2007) verweist zudem auf eine deutliche Abnahme des Wohlbefindens bereits
von der ersten zur zweiten Klasse, ein Befund - auf den zuvor schon Breuer und
Weuffen 2000 hinwiesen. Gisdakis weist nach, dass neben den individuellen
Merkmalen sowohl die Schule als auch der Schulerfolg zugleich Ressource und
Risiko für das Wohlbefinden bedeuten. Zu den nichtsignifikanten Einflussfaktoren auf das Wohlbefinden zählen nach den Untersuchungen die Schichtzugehö-
rigkeit der Eltern, Äquivalenzeinkommen sowie der Migrationshintergrund,
sodass bezüglich des Wohlbefindens nicht von herkunftsbedingten Disparitäten
gesprochen werden kann. Beisenherz (2007) fokussiert in seinen Untersuchungen den Zusammenhang von Armut und Wohlbefinden und konstatiert, dass es
deutliche Zusammenhänge zwischen dem Wohlbefinden sowie der Intensität und
Dauer der Armut gibt. Dabei zeigt sich, dass bei konstanter Armut erstaunlicherweise eine Befindlichkeitsanpassung von Kindern stattfindet, sodass sich ihr
Wohlbefinden nicht von anderen Kindern unterscheidet. Hingegen sind vor allem
Kinder negativ betroffen, deren Armut erst kurz zuvor einsetzte oder bei denen
trotz einer wirtschaftlichen Verbesserung die Armut weiterhin anhält. Zugleich
konnten Haunberger und Teubner (2007) nachweisen, dass sich das Familien-
klima und eine kindzentrierte Kommunikationsform in der Familie am deutlichs-
ten von allen familiären Ressourcen auf das schulische Wohlbefinden am Schulanfang auswirken.
      Generell wird deutlich, dass das schulische Wohlbefinden am Schulanfang,
vor allem in Deutschland, ein erst in Ansätzen erforschtes Feld darstellt, obwohl
schulisches Wohlbefinden aus Lehrer- und Elternsicht ein sehr wichtiges Konzept im Anfangsunterricht darstellt. Weitaus mehr und konkretere Befunde liegen für ältere Schülerinnen und Schüler, hier vor allem auch in der Schweiz und
in Österreich, vor. Zum Wohlbefinden in jahrgangsübergreifenden Eingangsklassen können zurzeit keine empirischen Befunde wiedergeben werden.

3.5.2 Entwicklung des Selbstkonzepts am Schulanfang

Maier und Pekrun (2004: 452) definieren das Selbstkonzept als „die Summe aller im Gedächtnis gespeicherten kognitiven Repräsentationen einer Person von sich selbst (...). Es wird dabei nach unterschiedlichen Selbstkonzepten unterschieden, die sich auf Teilbereiche von verschiedenen Selbstattributen (wie z. B. Fähigkeiten, physische Erscheinung, sozialer Status) beziehen."[166]

Ein häufig für Studien verwendetes Modell für das Selbstkonzept wurde 1976 von Shavelson vorgelegt, der zwischen dem akademischen Selbstkonzept bezogen auf bestimmte Unterrichtsfächer bzw. Inhaltsbereiche und dem nicht-akademischen Selbstkonzept unterschied, zu welchem das soziale, das emotionale und das physische Selbstkonzept zählen. Jeder Bereich wird durch weitere Subbereiche hierarchisch untersetzt, sodass sich das Selbstkonzept aus einer Vielzahl von hierarchisch geclusterten Verhaltensbeobachtungen und Informationen über eine Person zusammensetzt. Diese sind nach Kategorien geordnet, die für das jeweilige Individuum bedeutungsvoll sind. Das Selbstkonzept beschreiben Langfeldt und Prücher (2004) in Anlehnung an Shavelson als organisiert, facettenreich, hierarchisch strukturiert, stabil und mit zunehmendem Alter als ausgeprägter und vielfältiger. Es enthält eine deskriptive und eine bewertende Dimension und kann von Konstrukten wie z. B. Schulleistung unterschieden werden. Der Vorteil dieses Modells liegt darin, dass einzelne Bereiche als eigene Konstrukte gemessen werden können.

Entwicklung des Selbstkonzepts am Schulanfang

Das akademische Selbstkonzept bildet sich als neue Facette erst ab dem Schulbeginn heraus, während ein allgemeines Selbstkonzept bereits vor dem Schuleintritt entwickelt wurde. Das akademische Selbstkonzept, synonym auch oft als Leistungskonzept oder Begabungsselbstbild benannt, umfasst nach Oerter (1998: 292) eine „Selbsteinschätzung bezüglich der schulischen Leistungen und der Fähigkeiten als Basis solcher Leistungen".

Bereits Kinder in der ersten Klasse verfügen über ein Leistungskonzept, wobei sie beim Schuleintritt ihre Kompetenzen deutlich überschätzen (Maier/Pekrun 2004). Helmke (1992) spricht von einer ‚robusten Selbstüberschätzung' bei Erstklässlern. Diese Selbstüberschätzungen der eigenen Leistungen werden aber mit den Rückmeldungen innerhalb der Grundschulzeit zunehmend

---

166 Einen ausführlichen Überblick zur Entwicklung des Selbstkonzepts aus der Sicht des symbolischen Interaktionismus gibt Lambrich (1987), der die Unterscheidung nach Selbstbild, Selbstkonzeption und Ideal-Selbst darlegt.

nach unten korrigiert. Helmke (1991) konnte bereits in ersten Klassen, wenn auch sehr niedrige Korrelationen zwischen dem Selbstkonzept und Leistungen finden, wobei sich bei diesen Korrelationen bis zur sechsten Klasse ein stetiger Aufwärtstrend abzeichnete. Für zweite Klassen weist Helmke (1997a) substanzielle Korrelationen zwischen dem Selbstkonzept und den erreichten Testleistungen in Deutsch und Mathematik nach. Ebenso konnten schwache Korrelationen zwischen der jeweiligen Lernfreude in den Fächern und den Testleistungen Deutsch und Mathematik aufgezeigt werden.[167]

Schenz (2004) untersuchte das Selbstvertrauen von Erstklässlern in Wiener Eingangsklassen, die zu 60 % ein allgemein hohes Selbstwertgefühl aufweisen und bei denen weit mehr als die Hälfte der Kinder zu einer teilweise sehr starken Überschätzung ihrer Leistungen neigen. Sie konnte dabei zeigen, dass Erstklässler mit hohem Selbstvertrauen weniger dazu tendieren, bei Schwierigkeiten die Ursachen bei sich selbst zu suchen als ihre Mitschüler mit geringerem Selbstwertgefühl. Auf den Zusammenhang, dass Kinder mit niedrigeren Schulleistungen Misserfolge eher mit eigenen Defiziten begründen, wohingegen schulstarke Kinder schlecht ausgefallenen Noten eher mit allgemein schlecht ausgefallenen Schulaufgaben begründen, verwies bereits Valtin (2002).

Entwisle et al. (1987, zitiert nach Oerter 1998) berichten von einem höheren Leistungskonzept von Jungen im Vergleich zu Mädchen im erstem Schuljahr. Dabei orientierten die Mädchen ihr Selbstbild stärker an den Urteilen der Eltern und an ihrer Beliebtheit, während Jungen sich eher an erreichten Erfolgen und der Selbsteinschätzung zukünftiger Leistungen orientierten.

Im KILIA-Projekt (Kammermeyer/Martschinke 2006) wurde die Selbst- und Leistungskonzeptentwicklung in Abhängigkeit vom Klassenklima und in Abhängigkeit vom Lehrerinnenverhalten bereits ab der Jahrgangsstufe 1 im Längsschnitt untersucht. Nach dem KILIA-Forschungsansatz ist neben dem Selbstwertgefühl und den Kontrollüberzeugungen das Selbstkonzept eine Identitätsvariable. Das „Selbstkonzept der eigenen Fähigkeiten [ist] die kognitive Komponente der Identität, die zusammen mit der affektiven und handlungsbezogenen Komponente den Kern der Persönlichkeit repräsentiert". (Martschinke/Franke 2002: 192) Das Selbstkonzept beschreiben Kammermeyer und Mahrhofer (2002: 186) am Schulanfang als labil, es wird von anderen Kinder der Klasse sowie von Lehrerinnen stark beeinflusst, wobei davon ausgegangen werden kann, dass Lehrerinnen sowohl durch ihre Unterrichtsgestaltung als auch „durch ihre subjektiven Theorien (Bezugsnormorientierung) und ihre Lehrer-Schüler-Interaktion (z.B. Lob, Ermahnung, Hilfe) Einfluss auf die Leistungs- und Selbstkonzeptentwicklung" nehmen. Im Ergebnis

---

167 Pekrun und Jerusalem (1996) vertreten die These, dass prinzipiell Wechselwirkungen zwischen Kognition, Emotion und Leistung existieren, wobei es positive und negative Rückkopplungseffekte geben kann. Auf diese Zusammenhänge weist auch Rheinberg (1996) hin.

von KILIA zeigen Kammermeyer und Martschinke (2006), dass das Selbstkonzept am Schulanfang von ausreichenden Freiheitsspielräumen und von einer individuellen Bezugsnormorientierung gestärkt wird, dabei kann für das Selbstkonzept ein Einfluss auf die Leistungen angenommen werden. Bereits am Schulanfang gibt es eine große Heterogenität beim Selbstkonzept innerhalb von Klassen und zwischen Klassen (Martschinke/Kammermeyer 2003), wobei die Zuweisung eines Kindes in eine bestimmte Klasse nicht folgenlos für die weitere Entwicklung bleibt.

Moser et al. (2005) konnten für Erstklässler bereits kurz nach dem Schulanfang Zusammenhänge zwischen der Kompetenzwahrnehmung und den tatsächlichen Leistungen ermitteln, je höher Kinder ihre eigenen Fähigkeiten im Lesen und Rechnen einschätzen, desto höhere Leistungen erbringen sie auch und desto höher werden die Leistungen von den Lehrerinnen eingeschätzt. Dies spricht ihrer Ansicht nach dafür, dass bereits bei Kindern am Schulanfang das Selbstkonzept nicht völlig losgelöst von den eigenen Leistungen ausgebildet wird.

Zunehmende Abschwächung des Selbstkonzepts im Lauf der Grundschulzeit

Mehrfach untersucht ist die Abnahme des individuellen Selbstkonzepts eigener Fähigkeiten und Leistungen. Helmke (1997a) erklärt dies zum einen mit der Zunahme kognitiver Kompetenzen, beispielsweise das Verstehen von Leistungsfeedbacks sowie die Einordnung in das klasseninterne Ranking. Diese entfalten ihre Wirkung noch vor dem Einsetzen der Benotung über individuell durchgeführte soziale Vergleichsprozesse in der Gruppe. Zum anderen tragen die Lehrer-Schüler-Interaktionen sowie der Beginn der Vergabe von Zeugnisnoten zum sozialen Vergleich bei. Bereits am Ende des zweiten Schuljahres zeigten sich substanzielle Korrelationen zwischen Selbstkonzepten und Noten. Dass eine Ziffernbenotung, im Gegensatz zur verbalen Beurteilung, bereits in der zweiten Jahrgangsstufe einen ungünstigen Einfluss auf das Selbstkonzept und eine Steigerung des Fischteich-Effekts (Marsh 1987) zur Folge hat, weisen Zeinz und Köller (2006) in ihrer Untersuchung im Rahmen des bayrischen Schulversuchs zur Einführung von Noten und Ziffernzeugnissen in der zweiten Jahrgangsstufe nach, denn es zeigte sich, dass die leistungsstarken Kinder für ihr Selbstkonzept auf Kosten der leistungsschwächeren Kinder profitieren konnten.

Mit zunehmendem Alter erfolgt eine immer engere Kopplung der Selbstkonzepte an die Zensuren. Der Fischteich-Effekt (Marsh 1987) bewirkt, dass schwache Mitschüler das Selbstwertgefühl der leistungsstärkeren Kinder zusätzlich stärken, während in leistungsstarken Klassen ungünstigere Entwicklungsverläufe für die selbstbezogenen Fähigkeitskognitionen berichtet werden (Köller/Baumert 2002).[168] Dabei verbleibt die mittlere Selbsteinschätzung der Leistungen während der Grundschulzeit im positiven Bereich. Mithilfe von Clusteranalysen konnte Helmke (1997a) nachweisen, dass es sechs deutlich unterscheidbare Verlaufstypen des Fähigkeitsselbstkonzepts gibt, die sich durch lineare Verläufe oder diskontinuierliche Verläufe auf unterschiedlichem Niveau auszeichnen, wobei allen Clustern gemeinsam ist, dass eine deutliche Niveauabnahme des Selbstkonzepts zwischen der zweiten und vierten Jahrgangsstufe erfolgte.[169] Während sich beim Fähigkeitsselbstbild in Mathematik das oft berichtete höhere Niveau der Jungen wiederholte, gab es im Bereich Deutsch keine Unterschiede (Helmke 1997a).

Selbstkonzept als „Zusatzmotor" für Leistungen

Das Leistungskonzept entwickelt sich in einem engen wechselseitigen Zusammenhang mit dem Selbstkonzept, dabei wird die Entwicklung des Selbstkonzepts stärker von der Entwicklung des Leistungskonzepts beeinflusst als umgekehrt (Aken et al. 1997). Dies hat insbesondere für lernschwächere Kinder Folgen, weil negative Selbsteinschätzungen mangelnde Erfolgszuversicht und Vermeidungshaltungen nach sich ziehen und damit Teufelskreise entstehen lassen können. Eine optimistische Selbsteinschätzung wirkt dagegen eher wie ein Zusatzmotor (Helmke 1992) und hilft zukünftige Leistungen indirekt zu steigern. Maier und Pekrun (2004) formulieren als Hypothese auf der Basis des empirisch nachgewiesenen Zusammenhangs von akademischem Selbstkonzept und Leistung, dass sich eine leichte Überschätzung der eigenen Fähigkeiten und Erfolgsaussichten besonders positiv auf die Leistungen auswirken. Dies wird auch für den Anfangsunterricht von Kammermeyer und Martschinke (2006) so eingeschätzt. Die Autorinnen betonen, dass sich im ersten Schuljahr das Selbstkonzept auf die Leistungen auswirkt (Self-Enhancement-Ansatz). In der zweiten Jahrgangsstufe scheint nach ihren Auffassungen dieser Einfluss des Selbstkonzepts zu kippen, während er ab der dritten Jahrgangsstufe in umgekehrter Richtung wirkt, nun

---

168 Auf diesen Zusammenhang verweisen auch Dauenheimer und Frey (1996): Sie schätzen ein, dass insbesondere für leistungsschwache Kinder negative Konsequenzen durch einen fehlenden Vergleich nach unten bekannt sind, allerdings gewinnen soziale Vergleichsprozesse zum Schutz des eigenen Selbstwertgefühls durch Abwertung von Vergleichspersonen nach ihren Untersuchungen erst ab einem Alter von acht bis neun Jahren an Bedeutung.
169 Schulklassenunterschiede spielen auch bei der Entwicklung des Selbstkonzepts eine Rolle. Es zeigt sich, dass der Klassenkontext selbst belanglos zu sein scheint, wohingegen eine günstige Entwicklung des Fähigkeitsselbstbildes im Fach Mathematik durch einen anspruchsvollen, verständnisorientierten, klar strukturierten Unterricht in Verbindung mit fachlicher Unterstützung gefördert wird. Dieser Zusammenhang kann für das Fach Deutsch nicht berichtet werden.

beeinflussen die Leistungen das Selbstkonzept (Skill-Development-Ansatz). Aus diesem Grund sehen sie in den ersten beiden Schuljahren gute unterrichtliche Einflussmöglichkeiten auf die Leistungen von Kindern über das Selbstkonzept.

Insgesamt ist die Selbstkonzeptentwicklung am Schulanfang weitgehend untersucht und weitere Forschungsergebnisse sind in der nächsten Zeit zu erwarten. Nahezu keine Ergebnisse liegen bislang dazu vor, wie sich die Entwicklung von Selbstkonzepten bei Kindern in jahrgangsgemischten Eingangsklassen vollzieht, wobei hierzu aktuell einige Studien in Arbeit sind (vgl. hierzu Dümmler et al. 2005, Hanke/Hein 2005, Beutel/Hinz 2006).

3.5.3 Entwicklung von Lernfreude und Anstrengungsbereitschaft am Schulanfang

Lernfreude als aufgabenbezogene positive Emotion mit prospektivem Charakter (Pekrun 1998) gilt in der Grundschule als eine der wichtigen motivationalen Variablen des Lernerfolgs. Anstrengungsbereitschaft wird als eine Voraussetzung dafür gesehen, dass Lernhandlungen initiiert und aufrechterhalten werden und überdauernde Bereitschaften von Personen aktiviert werden, sich in Anforderungssituationen erfolgreich zu engagieren (Rheinberg 1996, Krapp 2003). Anstrengungsvariablen gelten als eine Teilkomponente der Motivation bzw. als eine Leistungsursache (vgl. hierzu die Modelle bei Möller/Köller 1996 oder Rheinberg 1996). Zugleich sind Lernfreude und Motivation nach Krapps Überzeugung (2003: 92) Ergebnis von Lern- und Bildungsprozessen, auch wenn der Anteil der motivationalen Antriebskräfte oftmals aus dem Blickfeld gerät und sich das Hauptaugenmerk bei Lernprozessen auf Kenntnisse und Fähigkeiten richtet, die „als kristallisierter Niederschlag zur Entwicklung dauerhaft sichtbar bleiben". Als Konzepte an sich sind Lernfreude und Anstrengungsbereitschaft jedoch kaum untersucht und werden eher am Rande der Motivationsforschung mit erfasst. Es wird davon ausgegangen, dass sich die Leistungsmotivation längerfristig auf die Menge und Intensität der aufgebrachten Lernzeit auswirken kann (Rheinberg 1996, Krapp 2003). Die Anstrengungsbereitschaft ist eng mit Erfolg bzw. Misserfolg bei vorangegangenen Anforderungen verknüpft (vgl. hierzu Stiensmeier-Pelster/Schlangen 1996). Dabei spielen jedoch auch Überlegungen zur eigenen Situation und handlungsirrelevante Gedanken eine nicht zu unterschätzende Rolle.

Helmke (1997a: 58) wies darauf hin, dass insbesondere der Forschungsstand zur Entwicklung schulleistungsbezogener Motive und Einstellungen im Grundschulbereich als unbefriedigend und lückenhaft angesehen werden muss. „Neben der Verwirrung über die nahezu unüberschaubare Zahl von Konstrukten unterschiedlichster theoretischer Provenienz (...) dürfte dies vor allem am Fehlen von Längs-schnittstudien für diesen Bereich liegen." Die unüberschaubare Zahl an Konstrukten kennzeichnet auch noch heute weitgehend die Theoriebildung.

Lernfreude in den Jahrgangsstufen 2-4

Für die Lernfreude wird berichtet, dass sie im Laufe der Schulzeit deutlich ab-nimmt, wenngleich das Niveau der Lernfreude im Durchschnitt während der ersten vier Schuljahre im positiven Bereich verbleibt und somit Lernen überwie-gend mit positiven Gefühlen und Assoziationen und weniger mit Verdruss und Abwehr verbunden ist (Helmke 1997a). Die Lernfreude ist allerdings von einer großen Streuung von extrem konsistenten bis hin zu ausgesprochen inkonsisten-ten Vorkommen bei Kindern gekennzeichnet. Schulklassenunterschiede spielen nach Weinert (1998) eine große Rolle für die Ausprägung von Lernfreude. Al-lerdings bezieht sich diese Korrelation nicht auf Kontextmerkmale, wie der An-teil deutschsprachiger Kinder, die Heterogenität oder die Klassengröße, welche kaum von Belang für die Entwicklung von Lernfreude sind, sondern auf didakti-sche Faktoren, wie Klassenmanagement, Klarheit und Verständlichkeit, Motivie-rungsqualität, Freiheitsspielräume sowie das Sozialklima. Weinert (1998) beton-te, dass den didaktischen Merkmalen des Lehrerhandelns nicht nur eine wichtige Bedeutung für den Lernerfolg, sondern auch für die Lernfreude der Schüler zu-kommt. Zu diesen ‚Klassenführungskompetenzen' zählt er erstens die verwende-te Zeit für die aktive Lösung von Aufgaben, zweitens einen möglichst störungs-armen Unterricht und drittens, einen effektiven Umgang mit Störungen. Helmke (1997a) konnte zeigen, dass es eine intraindividuelle Korrelation zwischen der Lernfreude bezogen auf die Fächer Deutsch und Mathematik gibt, die miteinan-der sowie über die Zeit korrelieren. Es zeigen sich die aus der internationalen Forschung bekannten geschlechtsspezifischen Unterschiede: Während sich für Jungen günstigere Zusammenhänge zwischen dem Fach Mathematik und der Lernfreude über die Zeit hinweg beschreiben lassen, gilt dies für Mädchen für das Fach Deutsch. Für die Lernfreude lässt sich ab der Jahrgangsstufe 3 eine kausale Abhängigkeit von der Lernleistung in Mathematik nachweisen, deshalb kann ab diesem Zeitpunkt die Lernfreude die Mathematikleistungen nicht mehr steigern. Zugleich zeigt sich die Lernfreude eng mit dem fähigkeitsbezogenen Selbstkonzept verbunden (Helmke 1997a).

Sowohl im Bereich der Deutsch- und Mathematikleistungen wurden sub-stanzielle Effekte der Lernmotivation nachgewiesen. Es konnte gezeigt werden, dass „Schüler mit eher niedrigerer Intelligenz, aber hoher Lernmotivation ähnlich gut wie Schüler abschnitten, die bei guter Intelligenz wenig motiviert schienen" (Helmke 1997b:

128), wobei die Variablen Intelligenz und Motivation beide kompensatorisch wirken können.

Lernfreude am Schulanfang

Die größte Lernfreude zeigen Kinder in der Regel in der ersten Jahrgangsstufe (Helmke 1993), nach einem kurzen Anstieg im Lauf der ersten Klassen weichen diese positiven Einstellungen und die Lernfreude sinkt mit zunehmender Jahrgangsstufe kontinuierlich und signifikant ab. In den ersten beiden Schuljahren konnte Helmke (1997a) schwache korrelative Zusammenhänge von Lernfreude und Leistungen finden, was auch die geringere Lernfreude von lernschwachen Kindern zu erklären vermag (vgl. hierzu Matthes 2006). Kammermeyer und Martschinke (2006) fanden heraus, dass eine hohe Lernfreude und eine geringe Angst als Vermittler über das Selbstkonzept einen bedeutsamen Einfluss auf die Lernleistungen am Schulanfang entfalten und eine Chance für lernschwächere Kinder darin liegt, dass über Unterrichtsmaßnahmen eine positive emotionale Entwicklung erreicht und damit auch das Selbstkonzept und die Leistungsentwicklung am Schulanfang gestärkt werden können.

Aus der Wiener Untersuchung von Schenz (2004) von Erstklässlern geht hervor, dass diese sich durch eine überaus große Lernfreude auszeichnen, denn 84 % der Kinder freuen sich auf den täglichen Gang zur Schule. Dabei gibt es substanzielle Korrelationen der Lernfreude mit weiteren Faktoren wie dem Wohlbefinden in der Klasse.

Die Untersuchung des LEU (2002) zur motivationalen Entwicklung von Kindern in den verschiedenen Modellen der veränderten Eingangsstufe in Baden-Württemberg belegt, dass Kinder das hohe durchschnittliche Motivationsniveau vom Schulbeginn auch noch ein Jahr später zeigen. Die Schüler aus den B-Modellen (Grundschulförderklassen in enger Verzahnung mit erster Grundschulklasse) zeigten zu Beginn des zweiten Lernjahres insgesamt eine signifikant höhere Lernfreude als Kinder in den jahrgangsübergreifenden Eingangsklassen und den Kontrollklassen.

Zusammenfassend betrachtet wird bei den Konzepten Lernfreude und Anstrengungsbereitschaft deutlich, dass hierzu nur wenige gesicherte Erkenntnisse zum Anfangslernen vorliegen und nahezu keine Ergebnisse zu Kindern in jahrgangsgemischten Eingangsklassen berichtet werden können.

3.5.4 Soziale Integration von Schulanfängern in den Klassenverband

Für die Schulanfänger gilt es, sich einen befriedigenden Platz in ihrer neuen Gruppe der Mitschülerinnen und Mitschüler zu erarbeiten, wobei diese Gruppe als Entwicklungskontext des Schulanfängers eine hohe Relevanz aufweist. Die Gruppe bietet dem Schulanfänger die Möglichkeit, sich mit anderen zu vergleichen, einen sozialen Status zu erwerben, Normen mit zu prägen, Kommunikation zu entwickeln, Beziehungen aufzubauen, soziales Selbstbewusstsein und Identität zu erwerben, Konflikte, Freundschaften und Kooperation zu pflegen sowie Toleranz und Solidarität zu erfahren und zu üben (vgl. Petillon 1993). Der Forschungsstand zur sozialen Integration in den Klassenverband ist für Grundschüler (Krappmann/Oswald 1995) und Schulanfänger (Petillon 1993, Beck/Scholz 1995) ausführlich untersucht.

Einfluss sozialer Beziehungen auf die Lernleistungen

Den sozialen Beziehungen zu den Klassenkameradinnen und Klassenkameraden kommt eine große Bedeutung zu, weil erst im Falle gelingender sozialer Kommunikation und Kooperation eine gegenseitige Anregung, eine Überprüfung und Vervollkommnung des Wissens sowie ein vertieftes Verständnis im Sinne von Ko-Konstruktions-Prozessen ermöglicht werden (Krappmann/Oswald 1995). Den Einfluss der Gleichaltrigen auf die Lernleistungen weisen Oswald und Krappmann (2004) in ihrer Untersuchung zur sozialen Ungleichheit in der Schulklasse nach. Sie zeigen, dass der soziale Status in der Schulklasse den Zugang zum Schulerfolg erleichtern oder erschweren kann, weil die beiden Statusvariabeln sozialer Einfluss und soziale Präferenz signifikant mit der Durchschnittsnote korrelieren. Damit wird deutlich, dass die soziale Stellung eines Kindes und sein Verhalten in der Klasse einen Beitrag zum Schulerfolg leisten und gut integrierte Kinder darin unterstützen, sich auf die kognitiven Anforderungen der Schule einzulassen. Auch Petillon (1993: 124) berichtet einen engen Zusammenhang zwischen Schulleistung und sozialem Status bereits am Schulanfang:

> „Bei der Wahl eines Kindes als Freund, als Spielpartner, Sitznachbar und Bezugsperson spielt die Schulleistung bereits zum Schulanfang (...) eine wichtige Rolle. Bis zum Ende des zweiten Schuljahres ergeben sich bei Sitznachbarschaft und bei Bezugspersonen noch deutlich höhere Korrelationen, vermutlich auch deshalb, weil bei diesen Kontaktformen die schulische Tüchtigkeit des anderen von besonderer Be-

deutung sein kann. Ausschluss, Hänseln und Verpetztwerden trifft (...) vor allem solche Kinder, die schulisch wenig erfolgreich sind."[170]

Interaktion und Kooperation von Grundschulkindern[171]

In den Binnenanalysen von Krappmann und Oswald (1995) in Grundschulklassen zeigt sich, dass die Prozesse von Aushandlungen und Kooperation keinesfalls nur problemlos verlaufen. Es wird von Kindern berichtet, die in vielen Interaktionen heftig und rücksichtslos ihre Anliegen durchzusetzen versuchten, gleichzeitig wurden diese Interaktionen von barschen Reaktionen und Zurückweisungen begleitet. Bezogen auf ihre Untersuchung schätzen Krappmann und Oswald (1995) zwei Fünftel aller Hilfesituationen für Hilfegeber oder Hilfenehmer als problematisch ein, während drei Fünftel unproblematisch bewältigt wurden. Sie weisen auf das Ungleichgewicht an Einflusschancen hin, welche einen festen Bestandteil der Erfahrungen von Kindern mit Gleichaltrigen darstellen. Unfreundliche und verletzende Verhaltensweisen werten die genannten Autoren in diesem Prozess als Merkmale intensiver sozialer Prozesse, in denen unerlässliche Kompetenzen z. B. des Wahrnehmens der Bedürfnisse des anderen, des Aufzeigens von Grenzen in Bezug auf unbillige Hilfen und des Akzeptierens von Leistung und Gegenleistungen erworben werden müssen.

---

170   Das ist für die Kinder umso schwerwiegender, als Lehrerinnen und Lehrer kaum wahrnehmen, was sich an Konflikten oder persönlichen Dramen abspielt. Wenn Lehrerinnen und Lehrer diese wahrnehmen, neigen sie dazu, diese als kindertypische Lappalien zu bewerten. Sie schreiten in der Regel dann ein, wenn Konflikte den Unterrichtsablauf stören. Eltern sind zumeist über erlittene körperliche Aggressionen von ihren Kindern informiert. Ihr Interesse richtet sich am Schulanfang aber eher auf das Zurechtkommen der Kinder im Leistungsbereich und weniger auf das soziale Zurechtkommen. Damit können Kinder bereits früh in Teufelskreise von mangelnder Unterstützung, untauglichen sozialen Strategien und ablehnenden Erfahrungen geraten.

171   Krappmann und Oswald (1995) analysierten soziale Interaktionen und die Sozialbeziehungen von Grundschulkindern unter den Aspekten Beziehungen, Aushandlungen, Kooperationen sowie Jungen und Mädchen in Berliner Grundschulklassen im Rahmen des Projekts „Alltag der Schulkinder" in einer Querschnittsstudie und zwei Längsschnittuntersuchungen. Die Gruppe der Gleichaltrigen stellt nach ihrer Auffassung wichtige Herausforderungen an die kooperativen Fähigkeiten, das strategische Vorgehen und die Entwicklung des sozialen Selbstkonzepts - Aufgaben, mit denen Kinder in anderen Lebensbereichen kaum konfrontiert werden. Krappmann und Oswald (a.a.O.) konnten zeigen, dass die Kindergruppen in der Grundschulzeit noch nicht die Funktion haben, die sie in der Jugendzeit übernehmen. Kinder agieren im Schulalltag in vielfältigen Situationen auch unabhängig von den Gruppen, denen sie angehören. Krappmann und Oswald sprechen eher von Gruppen und Geflechten von Kindern, die sich auf den Umgang untereinander auswirken. Eine große Bedeutung kommt der Gruppe der Mädchen und der Gruppe der Jungen zu, die in der Klassenhierarchie oben stehen.

Sozial relevante Erfahrungen von Schulanfängern

Petillons Studie[172] (1993) erbrachte als ein wichtiges Ergebnis, dass die Person des Lehrers bzw. der Lehrerin und die Schule selbst nicht die Rolle spielen, die viele Erwachsene diesen zuschreiben. Nur sechs Prozent der von den Kindern erzählten Geschichten bezogen sich auf Lehrkräfte, dreizehn Prozent auf die Schule. Viel entscheidender für die Kinder in Hinblick auf ihre Erfahrungen mit Freude, Trauer, Angst und Wut waren die Beziehungen und der Umgang mit den Mitschülerinnen und Mitschülern (81 % der Geschichten). Das Kennenlernen der Mitschülerinnen und Mitschüler, das Gewinnen einer Sitznachbarin bzw. eines Sitznachbarn und das Finden einer Freundin bzw. eines Freundes sind nach Petillon und Beck und Scholz (1995) zentrale Themen für die Kinder am Schulanfang. Nach Petillons Untersuchungen nehmen die Kinder in den ersten beiden Schuljahren soziale Ereignisse und dahinter stehende Motive immer differenzierter wahr. Frustrationen wegen Willkür und Vorsatz gegenüber Schwächeren, wegen Verletzungen und Quälerei und im Gegenzug auch Schadenfreude scheinen in einem großen Maße die Emotionen von Schulanfängern zu bestimmen und unbeglichene Rechnungen bilden nach Petillons (1993: 174) Ansicht ein latentes Konfliktpotenzial, „das bei passender Gelegenheit wirksam wird".

Für Petillon (1993) entsteht auf der Basis der Geschichten der Kinder der Eindruck von zwei verschiedenen Welten der Geschlechter. Bereits am Schulanfang zeigen sich zwei Formen rollentypischer Verhaltensmuster von den robusten raufenden Jungen, die Rangordnungen erkämpfen, und den ruhigen Mädchen, welche Netzwerke mittels Sozialkontakten, Hänseln und Ausschluss aufbauen und pflegen. Zwischen Jungen und Mädchen konnte Petillon nur wenige Interaktionen beobachten. Moser et al. (2005) schätzen ein, das sich Mädchen am Schulanfang regelkonformer, selbstständiger und kooperativer verhalten, weil bei ihnen die Fähigkeit zur Perspektivübernahme besser ausgeprägt ist. Jungen hingegen schätzen sich selbst auch als weniger integriert ein.

Aus den Raufereien können für die unterlegenen Jungen psychische Demütigungen folgen, zudem wird oft die Grenze zur Gewalt, Rohheit und Körperverletzung nach Petillons Einschätzung (a.a.O.) schon am Schulanfang überschritten. Viele Gewalttaten finden, von Lehrerinnen und Lehrern unbemerkt, auf Pausenhöfen, Gängen, Treppen und insbesondere Toiletten statt und lösen bei betroffenen sowie umstehenden Kindern Ängste aus.

Auch bei Mädchen finden sich häufig Aggressionen. Wenngleich diese zwar in verbalen Formen durch Hänseln, Auslachen etc. erfolgen, so sind die

---

172 „Das Sozialleben der Schulanfänger" ist als Längsschnittstudien mit drei Messzeitpunkten angelegt und wurde mittels Einzelinterviews, Bildwahlverfahren und Eltern- und Lehrerbefragungen ergänzt.

Folgen für die Betroffenen nicht minder schwer zu tragen, da die betroffenen Kinder häufiger das Ziel der Aggression sind und sich bei ihnen ein Gefühl einer permanenten Belastung, Ausgrenzung und Trauer einstellt.

Außenseiter am Schulanfang

Die meisten Kinder gaben in Petillons Untersuchung (1993) drei bis vier Kinder als Freunde, gewünschte Sitz- oder Spielpartner an. Dabei gibt es einen Anteil von etwa fünfzehn Prozent der Kinder, die keine Nennung als Freund oder Freundin erhalten. Mit jedem zehnten Kind möchte niemand spielen und neben zwölf Prozent der Kinder möchte niemand sitzen. Besonders alarmierend findet Petillon (1993: 177) die Tatsache, „dass solche Außenseiterpositionen sehr stabil bleiben. Über 70 % der Kinder, die zum Schulanfang von den Mitschülern gemieden wurden, fanden auch zum Ende des zweiten Schuljahres keinen Anschluss an die Gruppe". Es gibt Hinweise darauf, dass Kinder zum Teil schon stabile soziale Positionen aus dem Elementarbereich mitbringen, d. h. in der Kita beliebten Kindern gelingt es in der Regel in der Grundschule wieder schnell neue Freundschaften zu schließen, während eher unbeliebte Kinder im Elementarbereich zu den Kindern zählen, die in der Grundschule Unterstützung benötigen, um bereichernde soziale Beziehungen aufzubauen und die Gruppenerfahrungen zu meistern (vgl. dazu die Darstellung der Ergebnisse von Strätz und Schmidt von 1982 bei Oerter 1998). Auch die von Oerter (1998) zitierten amerikanischen Befunde weisen in diese Richtung. Ladd (1990) legt dar, dass Kinder, die schon am Schulanfang eine größere Zahl von Freunden hatten, eine positivere Wahrnehmung von Schule entwickelten und diese noch steigerten, wenn sie ihre Freunde behielten. Hymel et al. (1990) berichten von Kindern, die schon am Schulanfang einen Ablehnungsstatus erworben hatten, dass dieser lange Zeit aufrechterhalten wurde, auch nachdem sie ihr Verhalten verändert hatten.

Dabei ist nach den Untersuchungen von Moser et al. (2005) nicht zu übersehen, dass sich Kinder aus privilegierten Familien häufiger den Regeln der Schule entsprechend verhalten und Kinder aus benachteiligten Familien mit Nachteilen im sozialen Verhalten starten.

Soziale Entwicklung in Integrationsklassen

Für die Entwicklung der sozialen Beziehungen in Integrationsklassen liegen zahlreiche Berichte vor (vgl. hierzu die Zusammenfassung bei Maikowski und Podlesch 1999). Stellvertretend sollen hier Ergebnisse aus drei Studien berichtet werden:

Aus den Metaanalysen von Niedermann et al. (1992) ist bekannt, dass Kinder mit Lernbehinderungen in Integrationsklassen unabhängig von der konkreten schulorganisatorischen Struktur der Integration einen signifikant niedrigeren soziometrischen Status haben als ihre nichtbehinderten Mitschüler. Nach ihren Analysen hängt die geringere Beliebtheit mit den vorherrschenden Normen und Werten in der Klasse zusammen und lässt sich auf die schlechten Schulleistungen, das äußere Erscheinungsbild, das Sozialverhalten sowie weitere persönliche Merkmale und Verhaltensweisen zurückführen (vgl. hierzu auch Haeberlin et al.1991).

Aus den Befunden der Untersuchung von Preuss-Lausitz (1997a) in brandenburgischen Integrationsklassen geht hervor, dass die große Mehrheit der ‚Förderkinder' als sozial integriert bezeichnet werden kann, während sich für ein Viertel bis ein Fünftel von ihnen die Situation ungünstig darstellt. Preuss-Lausitz (1997a: 201) widerspricht der Vermutung, dass Förderkinder wegen des Vergleichs mit ‚guten' Kindern leiden oder unzufrieden seien und fasst zusammen, dass Kinder „die Schule trotz der problematischen soziale Stellung einiger Förderkinder als einen Ort [erleben], den sie gern besuchen und wo sie immerhin – wie die Daten zeigen – auch Freunde haben".

Im Hamburger Schulversuch der integrativen Regelklassen in Grundschulen weisen die integrativen Regelklassen trotz sehr viel größerer Heterogenität keine weitere Spreizung in den soziometrischen Werten auf als die regulären Kontrollklassen. Diesen Befund werten Hinz et al. (1998) als Beleg dafür, dass keine sozialen Entmischungsprozesse und Spaltungen in den integrativen Klassen erfolgen. Nach Ansicht der Autoren (Hinz et al. 1998: 361) kann durch Integration der Einfluss der Schulleistungen auf die soziale Präferenz gemildert werden, was jedoch nichts an der Tatsache ändert, dass „Überalterung, Leistungsschwäche und Entwicklungsrückständigkeiten (...) sich in allen Untersuchungsgruppen gleichermaßen ungünstig auf die soziale Position eines Schülers im sozialen Gefüge aus [wirken]".

Soziale Entwicklung in jahrgangsübergreifenden Eingangsstufen

Aus den baden-württembergischen Klassen des Schulversuchs „Schulanfang auf neuen Wegen" werden Vorteile der jahrgangsübergreifenden Klassen im Sozialverhalten vom LEU (2002) berichtet. Auch Kucharz und Wagener (2005) resümieren, dass die sozialen Interaktionen in jahrgangsgemischten Eingangsklassen gelingen. Dabei beziehen sich die Interaktionen nach ihrer Untersuchung vorwiegend auf schulerwünschte Themenbereiche und finden in gleichem Maße jahrgangsbezogen wie jahrgangsübergreifend statt. Die Hilfestellungen erfolgten überwiegend auf konstruktive Weise, ohne dass der Lernprozess der älteren Kinder durch die Hilfegesuche der jüngeren Kinder gestört wurde.

Von Naujok (2000) und Huf (2006) liegen qualitative Studien zu Interaktionen und Kooperationsprozessen in didaktischen Arrangements wie Wochenplan-, Tagesplan- und Lehrgangsarbeit in jahrgangsstufenübergreifenden Anfangsklassen vor.

Insgesamt liefern die vorgestellten Forschungsergebnisse zur Sozialsituation wertvolle Hinweise zum Verständnis kindlicher sozialer Erfahrungen am Schulanfang. Über die Entwicklung und Entfaltung von sozialen Beziehungen in flexiblen Eingangsklassen berichten die Studien vom LEU (2002), Naujok (2000), Kucharz und Wagener (2005) sowie von Huf (2006). Einige weitere Studien sind zurzeit noch in Arbeit, so die Arbeiten von Brandt (2005) oder Hanke und Hein (2005), deren Ergebnisse zum Zeitpunkt der Erarbeitung dieser Arbeit noch nicht veröffentlicht vorlagen.

3.6 Forschungsfragen und methodisches Vorgehen für diese Arbeit

Auf der Basis des referierten Forschungsstandes zum Schulanfang ist am Anfang dieses Kapitels ein gelingender Schulanfang unter einer multikriterialen Sichtweise (vgl. hierzu Einsiedler 1997 a/b, Griebel/Niesel 2004/2006, Prengel 1999/2005a/b/2006, Kammermeyer/Martschinke 2006) auf die Ziele des Lernens am Schulanfang definiert worden. Das Konzept Schulleistungen sowie die Konzepte Wohlbefinden, Selbstkonzept, Lernfreude, Anstrengungsbereitschaft und soziale Integration (zusammengefasst als sozio-emotionale Entwicklung) wurden als operationalisierbare Indikatoren für einen gelingenden Schulanfang abgeleitet und werden damit als zentrale Konzepte dieser Arbeit für die Beantwortung der Untersuchungsfrage nach dem Gelingen des Schulstarts in der FLEX zugrunde gelegt.

Im Hinblick auf den vorliegenden Forschungsstand fällt zu den genannten zentralen Konzepten auf, dass anscheinend sehr viel mehr Befunde aus höheren Jahrgangsstufen als aus dem Anfangsunterricht vorliegen (vgl. hierzu Möller/Köller 1996, Weinert/Helmke 1997, Pekrun 1998, Satow 1999, Jerusalem/Mittag 1999, Rheinberg 1996/1999, Köller/Baumert 2002 und andere). Eine Vielzahl der referierten Befunde stammt aus deutschsprachigen Nachbarländern (Haeberlin et al. 1991, Stamm 2004, Hascher 2004a, Schenz 2004, Schubert 2004, Moser et al. 2005), dem angloamerikanischen Raum (beispielsweise die Befunde von Peery 1979, Pianta/Cox 1999, Furrer/Skinner 2003, Zins et al. 2004) oder aus Literaturübersichten zum angloamerikanischen Forschungsstand (vgl. hierzu die Übersichten bei Oerter 1998, Oerter/Montada 2002, Rossbach/Wellenreuther 2002 und Lipowsky 2006). Zurzeit ist unklar, inwieweit diese Befunde ohne weiteres auf hiesige Verhältnisse übertragen werden können, denn PISA hat unter anderem auch gezeigt, dass es zwischen Schülern in industriell und kulturell vergleichbaren Ländern deutliche Unterschiede sowohl in den Schulleistungen als auch in den schulbezogenen Einstellungen geben kann (Baumert et al. 2001/2005).

Die akademischen Schulleistungen von Kindern am Schulanfang sind in Anfängen untersucht (Martschinke/Kammermeyer 2003/2006, Hössl/Vossler 2006). Sucht man dezidierter nach Forschungen zu den Konzepten der sozio-emotionalen Entwicklung (schulisches Wohlbefinden, Selbstkonzept, Lernfreude, Anstrengungsbereitschaft sowie soziale Integration) am Schulanfang, so zeigt sich, dass der Forschungsstand in Deutschland, abgesehen von den Ergebnissen aus der KILIA-Studie (Martschinke/Kammermeyer 2003/2006) und aus dem Kinderpanel des Deutschen Jugendinstituts (Gisdakis 2007, Beisenherz 2007), in weiten Teilen als unbefriedigend und lückenhaft angesehen werden muss und einige Forschungsergebnisse aus schon länger zurückliegenden Studien stammen (so beispielsweise Rabenstein et al. 1989, Petillon 1993, Neuhaus-Siemon 1993).

Aus jahrgangsstufenübergreifenden Eingangsklassen liegen zu den Schulleistungen in den Kulturtechniken einige wenige Forschungsergebnisse (LEU 2002) vor, zur sozio-emotionalen Entwicklung existieren nahezu keine Forschungsergebnisse, sodass Forschungsdesiderata zur sozio-emotionalen Entwicklung von Kindern im jahrgangsstufenübergreifenden Eingangsklassen konstatiert werden können. Damit ergibt sich als eine erste Schlussfolgerung für diese Arbeit, grundlegende deskriptive Daten zum Wohlbefinden, zum Selbstkonzept, zu Lernfreude und Anstrengungsbereitschaft in FLEX-Klassen zu erheben und diese zusammen mit den vorliegenden Daten zu Schulleistungen aus den verschiedenen Perspektiven von Experten, Eltern und Kindern darzustellen. Diese Zielstellung präzisiert sich in folgender erster Untersuchungsfrage:

1. Welche deskriptiven Aussagen lassen sich zu den Schulleistungen, zum schulischen Wohlbefinden, zur Lernfreude und Anstrengungsbereitschaft sowie zur sozialen Integration von Kindern in FLEX-Klassen aus der Experten-, Eltern- und Kinderperspektive treffen?

Im FLEX-Modell wird ein besonderer Wert auf passgerechte, kindorientierte und individualisierende Formen innerhalb des jahrgangsbezogenen als auch des jahrgangsübergreifenden Lernens gelegt, um sowohl eine optimale Lernentwicklung aller Kinder in den Kulturtechniken als auch die Lernfreude und Anstrengungsbereitschaft der Kinder, deren Schuleinstellungen und soziale Integration zu sichern (Lambrich 1997, LISUM 2003). Deshalb ist zu fragen, inwieweit sich für Kinder in FLEX-Klassen Vorteile gegenüber Kindern in regulären Jahrgangsklassen belegen lassen. Daraus ergibt sich als zweite Untersuchungsfrage:

2.   Inwieweit lassen sich Unterschiede von Kindern in FLEX-Klassen im Ver-
     gleich zu Kindern in jahrgangsbezogenen Anfangsklassen aus der Exper-
     ten-, Eltern- und Kinderperspektive aufzeigen?

Im Forschungsstand wurden vielfältige Belege für die Heterogenität der Schulan-
fängergruppe in ihren Lernvoraussetzungen, ihren Schulleistungen sowie zu ihrer
sozio-emotionalen Entwicklung zitiert (Rabenstein et al. 1989, Neuhaus-Siemon
1993, Spiegel/Selter 1997, Oswald 2004, Martschinke/Kammermeyer 2003/
2006, Moser et al. 2005). Für einige Konzepte der sozio-emotionalen Entwicklung, wie zum Beispiel das Selbstkonzept, die Lernfreude und die Anstrengungsbereitschaft, scheint es nicht unerheblich zu sein, wie viele Jahre ein Kind bereits
in der Schule absolviert hat (Helmke 1991/1992/1997a). Zugleich wurden robus-
te Unterschiede zwischen Mädchen und Jungen beim Selbstkonzept, beim schulischen Wohlbefinden, bei der sozialen Integration, aber auch im Erwerb der
Kulturtechniken offensichtlich (Schenz 2004, Moser et al. 2005, Gisdakis 2007).
Für nahezu alle Konzepte zeigt sich, dass lernschwache Kinder oder Kinder mit
Behinderungen in ihrer Entwicklung benachteiligt sind und lernstarke Kinder
stärker profitieren können (Haeberlin et al. 1991, Weinert/Helmke 1997, Hinz et
al. 1998). In einigen Studien (u. a. Baumert et al. 2001/2005, Bos et al. 2005,
Motakef 2006, Blossfeldt et al. 2007) werden zudem deutlich beschreibbare
Risikogruppen für Lernversagen und späteres Schulversagen klassifiziert. Ein
erklärtes Ziel in der FLEX ist es, alle Kinder optimal zu fördern und Lernversagen möglichst präventiv zu begegnen durch Lernstandsanalysen, individuell
passfähige Lernangebote und förderdiagnostische Lernbeobachtung sowie ggf.
sonderpädagogischer Förderung (Liebers 1997). Es kann allerdings vermutet
werden, dass die Antworten auf die Frage nach dem Gelingen des Schulanfangs
in FLEX-Klassen je nach Geschlecht, Verweildauer und individuellen Lernbiografiemerkmalen unterschiedlich ausfallen können, auch wenn in FLEX-Klassen
das Ziel verfolgt wird, den Schulanfang für alle Kinder zu optimieren (LISUM
2003). Deshalb soll die eher allgemein formulierte Untersuchungsfrage nach
einem gelingenden Schulstart der Kinder in der FLEX mit folgender dritter Teil-
frage untersetzt werden:

3.   Inwieweit lassen sich bei Kindern in FLEX-Klassen Unterschiede im Hin-
     blick auf die Schulleistungen und die sozio-emotionale Entwicklung in Ab-
     hängigkeit vom Geschlecht, von der Anzahl der Schulbesuchsjahre sowie
     von individuellen Lernbiografiemerkmalen, wie vorzeitige Einschulung,
     kürzere oder längere Verweildauer oder förderdiagnostischer Lernbeobach-

tung, aus den Perspektiven von Experten, Eltern und Kindern beschreiben? Gibt es Hinweise auf Risikomuster oder Risikogruppen?

In den referierten Studien zum Forschungsstand werden vielfältige Zusammenhänge zwischen den Konzepten der sozio-emotionalen Entwicklung untereinander wie auch zu den Schulleistungen dargestellt. So wurden Korrelationen zwischen dem Selbstkonzept und der Lernfreude (Petillon 1993, Pekrun/Jerusalem 1996, Weinert/Helmke 1997, Pekrun/Hoffmann 1999, Martschinke/Kammermeyer 2006) berichtet und zugleich gibt es Hinweise darauf, dass Zusammenhänge zwischen dem schulischen Wohlbefinden, dem Selbstkonzept oder der sozialen Integration und den Schulleistungen bereits am Schulanfang vorhanden sind. In der erwähnten Literatur (Breuer/Weuffen 2000, Oswald/Krappmann 2004, Oswald 2004) bilden sich diese Zusammenhänge dahingehend ab, dass ungünstige Lernleistungen schon am Schulanfang in der Regel mit ungünstigen sozio-emotionalen Entwicklungen zusammenhängen und umgekehrt lernstarke Kinder durch eine Kopplung von guten Schulleistungen mit einer positiven sozio-emotionalen Entwicklung profitieren können. In der Literatur werden zudem Teufelskreise von schwachen Lernleistungen, ungünstigen emotionalen Konstellationen, Ablehnung durch Klassenkameraden und sozial unangemessenem Verhalten beschrieben (Randoll 1992, Petillon 1993, Betz/Breuniger 1996), die zu später kaum noch aufbrechbaren negativen Haltungen gegenüber Schule, Unterricht und Lernen (Moser et al. 2005) sowie zu einer frühen Stigmatisierung von Kindern (Goffmann1967, Randoll 1992, Cloerkes 2000) führen können. Im FLEX-Modell soll sowohl eine frühe Verfestigung von negativen Affekten gegenüber dem Lernen als auch eine frühe Stigmatisierung mithilfe jahrgangsübergreifender Lerngruppen, individualisierter Lernformen, förderdiagnostischer Lernbeobachtung und Lernen in Kleingruppen möglichst vermieden und belastende Zusammenhänge zwischen den Lernleistungen und der sozio-emotionalen Entwicklung entkoppelt werden (Liebers 1997, LISUM 2003). Daraus ergibt sich als vierte Untersuchungsfrage, inwieweit die sozio-emotionalen Konzepte in der Selbstwahrnehmung von Kindern und in der Fremdwahrnehmung mit den Schulleistungen zusammenhängen und inwieweit für Kinder in FLEX-klassen ungünstige Zusammenhänge vermieden werden können. Präzisiert lautet die vierte Frage:

4.   Welche Zusammenhänge lassen sich zwischen den Variablen der sozio-emotionalen Entwicklung untereinander und mit den Schulleistungen jeweils aus der Experten-, Eltern- und Kinderperspektive feststellen und inwiefern ist es dabei gelungen, den Zusammenhang von ungünstigen sozio-

emotionalen Entwicklungen und schwachen schulischen Leistungen zu ent-
koppeln?

In der referierten Literatur zeigte sich zudem bereits für Kinder am Schulanfang
der Einfluss der sozio-kulturellen Herkunftsmerkmale sowie weiterer individueller Dispositionen (Rabenstein et al. 1989, Rossbach/Tietze 1996, Oswald/
Krappmann 2004, Tietze et al. 2005, Moser et al. 2005, Kammermeyer et al.
2006, Beisenherz 2007, Haunberger/Teubner 2007). Der Überblick zum Forschungsstand verdeutlicht, dass es substanzielle Unterschiede in der Leistungsentwicklung sowie in der sozio-emotionalen Entwicklung zwischen Klassen und
Schulen geben kann, die über die individuellen Dispositionen der Kinder oder
über sozialräumliche Einflüsse hinaus mit Merkmalen von Schulen, Klassen und
Lehrkräften   zusammenhängen   (Weinert/Helmke   1997,   Kammermey-
er/Mahrhofer 2002, Hanke 2003, Bos et al. 2005, Helmke 2006, Helmke et al.
2006, Martschinke/Kammermeyer 2006, Lipowsky 2006). Diese Zusammenhänge können im Rahmen der hier vorgelegten Arbeit nicht weiter verfolgt werden
und bleiben weiterführenden Untersuchungen vorbehalten.

Aus dem ökosystemischen Anspruch dieser Arbeit ergibt sich, dass die oben
genannten Untersuchungsfragen unter Berücksichtigung der unterschiedlichen
Perspektiven von Experten, Eltern und Kindern beantwortet werden sollen. Deshalb folgen an dieser Stelle drei Kapitel, welche die Expertenperspektive, die
Elternperspektive und die Kinderperspektive untersuchen.

4 Der Schulstart der Kinder in der FLEX aus der Perspektive der Experten – Evaluationsstudien 1995-2006

4.1 Methodisches Vorgehen

Für die Beantwortung der zuvor im Abschnitt 3.6 präzisierten Untersuchungsfragen zum Gelingen des Schulanfangs aus Expertensicht erfolgt in diesem Kapitel eine Reanalyse bereits vorliegender Daten zur Entwicklung der Schulleistungen sowie zur sozio-emotionalen Entwicklung von Kindern in FLEX-Klassen aus Evaluationsstudien aus den Jahren 1995 bis 2006. Dazu werden die Evaluationsberichte zum Pilotprojekt „Flexible kindgerechte Schuleingangsphase" (1992-1995, Witzlack/Burrmann 1995), zum Schulversuch FLEX 2 (1999-2002, Branzke 2002), zum Schulversuch FLEX 20 (2000-2004, Liebers 2004) sowie weitere vorliegende Einzelberichte (MBJS 2005, Ditton/Krüsken 2006, Liebers 2007, Neumann/Harych 2007) als Quellen herangezogen und deren Befunde unter dem Fokus gesichtet, welchen Beitrag sie zur Beantwortung der Forschungsfrage leisten können. Aus diesen Daten und Befunden wird eine Sichtweise konstruiert, die im ökosystemischen Verständnis als die Perspektive der professionell im Feld tätigen Experten auf das Gelingen des Schulanfangs in der FLEX verstanden werden kann.

4.2 Ergebnisse der Reanalyse der Evaluationsstudien 1995-2006

4.2.1 Schulleistungen und sozio-emotionale Entwicklung von Kindern in FLEX-Klassen

Entwicklung der Schulleistungen

Zur Entwicklung der Schulleistungen von Kindern in veränderten Eingangsphasen im Land Brandenburg liegen im Wesentlichen zwei größere Evaluationen von Witzlack und Burrmann (1995) sowie von Ditton und Krüsken (2006) vor. Daneben existieren dazu Teildatensätze, die vom MBJS (2004a/b/2005) sowie vom Institut für Schulqualität der Länder Berlin und Brandenburg (Neu-mann/Harych 2007) herausgegeben wurden sowie weitere Einzeldaten aus den Lehrkräfte- und Schulleitungsdokumentationen im Schulversuch FLEX 20 (Lie-bers 2004d).

Witzlack und Burrmann (1995) untersuchten im Pilotprojekt „Flexible kindgerechte Schuleingangsphase" (1992-1995) die Lernleistungen der Kinder in den damals fünf jahrgangsstufenübergreifenden Eingangsklassen hinsichtlich der Ziele der Rahmenpläne 1992 auf der Basis von Schulleistungstests. Zur Überprü-fung der Leseleistungen wurde von ihnen der „Diagnostische Lesetest zur Früh-diagnose von Lesestörungen" (DLF 1-2)[173] sowie der „Test zum Leseverständ-nis" (LV), ein Subtest des „Allgemeinen Schulleistungstests 2" (AST 2)[174], eingesetzt. Die Mehrzahl der Kinder in den Projektklassen erreichte im DLF 1-2 sehr gute und gute Leistungen, nur 4 % der Kinder zeigten unterdurchschnittliche Leistungen. Im Leseverständnistest erzielten die meisten Kinder ein durch-schnittliches Ergebnis, dabei überwogen die guten Leistungen. Zwischen den Projektklassen konnten keine signifikanten Unterschiede festgestellt werden.

Zur Überprüfung der Rechtschreibleistungen setzten Witzlack und Burr-mann den „Diagnostischen Rechtschreibtest für erste Klassen" (DRT 1)[175] sowie den „Diagnostischen Rechtschreibtest für zweite Klassen" (DRT 2)[176] ein. Im Rechtschreibtest erreichte die Mehrzahl der Kinder sehr gute bis durchschnittli-che Leistungen. Innerhalb der Projektklassen waren keine signifikanten Unter-schiede feststellbar, obwohl in einer Klasse eine Häufung von schreibschwachen Kindern auffiel.

Seit dem Jahr 2004 werden die Schulleistungen der Kinder der flexiblen Schuleingangsphase jährlich im Rahmen der länderübergreifenden Vergleichsar-beiten überprüft. Die Vergleichsarbeiten wurden in den Jahren 2004 und 2005 von der Ludwig-Maximilians-Universität München (Ditton/Krüsken 2004a) in Kooperation mit dem Staatsinstitut für Schulpädagogik München für die Länder Bayern, Berlin und Brandenburg in den Fächern Deutsch und Mathematik entwi-ckelt und durchgeführt, seit dem Jahr 2006 werden die Vergleichsarbeiten[177]

173   Müller, R. (1984): Diagnostischer Lesetest zur Frühdiagnose von Lesestörungen DLF 1-2. Beltz, Basel und Weinheim.
174   Rieder, O. (1991): Allgemeiner Schulleistungstest, AST. Beltz, Basel und Weinheim.
175   Müller, R. (1990): Diagnostischer Rechtschreibtest für erste Klassen. Beltz, Weinheim, Basel.
176   Müller, R. (1990): Diagnostischer Rechtschreibtest für zweite Klassen. Beltz, Weinheim, Basel.
177   Der Deutsch-Test setzt sich aus einem Leseverständnistest (12 Items) und einem Lesege-schwindigkeitstest (100 Items) zusammen. Der Mathematik-Test (18-19 Items) erfasst die Kompe-tenzen im Bereich der Arithmetik, der Geometrie und im Bereich der sachbezogenen Mathematik. Alle drei Tests werden an für alle Länder einheitlich festgelegten Tagen am Ende des zweiten Schul-jahres von den Lehrkräften nach standardisierten Anweisungen durchgeführt und ausgewertet. Die Auswertungsbögen wurden 2004/2005 von der Ludwig-Maximilians-Universität München ausgewer-

durch das Institut für Schulqualität der Länder Berlin und Brandenburg administriert.

Im Bereich Leseverständnis zeigt sich, dass ca. ein Fünftel der Kinder in FLEX-Klassen im länderübergreifenden Maßstab zur Gruppe der schwachen Leser gezählt werden muss, ein Drittel der Kinder gehört zu den starken Lesern (vgl. Tab. 4.1). In der größten Gruppe der Kinder werden mittlere Testergebnisse erreicht (vgl. dazu weiter unten im Abschnitt 4.2.2. die Ergebnisse im Landesvergleich). Vergleichbare Tendenzen zeigten sich im Mathematiktest (Tab. 4.2), weniger als ein Viertel der Kinder in FLEX-Klassen gehört im länderübergreifenden Maßstab zur Gruppe der schwachen Rechner, zur oberen Leistungsgruppe zählen ca. ein Drittel der Kinder in FLEX-Klassen.

Tab. 4.1:   Mittelwerte im Leseverständnistest und Verteilung der Kinder in FLEX-Klassen auf verschiedene Leistungsgruppen in den Jahren 2004-2006 (Quellen: MBJS 2004a/b, Ditton/Krüsken 2006, Neumann/Harych 2007)

	2004 N = 538	**2005** N = 1.757	**2006** N = 2.741
Mittelwerte bei 12 Items	8,3	8,0	7,4
untere Leistungsgruppe (in %)	17,7	20,0	30,2*
mittlere Leistungsgruppe (in %)	40,3	48,8	37,6*
obere Leistungsgruppe (in %)	42,0	31,2	32,2*

* Da sich 2006 die Lesewerte nicht signifikant von denen der regulär lernenden Kinder unterschieden, wurde keine gesonderten Werte für FLEX-Kinder veröffentlicht.

tet, 2006 fand diese Auswertung über das Institut für Schulqualität der Länder Berlin und Brandenburg statt.

Tab. 4.2:   Mittelwerte im Mathematiktest und Verteilung der Kinder in FLEX-
             Klassen auf verschiedene Leistungsgruppen in den Jahren 2004-
             2006 (Quellen: MBJS 2004a/b, Ditton/Krüsken 2006,
             Neumann/Harych 2007)

	2004 N = 538	**2005** N = 1.757	**2006** N = 2.727
Mittelwerte bei 18/19 Items	12,1	10,0	11,8
untere Leistungs-gruppe (in %)	23,4	22,7	22,5
mittlere Leistungs-gruppe (in %)	46,1	46,4	42,7
obere Leistungs-gruppe (in %)	30,5	30,9	34,8

Parallel wurden in Begleitstudien anhand von Elternfragebogen wichtige außer-
schulische Prädiktoren der Leistungsentwicklung wie Muttersprache, höchster
schulischer Bildungsabschluss der Eltern und Merkmale wie Einkommen, Buch-
bestand der Eltern oder Dauer des Besuchs von Vorschuleinrichtungen erfasst.
Ditton und Krüsken (2005a/b/2006) verweisen darauf, dass die gemeinsame
Varianzaufklärung der erhobenen Individualdaten für die Testergebnisse im
Leseverständnis und in der Mathematik nur 8 bis 14 % beträgt (Tab. 4.3) und im
Vergleich zu Ländern wie Berlin in den FLEX-Klassen sowie in Brandenburg
generell eher gering ausfällt. Sie deuten dies als einen Hinweis auf eine höhere
Homogenität in brandenburgischen Schulklassen sowie auf einen höheren Ein-
fluss der schulischen Lernumgebung auf Leistungsunterschiede.[178]

Tab. 4.3:   Gemeinsame Varianzaufklärung aller Prädiktoren[179] in den
             Vergleichsarbeiten bezogen auf FLEX-Klassen in %

	2004	**2005**	**2006**
Leseverständnistest	12	8,1	13,9
Mathematiktest	10	10,6	9,7

---

178 Vergleichbare Ergebnisse im Hinblick auf eine eher niedrige Varianzaufklärung sozio-
ökonomischer Indikatoren berichtete auch das PISA-Konsortium für PISA 2003 (Baumert et al.
2005).
179 Zu den erhobenen Prädiktoren zählen der Migrationsstatus, der Schulabschluss, der berufliche
Abschluss, der Beschäftigungsumfang, die Summe der Vorschulzeit in Kitas sowie der Buchbestand
im Haushalt sowie im Kinderzimmer.

Im Jahr 2004 wurden einmalig auf der Individualdatenbasis für alle Klassen Erwartungswerte berechnet, die die „realistischerweise zu erwartenden Ergebnisse bei der [jeweiligen] Klassenzusammensetzung hinsichtlich der zu berücksichtigenden Merkmale" bestimmen (Ditton/Krüsken 2004b: 2). Damit sollte für jede FLEX-Klasse ein fairer Vergleich zwischen den erwartbaren und den tatsächlich gezeigten Leistungen ermöglicht werden. Mit Blick auf die Relationen von tatsächlichen Klassenmittelwerten und berechneten Erwartungswerten (Tab. 4.4) zeigt sich, dass es im Jahr 2004, dem dritten Schulversuchsjahr, einem Fünftel der flexiblen Eingangsklassen gelungen ist, Ergebnisse deutlich über dem Erwartungswert zu erreichen. Zugleich gibt es Klassen, die ihren Erwartungswert deutlich unterschreiten. Daraus lässt sich schlussfolgern, dass auch in FLEX-Klassen die einzelne Lehrerin bzw. das Team und seine pädagogischen Kompetenzen eine große Rolle für den Schulerfolg der Kinder der jeweiligen Klasse spielen. Für die nachfolgenden Jahre liegen die Erwartungswerte nicht mehr für alle FLEX-Klassen vor.

Tab. 4.4:   Anteil der FLEX-Klassen (in %), die in den Vergleichsarbeiten 2004 ihren Erwartungswert unterschreiten, erreichen oder überschreiten (Krüsken 2004)

	Leseverständnistest	Lesegeschwindigkeitstest	Mathematiktest
unter Erwartungswert	13,3	40,0	25,0
gemäß Erwartungswert	66,7	46,7	50,0
über Erwartungswert	20,0	13,3	24,2

In den Dokumentationen der Schulleiterinnen und Schulleiter (N = 19) im Schulversuch FLEX 20 (2000-2004) schildern die im Feld praktisch tätigen Experten, dass die überwiegende Mehrheit aller Kinder von der flexiblen Eingangsphase mit ihren individualisierten Lern- und Unterrichtsformen sowie Unterstützungsangeboten profitieren konnten (Liebers 2004d). Die Schulleiterinnen und Schulleiter betonen dabei auch jene Lernergebnisse beim Erwerb der Kulturtechniken, die über das testformatbedingte Verständnis von Lesefähigkeiten als Decodierfähigkeit und Lesegeschwindigkeit in den Vergleichsarbeiten hinausgehen. Der größte Erfolg wird im Methodenlernen, im Erwerb von Lernstrategien und in Techniken wie z. B. Zeiteinteilung und Selbstkontrolle gesehen. Hier gab es die meisten Nennungen (27 Fundstellen). Eine Schulleiterin (P 10/M 12) beschrieb

das so: „Natürlich können Kinder (die meisten) von FLEX profitieren: besondere Aus-
bildung der Methodenkompetenz: Aufgabenerfahrung, Umgang mit Nachschlagewerken,
Medienkompetenz, Zeiteinteilung". Eine andere Schulleiterin (M 19) formulierte:
„Arbeitstechniken zum selbstständigen Wissenserwerb werden besonders gut entwickelt".
Auch die Entwicklung der Selbstständigkeit der Kinder wird von den Schulleiterinnen und Schulleitern sehr hoch eingeschätzt und drückt sich in Antworten aus
wie: „Die Einführung der Arbeit mit Plänen und Werkstätten schulte das selbstständige
Lernen der Kinder auffallend positiv" (S 5), oder in der Schilderung eines Biblio-
theksbesuches: „[Die] Mitarbeiter waren erstaunt über die Selbstständigkeit im Umgang
mit Texten, Leseleistung und Sinnerfassung, vor allem der Erstklässler im Vergleich mit
anderen Klassen" (L 2).

Sozio-emotionale Entwicklung

Zu Aspekten der sozio-emotionalen Entwicklung finden sich mehrere Fundstel-
len in den vorliegenden Evaluationsberichten. Witzlack und Burrmann (1995)
befragten dazu im Pilotprojekt (1992-1995) Eltern. Von Protzen (2002) liegt eine
Begleituntersuchung zur sozialen Entwicklung von Kindern in FLEX-Klassen im
Schulversuch FLEX 2 (1999-2002) vor. Darüber hinaus finden sich einzelne
Fundstellen im Schulversuchsbericht FLEX 2 von Branzke (2002) sowie in den
Dokumentationen der Lehrerinnen im Schulversuch FLEX 20 (2000-2004) (Liebers 2004d).
    Zur sozio-emotionalen Entwicklung stellten Witzlack und Burrmann (1995)
dar, dass 77 % der Eltern überzeugt waren, dass die Kinder in den Pilotklassen
(1992-1995) Verständnis füreinander entwickelten, dass 89 % der Eltern angaben, dass ihr Kind gern zur Schule gehe und dass 86 % der Eltern glauben, dass
ihrem Kind das Lernen Spaß mache.
    Im Schulversuch FLEX 2 (1999-2002) lag ein zentraler Erprobungsschwer-
punkt auf der Frage, wie sich die Heterogenität der jahrgangsgemischten flexiblen und integrativen Eingangsklassen auf die soziale Entwicklung der Kinder
auswirkt. Protzen (2002) legte dazu zwei Berichte vor, die auf mehrwöchigen
Beobachtungen des Unterrichts, zahlreichen Einzelfallstudien sowie soziometrischen Untersuchungen[180] in fünf Versuchsklassen des Schulversuchs FLEX 2
beruhten.
    Im Ergebnis seiner Beobachtungen zeigte sich, dass der Unterricht in den
untersuchten Klassen zum großen Teil aus frontalen Situationen, Unterrichtsge-
sprächen zwischen Lehrerinnen und Kindern sowie individualisierter Einzelarbeit bestand. Auch regelmäßig eingesetzte Lernformen wie Wochenplan, Werk-

---

180   Petillon, H. (1980): Soziometrischer Test für 3. – 7. Klassen. Beltz, Weinheim, Basel.

statt, Stationslernen, Freiarbeit etc. wurden in Einzelarbeit mit individuellen? Anforderungen realisiert. Protzen (2002) kritisiert, dass die potenziellen Effekte des sozialen Lernens, die in diesen Lernformen hätten realisiert werden können, nicht ausreichend genutzt worden wären. Viele Situationen, die von den Lehrerinnen als soziale Lernsituationen angelegt worden waren, charakterisierte er als Situation mit ungünstigen Helferstrukturen oder Lernsituationen, die nicht auf symmetrische Interaktion zielten. Während einige idealtypische Situationen von ihm beobachtet werden konnten, gab es etliche Situationen, in denen die Verknüpfung von sozialem und fachlichem Lernen nicht ausreichend gelang. Im Ergebnis der soziometrischen Untersuchungen stellt Protzen fest, dass in allen Klassen die Wahlmöglichkeiten innerhalb der Geschlechtergruppen stärker genutzt wurden als die Abwahlmöglichkeiten und dicht bei den entsprechenden Durchschnittswerten der Eichstichprobe (allerdings erst gültig ab Jahrgangsstufe 3) liegen. Die Wahlen zwischen den Geschlechtern sind durch mehr Ablehnungen als Wahlen gekennzeichnet, was den Ergebnissen von Petillon (1993) entsprach, wobei einige Geschlechtergruppen in einzelnen Klassen durch eine niedrigere Ablehnungsbereitschaft positiv auffielen. Die von Protzen ermittelten Statusgefälle waren in den meisten Fällen niedrig und die Kinder konnte in der Mehrzahl innerhalb der Geschlechtergruppe als ‚Unauffällige' eingestuft werden. In jeder der fünf Klassen gab es mindesten ein Kind, das in der eigenen Geschlechtergruppe abgelehnt wurde, sechs Kinder (zwei Mädchen und vier Jungen) galten innerhalb der eigenen Geschlechtergruppe als Ausgestoßene. Die Wahlen der Kinder, sowohl der Erstklässler als auch der Zweitklässler, bezogen sich überwiegend auf Kinder der eigenen Jahrgangsstufe.

Im Vergleich mit der Studie von Petillon (1993) stellt Protzen fest, dass die Anteile der Kinder, die keine Wahlen bekommen, unter den von Petillon festgestellten Werten liegen. Protzen (2002) zieht das Fazit, dass sich trotz der großen Heterogenität ein unauffälliges soziometrisches Gesamtbild in den fünf Klassen zeigt, mit sowohl einigen positiven als auch negativen Abweichungen.

Die emotionale Entwicklung ist im Rahmen der Evaluationen des Schulversuchs FLEX 2 (1999-2002) kaum untersucht worden. Hier zu können nur die sporadisch vorliegenden Hinweise aus den Dokumentationen der Lehrerinnen zu Rate gezogen werden. Die Auswirkungen der flexiblen Schuleingangsphase auf die Motivation, die Zielstrebigkeit, die Lernfreude sowie auf das Selbstwertgefühl werden vielfach in den Dokumentationen der Lehrerinnen unterstrichen. So stellte Branzke (2002: 57) resümierend fest, dass sich für Kinder der zielgruppenspezifischen Lerngruppen ideale Lernbedingen bieten, „sodass sich die Lernfreude der Kinder stimulierend auf die Leistungsbereitschaft auswirkt".

Aus den Dokumentationen der Schulleiterinnen und Schulleiter im Schulversuch FLEX 20 (2000-2004, vgl. hierzu Liebers 2004d) ergeben sich Bestätigungen der von Laging (1999) thematisierten sozialen Aspekte des jahrgangsü-ber-greifenden Lernens wie Entwicklung und Soziales, Differenz und Helfen, Individualisierung und Differenzierung vor dem Hintergrund veränderter Kind-heitserfahrungen und veränderter Familienstrukturen. So betonen mehr als drei Viertel aller Schulleiterinnen und Schulleiter die positiven Effekte der FLEX auf das soziale Lernen und ca. ein Drittel hebt besonders die Rolle des Helfens bzw. des Hilfe Annehmens hervor. Dafür stehen Aussagen wie: „Der soziale Aspekt (Klein lernt von Groß) hat unsere Erwartungen übertroffen. Kinder haben sich schneller in den Schulalltag gefunden, arbeiten viel selbstständiger und haben leichter und schneller lesen gelernt." (S 1), oder, „Teamfähigkeit wird frühzeitig entwickelt." (S 7)

Für eine positiv gesehene emotionale Entwicklung von Kindern stehen im Schulversuch FLEX 20 Antworten wie die der Lehrerin Z 3: Die Lernbedingun-gen „...ermöglichten in der Schuleingangsphase, dass die Motivation der Kinder viel stärker an den Willen und das Wollen gebunden [war], eigene Ziele zu erreichen und gegebenenfalls mit anderen gemeinsam daran zu arbeiten". Lehrerin F 1 schreibt „Freude am Lernen wird über den Anfangsunterricht hinaus im Sinne eines guten Funda-ments gesichert". Und in der Dokumentation einer Lehrerin (F 5) findet sich fol-gender Hinweis: „Umfängliches differenziertes Arbeiten unterstützt bei allen Kindern die Ausprägung des eigenen Selbstvertrauens und die Akzeptanz der Verschiedenheiten in einem Selbstverständnis, das sonst erst wesentlich später und meist nur in Klassen mit gemeinsamem Unterricht gelingt."

4.2.2 Effekte für Kinder in FLEX-Klassen im Vergleich zu Kindern in Regel-klassen

In der Literatur wurde bis zur ‚empirischen Wende' (vgl. dazu Helmke 2006) eine vergleichende Evaluationsforschung in Schulentwicklungsprojekten eher kritisch gesehen (Carle 2000). Zum einen stellen sich Fragen nach der Ver-gleichbarkeit der Stichproben, so sind z. B. wegen des unterschiedlichen Anteils von nicht zurückgestellten und vorzeitig eingeschulten Kindern die Klassen der FLEX-Schulen mit denen der Regelschulen nur bedingt vergleichbar (vgl. hierzu Liebers 2007). Zudem weist Carle (2000: 273) darauf hin, dass „die Qualität der Leistung bei der Einführung solch umfangreicher Neuerungen erfahrungsgemäß im Um-strukturierungsprozess zunächst etwas absinkt" und empfiehlt, den Schulen mit der Messung Zeit zu lassen bis die neuen Strukturen etabliert sind und dann vor allem auch die intendierten Effekte mit zu messen. Allerdings erfordert eine Messung der intendierten Effekte, nämlich der Optimierung der individuellen Kompetenzentwicklung für alle Kinder, ein Untersuchungsdesign, dass sowohl ein Kontrollgruppen- als auch ein Längsschnittdesign erforderlich macht, wel-ches die Kapazitäten für landesinterne Begleitforschung übersteigt. Vor diesem problematisierten Hintergrund erlauben die vorhandenen Querschnittsvergleiche Tendenzen zu beschreiben, sie können jedoch nicht den Anspruch erheben, zur generellen Beurteilung von der Wirksamkeit verschiedener Organisationsformen der Eingangsstufe geeignet zu sein (Faust 2006a/b, Ditton/Krüsken 2006).

Bereits Witzlack und Burrmann verglichen in ihrer Evaluation (1995) die schulischen Leistungen von Kindern in den flexiblen und kindgerechten Pilot-klassen (1992-1995) mit den Mittelwerten der Eichstichproben der verwendeten Leistungstests (DLF 1-2, AST 2 und DRT1/2). Bei diesem Vergleich erreichen signifikant mehr Kinder in der veränderten Eingangsphase in den Tests zum Leseverständnis einen besseren Prozentrang als ihre Altersgenossen in traditio-nellen Klassenstufen der Eichstichprobe. Beim „Diagnostischen Rechtschreibtest für erste Klassen" sowie dem „Diagnostischen Rechtschreibtest für zweite Klas-sen" entsprachen die Leistungen der Kinder in den Projektklassen denen von Kindern aus den traditionellen Klassen der Eichstichprobe.

In den Evaluationen zum Schulversuch FLEX 2 (1999-2002) erfolgten kei-ne Leistungsvergleiche zwischen Schulversuchsklassen und regulären Jahr-gangsklassen. Ein Vergleich schulischer Leistungen zwischen FLEX-Klassen und regulären zweiten Klassen erfolgte erstmalig wieder im Jahr 2004 und in den beiden darauf folgenden Jahren 2005 und 2006 im Rahmen der länderübergrei-fenden Vergleichsarbeiten, die am Ende der Jahrgangsstufe 2 geschrieben wer-den (vgl. hierzu Abschnitt 4.2.1).

Zu den Ergebnissen der Vergleiche 2004-2006 liegen die Ergebnisübersich-ten des MBJS (2004a/b/2005), die Berichte von Ditton und Krüsken (2005/2006) sowie der Bericht des ISQ (Neumann/Harych 2007) vor.

Im Jahr 2004 zeigten die FLEX-Klassen in den Leistungstests zum Leseverständnis und zur Mathematik gleiche Mittelwerte wie die regulären Stichproben-klassen des Landes, von denen etliche freiwillig teilnahmen. In der Lesege-schwindigkeit wurde von Kindern in FLEX-Klassen ein geringerer Mittelwert erreicht. In den darauf folgenden Vergleichsarbeiten 2005 zeigt sich ein leichter Vorteil der FLEX-Klassen in Leseverständnistest sowie 2005 und 2006 im Lese-geschwindigkeitstest. Der Vorteil im Leseverständnistest war jedoch 2006 nicht mehr nachzuweisen. Für den Mathematiktest zeigen sich Vorteile der FLEX-Klassen gegenüber regulären Klassen sowohl in den Vergleichsarbeiten 2005 als auch 2006.

Ditton und Krüsken (2006) weisen über die oben genannten Ergebnisse hin-aus nach, dass die Leistungen der ‚alten' FLEX-20-Schulen im Leseverständnis-test über den Werten aller anderen FLEX-Schulen und auch der Regelschulen liegen, der Vorsprung ist allerdings nicht signifikant. Zugleich weisen die Neu-einsteiger unter den FLEX-Schulen die schlechtesten Ergebnisse von allen Schu-len auf. Im Mathematiktest zeigt sich ebenfalls ein Vorsprung der ‚alten' FLEX-

20-Schulen gegenüber ‚neuen' FLEX-Schulen und Regelklassen, hier lässt sich dieser Vorsprung statistisch absichern. Eine optimistische Interpretation des Phänomens zielt darauf ab, dass sich mit zunehmender Professionalität der Lehrerinnen die Leistungen der Kinder steigern, nachdem diese nach einer Einführung einer tief greifenden Neuerung wie der Jahrgangsmischung erst einmal abgesunken sind. Auf dieses Phänomen verwies Carle bereits 2000. Eine etwas pessimistischere Erklärung für das unterschiedliche Bild von ‚alten' und ‚neuen' FLEX-Schulen verweist auf den Pioniergeist der ersten FLEX-Schulen, wobei die Pioniere in der Regel über ein erhöhtes und intrinsisches Engagement verfügen (Reiser 1997, Carle 2000), welches nicht mehr von allen nachfolgenden Schulen im gleichen Maße aufgebracht wird. Insofern sind hier längerfristige Erhebungen notwendig, um gesicherte Aussagen treffen zu können.

Die Auswertung der Vergleichsarbeiten konnte sowohl 2004 als auch 2005 verdeutlichen, dass die Bandbreite der Leistungen sowie die Standardabweichungen in den FLEX-Klassen deutlich geringer als in regulären Klassen ausfallen, 2006 ist dieser Effekt allerdings nicht mehr nachweisbar. Dies spricht dafür, dass die Leistungen von Kindern in FLEX-Klassen trotz größerer Heterogenität der Lernbiografien homogener ausfallen können (MBJS 2004a, Ditton/Krüsken 2006).

In den Vergleichserhebungen 2004 und 2005 zeigte sich, dass in den FLEX-Klassen der Anteil derjenigen Kinder, die zur unteren Leistungsgruppe jeweils im Leseverständnis, in der Lesegeschwindigkeit sowie in der Mathematik gehören, prozentual um drei bis fünf Prozent geringer ausfällt als in regulären Klassen, was als ein Indiz für eine gute Förderung besonders der lernschwachen Kinder gedeutet werden kann. In den Vergleichsarbeiten 2006 zeigt sich dieser Effekt für Mathematik.

Diese Ergebnisse lassen sich in Anbetracht der weitaus weniger homogen zusammengesetzten FLEX-Klassen zusammenfassend so interpretieren, dass sich die FLEX-Klassen bewährt haben und in der Tendenz in einigen Bereichen auf günstigere Lernergebnisse der Kinder verweisen können.

4.2.3 Unterschiede zwischen Kindern in FLEX-Klassen in Abhängigkeit von Verweildauer, Lernbiografiemerkmalen sowie vom Geschlecht

Unterschiede zwischen Kindern im ersten, zweiten und dritten Verweiljahr

In den Evaluationen liegen nahezu keine Vergleiche zwischen Kindern im ersten und zweiten Verweiljahr vor. Nur Witzlack und Burrmann (1995) verweisen im Pilotprojekt (1992-1995) darauf, dass Erst- und Zweitklässler gleich gute Prozentränge in den Leistungstests erreichen. Die länderübergreifenden Vergleichsarbeiten erfassen ausschließlich die Schulleistungen der Zweitklässler (Ditton/Krüsken 2006), sodass hier kein Vergleich zwischen Kindern im ersten und zweiten Verweiljahr möglich ist. Kinder im dritten Verweiljahr, die jährlich etwa 10 % der Schülerschaft in FLEX-Klassen umfassen (Liebers 2007), wurden in den Vergleichsarbeiten nicht gesondert erfasst. Sie gehören in der vergleichenden Statistik zur Gruppe der ältesten Kinder, die besonders schwache Leistungen in den Vergleichsarbeiten erzielen (Ditton/Krüsken 2006). Die sich in diesen Ergebnissen manifestierenden schulischen Probleme führen die Autoren auch darauf zurück, dass bei diesen Kindern das Bildungsniveau der Eltern signifikant unter dem der Gesamtstichprobe liegt.

Zu Unterschieden in der sozio-emotionalen Entwicklung bei Kindern in den ersten, zweiten oder dritten Verweiljahren liegen keine vergleichenden Befunde in den Evaluationen vor.

Unterschiede zwischen Kindern mit unterschiedlichen Lernbiografiemerkmalen

Insgesamt erreichen sechs bis acht Prozent der Kinder aus FLEX-Klassen eher die Jahrgangsstufe 3 durch eine vorzeitige Einschulung oder verkürzte Verweildauer von nur einem Jahr. Weitere zwei bis drei Prozent der Kinder der Eingangsphase lernen in einzelnen Bereichen des Rahmenlehrplans nach den Anforderungen höherer Jahrgangsstufen (Liebers 2007).

Bereits 1995 verwiesen Witzlack und Burrmann darauf, dass die vorzeitig eingeschulten Kinder im Pilotprojekt kaum Schwierigkeiten beim Lesenlernen zeigten, 85 % von ihnen erreichten sehr gute und gute Leistungen. Ebenso konnten in der genannten Untersuchung die vorzeitig eingeschulten Kinder mit den altersgerecht eingeschulten Kindern in den Rechtschreibtests mithalten. In den Schulversuchen FLEX 2 und FLEX 20 interessierte aus bildungspolitischen Entwicklungen heraus insbesondere die Fragestellung, ob schneller lernende Kinder im Rahmen der flexiblen Schuleingangsphase eine für ihr Lernvermögen förderliche Entwicklungsumgebung finden. Dazu gab es zwei Untersuchungen. Schröder und Emmer (2002) führten von 2000 bis 2001 eine erste Erhebung mit zwölf Kindern aus den FLEX-Klassen im Schulversuch FLEX 2 durch. Die dreiphasige Untersuchung bestand aus einer Beobachtungsphase, einer Baseline- und Statuserhebung sowie einer Testphase mit einer längsschnittlich angelegten Untersuchung zur kognitiven Entwicklung, für die eine adaptierte Form der „Testbatterie zur Erfassung Kognitiver Operationen" (TEKO)[181] eingesetzt wurde.

---

181 Winkelmann, W. (1975): Testbatterie zur Erfassung Kognitiver Operationen (TEKO). Westermann, Braunschweig.

Zum Ausmaß und zu den Unterschieden in der Lernentwicklung von Kindern schätzen Schröder und Emmer (2002) ein, dass es über die 15 Monate des Untersuchungszeitraumes beträchtliche Zuwächse gab. Sowohl schneller als auch normal lernende Kinder wiesen große und stabile Fortschritte auf. Im Hinblick auf die Stabilität der Entwicklungsunterschiede gibt es auf den in der Literatur vielfach zitierten Matthäus-Effekt (vgl. hierzu zum Beispiel Weinert/Helmke 1997, Beisenherz 2007) in den untersuchten FLEX-Klassen nach Ansicht der Autoren noch keine Hinweise. Schneller lernende Kinder wiesen in den meisten Entwicklungsbereichen einen Vorsprung auf. Die beträchtlichen Entwicklungsunterschiede werden jedoch noch nicht sichtbar bzw. überlagert von den großen Entwicklungszuwächsen bei allen Kindern. Zwei Merkmale der flexiblen Eingangsphase, Individualisierung und Binnendifferenzierung, wirken jedoch nach Ansicht der Autoren einer Zunahme des Einflusses individueller Unterschiede auf die kognitive Entwicklung entgegen.

Hinsichtlich der Möglichkeiten und Grenzen der schulischen Förderung von Kindern mit hohem Lernvermögen verweisen Schröder und Emmer (a.a.O.) darauf, dass auf Grund der beobachteten Zusammenhänge von individuellen Unterschieden und selektiver Differenzierung in der kognitiven Entwicklung einer pädagogischen Förderung, die über die Rahmenbedingungen der FLEX hinausginge, voraussichtlich Grenzen gesetzt wären. So ziehen denn Schröder und Emmer (2002: 41) das Fazit, dass

> „Kinder mit hohem Leistungsvermögen (...) im Rahmen der flexiblen Eingangsstufe ihrem Lernvermögen entsprechende Herausforderungen und Entwicklungsbedingungen [erfahren], weil sie bereits in der ersten Klassenstufe vom höheren Leistungsniveau der zweiten Klassenstufe profitieren und die Binnendifferenzierung des Unterrichts in gewissem Umfange eine Individualisierung des Lernumfeldes erlaubt. Die Gefahr sozialer Integrationsschwierigkeiten ist beim Überspringen der zweiten Jahrgangsstufe vermindert, da die schnell lernenden Kinder im Rahmen der flexiblen Eingangsstufe gemeinsam mit Schülern der zweiten Klassenstufe in die dritte Klassenstufe überwechseln."

Die Anschlussuntersuchung im Rahmen des Schulversuchs FLEX 20 konzentrierte sich auf die Entwicklung der kognitiven Kompetenz von vier Kindern (ein Mädchen und drei Jungen), die 2001 nach nur einem Schulbesuchsjahr in die dritte Jahrgangsstufe wechselten. Die längsschnittliche Untersuchung von Schröder (2004) umfasste vier Messzeitpunkte von Juli 2001 bis Juni 2002. In den Untersuchungen zeigte sich, dass die Kinder mit besonderen Fähigkeiten in beinahe allen untersuchten Bereichen weit überdurchschnittliche kognitive Leistungen erbrachten. Die Kinder zeigten Denkprozesse, die üblicherweise erst in der mittleren Kindheit auftreten und als Übergangsformen zum Denken im Jugendalter betrachtet werden. Im Vergleich mit den schnellen Lernern lagen sie noch mit großem Abstand (eine Standardabweichung) vorn. Der bereits vor der Einschulung bestehende Entwicklungsvorsprung wurde unter den Bedingungen des Schulversuchs und des Überspringens gehalten und führte zu einem kumulierenden Entwicklungspotenzial: „Bei einer Individualisierung von Lernprozessen in der Schule und einer Binnendifferenzierung des Unterrichts ist davon auszugehen, dass der bereits zu Beginn der Grundschule erreichte Vorsprung in der kognitiven Entwicklung von Kindern mit besonderen Fähigkeiten sich im Laufe der schulischen Sozialisation noch erheblich ausbaut." (Schröder 2004: 70) Die Lernumgebung und die Möglichkeiten der untersuchten Schulversuchsklassen wurden als entsprechende Herausforderungen in dieser Altersstufe eingeschätzt.

Diese Ergebnisse werden auch durch die Daten der sehr jungen Kinder in den länderübergreifenden Vergleichsarbeiten 2004-2006 gestützt. In diesen erreichen die jüngsten Kinder, die vorzeitig eingeschult wurden oder die FLEX ein Jahr schneller durchlaufen und die zum Zeitpunkt des Tests noch nicht das achte Lebensjahr vollendet haben, die höchsten Testwerte von allen Kindern (Ditton/Krüsken 2006). Die ergänzenden Analysen zeigen, dass diese Kinder häufiger als die Kinder aus den übrigen Altersgruppen aus gebildeten Elternhäusern stammen.

Im Hinblick auf die Sozialentwicklung zeigt sich bei den als begabt geförderten Kindern in den Soziometrien, dass diese zumeist als unauffällig gelten können (Protzen 2002). Daten zur emotionalen Entwicklung von schneller lernenden Kindern liegen nicht vor.

Der Anteil der Kinder, die ein drittes Verweiljahr zum Durchlaufen der Eingangsphase benötigen, liegt jährlich zwischen sieben und zehn Prozent und wird damit von einer nicht unerheblichen Anzahl von Kindern in Anspruch genommen (Liebers 2007). Eine wichtige Fragestellung im Schulversuch lautete daher, welche präventiven Wirkungen das dritte Verweiljahr in der FLEX erbringen kann. Dazu führten Kaiser (2004) mehrere Einzelstudien durch. Bei drei von vier beobachteten Kindern zeigten sich deutliche Kompetenzzuwächse innerhalb der flexiblen Eingangsphase, sodass für diese Kinder von einer optimalen Förderung ausgegangen werden kann. In zwei Fällen war ein Wechsel in die Förderschule nicht zu vermeiden (Kaiser 2004). Für weitere drei Kinder, die nach einer längeren Verweildauer in der Jahrgangsstufe 3 der Grundschule lernten, konnte Kaiser (2004) feststellen, dass sich alle drei Kinder im Verlauf ihrer dreijährigen Schuleingangsphase so gut entwickelt hatten, dass sie die Unterrichtsanforderungen der dritten Jahrgangsstufe meisterten, wobei bestehenden individuellen Besonderheiten (Langsamkeit, Ausdauer, Orientierung) weiterhin mit pädagogischen Mitteln begegnet werden musste. Kaiser (a.a.O.) leitet aus ihren Untersuchungen eine deutlich präventive Wirkung des dritten Verweiljahres in der FLEX sowohl für Kinder mit erhöhtem als auch mit sonderpädagogischem Förderbedarf ab.

Prengel (2004) resümiert in ihrer Auswertung von 27 Lerndokumentationen im Schulversuch FLEX 20 (2000-2004), dass für diese Kinder die Schulzeit in der flexiblen Schuleingangsphase als gelungen bezeichnet werden könne. Bei langsamer lernenden Kindern ließen sich deutliche Lernfortschritte ablesen. Auch wurde das Bemühen der FLEX-Teams deutlich, auf der Basis der analysierten Lernstände passfähige Lernangebote bereitzuhalten. Eine wichtige Basis für die Lernfortschritte bildet das Vertrauensverhältnis zwischen Kindern, Eltern und Pädagogen. Die schneller lernenden Kinder wurden in ihrem Selbstbewusstsein gestärkt, sodass sie eine kürzere Verweildauer in Anspruch nehmen konnten. Unterforderungssituationen seien so vermieden worden. Zusammenfassend stellt Prengel (2004: 2) fest:

> „Die zu analysierenden, von Lehrkräften verfassten Lernbiografien zu den Lernpfaden von 27 Kindern in der FLEX belegen, dass die Teams der Heterogenität der altersgemischten Lerngruppen gerecht wurden und Kinder ihren individuellen Potentialen gemäß gefördert werden konnten. Die flexiblen Einschulungsmöglichkeiten, die individuelle Verweildauer und die qualifizierte Betreuung durch ein multiprofessionelles Team sind geeignet, den Problemen des Schulversagens, der Überforderung und der Unterforderung in den ersten beiden Schuljahren des Anfangsunterrichts effektiv entgegenzuwirken. Die Berichte belegen, dass lernschwache Kinder durch individuelle Förderung bzw. längere Verweildauer Basiskenntnisse so erwerben, dass sie nicht mit Defiziten in die dritten Klassen wechseln."

Bezogen auf Kinder mit einer förderdiagnostischen Lernbeobachtung (FDL) ist festzustellen, dass im ersten Pilotprojekt zur kindgerechten Schuleingangsphase (1992-1995) eine Aufnahme von Kindern mit sonderpädagogischem Förderbedarf praktiziert, jedoch noch nicht zu den verbindlichen pädagogischen Standards gehörte. Die Aufnahme aller Kinder mit vermutetem Förderbedarf im Lernen, in der Sprache oder dem Verhalten ohne Feststellungsverfahren und eine förderdiagnostische Lernbeobachtung wurde erstmalig systematisch im Schulversuch FLEX 2 (1999-2002) erprobt. Branzke (2002) postuliert dazu, dass sich die präventive Wirkung der förderdiagnostischen Lernbeobachtung nach ihren Ergebnissen in einer gesteigerten Lernbereitschaft zeigt, die sich langfristig in besseren Schulleistungen niederschlagen kann. Seit dem Schulversuch FLEX 20 (2000-2004) wird für jährlich 17 bis 25 % der Kinder, mit abnehmender Tendenz[182],

---

182 Im Schulversuch FLEX 20 waren sechs Schulen mit einem überaus hohen Anteil an Kindern mit FDL vertreten. ,Spitzenreiter' waren zwei Schulen mit einem Anteil von 12,6 % bzw. 13,7 % Kindern mit sonderpädagogischem Förderbedarf, die aus den regulären Einzugsbereichen der Schulen stammten (Rittel et al. 2004). Nach diesen Ergebnissen war davon auszugehen, dass es im Land

eine förderdiagnostische Lernbeobachtung (FDL) im Bereich Lernen, Sprache und Verhalten für notwendig erachtet und zeitweilig oder längerfristig durchgeführt (Liebers 2007). Auf der Förderung dieser Kinder lag ein wichtiger Erprobungsschwerpunkt in den Schulversuchen FLEX 2 und FLEX 20.[183] Eine wichtige Frage im Schulversuch FLEX 20 (2000-2004) war, inwieweit Kinder mit förderdiagnostischer Lernbeobachtung in die Lerngruppe integriert waren und ob Stigmatisierungstendenzen beobachtet werden konnten. In den Lehrerinnendokumentationen (Liebers 2004d) bestätigen 25 von 38 Lehrerinnen die Frage nach einer gelungenen Integration. In fünf Antworten wurden Hinweise auf Kinder gegeben, die nicht vollständig integriert waren, so z. B. ein autistisches Kind, Kinder mit auffälligem Verhalten, schweren Lernbehinderungen oder Hygieneproblemen. 18 Lehrerinnen betonen ausdrücklich, dass keine oder kaum Tendenzen der Stigmatisierung beobachtbar sind, während in neun Fällen angegeben wird, dass auf Grund individueller Eigenschaften von Kindern Stigmatisierungstendenzen zu beobachten waren. Zusammenfassend lässt sich feststellen, dass im Jahr 2004 zwei Drittel der Lehrerinnen in den 49 Schulversuchsklassen gelunge-

---

Brandenburg einige Grundschulen gibt, an denen sich auf Grund des Einzugsgebietes Kinder mit sonderpädagogischem Förderbedarf brennpunktartig konzentrieren.
183   Im Januar 2002 wurde in den 20 Schulversuchsschulen (FLEX 20) für 142 Kinder angegeben, dass sie eine förderdiagnostische Lernbeobachtung erhalten. Zu diesem Sachverhalt wurde eine Begleituntersuchung (Rittel et al. 2004) beauftragt, welche die Hintergründe und Ursachen für den hohen Anteil von Kindern mit förderdiagnostischer Lernbeobachtung klären sollte. An fünf ausgewählten Schulen mit einem sehr hohen Anteil an Kindern mit FDL sollte exemplarisch geklärt und überprüft werden, ob dieser Anteil von den FLEX-Lehrerinnen richtig eingeschätzt wurde, ob hier andere Effekte wirken und welche Ursachen dafür in Betracht zu ziehen sind. Nur bei einem Kind wurde die Einschätzung der Lehrerin nicht bestätigt. Allerdings wurde auch nicht für alle Kinder ein gleich intensiver Förderbedarf ermittelt: Im Ergebnis war an den untersuchten fünf Versuchsschulen für fast 9,7 % aller Kinder ein sonderpädagogischer Förderbedarf vergleichbar einem Feststellungsverfahren nachzuweisen, davon für 7,9 % im Förderschwerpunkt Lernen. Für 6 % aller Kinder an diesen fünf Schulen wurde ein erhöhter Förderbedarf nachgewiesen, der präventiver und zeitweiliger sonderpädagogischer Förderung bedurfte, davon 4,8 % im Förderschwerpunkt Lernen. Für weitere 4 % aller Kinder wurde ein Förderbedarf nachgewiesen, der mit den Mitteln der Grundschule und ohne zusätzliche förderdiagnostische Lernbeobachtung zu beheben war.
     Nur für 1,4 % der Kinder konnte ein erhöhter bzw. sonderpädagogischer Förderbedarf im Schwerpunkt Verhalten diagnostiziert werden, obwohl dieser für fast ein Viertel der Kinder im Vorfeld von Lehrkräften vermutet wurde. 52 % der Kinder mit Förderbedarf zeigten Sprachauffälligkeiten. Ein besonderes Phänomen stellt die Komplexität der Auffälligkeiten dar: "Bei mehr als der Hälfte der Kinder (...) zeichnen sich deutlich mindestens zwei Förderschwerpunkte als Orientierung für pädagogisches und sonderpädagogisches Handeln ab. (...) Mitunter fiel es schwer, die Dominanz für einen Förderschwerpunkt zu benennen, weil z. B. sowohl beim Lernen als auch bei der Sprache oder im Verhalten ein hoher, nahezu gleichwertiger Förderbedarf vorlag. Angesichts dieser Werte sind Grenzen eines traditionell nur fachrichtungs- bzw. behinderungsbezogenen sonderpädagogischen Vorgehens erreicht. Flexible, Fachgrenzen überschreitende sonderpädagogische Aktivitäten sind hier notwendig." (Rittel et al. 2004: 106)

ne Integrationsprozesse beschreiben. Wenn Integrationsprozesse misslingen, wird eine Ursache in individuellen Eigenschaften von Kindern vermutet.

Zu ähnlichen Einschätzungen gelangte zuvor schon Protzen (2002) in Auswertung der Soziometrien im Schulversuch FLEX 2 (1999-2002). In ihnen wurde offensichtlich, dass die sonderpädagogisch geförderten Kinder keineswegs immer einen ungünstigen, oft sogar einen unauffälligen oder positiven Status aufwiesen. Vier der sechs beim eigenen Geschlecht ‚Ausgestoßenen' waren allerdings Kinder mit offensichtlicher sonderpädagogischer Förderung, wobei Protzen feststellt, dass es keine kausalen Zusammenhänge zwischen den beiden Faktoren gibt, vielmehr weitere individuelle Eigenschaften der betroffenen Kinder als Ursache vermutet werden können. Dafür sprechen die von ihm bei anderen Kindern ermittelten Ablehnungsgründe, so gaben Kinder an, sich von Frechheiten, Dummheiten, Toben und Sprüchen abgestoßen zu fühlen. In Auswertung der Unterrichtsbeobachtungen stellte Protzen (a.a.O.) heraus, dass die Fördersituationen mit der Sonderpädagogin keine stigmatisierenden Effekte hatten, sondern eher als erstrebenswerte Situation von vielen Kindern wahrgenommen wurden.

Im Hinblick auf die Lernentwicklung von Kindern mit FDL liegt ein weiterer wichtiger Schwerpunkt in der FLEX darauf, dass Hilfen möglichst präventiv einsetzen, um weiteres Lernversagen aufzufangen (Liebers 1997, LISUM 2003). Die Untersuchung von Rittel et al. (2004) im Schulversuch FLEX 20 erbrachte, dass in der Regel von den Lehrerinnen treffsicher erkannt wurde, wann und in welchem Bereich ein Förderbedarf vorliegt. Damit ist eine Voraussetzung dafür erfüllt, dass Kinder präventiv die Hilfen erhalten, die sie individuell benötigen. Aus der Analyse der ergänzenden Lehrkräftedokumentationen im Schulversuch FLEX 20 (2000-2004, Liebers 2004d) lässt sich zudem zeigen, dass nach Einschätzung der Lehrerinnen für ein Drittel der Kinder mit FDL Lernrückstände abgebaut und zum Teil aufgeholt werden konnten. Zu der Frage, wie die 19 Schulleiterinnen und Schulleiter die Ergebnisse des Schulversuchs im Hinblick auf die Prävention einschätzen, gab es alles in allem 67 Fundstellen. In über der Hälfte der Fundstellen (n = 38) werden deutlich beobachtbare Erfolge gesehen, d. h. die präventiven Maßnahmen trugen dazu bei, bei Kindern problematische Entwicklungen aufzufangen und z. B. Schulversagen bzw. Förderschulüberweisungen zu vermeiden. Prävention wird als Mittel geschätzt, Lernstörungen zu erkennen um dann mithilfe von Förderung Leistungsunterschiede abbauen zu können. Dafür stehen Kommentare wie „M.B. wäre ohne FLEX sicherlich in der Förderschule gelandet" (PM 23), oder, „zwei weitere Kinder der Jahrgangsstufe 1 sind noch nicht ganz über den Berg, aber auf gutem Wege" (PM 26), und viele Nennungen wie, „Kinder erhalten durch Förderarbeit die Möglichkeit, Leistungsrückstände aufzuarbeiten". Eine weitere Schule (PM 9) führt dazu aus: „Kinder, die mit erheblichen

Auffälligkeiten eingeschult wurden, konnten in der Anfangsphase so gefördert werden, dass erste Lernfortschritte im 2. Schulhalbjahr deutlich wurden. Unter Umständen einer Regelbeschulung wäre Schulversagen programmiert."

37 % der Fundstellen (n = 25) enthalten Hinweise auf überaus beachtliche präventive Erfolge. In diesen Fällen haben die präventiven Maßnahmen dazu beigetragen, dass der Förderbedarf überwunden werden konnte und Kinder ganz normal ohne zusätzliche Förderung weiterlernen konnten. Die Schulleiterinnen und Schulleiter beschreiben Prävention dementsprechend als sehr erfolgreiches Mittel. Dafür stehen Aussagen wie: „Bei einer Schülerin ließ sich der anfängliche Verdacht auf Lernbehinderung nach 2 Jahren intensiver sonderpädagogischer Förderung nicht mehr bestätigen." (PG 7), „Wir haben eine Schülerin, die jetzt ohne Probleme in die 3. Klasse geht." (PG 16), oder wie, „Die Möglichkeiten der Prävention werden als sehr gut eingeschätzt." (PG 22)

Vier von 67 Fundstellen beschreiben die präventiven Maßnahmen als Maßnahmen ohne nennenswerte Auswirkung auf die Entwicklung von Kindern mit FDL. Die Prävention erbrachte bei diesen Kindern nicht die erhofften Erfolge:

„Während der größte Teil dieser Schülerinnen und Schüler nach 2 oder 3 FLEX-Jahren in die 3. Klasse wechseln konnten, gibt es eine Schülerin, die, wegen ihrer schwachen Merkfähigkeit, der geringen Konzentrationsfähigkeit und Ausdauer, trotz intensiver Förderung so geringe Lernzuwächse aufweist, dass eine positive Prognose für den Verbleib in unserer Schule kaum möglich ist." (PW 3)

Eine Schulleiterin (PW 1) schrieb: „Aber in [unserer Schule] ist der Anteil lernbehinderter Kinder sehr hoch[184] – d. h. für lernbehinderte Schülerinnen und Schüler reicht die Förderung in FLEX nicht aus. Schlussfolgerung: Diese Kinder müssen ab Klasse 3 weiterhin integrativ betreut werden oder in die Förderschule wechseln." Prengel (2004) warnt jedoch in Auswertung von individuellen Lernbiografien vor dem Fehlschluss, dass nach einer Förderung in den Schulversuchsklassen ab der Jahrgangsstufe 3 homogene Klassen zu erwarten seien, weil Schulklassen immer heterogene Lerngruppen darstellen. Sie macht anhand der Analysen deutlich, dass es in allen Grundschulklassen Kinder gibt, die langfristig langsamer lernen. Durch die besondere individuelle Förderung verbessere sich jedoch die Lebenssituation des einzelnen Kindes nachhaltig, auch wenn die Lernergebnisse nicht den in den Rahmenlehrplänen vorgegebenen Lernzielen entsprächen und gegebenenfalls eine Förderung nach dem Rahmenlehrplan der allgemeinen Förderschule notwendig sei. Zur emotionalen Entwicklung von Kindern mit FDL in FLEX-Klassen liegen in den Evaluationen ebenso wie bei schneller lernenden Kindern keine Befunde vor.

---

184 In dieser Schule betrug der Anteil von Kindern mit sonderpädagogischem Förderbedarf im Bereich Lernen nahezu 13 % (Rittel 2004).

Die Feststellungsverfahren zum sonderpädagogischen Förderbedarf in den Förderschwerpunkten Lernen, Sprache und Verhalten und daraus resultierende Überweisungen aus FLEX-Klassen in Förderschulen gingen auf etwa ein Prozent jährlich zurück und liegen damit deutlich unter den Überweisungsquoten aus Regelklassen, die in den ersten beiden Schuljahren sowie im Vorfeld der Einschulung jährlich ca. 2 % Kinder an Förderschulen überweisen. Damit kann für die Hälfte der von Förderbedarf bedrohten Kinder eine günstigere Lernkarriere in FLEX-Klassen vermutet werden (Liebers 2007). In einigen FLEX-Klassen wurden auch über reguläre Feststellungsverfahren Kinder mit Förderbedarf in den sonderpädagogischen Förderschwerpunkten Sehen, Motorik sowie geistige Entwicklung aufgenommen. Über die Anzahl dieser Kinder und über deren Lernentwicklung in FLEX-Klassen liegen keine Erkenntnisse vor.

Unterschiede zwischen Mädchen und Jungen

In der Evaluation zum Pilotprojekt kindgerechte, flexible Eingangsphase erzielten Mädchen im Durchschnitt signifikant bessere Leseleistungen als Jungen, geschlechtsspezifische Unterschiede hinsichtlich des Leseverständnisses und in den Rechtschreibleistungen konnten Witzlack und Burrmann (1995) nicht ermitteln.In den länderübergreifenden Vergleichsarbeiten 2004 und 2005 (Ditton/ Krüsken 2006) zeigt sich im Leseverständnistest ein Geschlechtsvorteil der Mädchen. Dabei fällt der Unterschied zwischen Jungen und Mädchen in flexiblen Eingangsklassen beim Leseverständnistest 2004 sowie 2005 etwas geringer aus als in den regulären zweiten Klassen. Dieser Effekt ist allerdings 2006 nicht mehr festzustellen. Im Mathematiktest schneiden die Jungen der FLEX-Klassen jeweils besser als die Mädchen, aber auch besser als die Jungen in regulären Klassen ab. Zu Unterschieden in der sozio-emotionalen Entwicklung von Mädchen und Jungen liegen keine Evaluationsergebnisse vor.

4.2.4 Zusammenhänge zwischen Schulleistungen und sozio-emotionaler Entwicklung

Da in den vorliegenden Evaluationen zum Pilotprojekt "Flexible kindgerechte Eingangsphase" (Witzlack/Burrmann 1995), zum Schulversuch FLEX 2 (Branzke 2002) sowie zum Schulversuch FLEX 20 (Liebers 2004) ebenso wie in den Evaluationsberichten von Ditton und Krüsken (2006) nahezu keine Befunde zur emotionalen Entwicklung und nur sehr wenig Daten zur sozialen Entwicklung (Protzen 2002) von Kindern in FLEX-Klassen erhoben worden sind, wurden bislang auch keine Zusammenhänge zwischen der Entwicklung von Schulleistungen und der sozio-emotionalen Entwicklung untersucht.

4.3 Zusammenfassung und Diskussion der Ergebnisse aus der Perspektive der Experten

Bezogen auf die Entwicklung der schulischen Leistungen enthalten die vorliegenden Befunde aus den Schulversuchsevaluationen zum Pilotprojekt „Flexible kindgerechte Schuleingangsphase" (1992-1995, Witzlack/Burrmann 1995), zum Schulversuch FLEX 2 (1999-2002, Branzke 2002) sowie zum Schulversuch FLEX 20 (2000-2004, Liebers 2004) Belege dafür, dass sich eine große Mehrheit der Kinder in FLEX-Klassen die Kulturtechniken aus der Expertensicht erfolgreich aneignen konnten. Die Kinder in den heterogen zusammengesetzten FLEX-Klassen erreichen im Leseverständnis, in der Lesegeschwindigkeit und in der Mathematik vergleichbare und zum Teil auch bessere durchschnittliche Leistungen als Kinder in regulären zweiten Klassen (Witzlack/Burrmann 1995, Ditton/Krüsken 2006, Neumann/Harych 2007).

Zugleich finden sich in den Evaluationsstudien zum Schulversuch FLEX 2 und zum Schulversuch FLEX 20 Hinweise darauf, dass sowohl besonders schnell lernende Kinder als auch langsamer lernende Kinder von den FLEX-Klassen profitieren konnten (Schröder/Emmer 2002, Kaiser 2004, Prengel/Misslitz 2004). Die Gruppe der schneller lernenden jungen Kinder erbrachte die besten Leistungen in den Vergleichsarbeiten (Ditton/Krüsken 2006) und zeigte auch in den Einzelfalluntersuchungen, dass sie ihren kognitiven Vorsprung halten und ausbauen konnte (Schröder 2004). Zugleich werden Annahmen gestützt, dass insbesondere lernschwache Kinder in den flexiblen Eingangsklassen bei den Vergleichsarbeiten tendenziell besser abschneiden als in regulären Klassen. In FLEX-Klassen fällt trotz der Aufnahme aller Kinder der Anteil der Kinder im unteren Leistungsspektrum etwas geringer aus als in Regelklassen (Ditton/Krüsken 2006, Neumann/Harych 2007). Für Kinder mit förderdiagnostischer Lernbeobachtung existieren förderliche Rahmenbedingungen, die deutlich präventive Wirkungen zeigen, wenn auch nicht für alle Kinder ein Übergang in die Förderschule vermieden werden kann (Rittel et al. 2004, Liebers 2004c/2007, Prengel/Misslitz 2004). Mädchen und Jungen in FLEX-Klassen zeigen in den Lese- und Mathematiktests in der Tendenz vergleichbare Unterschiede zu Mädchen und Jungen in regulären Klassen (Ditton/Krüsken 2006).

Die durchschnittlichen Leistungen von Kindern in FLEX-Klassen fallen bei den landesweiten Vergleichsarbeiten im Hinblick auf die berechneten Erwartungswerte vielfach erwartungskonform, aber auch deutlich günstiger oder ungünstiger aus (Krüsken 2004). Damit lässt sich belegen, dass der Einfluss der konkret besuchten Klasse und der konkret vorhandenen pädagogisch-didaktischen Kompetenzen der Lehrerinnenteams neben den systembedingten Merkmalen der FLEX eine bedeutende Rolle spielen. Das FLEX-Organisationsmodell eines nichtselektiven Schulanfangs für alle Kinder bietet damit einen geeigneten Rahmen für einen Unterricht in hoher Qualität (Prengel/Misslitz 2004). Dieser Organisationsrahmen bedarf allerdings einer anspruchsvollen Füllung mit Mikrostrukturen fachdidaktischer und methodischer Unterrichtsgestaltung, um eine qualitativ bestmögliche Förderung für alle Kinder zu ermöglichen. Zwar ist durch das hohe Maß an Individualisierung und Differenzierung die Voraussetzung dafür geschaffen, dass jedes Kind individuell passgerechte Lernangebote bearbeiten kann, inwieweit diese Lernangebote ausreichend den Anforderungen der neueren Unterrichtswissenschaften genügen, ist bislang noch nicht untersucht. Hier liegt ein Forschungsschwerpunkt für die nächsten Jahre.

Bezogen auf die sozio-emotionale Entwicklung von Kindern in FLEX-Klassen liegen aus Expertensicht nur wenige Erkenntnisse vor. Die soziale Entwicklung verläuft in den jahrgangsgemischten flexiblen Eingangsklassen unauffällig und die soziometrischen Kennwerte sind vergleichbar zu regulären Klassen (Protzen 2002). Zur Entwicklung des schulischen Wohlbefindens, des Selbstkonzepts, der Lernfreude sowie der Anstrengungsbereitschaft existieren einige wenige, kaum verallgemeinerbare Fundstellen in den Erfahrungsberichten von Lehrerinnen sowie Schulleiterinnen und Schulleitern (Branzke 2002, Liebers 2004c). In den oben genannten Evaluationsstudien ist damit das Thema der sozio-emotionalen Entwicklung von Kindern in FLEX-Klassen aus Expertensicht nicht ausreichend beachtet worden.

Aus diesem Grund ist eine Einschätzung zum Gelingen des Schulanfangs in FLEX-Klassen aus der Expertenperspektive gemäß der in dieser Arbeit entwickelten Definition nur in vorsichtigen Hypothesen zu formulieren. Zwar liegen viele Erkenntnisse zum weitgehend erfolgreichen Erwerb der Kulturtechniken vor, sodass der Erwerb eines grundlegenden Leistungsfundaments für das Weiterlernen von Kindern in FLEX-Klassen überwiegend als gelungen betrachtet werden kann, jedoch fehlen zu sozio-emotionalen Zielen des Lernens am Schulanfang empirisch gesicherte Erkenntnisse aus der Expertenperspektive. Die wenigen Einzelbefunde der praktisch tätigen Experten deuten darauf hin, dass es im Bereich der sozio-emotionalen Entwicklung förderliche Rahmenbedingungen für die meisten Kinder zu geben scheint.

5 Der Schulstart der Kinder in der FLEX aus der Perspektive der Eltern – Elternbefragung 2004

5.1 Anlage und Durchführung der Elternbefragung

5.1.1 Methodisches Vorgehen und Instrumentenbeschreibung

Für die Beantwortung der Forschungsfrage aus der Elternperspektive wird auf Daten einer eigenen, bereits im Jahr 2004 im Rahmen der Schulversuchsevaluation durchgeführten Elternbefragung (Liebers 2004 b) zurückgegriffen. Diese Daten werden unter den im Abschnitt 3.6 genannten Forschungsfragen erneut ausgewertet.

Für die Elternbefragung 2004 war im Rahmen der Akzeptanzevaluation zum Schulversuch FLEX 20 ein standardisierter Fragebogen entwickelt worden, der den damaligen Fragestellungen entsprechend aus vier Teilen bestand. Im „Teil 1 - Einschätzung der flexiblen Schuleingangsphase" wurde mit den Items f 1 bis f 10 eine allgemeine Einschätzung der Zufriedenheit mit der pädagogischen Arbeit in den Klassen sowie persönlicher Befindlichkeiten erfragt. Dazu gehörten Fragen nach der Intensität der individuellen Förderung in den FLEX-Klassen, nach Bedenken im Vorfeld der Einschulung und Sorgen vor dem Übergang in die dritte Klasse und die Kardinalfrage, ob die Eltern ein nächstes Kind wieder in eine FLEX-Klasse einschulen würden. Die Fragen waren jeweils mithilfe einer vierstufigen Antwortskala zu beantworten. Zum Fragebogenteil 1 zählte auch eine Bewertung der pädagogischen Merkmale der FLEX. So sollten Eltern in den Items f 12 bis f 22 angeben, welche pädagogischen Merkmale der FLEX, wie z. B. Jahrgangsmischung, Kleingruppenlernen, Rhythmisierung sowie räumliche und personelle Ausstattung, sie besonders überzeugt haben.

Die Reliabilitätsprüfung der Itembatterie zur Zufriedenheit mit der pädagogischen Arbeit in FLEX-Klassen erbrachte nach Ausschluss der beiden Items f 8 und f 9 (Befürchtungen vor der Einschulung und Sorgen vor dem Übergang in Klasse 3) eine zufrieden stellende Reliabilität (Cronbachs $\alpha = .71$). Für die Itembatterie zur Bewertung der pädagogischen Merkmale der FLEX war über alle Items hinweg eine gute Reliabilität gegeben (Cronbachs $\alpha = .84$).

Im „Teil 2 – Einschätzung des Entwicklungsverlaufs Ihres Kindes" wurde von den Eltern in den Items f 23 bis f 37 die Lernentwicklung unter den Aspekten von Sach- und Methodenkompetenz sowie sozialer und personaler Kompetenz erfragt. Von zusätzlichem Interesse war es zu erfahren, wie die Eltern den Wissenserwerb und die Lernentwicklung ihres Kindes in den Bereichen Lesen, Schreiben, Rechnen einschätzen. Es sollte erfasst werden, inwieweit sie Befürchtungen bezüglich der weiteren Lernentwicklung ihres Kindes hegen und ob sie Unter- oder Überforderung, Lernprobleme und Schulangst feststellen können. Hier erbrachte die Reliabilitätsprüfung, dass die Items zur Unter- und Überforderung sowie zur Schulangst nicht zur Skala des Entwicklungsverlaufs des eigenen Kindes passten und von dieser Skala ausgeschlossen werden sollten. Mit diesem Ausschluss der Items f 34-f 37 wurde für die Itembatterie zum Entwicklungsverlauf der Kinder eine gute Reliabilität erreicht (Cronbachs α = .84).

Der „Teil 3 – Allgemeine Angaben zu Ihrem Kind" erfasste unabhängige Variablen wie die Anzahl der Schulbesuchsjahre (f 39-f 41), das Einschulungsalter (f 43-f 45), die Muttersprache (f 46-f 47) und den Kitabesuch im Jahr vor der Einschulung (f 42).[185]

Im vierten Teil „Spezielle Fragen zu Ihrem Kind" wurden vertiefende Fragen an die Eltern von Kindern mit kürzerer oder längerer Verweildauer sowie an Eltern von Kindern mit förderdiagnostischer Lernbeobachtung gestellt. Die Items f 48 bis f 73 erheben Meinungen zur Wirksamkeit individueller Förderangebote für Kinder mit unterschiedlichen Lernbiografiemerkmalen[186] aus der Sicht der Eltern. Eine Reliabilitätsprüfung war aufgrund der geringen Fallzahlen für diesen Teil nicht möglich. Entsprechend vorsichtig sind deshalb die gewonnenen Daten in diesem Bereich zu interpretieren.

Ursprünglich in diesem Teil vorgesehene Fragen zu wichtigen Sozialindikatoren wie dem Bildungsabschluss der Eltern, der ausgeübten Tätigkeiten und dem Stellenwert des Lesens in der Familie, die für den Bildungserfolg von Kindern von maßgebender Bedeutung sind, mussten aus pragmatischen Gründen wieder verworfen werden. Unmittelbar zuvor wurden von der Universität München (Ditton/Krüsken 2005a) in einem Elternfragebogen identische Fragen zu den sozio-ökonomischen und kulturellen Hintergründen in den gleichen Familien für die Auswertung der länderübergreifenden Vergleichsarbeiten am Ende der Jahrgangsstufe 2 erhoben. Für die Bearbeitung der vorliegenden Daten im Rah-

---

185 Angaben zum Geschlecht wurden im damaligen Fragebogen nicht erfasst, da dieses Merkmal nicht im Fokus der Akzeptanzevaluation stand.
186 Zu den individuellen Lernbiografiemerkmalen zählen eine kürzere Verweildauer von nur einem Jahr in der flexiblen Schuleingangsphase, ein vorzeitige Einschulung, eine längere Verweildauer von drei Jahren oder eine förderdiagnostische Lernbeobachtung und Begleitung des Kindes durch eine Sonderpädagogin (FDL).

men der Fragestellungen dieser Arbeit bedeutet dies, dass Rückschlüsse auf Zusammenhänge zwischen den Einschätzungen der Eltern und ihrer sozio-ökonomischen bzw. kulturellen Situation nicht gezogen werden können. Als Signifikanzniveau für die Elternbefragung 2004 wird das 95 %-Niveau festgelegt ($\alpha \leq 0.05$).

5.1.2 Stichprobe und Beteiligungsquote

In die Elternbefragung 2004 wurden in einer Vollerhebung alle Elternhäuser (N = 507) von Kindern aus FLEX-Klassen im Land Brandenburg[187] einbezogen, deren Kinder nach einem, zwei oder drei Lernjahren die flexible Schuleingangs-phase verließen und zum Schuljahr 2004/05 in die dritte Jahrgangsstufe wechsel-ten. Von den 507 befragten Elternhäusern antworteten 406 Eltern rechtzeitig. Diese Beteiligung entspricht einer Rücklaufquote von 80 % und erfüllt damit die Kriterien des Ausschöpfungsgrades einer Stichprobe (Baumert et al. 2001, Leh-mann/Nikoklova 2005). Die typischen Merkmale aller FLEX-Eltern werden in der Stichprobe weitgehend abgebildet (vgl. Tab. 5.1).

Tab. 5.1: Vergleich der prozentualen Parameter der Stichprobeneltern mit den tatsächlichen Anteilen in FLEX-Klassen in %

	Kinder im dritten Verweiljahr	Kinder mit kürzerer Verweildauer	Kinder mit vorzeitiger Einschulung	Kinder mit FDL
Elternbefra-gung FLEX-Abgänger 2004 (N = 406)	13	1,7	4	28
alle Eltern in FLEX 2004 (N = 1133)	8,5	1,0	5,6	20-25

Von 13 % der Eltern, die geantwortet haben, lernen die Kinder im dritten Ver-weiljahr. Dieser Anteil liegt etwas über dem tatsächlichen Anteil. 28 % der Fra-gebögen stammen von Eltern deren Kind von der Sonderpädagogin (FDL) geför-dert wurde. Dieser Anteil liegt ebenfalls etwas höher als die statistisch ermittel-ten Anteile. 4 % der Elternantworten stammen von Eltern deren Kinder mit 5 Jahren eingeschult worden sind, 2 % der Antworten von Eltern, deren Kinder nur

---

187 2004 existierten 19 Schulen mit flexibler Schuleingangsphase im Land Brandenburg.

ein Verweiljahr in der flexiblen Schuleingangsphase in Anspruch nahmen. Zwischen den neunzehn FLEX-Schulen schwanken die Anteile der Elternrückmeldungen zwischen 42 bis 100 %. Auf Grund der Ausschöpfungsquote und der Tatsache, dass eine Vollerhebung erfolgte, kann die Befragung als repräsentativ gelten.

5.1.3 Praktische Durchführung

Die Eltern erhielten im Mai 2004, ca. sechs Wochen vor dem Schuljahresende und dem danach erfolgenden Übergang ihres Kindes aus der FLEX in die Jahrgangsstufe 3, den Fragebogen zusammen mit einem Begleitbrief des Ministeriums für Bildung, Jugend und Sport sowie einem Rückantwortbriefumschlag über ihre Lehrerinnen. Über die Freiwilligkeit der Beteiligung sowie die Wahrung der Anonymität wurden sie informiert. Der ausgefüllte Fragebogen sollte bis Anfang Juni 2004 verschlossen im Rückantwortbriefumschlag über die Schulleiterinnen und Schulleiter oder per Post zurück gesendet werden. Methodenkritisch muss an dieser Stelle angemerkt werden, dass die Austeilanweisung an die Lehrerinnen nicht präzise genug war. Es sollte pro Kind von den Eltern jeweils ein Fragebogen ausgefüllt werden. An drei Schulen lagen mehr Elternantworten vor, als Eltern angeschrieben wurden. Bei zehn überzähligen Fragebogen ist zu vermuten, dass jeweils beide Elternteile einen gesonderten Fragebogen ausgefüllt haben. Es könnte auch vorgekommen sein, dass einzelne Eltern einbezogen wurden, bei deren Kind zum Zeitpunkt der Befragung unklar war, ob ein drittes Verweiljahr in Anspruch genommen werden sollte oder nicht.

Um die Fragebogenergebnisse einzelnen Schulen schnell und pragmatisch zuordnen zu können, wurden die Elternfragebogen für jede der 19 Schulen auf einer speziellen Papierfarbe gedruckt, welche eine problemlose Zuordnung der eingehenden anonymen Fragebogen zu den einzelnen Schulen ohne weitere Verschlüsselungen ermöglichte. Da im Rahmen der seinerzeit intendierten Akzeptanzevaluation zum Schulversuch nur die Ergebnisse auf der Schulebene interessierten, entfiel eine systematische Kodierung der Fragebogen nach einzelnen Klassen oder Kindern.

5.2 Ergebnisse der Elternbefragung 2004

5.2.1 Schulleistungen und sozio-emotionale Entwicklung von Kindern in FLEX-Klassen

Zur Einschätzung der Schulleistungen ihrer Kinder wurden die Eltern in zehn Items gebeten, die Lernentwicklung ihrer Kinder sowie deren sozio-emotionale Entwicklung einzuschätzen (vgl. Tab. 5.2).

Schulleistungen

In Bezug auf das Rechnen geben 40 % der Eltern voll und ganz und 43 % überwiegend an, dass ihr Kind gut rechnen kann (zusammen 83 %). 82 % der Eltern stimmen der Aussage zu, dass ihr Kind gut lesen und mit kleineren Texten umgehen kann (49 % voll und ganz und 33 % überwiegend). Ähnlich verhält es sich bei der Frage, ob das Kind gut schreiben kann: Hier stimmen 29 % der Eltern voll und ganz und 47 % der Eltern überwiegend zu (zusammen 76 %). Damit sind nahezu vier Fünftel der Eltern von guten Leistungen ihres Kindes im Lesen, Schreiben und Rechnen am Ende der Schuleingangsphase überzeugt.[188]

Mit der Lernentwicklung ihres Kindes sind am Ende der Eingangsphase 78 % der Eltern zufrieden, allerdings können vier Prozent der Eltern diesem Item überhaupt nicht zustimmen. 60 % der Eltern antworten im Fragebogenteil zur allgemeinen Einschätzung der FLEX, dass ihre Kinder keine Lernschwierigkeiten hätten, wohingegen 8 % der Eltern bei ihren Kindern ernste Probleme konstatieren. Immerhin ein Fünftel der Eltern (19 %) hegt Befürchtungen, dass ihre Kinder in den FLEX-Klassen nicht genug lernen würden.

Bezogen auf die allgemeine Wissensentwicklung des eigenen Kindes gibt es ähnliche Antworttendenzen wie beim Schriftspracherwerb und in der Mathematik: 80 % der Eltern stimmen der Aussage zu, dass ihr Kind viel Wissen erworben habe, davon 43 % voll und ganz, weitere 37 % sehen das überwiegend so. In Hinsicht auf den Erwerb methodischer Kompetenzen glauben 73 % der Eltern überwiegend oder voll und ganz, dass ihr Kind das Lernen gelernt habe und viele unterschiedliche Aufgaben und Lernanforderungen mit den richtigen Schritten

---

188 Diese Einschätzung erweist sich für die Leseleistungen als weitgehend zutreffend, hier erreichen 42 % der Kinder in den Vergleichsarbeiten am Ende der Jahrgangsstufe 2 die obere Leistungsgruppe, 17 % der Kinder gehören zur unteren Leistungsgruppe. In der Mathematik schätzen einzelne Eltern die Leistungen ihrer Kinder etwas zu optimistisch ein, hier gehören 31 % der Kinder zur oberen Leistungsgruppe und 23 % der Kinder zur unteren Leistungsgruppe (vgl. Ditton/Krüsken 2006).

und Verfahren bewältigen könne. Vier Fünftel der Eltern sind davon überzeugt, dass sich die Selbstständigkeit ihres Kindes gut entwickelte.

Tab. 5.2:   Mittelwerte (Standardabweichung) zu den Items der Lernentwicklung und der sozio-emotionalen Entwicklung der Kinder aus der Elternperspektive

Items zur Einschätzung der Lernentwicklung der Kinder	MW	(SD)
f 23: Mein Kind geht gern in die Schule N = 386	1,67	(0,75)
f 28: Mein Kind kann gut lesen und mit kleineren Texten umgehen N = 385	1,70	(0,79)
f 27: Mein Kind hat viel Wissen erworben N = 381	1,78	(0,77)
f 24: Meinem Kind macht das Lernen Spaß N = 386	1,78	(0,80)
f 30: Mein Kind kann gut rechnen N = 387	1,79	(0,75)
f 32: Die Selbstständigkeit meines Kindes hat sich gut entwickelt N = 384	1,83	(0,79)
f 26: Mit der Lernentwicklung meines Kindes bin ich zufrieden N = 383	1,89	(0,84)
f 33: Der Unterricht hat Lernbereitschaft meines Kindes gefördert N = 376	1,96	(0,90)
f 29: Mein Kind kann gut schreiben N = 386	1.97	(0,78)
f 31: Mein Kind hat das Lernen gelernt ... N = 382	2,07	(0,75)
f 25: Mein Kind hat keine Freunde N = 360	3,22	(0,99)
Antwortmöglichkeiten: 1=voll und ganz, 2=überwiegend, 3=teilweise, 4=gar nicht		

Schulisches Wohlbefinden

86 % der Kinder gehen nach Ansicht ihrer Eltern sehr gern oder überwiegend gern in die Schule. Nur für 14 % der Kinder bietet sich nach der Einschätzung

ihrer Eltern ein etwas anderes Bild: 12 % der Kinder gehen weniger gern und 2 % der Kinder gehen gar nicht gern in die Schule.

Lernfreude und Anstrengungsbereitschaft

Ähnlich positiv wie beim Wohlbefinden sieht es mit der Freude am Lernen am Ende der Eingangsstufe aus: Hier geben 82 % der Eltern an, dass ihre Kinder zumeist mit viel Freude lernen. 18 % der Eltern können diese Lernfreude für ihre Kinder nicht oder nur teilweise bestätigen. Drei Viertel der Eltern schätzen ein, dass der Unterricht die Anstrengungs- und Lernbereitschaft ihres Kindes gut gefördert habe. Sechs Prozent der Eltern können dieser Aussage gar nicht und weitere 20 % der Eltern ihn können nur teilweise zustimmen, sodass für ein Viertel der Kinder eine weniger günstige Motivationslage aus Elternsicht bescheinigt wird.

Soziale Integration

Für sehr viele Kinder (76 %) verläuft das Finden von Freunden erfolgreich. Dass ihr Kind keine Freunde habe, wurde von 8 % der Eltern als zutreffend bestätigt, weitere 16 % der Eltern schätzen ein, dass dies für ihr Kind überwiegend zutreffe. Damit hatte ein Viertel der Kinder aus der Sicht seiner Eltern Probleme, einen Freund oder eine Freundin in der Klasse zu finden. 82 % der Eltern schätzen darüber hinaus auf die Frage nach der Zufriedenheit mit dem Unterricht in FLEX-Klassen im Fragebogenteil 1 ein, dass die Kinder in der Klasse Verständnis füreinander entwickelt haben und ebenso viele Eltern glauben, dass soziale Verhaltensweisen in der Klasse eine große Rolle spielen.

Zusammenhänge zwischen den Variablen der sozio-emotionalen Entwicklung in den Elternurteilen

In den Elternurteilen werden Zusammenhänge zwischen nahezu allen Items zur sozio-emotionalen Entwicklung untereinander sowie den Items zur sozio-emotionalen Entwicklung und der Lernentwicklung der Kinder deutlich (vgl. Tab. 5.3). Eltern, die angeben, dass ihr Kind gern zur Schule gehe, geben gleichzeitig an, dass ihrem Kind das Lernen Spaß mache und berichten oft von einer hohen Motivation ihrer Kinder. Zusammenhänge ergeben sich aus den Elternmeinungen auch dahingehend, dass das Item „gern in die Schule gehen" häufig im Zusammenhang mit einer guten Lernentwicklung gesehen wird. Deutlich negativ wirkt sich aus, wenn Eltern einschätzen, dass ihr Kind keine Freunde habe, in diesem Falle sehen Eltern eine geringere Lernfreude, eine geringere Motivation und eine geringere Lernentwicklung, wobei auch umgekehrt nicht ausgeschlossen werden kann, dass nach Ansicht ihrer Eltern Kinder dann weniger Freunde finden, wenn sie schwache Schulleistungen zeigen.

Tab. 5.3:   Bivariate Korrelationen (Pearsons r) zwischen den sozio-emotionalen Variablen und Schulleistungen – Zusammenhänge aus Elternsicht

	Lernen macht Spaß **N = 403**	**Lernbereit-schaft geför-dert** **N = 388**	**Keine Freunde** **N = 373**	**Lernent-wicklung gut** **N = 400**
Geht gern in die Schule	.74**	.53**	-.14**	.41**
Lernen macht Spaß		.56**	-.16**	.51**
Lernbereitschaft gefördert			-.11*	.60**
Keine Freunde				-.17**
*p≤ .05, ** p ≤ .001				

5.2.2 Effekte für Kinder in FLEX-Klassen

Die Frage, ob Effekte für Kinder in FLEX-Klassen im Elternurteil nachweisbar sind, lässt sich eigentlich nur im Vergleich von Daten von Eltern aus FLEX- und Nichtflexklassen beantworten. Vergleichsdaten von Eltern aus regulären Klassen wurden 2004 im Rahmen der damaligen Schulversuchsevaluation nicht erhoben. Eine Möglichkeit dennoch eine Antwort auf diese Fragestellung zu erhalten, bietet das Item f 10: „Wenn ich ein nächstes Kind einschulen müsste, würde ich es wieder in eine FLEX-Klasse geben".

Dieses Item stellt für die Fragestellung nach dem Gelingen des Schulstarts aus Elternperspektive ein Kardinal-Item dar, bei der die Eltern ihre Einschätzungen zum Gelingen des Schulstarts des eigenen Kindes bündeln und in eine potenzielle persönliche Wahlentscheidung einfließen lassen mussten. Es liegt die Hypothese zugrunde, dass nur diejenigen Eltern hier zustimmen würden, die den Schulstart ihres Kindes rundum für gelungen halten und einen deutlichen positiven Effekt der FLEX-Klassen für ihr Kind sehen. Eltern, die keine positiven

Effekte von FLEX für ihr Kind erkennen können, wird unterstellt, dass sie ein nächstes Kind lieber wie gewohnt in eine reguläre erste Klasse einschulen würden. Mithilfe dieses Items kann zwar nicht der Vergleich von zwei Teilpopulationen erfolgen, aber es kann eindeutig entschieden werden, inwieweit Eltern den FLEX-Klassen positive Effekte für die Lernentwicklung und die sozioemotionale Entwicklung ihres Kindes bescheiden.

Ein nächstes Kind würden zwei Drittel der Eltern (51 % voll und ganz und 14 % überwiegend) wieder in eine FLEX-Klasse einschulen, 11 % eher nur teilweise und 24 % der Eltern würden ihr nächstes Kind gar nicht wieder in eine FLEX-Klasse einschulen wollen. Während zuvor noch 81 % der Eltern angaben, dass sich die Lehrerinnen intensiv um ihr Kind kümmern würden und 73 % der Eltern einschätzten, dass ihr Kind entsprechend seiner individuellen Fähigkeiten gefördert wurde, erstaunt hier, dass dennoch nur 65 % der Eltern ein nächstes Kind in eine FLEX-Klasse einschulen lassen würden und demnach den Schulstart für ihres Kindes für rundum gelungen halten. Ein Drittel der Eltern lehnt eine weitere Einschulung ab und würde vermutlich eine reguläre erste Jahrgangsklasse für ihr Kind vorziehen. Dabei gibt es zwischen den verschiedenen Teilstichprobeneltern von Kindern mit individuellen Lernbiografiemerkmalen und der Gesamtelterngruppe keine signifikanten Unterschiede, sodass argumentiert werden kann, dass die Eltern den Schulanfang ihrer Kinder unabhängig von den individuellen Lernfortschritten für gleichermaßen erfolgreich oder aber auch nicht erfolgreich halten.

Obwohl man die Annahme zugrunde legen könnte, dass das Engagement der Lehrerinnen, das individuelle Angenommensein und damit die individuelle Förderung des eigenen Kindes das Urteil stark beeinflussen würde, zeigte sich zugleich, dass offensichtlich weitere Faktoren hinzukamen, von denen Eltern ihre Entscheidung für eine nochmalige Einschulung abhängig machen würden. Deshalb wurde über die Berechnung von Korrelationen ermittelt, welche Items mit der Entscheidung für die Einschulung eines potenziellen weiteren Kindes zusammen hängen (Tab. 5.4). Dabei zeigten sich bivariate signifikante Zusammenhänge zwischen der Entscheidung für eine potenzielle Einschulung eines nächsten Kindes (f 10) und 18 weiteren Variablen aus den Itembatterien zur Lernentwicklung des eigenen Kindes sowie der Unterrichtsgestaltung in FLEX-Klassen.

Besonders eng ist der Zusammenhang zwischen einer nächsten Einschulung und dem eingeschätzten Wissenserwerb der Kinder. Umgekehrt weist das Item f 6: „Ich befürchte, dass die Kinder nicht genug lernen" einen deutlichen negativen Zusammenhang zur Kardinalfrage f 10 nach der Einschulung eines nächsten Kindes auf (r = -.39**) und ist zugleich mit Zweifeln an den pädagogischen Merkmalen der FLEX verbunden.

Tab. 5.4:   Korrelationen (Pearsons r) zwischen der Einschätzung, ein nächstes
             Kind wieder in eine FLEX-Klasse einzuschulen (f 10) und weiteren
             Items aus dem Fragebogenteilen 1 und 2

	f 10: Ein nächstes Kind würde ich wieder in eine FLEX-Klasse einschulen
f 27: Mein Kind hat viel Wissen erworben N = 381	.54**
f 7: In der Klasse meines Kindes wird kindgerecht unterrichtet N= 367	.51**
f 33: Der Unterricht hat die Lernbereitschaft meines Kindes gefördert N = 376	.50**
f 26: Mit der Lernentwicklung meines Kindes bin ich zufrieden N = 383	.49**
f 31: Mein Kind hat das Lernen gelernt ... N = 382	.46**
f 1: Die Lehrerinnen kümmern sich intensiv um mein Kind N = 384	.45**
f 3: Die Kinder werden entsprechend ihren individuellen Fähigkeiten gefördert N = 377	.44**
f 2: Die Lehrerinnen informieren mich regelmäßig über die Lernentwicklung meines Kindes N = 385	.40**
f 24: Meinem Kind macht das Lernen Spaß N = 386	.38**
f 32: Die Selbstständigkeit meines Kindes hat sich gut entwickelt N = 384	.37**
f 5: Soziale Verhaltensweisen spielen eine große Rolle N = 369	.36**
f 23: Mein Kind geht gern in die Schule N = 386	.36**
f 4: Die Schüler entwickeln Verständnis füreinander N = 376	.33**
f 28: Mein Kind kann gut lesen... mit kleineren Texten umgehen N = 385	.33**
f 30: Mein Kind kann gut rechnen N = 387	.31**
f 29: Mein Kind kann gut schreiben N = 386	.30**
f 25: Mein Kind hat keine Freunde N = 360	-.19**
f 6: Ich befürchte, dass die Kinder nicht genug lernen N = 372	-.39**
* p ≤ .05, ** p ≤ .001, Antwortmöglichkeiten: 1=voll und ganz, 2=überwiegend, 3=teilweise, 4=gar nicht	

Wegen der Vielfalt der Zusammenhänge soll durch zwei Regressionsmodelle geprüft werden, welche Variablen der individuellen Entwicklung des eigenen Kindes (nachfolgende Tab. 5.5) und welche Variablen der Unterrichtsgestaltung in der FLEX (Tab. 5.6) als Prädiktoren für das Gelingen des Schulstarts aus Elternsicht gelten können.

Mithilfe des Regressionsmodells in Tabelle 5.5 können 35 % der Unterschiede in Bezug auf die Einschätzung zur Einschulung eines nächsten Kindes mithilfe der Items zur Lernentwicklung des eigenen Kindes geklärt werden. Den höchsten Stellenwert hat die Einschätzung, inwieweit das eigene Kind viel Wissen erworben hat, seine Lernbereitschaft gefördert wurde und ob das Kind das Lernen gelernt hat. Zu den Items, die wegen ihrer nicht zusätzlichen Erklärungskraft als Prädiktorenkraft ausgeschlossen wurden, gehören die Items, inwieweit das Lernen Spaß macht und ob das Kind gut lesen oder rechnen kann.

Tab. 5.5:   Regressionsmodell (schrittweise) mit multivariatem β für das Item f 10- Einschulung eines nächsten Kindes im Hinblick auf die Entwicklung des eigenen Kindes

Prädiktorvariable	f 10 Einschulung eines nächsten Kindes in die FLEX Regressionskoeffizient β
f 27: Mein Kind hat viel Wissen erworben	.34**
f 33: Der Unterricht hat die Lernbereitschaft meines Kindes gefördert	.23**
f 31: Mein Kind hat das Lernen gelernt ...	.12*
Korrigiertes R^2 = .35, * p$\leq$ .05, ** p $\leq$ .001	

Prüft man in einem Regressionsmodell, welche Unterrichtsmerkmale zu den Unterschieden bezogen auf das Item f 10 beitragen (Tab. 5.6), so zeigt sich, dass diese insgesamt 33 % der Unterschiede in den Elternurteilen zu erklären vermögen. Das größte Gewicht hat dabei die Einschätzung, ob der Unterricht als kindgerecht wahrgenommen wurde, ebenfalls von Prädiktionskraft ist das Item zur individuellen Förderung der Kinder sowie das zum wahrgenommenen Wert sozialer Verhaltensweisen im Unterricht.

Tab. 5.6: Regressionsmodell (schrittweise) mit multivariatem β für das Item f 10- Einschulung eines nächsten Kindes im Hinblick auf die Unterrichtsmerkmale in der FLEX

Prädiktorvariable	f 10 Einschulung eines nächsten Kindes in die FLEX Regressionskoeffizient β
f 7: In der Klasse meines Kindes wird kindgerecht unterrichtet	.32**
f 3: Kinder werden entsprechend ihren individuellen Fähigkeiten gefördert	.28**
f 5: Soziale Verhaltensweisen spielen eine große Rolle	.11*
Korrigiertes R^2 = .33, * p≤ .05, ** p ≤ .001	

Fasst man die Prädiktorvariabeln aus beiden Modellen in einem dritten Modell (Tab. 5.7) zusammen, so vermag dieses Modell 42 % der Unterschiede zu erklären. Den größten Einfluss auf die Unterschiede im Elternurteil haben dabei die Variablen des Wissenserwerbs des Kindes sowie eines kindgerechten Unterrichts. Dieser sollte motivierend und sozial förderlich gestaltet sein, wenn die Eltern den Schulanfang ihrer Kinder als gelungen einschätzen und positive Effekte der FLEX für ihr Kind erkennen sollen.

Tab. 5.7: Regressionsmodell (schrittweise) mit multivariatem β für das Item f 10- Einschulung eines nächsten Kindes im Hinblick auf die Entwicklung des eigenen Kindes und Unterrichtsmerkmale

Prädiktorvariable	f 10 Einschulung eines nächsten Kindes in die FLEX Regressionskoeffizient β
f 27: Mein Kind hat viel Wissen erworben	.25**
f 7: In der Klasse meines Kindes wird kindgerecht unterrichtet	.22**
f 33: Der Unterricht hat die Lernbereitschaft meines Kindes gefördert	.18*
f 5: Soziale Verhaltensweisen spielen eine große Rolle	.10*
Korrigiertes R^2 = .42, * p≤ .05, ** p ≤ .001	

5.2.3 Unterschiede zwischen Kindern in FLEX-Klassen in Abhängigkeit von Verweildauer sowie von Lernbiografiemerkmalen

Alle Eltern geben unabhängig von den speziellen Lernbiografiemerkmalen ihres Kindes gleichermaßen an, dass sich die Lehrerinnen intensiv um ihr Kind kümmerten und sie regelmäßig über die Lernentwicklung informierten. Ebenso sind alle Eltern gleichermaßen davon überzeugt, dass ihre Kinder intensiv gefördert werden. Im Hinblick auf die Einschätzung der individuellen Lernfortschritte des eigenen Kindes ergeben sich erwartungsgemäß Unterschiede bei Eltern von Kindern frühzeitig eingeschulter Kinder, von Kindern mit kürzerer oder längerer Verweildauer oder mit förderdiagnostischer Lernbeobachtung (FDL). [189]

Unterschiede zwischen schneller und regulär lernenden Kindern

Die Eltern von Kindern mit kürzerer Verweildauer geben häufiger als andere Eltern an, dass ihr Kind gern in die Schule gehe, viel Spaß beim Lernen habe und in seinem eigenen Tempo voranschreiten könne. Allerdings lassen sich diese Ergebnisse wegen der geringen Fallzahlen (n = 7) nur tendenziell interpretieren.

Ebenso lassen sich für die vorzeitig eingeschulten Kinder wegen der geringen Fallzahlen (n = 17) nur tendenzielle Ergebnisse aufzeigen, so zum Beispiel, dass sich die Einschätzungen dieser Eltern nicht nennenswert von denen der anderen Eltern unterscheiden (vgl. Tab. 5.8).

Tab. 5.8: Mittelwerte (SD) und T-Test-Ergebnisse im Vergleich von Eltern von Kindern mit frühzeitiger Einschulung und regulärer Einschulung

	Eltern von Kindern mit regulärer Einschulung n ≈ 380	Eltern von Kindern mit frühzeitiger Einschulung n = 17	t-Wert
f 23: Mein Kind geht gern in die Schule	1.66 (.74)	2.06 (.83)	2.18*
f 24: Meinem Kind macht das Lernen Spaß	1.77 (.80)	1.94 (.83)	0.86
f 25: Mein Kind hat kaum Freunde in der Klasse	3.22 (.90)	3.27 (.96)	0.19
f 26: Mit der Lernentwick-	1.90 (.84)	1.71 (.85)	-0.94

---

189 Es liegen nur Daten von Eltern vor, deren Kindern in die dritte Jahrgangsstufe wechseln. Insofern können für Erstklässler keine Aussagen getroffen werden.

	Eltern von Kindern mit regulärer Einschulung n ≈ 380		Eltern von Kindern mit frühzeitiger Einschulung n = 17		t-Wert
lung meines Kindes bin ich zufrieden					
f 27: Mein Kind hat viel Wissen erworben	1.79	(.77)	1.65	(.79)	-0.73
f 28: Mein Kind kann gut lesen ...	1.71	(.78)	1.35	(.70)	-1.85
f 29: Mein Kind kann gut schreiben	1.97	(.78)	2.00	(.87)	0.15
f 30: Mein Kind kann gut rechnen	1.79	(.75)	1.71	(.69)	-0.47
f 31: Mein Kind hat das Lernen gelernt und....	2.07	(.75)	2.06	(.83)	-0.05
f 32: Selbstständigkeit hat sich gut entwickelt	1.84	(.79)	1.82	(.88)	-0.06
f 33: Unterricht hat die Lernbereitschaft gefördert	1.95	(.90)	2.06	(1.01)	0.46
* p ≤ .05, ** p ≤ .001, Antwortmöglichkeiten: 1= voll und ganz, 2= überwiegend, 3= teilweise, 4= gar nicht					

Allerdings gehen die sehr jungen Kinder nach Ansicht ihrer Eltern nicht ganz so gern in die Schule und die erworbenen Lesekompetenzen der vorzeitig eingeschulten Kinder werden etwas besser beurteilt als von anderen Eltern, dieser Effekt lässt sich statistisch in den Elternurteilen nicht sicher belegen, konnte aber von Ditton und Krüsken (2006) über die tatsächlichen Leseleistungen der jungen Kinder in den Vergleichsarbeiten nachgewiesen werden.

Von den Eltern, deren Kinder vorzeitig eingeschult wurden, finden drei Viertel, dass sich diese Entscheidung als richtig erwiesen habe.

Unterschiede zwischen langsamer und regulär lernenden Kindern

Die Zustimmung der Eltern von Kindern mit längerer Verweildauer fällt in sechs von elf Items überzufällig geringer aus als das der übrigen Eltern (vgl. Tab. 5.9). Dazu gehören alle Items, die das Lernen im engeren, akademischen Sinne betreffen. So macht den langsamer lernenden Kindern nach Einschätzung ihrer Eltern das Lernen weniger Spaß und sie haben weniger Wissen erworben als regulär lernende Kinder. Die langsamer lernenden Kinder können nach Einschätzung ihrer Eltern zudem weniger gut lesen und rechnen. Generell sind die Eltern mit der Lernentwicklung ihres Kindes unzufriedener als andere Eltern und auch weniger davon überzeugt, dass ihr Kind das Lernen gelernt habe. Dennoch liegen die geringeren Mittelwerte der Eltern langsamer lernender Kinder noch über dem arithmetischen Mittelwert und damit im Bereich der überwiegenden Zustimmung.

In einigen Items gibt es keine Unterschiede zwischen den Elternurteilen langsamer und regulär lernender Kinder. So scheinen viele Kinder im dritten Verweiljahr ebenso gern in die Schule zu gehen wie die übrigen Kinder und haben eine vergleichbare Anstrengungsbereitschaft und Selbstständigkeit entwickelt. Im Hinblick auf Freundschaften führt das dritte Verweiljahr anscheinend nicht dazu, dass diese Kinder seltener als andere Freunde finden. Positiv fällt ebenso auf, dass insbesondere die Eltern von Kindern im dritten Verweiljahr im ersten Fragebogenteil signifikant häufiger betonen, dass soziale Verhaltensweisen in der Klasse ihres Kindes eine große Rolle spielen. Trotz der von Eltern berichteten Unterschiede in der Lernentwicklung ihrer Kinder schätzen die Eltern von Kindern im dritten Verweiljahr zu mehr als zwei Dritteln (69 %) ein, dass die Lernprobleme ihrer Kinder durch das dritte Verweiljahr weitgehend überwunden werden konnten und nahezu alle Eltern (98 %) fanden die Entscheidung für ein drittes Verweiljahr ihrer Kinder in der FLEX gut.

Tab. 5.9:   Mittelwerte (SD) und T-Test-Ergebnisse im Vergleich von Eltern von Kindern mit regulärer Verweildauer und längerer Verweildauer

	Eltern von Kindern mit regulärer Verweildauer n ≈ 350		Eltern von Kindern mit längerer Verweildauer n ≈ 47		t-Wert
f 23: Mein Kind geht gern in die Schule	1.65	(.74)	1.87	(.80)	1.93
f 24: Meinem Kind macht das Lernen Spaß	1.74	(.78)	2.04	(.86)	2.43*
f 25: Mein Kind hat kaum Freunde in der Klasse	3.24	(.99)	3.07	(.99)	-1.06
f 26: Mit der Lernentwicklung meines Kindes bin ich zufrieden	1.86	(.83)	2.13	(.86)	2.05*
f 27: Mein Kind hat viel Wissen erworben	1.75	(.76)	2.00	(.84)	2.06*

	Eltern von Kindern mit regulärer Verweildauer n ≈ 350	Eltern von Kindern mit längerer Verweildauer n ≈ 47	t-Wert
f 28: Mein Kind kann gut lesen ...	1.62 (.75)	2.26 (.87)	5.33**
f 29: Mein Kind kann gut schreiben	1.95 (.78)	2.17 (.79)	1.85
f 30: Mein Kind kann gut rechnen	1.74 (.73)	2.19 (.74)	4.00**
f 31: Mein Kind hat das Lernen gelernt und...	2.04 (.73)	2.31 (.85)	2.07*
f 32: Selbstständigkeit hat sich gut entwickelt	1.81 (.78)	2.04 (.82)	1.90
f 33: Unterricht hat die Lernbereitschaft gefördert	1.97 (.90)	1.91 (.97)	-0.38
* p ≤ .05, ** p ≤ .001, Antwortmöglichkeiten: 1= voll und ganz, 2= überwiegend, 3= teilweise, 4= gar nicht			

Unterschiede zwischen Kindern mit und ohne förderdiagnostische Lernbeobachtung

Kinder mit förderdiagnostischer Lernbeobachtung (FDL) unterscheiden sich nach Meinung ihrer Eltern in fast allen Items zu den Schulleistungen und zur sozio-emotionalen Entwicklung deutlich von ihren Schulkameradinnen und Schulkameraden, ihnen werden von ihren Eltern in den akademischen Schulleistungen Lesen, Schreiben, Rechen sowie in ihrer sozio-emotionalen Entwicklung geringere Fortschritte zuerkannt (vgl. Tab. 5.10). Sie gehen weniger gern zur Schule, haben weniger Freude am Lernen, haben weniger Freunde, verfügen über weniger Wissen und auch über weniger Selbstständigkeit. Alles in allem liegen die Elternurteile von Kindern mit FDL aber noch im überwiegend zustimmenden Bereich. Interessanterweise zeigen die Mittelwertvergleiche in einem Item keine Unterschiede: In puncto Förderung der Anstrengungs-/Lernbereitschaft lassen sich keine statistisch bedeutsamen Unterschiede zwischen den Elternurteilen von Kindern mit FDL und ohne FDL nachweisen, sodass für Kinder mit FDL geschlussfolgert werden kann, dass der Unterricht in den FLEX-Klassen sie bei der Ausbildung und Aufrechterhaltung ihrer Anstrengungsbereitschaft anscheinen unterstützt hat. Trotz der generell schwächeren

Bewertung der Lernentwicklung des eigenen Kindes sehen die Eltern positive Effekte der FLEX: So äußern die Eltern von Kindern mit FDL im dritten Fragebogenteil zu 86 %, dass die Lernprobleme ihres Kindes frühzeitig erkannt wurden und 87 % der Eltern geben an, dass ihre Kinder in ihrem eigenen Tempo voranschreiten konnten. Die gleiche Anzahl an Eltern ist auch überzeugt davon, dass die sonderpädagogische Förderung zu guten Fortschritten für ihr Kind führte, auch wenn sich diese eben nicht in zu anderen Kindern vergleichbaren Kompetenzen äußert.

Tab. 5.10: Mittelwerte (SD) und T-Test-Ergebnisse im Vergleich von Eltern von Kindern ohne und mit FDL

	Eltern von Kindern ohne FDL n ≈ 290		Eltern von Kindern mit FDL n ≈ 110		t-Wert
f 23: Mein Kind geht gern in die Schule	1.62	(.72)	1.82	(.80)	2.41*
f 24: Meinem Kind macht das Lernen Spaß	1.70	(.78)	1.99	(.82)	3.33**
f 25: Mein Kind hat kaum Freunde in der Klasse	3.34	(.95)	2.91	(1.03)	-3.77**
f 26: Mit der Lernentwicklung bin ich zufrieden	1.79	(.83)	2.15	(.83)	3.91**
f 27: Mein Kind hat viel Wissen erworben	1.71	(.76)	1.97	(.77)	3.03*
f 28: Mein Kind kann gut lesen	1.52	(.69)	2.15	(.86)	7.45**
f 29: Mein Kind kann gut schreiben	1.88	(.76)	2.21	(.79)	3.78**
f 30: Mein Kind kann gut rechnen	1.67	(.71)	2.11	(.76)	5.46**
f 31: Mein Kind hat das Lernen gelernt und....	1.96	(.75)	2.36	(.69)	4.87**
f 32: Die Selbstständigkeit hat sich gut entwickelt	1.78	(.80)	1.98	(.76)	2.29*
f 33: Der Unterricht hat die Lernbereitschaft gefördert	1.93	(.90)	2.03	(.92)	0.93

* $p \leq .05$, ** $p \leq .001$, Antwortmöglichkeiten: 1= voll und ganz, 2= überwiegend, 3= teilweise, 4= gar nicht

5.2.4 Zusammenhänge zwischen Schulleistungen und sozio-emotionaler Entwicklung

Zusammenhänge zwischen den Schulleistungen und der sozio-emotionalen Entwicklung der Kinder zeichnen sich in den Elternmeinungen dahingehend ab, dass die Items „gern in die Schule gehen" und „Schule macht Spaß" im Zusammenhang mit einer guten Lernentwicklung sowie guten Fähigkeiten im Lesen, Schreiben und Rechnen gesehen werden (Tab. 5.11). Je erfolgreicher ein Kind nach Einschätzung seiner Eltern die Kulturtechniken erworben hat, desto mehr Freude hat es in der Schule und am Lernen sowie umgekehrt. Ebenso zeigen sich bedeutsame Zusammenhänge zwischen den Kulturtechniken und der Lernbereitschaft, d. h., wenn Eltern das Gefühl haben, dass ihr Kind eine hohe Motivation entwickeln konnte, sehen sie bessere Erfolge im Erwerb der Kulturtechniken und umgekehrt.

Wenn Eltern einschätzen, dass ihr Kind keine Freunde habe, sehen Eltern gleichzeitig auch eine geringere Lernfreude, eine geringere Motivation, eine geringere Lernentwicklung sowie geringere Erfolge im Lesen und Rechnen. Dabei kann auch umgekehrt nicht ausgeschlossen werden kann, dass nach Ansicht ihrer Eltern Kinder dann weniger Freunde finden, wenn sie schwache Schulleistungen zeigen. Schulisch erfolgreiche Kinder haben dementsprechend seltener keine Freunde. Insofern kann geschlussfolgert werden, dass in der Wahrnehmung der Eltern eine Entkopplung des Zusammenhangs von Schulleistungen und sozio-emotionaler Entwicklung im Hinblick auf ihre Kinder überwiegend nicht gesehen wird.

Tab. 5.11:   Bivariate Korrelationen (Pearsons r) zwischen den sozio-emotionalen Variablen und Schulleistungen aus Elternsicht

	Gut lesen N = 401	Gut schreiben N = 402	Gut rechnen N = 403
Geht gern in die Schule	.33**	.34**	.36**
Lernen macht Spaß	.44*	.48**	.42**
Lernbereitschaft gefördert	.40*	.44**	.28**
Keine Freunde	-.15**	-,05	-.15**
Lernentwicklung gut	.54**	.49**	.44**
* $p \leq .05$, ** $p \leq .001$			

5.3 Zusammenfassung und Diskussion der Ergebnisse aus der Perspektive der Eltern

Im Hinblick auf die Frage nach dem Gelingen des Schulanfangs der Kinder in der FLEX sollten in der Elternbefragung 2004 von allen Eltern, deren Kinder aus der FLEX in die dritte Jahrgangsstufe wechselten, Einschätzungen zur Entwicklung der Schulleistungen und der sozio-emotionalen Entwicklung ihrer Kinder erhoben und Zusammenhänge zwischen diesen geprüft werden. Zugleich interessierte die Frage, wie Eltern die Lernerfahrungen in der FLEX im Vergleich bewerten und inwieweit sich Unterschiede zwischen Eltern von Kindern mit regulärerer, kürzerer oder längerer Verweildauer sowie von Kindern mit förderdiagnostischer Lernbeobachtung (FDL) zeigen.

Als ein erstes Ergebnis aus der Auswertung von 406 Elternantworten aus 19 FLEX-Schulen kann eine überwiegend hohe Zufriedenheit der Eltern mit der Entwicklung ihrer Kinder konstatiert werden. Vier Fünftel aller Eltern sind mit der Lernentwicklung ihres Kindes zufrieden.

Bezug nehmend auf die Schulleistungen und die sozio-emotionale Entwicklung bescheinigen Eltern ihren Kindern am Ende der FLEX überwiegend gute Ergebnisse. Für drei Viertel bis vier Fünftel der Kinder wird von den Eltern angegeben, dass sie gute Schulleistungen erreichen und eine positive sozio-emotionale Entwicklung durchlaufen haben. In allen Items, welche die akademische Lernentwicklung der Kinder beschreiben, gibt es einen Anteil von etwa 20 % an Eltern, die ihren Kindern weniger gute oder schwache Ergebnisse im Lesen, Schreiben und Rechnen attestieren.

Positive Ergebnisse zeichnen sich zur sozio-emotionalen Entwicklung der Kinder in FLEX-Klassen ab. Mehr als vier Fünftel der Kinder gehen nach den Angaben ihrer Eltern am Ende der FLEX immer noch gern in die Schule und haben Freude am Lernen. Eltern bescheinigen drei Vierteln aller Kinder am Ende der flexiblen Eingangsstufe eine gute Anstrengungsbereitschaft. Nach Elternmeinung gelang es ebenso drei Viertel der Kinder, innerhalb der FLEX-Klasse Freunde zu finden und vier Fünftel aller Eltern meinen, dass die Kinder Verständnis füreinander entwickelt haben.[190] Allerdings zeigt sich auch, dass es einen Anteil von etwa einem Fünftel an Kindern in FLEX-Klassen gibt, deren sozio-emotionale Entwicklung aus der Sicht ihrer Eltern nicht erfolgreich verlief und die damit wesentliche Ziele des Anfangslernens nicht erreichen konnten.

---

190 Diese Ergebnisse entsprechen weitgehend den Ergebnissen, die Witzlack und Burrmann 1995 in zwei Schulen des ersten Pilotprojektes zur flexiblen kindgerechten Eingangsstufe (1992-1995) erhoben hat, lassen sich jedoch wegen verschiedener Skalenformate nicht uneingeschränkt miteinander vergleichen.

Als ein weiteres Ergebnis aus der Elternperspektive lässt sich aufzeigen, dass die Leistungsentwicklung und die sozio-emotionale Entwicklung der Kinder in der FLEX nicht unabhängig von Lernbiografiemerkmalen eingeschätzt werden. Bezogen auf die Lernentwicklung von Kindern mit unterschiedlichen Lernbiografiemerkmalen zeigen sich zwischen den Teilstichproben- und der Gesamtelterngruppe vor allem bei Eltern von Kindern mit förderdiagnostischer Begleitung und von Kindern im dritten Verweiljahr Unterschiede, zugleich würdigen die genannten Eltern spezielle förderorientierte pädagogische Merkmale der flexiblen Eingangsklassen und die fördernden Auswirkungen der flexiblen Schuleingangsphase für ihr Kind als sehr hoch. Die Entwicklung von Kindern mit förderdiagnostischer Lernbeobachtung wird von den Eltern in allen Items der akademischen Schulleistungen und der sozio-emotionalen Entwicklung deutlich geringer bewertet, eine Ausnahme bildet hier die Förderung der Lernbereitschaft, sodass sich aus Elternsicht die Lernmotivation und Anstrengungsbereitschaft auch dann erhalten konnte, wenn Kinder mit gravierenden Lernproblemen zu kämpfen hatten. [191] Für Kinder im dritten Verweiljahr fällt positiv auf, dass sie trotz der Lernerschwernisse gern zur Schule gehen, viel Wissen erworben haben, eine gute Motivation und Selbstständigkeit zeigen und dass die Eltern für diese Kinder nicht öfter als andere Eltern angeben, dass sie weniger Freunde haben. Damit kann angenommen werden, dass der Teufelskreis von schlechten Schulleistungen, sozialer Ablehnung und untauglichen sozialen Strategien (Petillon 1993, Krappmann/Oswald 1995, Oswald/Krappmann 2004, Oswald 2004) für Kinder mit längerer Verweildauer in FLEX-Klassen allem Anschein nach durchbrochen werden konnte.

Besonders positiv erscheinen die Ergebnisse für Kinder mit kürzerer Verweildauer. Da diese Kinder in der Regel zusätzlichen Förderunterricht und ergänzende Angebote erhalten, scheinen sie nach den Elternurteilen die Lernumgebung gefunden zu haben, die sie benötigen. Sie gehen nach den Angaben ihrer Eltern besonders gern in die Schule und haben durchgängig sehr viel Freude am Lernen. Für Kinder mit vorzeitiger Einschulung verweisen die Eltern auf sehr gute Leistungen im Lesen, die durch den Befund von Ditton und Krüsken (2006) in den Vergleichsarbeiten bestätigt werden. In der Tendenz verweisen die Elternantworten auf ein etwas geringeres Wohlbefinden von vorzeitig eingeschulten Kindern in der Schule.

Als ein drittes Ergebnis kann geschlussfolgert werden, dass ein Gelingen des Schulstarts in der FLEX von den Eltern von Kindern mit unterschiedlichen

---

191 Die Ergebnisse in den FLEX-Klassen stehen damit konträr zu früheren Ergebnissen einer Befragung von Eltern in brandenburgischen Integrationsklassen von Preuss-Lausitz (1997b), nach denen die Eltern behinderter Kinder die soziale Position ihrer Kinder in der Klasse als gleichgünstig oder günstiger als die Eltern der übrigen Kinder bewerteten.

Lernbiografiemerkmalen, auch bei unterschiedlichem Lernerfolg, gleichermaßen konstatiert wird. Die Daten legen die Annahme nahe, dass die Teilstichproben der Eltern von Kindern mit kürzerer oder längerer Verweildauer sowie von Kindern mit förderdiagnostischer Lernbeobachtung zufrieden mit den Lernbedingungen für ihre Kinder in der FLEX sind. Im Hinblick auf das Item einer Einschulung eines nächsten Kindes gibt es keine statistisch bedeutsamen Unterschiede zwischen den Eltern von Kindern mit unterschiedlichen Lernbiografieverläufen und der Gesamtelterngruppe. Damit ist die Zugehörigkeit des Kindes zu einer der Teilstichprobengruppen mit individuellen Lernbiografiemerkmalen ohne nennenswerten Einfluss auf die Einschätzung des Gelingens des Schulstarts durch die Eltern und die Daten geben Indizien dafür her, dass die Mehrheit der Kinder der unterschiedlichen Teilstichproben trotz unterschiedlich erfolgreicher Entwicklung von den FLEX-Klassen für ihre individuelle Entwicklung profitieren konnte.

Für die zentrale Frage nach dem Gelingen des Schulstarts kann als ein viertes Ergebnis festgehalten werden, dass zwei Drittel der Eltern den Schulstart ihrer Kinder für so gelungen halten, dass sie ein weiteres Kind in eine FLEX-Klasse einschulen lassen würden. Es kann vermutet werden, dass sie damit deutlich positive Effekte der FLEX-Klassen für ihr Kind im Vergleich zu regulären ersten Jahrgangsklassen sehen. Diese höhere Zufriedenheit von FLEX-Eltern im Vergleich zu Eltern regulärer Zweitklässler konnte 2005 von Ditton und Krüsken (2006) in Auswertung der Elternbefragungen zur Wahrnehmung des Unterrichtes bestätigt werden. Für diese Einschätzung spielten vor allem die intensive Förderung der Kinder sowie die kindgerechte Unterrichtsgestaltung eine wichtige Rolle.

Regressionsanalysen zeigen, dass Eltern dann den Schulstart für gelungen halten, wenn ihre Kinder viel Wissen erworben haben und in einem kindorientierten Unterricht lernen konnten, der zugleich die Anstrengungsbereitschaft und die Ausbildung sozialer Verhaltensweisen unterstützt. Anders gesagt: Eltern favorisieren einen Unterricht, der sowohl den akademischen Wissenserwerb als auch die sozio-emotionale Entwicklung kindgerecht stärkt.[192] Werden diese Variablen positiv bewertet, wird der Schulstart des eigenen Kindes in der FLEX als so gelungen betrachtet, dass ein potenzielles weiteres Kind noch einmal in eine FLEX-Klasse eingeschult werden würde.

Innerhalb der FLEX gibt es bezogen auf die Frage nach dem Gelingen des Schulanfangs eine kleinere Gruppe ablehnend eingestellter Eltern, die ca. ein Drittel aller Eltern umfasst. Diese würden ein nächstes Kind nicht noch einmal in

---

192 Diese Reihenfolge korrespondiert insofern mit den Ergebnissen der Bildungsstudie Deutschland 2007, als auch dort das Allgemeinwissen an erster Stelle bei den Eltern stand, gefolgt von sozialen und individuellen Kompetenzen (Focus/Microsoft 2007).

eine flexible Eingangsklasse einschulen lassen, weil sie befürchten, dass die Kinder in diesen Klassen zu wenig lernen. Es kann unterstellt werden, dass diese Eltern reguläre erste Klassen als besser für ihr Kind empfinden. Sie lehnen die Jahrgangsmischung und andere Merkmale, welche Öffnung und Individualisierung unterstützen sollen, überwiegend ab (vgl. hierzu Liebers 2004c).

Diese Ergebnisse korrespondieren in der Tendenz mit denen von Kanders (2004), welcher berichtet, dass zwei Drittel der von ihm repräsentativ befragten Eltern in Deutschland (aller Schulformen) glaubt, dass der Lernerfolg in homogenen Gruppen am größten sei und innere Differenzierung nur den schwachen Kindern nütze. Im Ost-West-Vergleich zeigte sich in Kanders' Untersuchung, dass ostdeutsche Eltern bei einer gleichzeitigen Betonung des sozialen Ausgleichs erheblich leistungs- und disziplinorientierter denken und die Quote der Reformbefürworter unter den Eltern in den neuen Ländern deutlich geringer liegt als in den alten Ländern. Insofern lässt sich für den veränderten Schulanfang in Brandenburg auch eine veränderte Reformeinstellung in der Elternschaft berichten, denn nur ein Drittel der befragten Eltern lehnen Öffnungsformen weitgehend ab, während eine zweite, größere Gruppe, zu denen etwa zwei Drittel der Eltern gehören, sich eher überzeugt vom Lernerfolg ihrer Kinder unter den Bedingungen der flexiblen Schuleingangsphase zeigt. Inwieweit bei den Einschätzungen der ablehnenden Eltern Diskrepanzen zwischen den konkreten Erfahrungen mit der Schule ihres Kindes, latent vorhandenen Alltagstheorien über guten Anfangsunterricht sowie spezifischen regionalen Konstrukten zum Schulanfang (vgl. hierzu Kammermeyer 2000) zum Tragen gekommen sind, kann im Rahmen der vorliegenden Daten nicht geklärt werden und erfordert weitergehende Forschungen. Dies heißt auch, dass die Frage nicht beantwortet werden kann, ob einige Eltern den Schulanfang ihrer Kinder in der FLEX für weniger gelungen halten, weil die FLEX ihren alltagstheoretischen Ideen und Vorstellungen von einem guten Schulanfang widerspricht oder ob die Ideen der FLEX aus der Sicht der Eltern für ihre Kinder so unzureichend umgesetzt wurden, dass sie damit nicht zufrieden sein konnten. Für beide Hypothesen gibt es in den Antworten der offenen Fragen einzelne Anhaltspunkte, die weitere Einzelfallanalysen erforderlich machen.

Für die Eltern sind die Einschätzungen der akademischen Lernentwicklung mit denen der sozio-emotionalen Entwicklung ihrer Kinder verbunden, sie schätzen ein, dass eine gute sozio-emotionale Entwicklung mit guten Schulleistungen einhergeht. Zugleich bedeutet dies aber auch, dass lernschwache Kinder eher über ein geringeres Wohlbefinden, eine geringere Lernfreude und weniger Freude verfügen können. Diese Antworttendenz der Eltern wird auch durch die Ergebnisse von Gisdakis (2007) im Kinderpanel gestützt, dort schätzten die befragten Mütter ein, dass der schulische Alltag für schulschwache Kinder belastender ist und diese Kinder häufiger abgelehnt werden. Eine Entkopplung des Zusammenhangs zwischen schwachen Lernleistungen und einer ungünstigen sozioemotionalen Entwicklung kann damit nicht von allen Eltern konstatiert werden kann.

Fasst man den Ertrag der Elternbefragung 2004 im Hinblick auf die Fragestellung der Arbeit zusammen, so kann resümiert werden, dass die überwiegende Mehrheit der Eltern den Schulanfang ihrer Kinder in der FLEX für rundum gelungen hält, dass es jedoch auch einige Eltern gibt, die dies, in Abhängigkeit vom Lernerfolg ihres Kindes und vermutlich auch von regional und biografisch geprägten Einstellungen zum Schulanfang anders sehen.

6 Der Schulstart der Kinder in der FLEX aus der Perspektive der Kinder - Kinderbefragung 2005

6.1 Anlage und Durchführung der Kinderbefragung

6.1.1 Population und Stichprobenziehung

Für die Beantwortung der Forschungsfragen aus der Perspektive der Kinder (vgl. Abschnitt 3.6) sollte für die Kinderbefragung 2005 eine repräsentative Stichprobe von Kindern in FLEX-Klassen als Zufallsauswahl von Klassen an den seinerzeit 101 existierenden Grundschulen mit flexibler Eingangsklasse gezogen werden. Die Zufallsauswahl erfolgte zweifach geschichtet. Eine erste Schichtung ergab sich aus der Bitte des für das Genehmigungsverfahren zuständigen Ministeriums, das die Schulamtsbezirke des Landes regional ausgewogen berücksichtigt sehen und den Schwerpunkt auf die Implementierungsschulen gelegt haben wollte. Das bedeutete, dass die im Schulversuch „FLEX 20" von 2001-2004 bereits mehrfach evaluierten 19 Schulen des früheren Schulversuchs (Liebers 2004) aus der Grundgesamtheit ausgeschlossen wurden und nur diejenigen ‚neuen' Schulen in die zu untersuchende Grundgesamtheit eingingen, die die flexible Schuleingangsphase ohne Schulversuchsbedingungen in der Ausweitungsphase ab dem Schuljahr 2003/2004 eingeführt hatten. Damit umfasste die definierte Grundgesamtheit der Population für die Kinderuntersuchung 2005 insgesamt 82 Grundschulen mit flexibler Schuleingangsphase im zweiten Durchführungsjahr, die unter Regelbedingungen des „Rundschreibens zur Arbeit in flexiblen Eingangsphasen" (RS 14/03, MBJS 2003) arbeiteten.

Eine weitere Schichtung ergab sich aus dem Sachverhalt der unterschiedlichen Zugangsmöglichkeiten von Kindern in flexible Schuleingangsphasen. Neben den Schulen, die alle Anfangsklassen ausschließlich als flexible Schuleingangsphasen führen, gibt es gleichzeitig Schulen, die aus Kapazitätsgründen sowohl flexible Schuleingangsphasen als auch reguläre Jahrgangsklassen bildeten. In diesen Schulen ist zumeist unklar, nach welchen Prinzipien die einzuschulenden Kinder auf die unterschiedlichen Klassenformen verteilt wurden. In einigen Schulen wurden die Plätze verlost, in anderen auf Wunsch vergeben. Der Elternwille spielte hierbei eine Rolle, sodass ein sozialschichtintendierter Zugang zu den FLEX-Klassen nicht ausgeschlossen werden kann. Um sicherzustellen, dass in den Stichprobenschulen alle Kinder des Einzugsbereichs einer Schule durch die Kinderbefragung 2005 erfasst werden, sind deshalb nur diejenigen Schulen in die Stichprobenziehung aufgenommen worden, die ausschließlich Eingangsphasen und keine parallelen regulären Jahrgangsklassen 1 und 2 anbieten.[193]

Für die Kinderbefragung 2005 sollten sechs Schulen mit ca. 250 Kindern ausgewählt werden, um zu aussagekräftigen Ergebnissen kommen zu können. Entsprechend den Vorgaben zur regionalen Schichtung sind die infrage kommenden Schulen des Landes in drei regionale Gruppen eingeteilt worden – eine nördliche Gruppe (Schulamtsbezirke Perleberg und Eberswalde), eine Gruppe Südwest (Schulamtsbezirke Brandenburg und Wünsdorf) und eine Gruppe Südost (Schulamtsbezirke Frankfurt/Oder und Cottbus) – um aus diesen drei regional gebildeten Gruppen per Zufallsziehung jeweils zwei Schulen auszuwählen.

Im Ergebnis sind aus der nach der Schichtung infrage kommenden Grundgesamtheit sechs Grundschulen mit fünfzehn jahrgangsübergreifenden flexiblen Schuleingangsklassen als Stichprobe für die Kinderbefragung 2005 gezogen worden. Zum Zeitpunkt der Datenerhebung von Mai bis Juni 2005 lernten 339 Kinder in diesen Klassen.

6.1.2 Stichprobenstruktur und Ausschöpfung der Stichprobe

Unter den per Zufallsziehung ausgewählten sechs Schulen befanden sich regional betrachtet zwei kleine Schulen im ländlichen Raum (eine davon standortgefährdet), zwei Schulen im kleinstädtischen Raum und zwei Schulen in kreisfreien Städten. Eine der sechs Schulen lag im so genannten ‚Speckgürtel' Berlins, zwei Schulen lagen an der äußersten Landesgrenze im strukturschwachen, dezentralen Entwicklungsraum.

Bezogen auf die bauliche Situation der Schulgebäude gab es sowohl aufwendig sanierte Schulhäuser als auch vernachlässigt wirkende Gebäude. Einige Klassen waren sehr gut ausgestattet mit Regalen, Differenzierungsmaterialien, Lese-, Computer- und Rückzugsecken, andere verfügten ausschließlich über das Standardsortiment an Tischen, Stühlen und Lernmaterialien. Im Hinblick auf die regionalen Bedingungen (das Überwiegen von kleineren Standorten im dezentralen Entwicklungsraum) sowie im Hinblick auf mögliche sächliche Rahmenbe-

---

193 In der Regel können Eltern diese Schulen weder abwählen noch aus einem anderen Einzugsbereich heraus anwählen, da die flexible Eingangsphase als Regelform keinen besonderen pädagogischen Grund nach §106 BbgSchulG darstellt und die Schulaufsicht durch ein Schreiben des Rechtsreferats des Ministeriums gehalten ist, Elternanträge nach diesem Paragrafen abzulehnen.

dingungen (Klassengrößen, Klassenanzahlen, Ausstattung) scheint eine typische Vielfalt abgebildet zu sein.

Die Anzahl der flexiblen Eingangsklassen an den sechs Schulen variierte von zwei bis vier Klassen. In den 15 Stichprobenklassen waren Klassenstärken von 13 bis zu 28 Kindern vertreten; die durchschnittliche Klassenstärke lag bei 23 Kindern.

81 Kinder nahmen nicht an der Befragung teil, weil die Genehmigungen von den Eltern fehlten oder weil sie krank waren. Bei den fehlenden Elterngenehmigungen hielten sich ‚vergessene' Zettel und versagte Elterngenehmigungen nach den Auskünften der Lehrerinnen die Waage. Insbesondere auch fürsorgliche Eltern verweigerten die Teilnahme, weil sie, wie aus telefonischen Nachfragen bei der Autorin hervorging, wegen der Fragen zur emotionalen Situation Angst um die psychische Verfassung ihrer Kinder hatten. Von den 339 Kindern in den Stichprobenklassen nahmen damit 259 Kinder an der Kinderbefragung 2005 teil.

Auf dieser Basis ist eine tatsächliche Beteiligung von 76 % der Kinder der Stichprobe zu konstatieren. Diese Beteiligung liegt etwas unterhalb internationaler Standards für den Ausschöpfungsgrad einer Stichprobe auf Schülerebene, die mit 80 % Rücklauf angegeben wird (Baumert et al. 2001, Lehmann/Nikolova 2005). Zwischen den 15 Klassen gibt es dabei beträchtliche Schwankungen in der Teilnahme: Sechs Klassen halten die kritische Grenze ein (Klasse 1, 2, 6, 8, 14, 15), drei Klassen (3, 5, 11) verfehlen diese knapp und sechs Klassen (4, 7, 9, 10, 12, 13) unterschreiten diese, zwei (10 und 13) davon sehr deutlich (vgl. Tab. 6.1).

Tab. 6.1:   Übersicht über Kinderzahlen in den Klassen und Ausschöpfungsgrad der Stichprobe

	Schule 1		Schule 2		Schule 3			Schule 4		Schule 5				Schule 6	
Klasse	1	2	3	4	5	6	7	8	9	10	11	12	13	14	15
Anzahl Kinder	23	24	24	24	24	24	28	21	17	27	24	25	26	15	13
Anzahl Teilnehmer	20	21	19	17	19	20	21	18	12	17	19	19	14	12	11
Teilnahme in %	87	88	79	71	79	83	75	86	71	63	79	76	54	80	85

Als Konsequenz aus der überaus geringen Rücklaufquote in zwei Klassen wurden die Daten aus diesen Klassen (10 und 13), die sich beide an der vierzügigen Schule 5 befanden, nicht verwendet.[194]

Nach Ausschluss dieser zwei Klassen gingen 286 Kinder in die Untersuchung ein, von denen tatsächlich 229 Kinder an der Kinderbefragung 2005 teilnahmen. Damit wurde eine Beteiligung von 80 % der Kinder innerhalb der reduzierten Stichprobe erreicht. Der Abgleich der statistischen Kennwerte der FLEX-Stichprobe mit den Kennwerten der Zensos-Erhebung für alle FLEX-Schulen aus dem Schuljahr 2004/2005 zeigt eine weitgehende Übereinstimmung (Tab. 4.2). Von den 286 Kindern der Stichprobe zählten 137 Kinder (48 %) statistisch zu den Erstklässlern, 149 Kinder (52 %) zu den Zweitklässlern. Von den Zweitklässlern lernten 16 Kinder (6 %) im dritten Verweiljahr in einer flexiblen Schuleingangsphase. Erst- und Zweitklässler sind somit in der Stichprobe ausgewogen vertreten.

In flexiblen Schuleingangsphasen wird besonderer Wert auf Möglichkeiten der Flexibilisierung und Individualisierung auch der zeitlichen Lernverläufe gelegt. Kinder, die individualisierte Lernwege gehen, werden statistisch gesondert erfasst als Kinder mit individuellen Lernbiografiemerkmalen. Dazu gehören Kinder mit vorzeitiger oder flexibler Einschulung, Kinder mit kürzerer oder längerer Verweildauer als zwei Jahren, Kinder, die zeitweilig oder dauerhaft nach den Rahmenlehrplananforderungen der nächst höheren Jahrgangsstufe gefördert werden und Kinder, die individualisierte Lernpläne gekoppelt mit förderdiagnostischer Begleitung (FDL)[195] erhalten.

Der Anteil von Kindern mit unterschiedlichen Lernbiografiemerkmalen in den Stichprobenklassen entspricht weitgehend dem typischen Durchschnitt in allen flexiblen Schuleingangsphasen des Landes Brandenburg.

---

194 Die Ursachen für die geringe Teilnahmebereitschaft in einzelnen Klassen konnten im Gespräch mit den Lehrerinnen nicht ermittelt werden. Insgesamt offenbarte sich jedoch in diesen Klassen in den Elternrückmeldungen eine gewisse Evaluationsabneigung, weil viele Eltern bewusst ablehnten oder auch Kommentare beifügten wie: „Mein Kind darf an der Befragung nur teilnehmen, wenn dadurch kein Unterricht ausfällt". Da an dieser Schule die Befragung zeitlich sehr dicht an den Vergleichsarbeiten stattfand, könnte sich der Überprüfungseindruck bei einigen Eltern verdichtet haben.
195 Viele Kinder, die das dritte Verweiljahr absolvieren, erhalten zugleich förderdiagnostische Lernbeobachtung. Dies ist aber nicht zwingend miteinander verbunden. Förderdiagnostische Begleitung können auch Kinder im ersten oder zweiten Verweiljahr erhalten oder schneller lernende Kinder, die individuell auf eine kürzere Verweildauer vorbereitet werden.

Tab. 6.2:   Vergleich der prozentualen Parameter von Stichprobenklassen mit
den tatsächlichen Klassen in Prozent (Schuljahr 2004/2005)

	Verhält-nis Jungen und Mädchen	Verhält-nis Erst- und Zweit-klässler	Anteil Kinder im 3. Verweil-jahr*	Anteil vorzeitig einge-schulter Kinder	Anteil Kinder mit kürzerer Verweil-dauer	Anteil Kinder mit FdL
FLEX-Stich-probe	52:48	48: 52	6	4	2	27
FLEX lan-desweit	$(51{:}49)^{196}$	51:49	6	5	2	20
* formal Zweitklässler						

Zusammenfassend kann festgestellt werden, dass die Ausschöpfungsquote der
Stichprobe zufriedenstellend ist. Es wurden weitgehend typische Repräsentanten
durch die gewählte Stichprobe untersucht, da in den ausgewählten Klassen typische Merkmale flexibler Schuleingangsphasen des Landes ausgeprägt sind. Damit kann eine zufrieden stellende Repräsentanz der Merkmale der FLEX-
Schulen des Landes innerhalb der Stichprobe konstatiert werden.

6.1.3   *Methodische Herangehensweise und Auswahl der Instrumente*

Im Folgenden werden die vier gewählten Instrumente vorgestellt, mit denen
Daten erhoben wurden: der standardisierte Fragebogen FEESS 1-2, die soziometrische Erhebung, der Schulbesuchsbogen sowie die Klassenlisten. Im Anschluss
wird der Umgang mit weiteren Datenquellen diskutiert.

Standardisierter Fragebogen FEESS 1-2

Im Vorfeld der Entscheidung für ein quantitatives Vorgehen wurden vorhandene
standardisierte Befragungsinstrumente gesichtet. In Abwägung möglicher Vari-
anten standardisierter Befragungen (Schumacher et al. 2003, Deusinger 2002,
Langfeldt/Prücher 2004, Rauer/Schuck 2004) fiel die Entscheidung zugunsten

---

196 Die Zahl in Klammern gibt den Landesdurchschnitt in der Grundschule insgesamt an, weil
diese Daten 2005 nicht in der landesweiten FLEX-Statistik erfasst wurde.

des normierten Fragebogens zum Erfassen emotionaler und sozialer Schulerfahrungen von Grundschulkindern erster und zweiter Klassen - FEESS 1-2 (Rauer/Schuck 2004). Für das Verwenden dieses Verfahrens innerhalb dieser Kinderbefragung 2005 sprachen folgende Gründe:

- Das Verfahren operiert mit vergleichbaren theoretischen Bezugspunkten wie diese Evaluation. Die für diese Evaluation relevanten Konzepte werden abgebildet.
- Das Verfahren ist im Ergebnis des Schulversuchs der integrativen Regelklassen in Hamburg entstanden. Der Hamburger Schulversuch beinhaltet ähnliche Zielstellungen im Hinblick auf eine förderdiagnostische Lernbeobachtung und ein vermeidet Etikettierungen in heterogenen Klassen ähnlich wie in der flexiblen Schuleingangsphase.
- Das Verfahren wendet sich an die Kinder selbst und ist in der Konstruktion und in der Darstellung der Items altersentsprechend angelegt. Kinder müssen nicht lesen und schreiben können, um die Items im Fragebogen beantworten zu können.
- Das Verfahren zielt auf die Selbstauskünfte der Kinder zu ihren emotionalen, motivationalen und sozialen Schulerfahrungen und erhebt damit Bewertungen der Kinder, die eine Verbesserung der Situation von Kindern ermöglichen. Es bewertet nicht die Kinder.
- Das Verfahren ist an einer großen Eichstichprobe für Erst- und Zweitklässler in Hamburg und Schleswig-Holstein normiert (N=1.400).

Der FEESS 1-2 wird von den Autoren (Rauer/Schuck 2004: 11) beschrieben als ein

„Verfahren zur Erfassung der psychologisch bedeutsamen und pädagogisch relevanten Sichtweisen, Einschätzungen, Bewertungen und Einstellungen von Grundschulkindern. Erfasst werden die Kompetenzerwartungen der Schülerinnen und Schüler, die erlebte soziale, emotionale und leistungsmotivationale Integration, die wahrgenommenen sozialen Beziehungen in der Klasse, das wahrgenommene Schul- und Lernklima und die Art und Weise, wie die Schülerinnen und Schüler, die Lehrerinnen und Lehrer sowie die Schule insgesamt wahrnehmen."

Damit werden nach den Aussagen der Testautoren generalisierte und situationsunabhängige Überzeugungen erfasst. Der Fragebogen arbeitet als Gruppenverfahren mit dem „Teilfragebogen zur sozialen Integration, zum Klassenklima und zum Selbstkonzept" (TF-SIKS 1-2, bestehend aus 37 Items) und mit dem „Teilfragebogen zur Schuleinstellung, zur Anstrengungsbereitschaft, Lernfreude und zu dem Gefühl des Angenommenseins" (TF SALGA 1-2, bestehend aus 53

Items). Alles in allem werden 90 Items zu den sieben genannten Subtests vorgelegt.[197]
    Die Items wurden von den Autoren in Anlehnung an in der Forschung be-
währte Testverfahren entwickelt. Es stehen bei jedem Item die Antwortalternati-
ven „stimmt nicht" oder „stimmt" zur Verfügung. Das Ermitteln der Rohwerte
erfolgt über vormarkierte Folienschablonen. Je nach Antwortwahl des Kindes
wird ein oder kein Punkt vergeben, wobei ein Punkt jeweils dann erteilt wird,
wenn ein Kind einer positiven Selbstaussage zustimmt oder eine negative Selbstaussage ablehnt. Für jeden Subtest werden schülerbezogene Rohwertsummen aus
den Antwortpunkten errechnet.
    Mithilfe der standardisierten Durchführungs-, Auswertungs- und Interpreta-
tionsanleitungen soll die Objektivität des Verfahrens gesichert werden. Hinsichtlich der internen Konsistenz und der zeitlichen Stabilität der Testwerte berichten
die Autoren von befriedigenden bis sehr guten Ergebnissen je nach Untertest
(Cronbachs α wird je nach Subtest und Jahrgangsstufe zwischen .63 und .93
angegeben). Sowohl die inhaltliche Validität, die Konstruktvalidität als auch die
differenzielle und kriterienbezogene Validität der Skalen ist nach den Darstellungen der Autoren gegeben. Die Überprüfung des vorliegenden Datensatzes der
FLEX-Stichprobe (Tab. 6.3) erbrachte folgende Reliabilitäten für die einzelnen
Skalen:

Tab. 6.3:   Reliabilitäten in den einzelnen Skalen des FEESS in der FLEX-
             Stichprobe

Skala	Cronbachs α Gesamtstichprobe (n = 229)[*]	Cronbachs α Teil-stichprobe 1. Verweiljahr (n = 110)	Cronbachs α Teil-stichprobe 2.+3. Verweiljahr (n = 117)
schulisches Wohlbefinden	.88	.85	.91
Selbstkonzept	.82	.74	.87
Lernfreude	.75	.65	.81
Anstrengungs-bereitschaft	.63	.60	.65
soziale Integ-ration	.77	.69	.83
* Jeweils zwei Teilfragebogen waren ungültig			

197 Die Subtests Klassenklima und Gefühl des Angenommenseins zählen nicht zu den zentralen
Konzepten dieser Untersuchung, können aber aus untersuchungstechnischen Gründen nicht aus der
Befragung herausgelöst werden.

Für vier Fragebogenbatterien zeigt sich, dass zufriedenstellende bis sehr gute Reliabilitäten für Gruppenvergleiche in der FLEX-Stichprobe vorliegen (Rost 2005). Anders stellt sich das Bild beim Subtest Anstrengungsbereitschaft dar: Hier wurden für Kinder im ersten Verweiljahr nicht die notwendigen Reliabilitäten für Gruppenvergleiche erreicht. Deshalb erfolgte eine Eliminierung von fünf der 13 Items in diesem Subtest (AB 02, AB 06, AB 21, AB 29, AB 38), sodass eine hinreichende Reliabiltät für die Variable Anstrengungsbereitschaft ($\alpha = .63$) erreicht werden konnte.

Deutlich wurde in der Auswertung auch, dass alle Skalen rechtssteile bzw. linksschiefe Verteilungen zeigen und damit auf Deckeneffekte verweisen. Für die inferenzstatistischen Prüfungen sowie die Mittelwertvergleiche und Clusteranalysen sind die Skalenwerte so transformiert worden, dass eine Normalverteilung annähernd gegeben ist. Dazu wurde eine Umkodierung der Rohwerte in jeweils vier Kategorien vorgenommen, die umschrieben werden können mit überwiegend ablehnenden Kindern (1), eher ablehnenden Kinder (2), zustimmenden Kindern (3) und Kindern mit Höchstpunktzahl (4).

Soziometrische Erhebung

Als zweite Methode der Datenerhebung wurden in dieser Untersuchung parallel zur Befragung soziometrische Daten erhoben. Soziometrie bietet die Möglichkeit, Gruppenstrukturen besser zu verstehen (Hofstätter 1967) und den sozialen Status eines Kindes bei seinen Mitschülern zu quantifizieren. Alle an der Untersuchung teilnehmenden Kinder wurden gefragt: „Stell dir vor, heute ist ein besonderer Tag in deiner Klasse und deine Lehrerin fragt dich, neben wem du am liebsten sitzen möchtest? Sage es mir aber nicht laut, sondern schreibe es auf!"

Dazu erhielten die Kinder vorbereitete Bogen mit drei Antwortzeilen, die sie mit den Namen der Kinder ausfüllen konnten, neben denen sie gerne sitzen würden. Anschließend sollten sie noch ein bis drei Namen von Kindern aufschreiben, neben denen sie nicht so gern sitzen würden. Für jede Wahl durch ein anderes Kind erhielt das betreffende Kind einen Wahlpunkt. Für jede Abwahl durch ein anderes Kind wurde ein Abwahlpunkt erteilt. Die soziale Präferenz eines Kindes als ein Maß seines sozialen Status in der Klasse wurde aus der Differenz von Wahl- und Abwahlpunkten berechnet, die das jeweilige Kind erhielt (Oswald/Krappmann 2004). Einige Autoren (Peery 1979, Petillon 1980[198], Krappmann/Uhlendorff 1999, Hinz et al. 1998, Lambrich 2004) verwenden darüber hinaus Kategoriensysteme, mit deren Hilfe sie Kinder verschie-

---

198 Petillon (1980) legte darüber hinaus standardisierte Werte für Kinder der Jahrgangsstufen 3 bis 7 vor, die allerdings für die hier untersuchten Erst- und Zweitklässler nicht anwendbar sind.

denen Gruppen zuordnen können. Da die soziale Präferenz in dieser Arbeit vor allem als ein Vergleichsmaß zu der von den Kindern selbst beschriebenen, eigenen sozialen Integration und damit für inferenzstatistische Zwecke eingesetzt werden sollte, konnte auf eine Kategorienbildung verzichtet werden (Oswald/Krappmann 2004).

Innerhalb der FLEX-Stichprobe offenbart sich eine sehr große Spannweite der sozialen Präferenz von 24 Punkten zwischen dem Minimum (-15) und dem Maximum (+9) an Wahlen, wobei der Mittelwert der leicht linksschiefen Verteilung bei 0,1 Punkten liegt (SD = 3,4). Die Mehrzahl der Kinder erhält null bis zwei Präferenzpunkte. Bei sehr vielen Kindern mit einer sozialen Präferenz von 0 Punkten halten sich Wahlen und Abwahlen die Waage. Sieben Prozent der Kinder erhalten allerdings keine einzige Wahl oder Abwahl und scheinen damit relativ unbeachtet in der Klasse zu lernen.

Schulbesuchsbogen

Zu jedem der anlässlich der Kinderbefragungen 2005 durchgeführten Schulbesuche wurde von der Autorin ein Schulbesuchsbogen erstellt. In diesem wurden einige wenige Ausstattungs- und Umfeldbedingungen stichpunktartig notiert, die bei den Aufenthalten in den Schulen offenkundig wurden und bei denen Rutter et al. (1980) einen Einfluss auf die Leistungen von Schülerinnen und Schülern nachweisen konnte. Zu den ausgewählten Kriterien gehören Aussagen zum Einzugsbereich, zur Stundenausstattungen der Klassen, zum Umgang mit Schülerarbeiten im Klassenraum und dazu, inwieweit zum Beispiel Klassenregeln und Klassenrituale offensichtlich wurden. Ergänzend wurden einzelne beschreibende Aussagen hinsichtlich der räumlichen Situation, des Instandhaltungszustands der Gebäude, der Ausstattung mit Lernmitteln sowie des Gesamteindrucks aufgeschrieben. Der Schulbesuchsbogen dient in erster Linie einer Prüfung, ob die ausgewählten Stichprobenschulen die Vielfalt der sächlichen Ausstattungen von Schulen mit flexibler Schuleingangsphase angemessen widerspiegeln.

Klassenlisten

Die Klassenlehrerinnen erhielten kodierte Klassenlisten, in denen sie die Schülerinnen und Schüler anonym mit ihren individuellen Lernbiografiemerkmalen erfassen sollten. Das Verwenden eines Kodierschlüssels gemäß dem der Münchner Vergleichsarbeiten sollte eine spätere Zuordnung der Ergebnisse der Vergleichsarbeiten zu denen der Kinderbefragung ermöglichen.

Weitere Datenquellen

In Ergänzung zu den selbst erhobenen Daten wurden die Einzeldaten der Kinder aus den länderübergreifenden Vergleichsarbeiten am Ende der Jahrgangsstufe 2 genutzt, die vom MBJS über das ZENSOS-System zur Verfügung gestellt worden sind. Es liegen die Punktwerte der Tests zum Leseverständnis, zur Lesegeschwindigkeit sowie zur Mathematik vor, an denen alle Kinder aus FLEX-Klassen teilgenommen haben, die nach einem, zwei oder drei Verweiljahren in die Jahrgangsstufe 3 der Grundschule gewechselt sind und an den Testtagen (Mai/Juni 2005) in der Schule anwesend waren. Für 103 Kinder liegen sowohl Daten aus den Vergleichsarbeiten 2005 als auch aus der Kinderbefragung 2005 vor, sodass anhand dieser Teilstichprobe geprüft werden kann, inwieweit Zusammenhänge zwischen den sozio-emotionalen Schulerfahrungen und den Ergebnissen aus den Leistungstests existieren.

Zusätzlich wurde von der Autorin auch geprüft, inwieweit Sozialdaten zu den Kindern erhoben werden können, da Zusammenhänge zwischen der Lernentwicklung der Kinder und sozioökonomischen und soziokulturellen Bedingungen der Familien sowie sozialräumlichen Gliederungen Gegenstand zahlreicher Studien sind. Einige Untersuchungen ziehen Sozialdaten aus dem Mikrozensus und den Datenbanken des Landes heran (stellvertretend Rüdiger et al. 1976, Rossbach/Tietze 1996, Bellenberg 1999, Palentien 2005) oder erheben selbst Daten von den Eltern zur Bestimmung spezifischer Indexe (Lehmann/Peek 1997, Ditton/Krüsken 2005, Tietze et al. 2005, Lehmann/Niklova 2005). In neueren Studien werden von den Eltern und Schulen Daten zur Bestimmung des Index of Economic, Social and Culturel Status (ESCS) erhoben (Baumert et al. 2005). Als sich negativ auf soziale Indexe auswirkende Faktoren gelten in der Regel eine hohe Arbeitslosigkeit, hohe Sozialhilfequoten, ein hoher Anteil von Bewohnern mit Migrationshintergrund wie auch geringe schulische und berufliche Abschlüsse, wobei in den genannten Studien vor allem soziokulturelle Indikatoren, wie der Bildungsabschluss der Eltern, der Buchbestand im Elternhaus oder der Migrationshintergrund, mit der Lernentwicklung stärker korrelieren als sozioökonomische Daten.

Einen Zusammenhang von Leistung und sozialräumlicher Gliederung, wie ihn Lehmann/Peek (1997) in der LAU-Studie für Hamburg anhand der Postleitzahlen und in der ELEMENT-Studie mithilfe des Sozialstrukturatlasses für die Westbezirke Berlins nachweisen konnte (Lehmann/Niklova 2005), scheint es in einigen Gebieten der neuen Bundesländer so nicht zu geben. So wurde der erwähnte Zusammenhang innerhalb der ELEMENT-Studie für die Oststadtteile Berlins weniger bedeutsam. Ähnliche Daten berichten auch Ditton und Krüsken (2005) für Zweitklässler in Brandenburg, bei denen der elterliche Buchbestand, im Gegensatz zu den Ergebnissen in Berlin, eher gering mit den Testleistungen in den länderübergreifenden Vergleichsarbeiten korrelierte (r = .10 für Leseverständnis) und sozioökonomische Daten bei den Zweitklässlern nur eine Varianzaufklärung von 10 % erbrachten. Eine ähnlich niedrige Varianzaufklärung (R^2 = .14) schulischer Leistungen durch die soziokulturelle Herkunft berichtete auch das PISA-Konsortium 2003 (Baumert et al. 2005) für das Land Brandenburg, allerdings bei einem niedrigen Kompetenzniveau der mathematischen Leistungen der Fünfzehnjährigen. Es wird dabei deutlich, dass die aus anderen Ländern bekannte enge Koppelung von Leistungen und soziokultureller Herkunft in Brandenburg anscheinend nicht so robust ausfällt.

Die verfügbaren Daten aus dem Mikrozensus des Landes Brandenburg (LDS 2005, LASV 2005) sind überwiegend nach den 18 Landkreisen geordnet, die sich in der Regel aus sehr verschiedenen sozialräumlichen Strukturen, wie Amtsgemeinden und amtsfreien Gemeinden im ländlichen Raum und kreisfreien Städten zusammensetzen und sich vom dezentralen Entwicklungsraum bis hinein in die Hauptstadtregion erstrecken können. Damit verfügen diese Sozialdaten über wenig Aussagekraft für die soziale Situation im konkreten Einzugsbereich einer Grundschule. Selbst wenn lokal eingrenzbare Daten vorliegen wie bei der Arbeitsamtsstatistik, sagt eine Arbeitslosenquote von 19 % für eine kreisfreie Stadt wenig über die konkrete soziale Situation der Familien aus, deren Kinder an einer bestimmten Schule lernen. In einem Stadtteil mit ‚grünem Vorortcharakter' können relativ günstige soziale Bedingungen herrschen, während eine Nachbarschule, welche in einer stadtentwicklerisch vernachlässigten, ehemaligen Industriearbeitersiedlung innerhalb der gleichen Stadt liegt, überaus große Folgeprobleme von Erwerbslosigkeit, Erwerbsarmut und sozialen Problemen berichtet. Aus diesem Grunde sind die Daten des Mikrozensus sowie die anderen Datensätze des LDS für die Kinderuntersuchung 2005 zu grobmaschig und können allenfalls als Orientierung für die Gesamtsituation des Landes genutzt werden.

Im Rahmen der länderübergreifenden Vergleichsarbeiten 2005 wurden von Ditton und Krüsken bei den Eltern der Zweitklässler Daten zur sozioökonomischen Situation erhoben. Ursprüngliche Überlegungen, diese Daten mit in die Kinderbefragung einzubeziehen, wurden verworfen, da sich die Anzahl der beteiligten Elternhäuser als deutlich zu gering erwies. In die Stichprobe für die Elternbefragung der Universität München wurde jeweils nur eine Stichprobenklasse pro Schule aufgenommen. Damit waren schon weniger als 50 % der Klassen der Kinderbefragungsstichprobe beteiligt. Da zudem in der Elternbefragung nur die Eltern der Zweitklässler befragt wurden, reduzierte sich damit der Anteil der einbezogenen Eltern aus dieser Kinderbefragungsstichprobe auf unter 25 %

und schied für eine Weiternutzung aus.[199] Eine eigene Elternbefragung zu den Sozialdaten ist bereits im Vorfeld des Genehmigungsverfahrens für diese Arbeit mit Hinweis auf die parallel laufende Elterbefragung der Universität München vom MBJS abgelehnt worden.

Aus den oben genannten Gründen der Untauglichkeit der vorliegenden öffentlichen statistischen Daten für diese Untersuchung, der Nichtdurchführbarkeit einer eigenen Elternbefragung sowie der zu dünnen Datenlage in der Münchner Untersuchung für die Stichprobenklassen wurde auf die Einbeziehung von Sozialdaten in der Auswertung der Kinderbefragung 2005 verzichtet.

6.1.4 Praktische Durchführung und Auswertung der Kinderbefragung 2005

Für die praktische Durchführung der Erhebung wurde im Vorfeld mit den Schulleiterinnen und Schulleiter telefonisch das Vorhaben besprochen und es wurden geeignete Besuchstage abgestimmt. Für die Klassenleiterinnen gab es einen Brief mit allen Informationen zu der geplanten Kinderbefragung 2005 sowie dem Angebot für ein klassenbezogenes Auswertungsgespräch, das neben dem Feedback für die Schulen auch eine kommunikative Validierung der erhobenen Daten ermöglichen sollte.

Innerhalb von zwei Unterrichtsstunden wurden mit allen Kindern einer Klasse, für die eine Elterngenehmigung vorlag, beide Fragebogenteile des FEESS 1-2 bearbeitet. Im Anschluss wurde der Soziogrammbogen vorgelegt. Dazu war neben der Autorin, wie im Handbuch zum FEESS 1-2 vorgeschlagen, eine weitere geschulte externe Person in der Klasse, sodass die anonyme Befragung gemäß den Instruktionen des Manuals durchgeführt und durch die zulässigen individuellen Hilfestellungen unterstützt wurde. Die Klassenleiterinnen oder andere Angehörige der Schule waren bis auf eine Ausnahme nicht anwesend. Das von den Testautoren vorgeschlagene Bearbeiten der beiden Fragebogenteile TF-SALGA und TF-SIKS an unterschiedlichen Tagen war aus zeitlichen und finanziellen Gründen nicht möglich, da aufwendige Reisewege zu einigen Schulen anfielen. Um die Gefahr einer Überforderung der Kinder zu vermeiden, wurden Entspannungspausen mit Bewegungsspielen eingebaut und die Kinder mit einer kleinen Überraschung zum Durchhalten motiviert. Da die Kinder in fast allen Klassen von sich aus schon hoch motiviert mitarbeiteten, war die Länge der Bearbeitungszeit, unterstützt durch die ansprechende Gestaltung der Items und das Aussehen der Fragebogen, in der Regel kein Problem.

---

199 Dabei ist der Anteil der fehlenden Elternantworten noch nicht herausgerechnet.

Der Fragebogen erwies sich für fast alle Kinder der Jahrgangsstufen 1 und 2 als sehr gut durchführbar. Auch Kinder mit förderdiagnostischer Lernbeobachtung kamen gut zurecht. Für einige von ihnen wurden die Ankreuzkategorien „stimmt nicht" und „stimmt" nach einigen Hilfestellungen untersetzt mit der Zusatzinformation „nein" und „ja", sodass sie mit diesen Kategorien meistens ohne weitere Hilfe die Items selbstständig bearbeiten konnten. Für einige schwerer lernende Kinder waren einzelne Items mit einer doppelten Negation sehr schwierig zu beantworten. Da dies schon beim zweiten Item „Es macht mir keinen Spaß, neue Dinge zu lernen" vom Untertest TF-SALGA deutlich wurde, konnten hier individuelle Hilfestellungen laut Handbuch gegeben werden. In einigen wenigen Fällen scheint es ‚Protestwähler' gegeben zu haben, Kinder, die jeweils bewusst immer negativ konnotierte Antworten gewählt haben und mit entsprechenden nonverbalen Kommentaren bei den Untersucherinnen Aufmerksamkeit erreichen wollten. Einzelne wenige sehr leistungsorientiert und reflektiert wirkende Kinder haben den Fragebogen ‚überselbstkritisch' ausgefüllt. Dies zeigte sich in Nachfragen der Kinder, die sich nur schwerlich auf eine ausschließlich positive Antwort festlegen konnten und deshalb lieber das negierende Antwortformat wählten. Im Rahmen der standardisierten Auswertung wurden solche Einzelfallkonstellationen nicht berücksichtigt und alle oben genannten Fälle (ca. 10 Kinder) gingen als normale Fälle in die Auswertung ein, da vergleichbare Fälle vermutlich auch in der Eichstichprobe vorhanden waren.

Das Auswerten der Erhebungsbogen erfolgte mithilfe der zum Test gehörigen Schablonen jeweils in den Tagen nach dem Schulbesuch und vor dem nächsten Schulbesuch. Für die Auswertungsgespräche wurden für alle Kinder wie in der Testanleitung beschrieben die individuellen Profile ermittelt und es wurde ein Klassenprofil berechnet, das in einem Gespräch mit den Klassenlehrerinnen ausgewertet und zugleich kommunikativ validiert wurde.

Für die statistischen Berechnungen wurden die Einzelergebnisse aus den verschiedenen Erhebungsinstrumenten in einen SPSS-Datensatz übertragen. Neben nominal- und ordinalskalierten Daten lagen die Ergebnisse des FEESS und der Vergleichsarbeiten als metrische Daten mit Intervallskalierung vor, sodass mit metrischen Prüfverfahren gerechnet wurde.[200] Als Signifikanzniveau für die Kinderbefragung 2005 wurde das 95 %-Niveau festgelegt. Die Stichprobe ist ausreichend groß, um mittlere und größere Effekte bei $\alpha \leq 0.05$ statistisch signifikant abzusichern (Rost 2005).

---

200 Trotz des Abweichens der Datensätze von der Normalverteilung wurde eine Entscheidung zugunsten metrischer Verfahren getroffen. Dafür sprachen die Intervallskalierung der abhängigen Variablen, die Größe der Stichprobe und die nachgewiesene Robustheit vieler Verfahren gegen eine Verletzung der Normalverteilungsvoraussetzung (Rost 2005).

6.2 Ergebnisse der Kinderbefragung 2005

6.2.1 Sozio-emotionale Entwicklung von Kindern in FLEX-Klassen

Als erstes Ziel der Kinderbefragung sollte ermittelt werden, wie Kinder in FLEX-Klassen selbst ihr schulisches Wohlbefinden, ihr Selbstkonzept, ihre Lernfreude und Anstrengungsbereitschaft sowie ihre soziale Integration und damit das Erreichen sozio-emotionaler Ziele des Anfangsunterrichts einschätzen.

Schulisches Wohlbefinden

Das emotionale Wohlbefinden der Schülerinnen und Schüler wird beim FEESS 1-2 mit der Skala „Allgemeine Schuleinstellung" (SE) (Tab. 6.4) erfasst, die misst, wie wohl sich ein Kind in der Schule fühlt.

Im Mittel lag der erreichte Rohwert aller Kinder in der FLEX-Stichprobe bei 11,8 von 14 möglichen Punkten (SD = 3,18). Dieser Wert weist auf ein hohes schulisches Wohlbefinden bei den Kindern in FLEX-Klassen hin. Immerhin beantworten 45 % der Kinder alle Items so, dass sie ein Höchstmaß an Wohlbefinden äußern.

Jeweils 92 % aller Kinder macht die Schule Spaß, es gefällt ihnen in der Schule und ebenso lehnen sie die Aussage ab, dass sie die Schule satt hätten. Nur ein Drittel der Kinder ist froh, wenn die Schule aus ist und etwa ein Fünftel aller Kinder freut sich morgens oder nach den Ferien nicht auf die Schule. Nur wenige der Kinder (12 %) in FLEX-Klassen hassen die Schule und fänden ihr Leben ohne Schule viel schöner (15 %). Damit deuten die Ergebnisse darauf hin, dass die flexiblen Eingangsklassen für sehr viele Kinder sehr positiv besetzte Lernorte darstellen, an denen sie in ihre neue Rolle als Schülerin oder Schüler sehr gut hineinwachsen können. Einige wenige Kinder fühlen sich deutlich unwohl, lehnen die Schule ab und können ihrer neuen Rolle nicht ausreichend gerecht werden.

Tab. 6.4:   Items des Subtests schulisches Wohlbefinden (Schuleinstellung) und
             deren Mittelwerte in FLEX-Klassen

Item-Nr.	Item-Inhalt: Schuleinstellung N = 227[201]	MW	(SD)
13	Schule macht Spaß. (Stimmt nicht = 0 / stimmt = 1)	0,92	(0,27)
51	Mir gefällt es in der Schule. (Stimmt nicht = 0 / stimmt = 1)	0,92	(0,27)
28	Ich habe die Schule satt. (Stimmt nicht = 1 / stimmt = 0)	0,92	(0,28)
07	Ich hasse die Schule. (Stimmt nicht = 1 / stimmt = 0)	0,88	(0,32)
49	In der Schule ist es langweilig. (Stimmt nicht = 1 / stimmt = 0)	0,88	(0,33)
26	Ich gehe gern zur Schule. (Stimmt nicht = 0 / stimmt = 1)	0,87	(0,34)
44	Ich bin fröhlich, wenn ich an der Schule bin. (Stimmt nicht = 0 / stimmt = 1)	0,87	(0,34)
23	Ich fühle mich in der Schule wohl. (Stimmt nicht = 0 / stimmt = 1)	0,85	(0,36)
32	Ohne Schule wäre alles viel schöner. (Stimmt nicht = 1 / stimmt = 0)	0,85	(0,36)
17	Schule ist ganz schön nervig. (Stimmt nicht = 1 / stimmt = 0)	0,84	(0,37)
11	Nach den Ferien freue ich mich auf die Schule. (Stimmt nicht = 0 / stimmt = 1)	0,81	(0,39)
16	Morgens freue ich mich auf die Schule. (Stimmt nicht = 0 / stimmt = 1)	0,79	(0,41)
04	Ich habe keine Lust, in die Schule zu gehen. (Stimmt nicht = 1 / stimmt = 0)	0,77	(0,42)
42	Ich bin froh, wenn die Schule aus ist. (Stimmt nicht = 1 / stimmt = 0)	0,65	(0,48)

---

201   Für zwei von 229 Kindern waren die Testwerte laut Manual ungültig.

Selbstkonzept

Der Subtest zum Selbstkonzept (SK) misst, inwieweit sich Kinder den schulischen Anforderungen gewachsen sehen und ihre schulischen Fähigkeiten positiv bewerten (Tab. 6.5).

In der FLEX-Stichprobe wird ein mittlerer Wert von 12,75 von 15 möglichen Punkten erreicht (SD = 2,83). Ein Drittel aller Kinder beantwortet alle Fragen positiv, sodass für sie eine sehr hohe Ausprägung ihres Selbstkonzepts festgestellt werden kann. Über 90 % aller Kinder lehnen die Aussagen ab, dass sie nur wenig in der Schule verstehen und nur leichte Aufgaben lösen könnten. 90 % der Kinder sind davon überzeugt, dass sie ganz gut lernen und ihre Aufgaben allein lösen können.

Am schwächsten schneidet die Selbsteinschätzung des gut vor der Klasse erzählen Könnens ab, hier können nur 71 % der Kinder zustimmen, was zeigt, dass die Kinder ihre eigenen Fähigkeiten differenziert wahrnehmen. Ebenfalls selbstkritisch geben einige Kinder an, dass sie nicht immer alles verstehen, was die Lehrkraft erklärt, und ein Fünftel der Kinder schätzt selbstkritisch ein, leicht zu vergessen, was sie gelernt haben.

Nur 11 % der Kinder sind davon überzeugt, schlechte Schüler zu sein. Für die Mehrheit der Kinder in jahrgangsübergreifenden FLEX-Klassen kann damit festgestellt werden, dass sie ein weitgehend positives Selbstkonzept aufbauen und erhalten konnten.

Tab. 6.5:   Items des Subtests Selbstkonzept und deren Mittelwerte in FLEX-Klassen

Item-Nr.	Item-Inhalt: Selbstkonzept N = 229	MW	(SD)
19	Ich verstehe nur wenig in der Schule. (Stimmt nicht = 1 / stimmt = 0)	0,92	(0,28)
37	Ich kann nur leichte Aufgaben lösen. (Stimmt nicht = 1 / stimmt = 0)	0,91	(0,29)
25	Ich kann ganz gut lernen. (Stimmt nicht = 0 / stimmt = 1)	0,90	(0,31)
23	Ich kann meine Aufgaben meistens allein lösen. (Stimmt nicht = 0 / stimmt = 1)	0,90	(0,30)
02	Ich glaube, ich bin ein schlechter Schüler. (Stimmt nicht = 1 / stimmt = 0)	0,89	(0,31)
35	Ich bin gut in der Schule. (Stimmt nicht = 0 / stimmt = 1)	0,89	(0,31)

Item- Nr.	Item-Inhalt: Selbstkonzept N = 229	MW	(SD)
06	Ich kann gut rechnen. (Stimmt nicht = 0 / stimmt = 1)	0,87	(0,34)
21	Ich mache in der Schule das meiste richtig. (Stimmt nicht = 0 / stimmt = 1)	0,86	(0,35)
03	Ich schaffe nur einen Teil der Aufgaben. (Stimmt nicht = 1 / stimmt = 0)	0,84	(0,37)
12	Ich kann gut lesen. (Stimmt nicht = 0 / stimmt = 1)	0,84	(0,37)
17	Ich lerne sehr langsam. (Stimmt nicht = 1 / stimmt = 0)	0,83	(0,38)
32	Ich kann den anderen gut etwas erklären. (Stimmt nicht = 0 / stimmt = 1)	0,83	(0,38)
09	Ich vergesse leicht, was ich gelernt habe. (Stimmt nicht = 1 / stimmt = 0)	0,80	(0,40)
14	Ich verstehe immer, was der Lehrer erklärt. (Stimmt nicht = 0 / stimmt = 1)	0,76	(0,43)
26	Ich kann gut vor der ganzen Klasse erzählen. (Stimmt nicht = 0 / stimmt = 1)	0,71	(0,46)

Lernfreude

Der Subtest zur Lernfreude (LF) ermittelt, inwieweit Kinder Freude beim Bewältigen der alltäglichen schulischen Anforderungen entwickeln und mit frohen Erwartungshaltungen an den Unterricht in den Fächern und die Schule herangehen (Tab. 6.6).

In der FLEX-Stichprobe wird ein mittlerer Wert von 11,03 von 13 möglichen Rohwertpunkten erreicht (SD = 3,30). Wiederum ein Drittel der Kinder stimmt allen Aussagen positiv zu und zeigt damit eine sehr hohe Lernfreude. 90 % der Kinder geben an, gern in der Schule zu lernen und im Unterricht gern mitzumachen. Besonders beliebt ist der Sachunterricht, der überwiegend in den fächerverbindenden Unterricht integriert erteilt wird.

Nur ein Fünftel aller Kinder holt sich nicht gern zusätzliche Aufgaben und hat auch wenig Freude am Mathematikunterricht. Weniger als ein Drittel der Kinder würde lieber spielen als lernen.

Die Aussagen der Kinder deuten somit darauf hin, dass die große Mehrzahl der Kinder viel Lernfreude entwickeln konnte und eine frohe Erwartungshaltung offenbart. Ein Spielbedürfnis wird noch von relativ vielen Kindern artikuliert.

Tab. 6.6:   Items des Subtests Lernfreude und deren Mittelwerte in FLEX-
             Klassen

Item-Nr.	Item-Inhalt: Lernfreude N = 227[202]	MW	(SD)
53	Ich freue mich auf den Sachunterricht. (Stimmt nicht = 0 / stimmt = 1)	0,93	(0,26)
48	Ich arbeite im Unterricht gern mit. (Stimmt nicht = 0 / stimmt = 1)	0,91	(0,28)
09	Ich lerne gern in der Schule. (Stimmt nicht = 0 / stimmt = 1)	0,90	(0,30)
40	Rechnen macht Spaß. (Stimmt nicht = 0 / stimmt = 1)	0,90	(0,30)
18	Ich lerne nur ungern in der Schule. (Stimmt nicht = 1 / stimmt = 0)	0,88	(0,33)
35	Ich habe keine Lust, etwas zu lernen. (Stimmt nicht = 1 / stimmt = 0)	0,86	(0,34)
37	Ich habe wenig Lust zu schreiben. (Stimmt nicht = 1 / stimmt = 0)	0,86	(0,35)
14	Ich übernehme freiwillig Aufgaben in der Schule. (Stimmt nicht = 0 / stimmt = 1)	0,83	(0,37)
20	Ich freue mich auf den Deutschunterricht. (Stimmt nicht = 0 / stimmt = 1)	0,83	(0,37)
46	Lesen macht mir keinen Spaß. (Stimmt nicht = 1 / stimmt = 0)	0,83	(0,37)
05	Ich hole mir gern zusätzliche Aufgaben. (Stimmt nicht = 0 / stimmt = 1)	0,80	(0,40)
45	Rechenunterricht macht mir keinen Spaß. (Stimmt nicht = 1 / stimmt = 0)	0,79	(0,41)
08	Ich spiele lieber, als etwas zu lernen. (Stimmt nicht = 1 / stimmt = 0)	0,70	(0,46)

Anstrengungsbereitschaft

Der Subtest Anstrengungsbereitschaft (AB) zielt auf ein Erfassen des Bestrebens von Kindern, Anforderungen auch bei notwendiger Anstrengung und ungewissen Erfolgsaussichten zu erfüllen (Tab. 6.7). Dabei geht es den Testautoren zugleich um den Anteil der Bereitschaft zu neuen Erfahrungen und mit Unbekanntem.

---

202   Für zwei von 229 Kindern waren die Testwerte laut Manual ungültig.

Kinder in FLEX-Klassen beantworten durchschnittlich 7,19 der 8 Items positiv (SD = 1,24). 58 % der Kinder haben sogar alle Items für sich im positiven Sinne bestätigt und zeigen damit eine überaus hohe Anstrengungsbereitschaft. Nahezu alle Kinder betonen, dass sie ihr Bestes in der Schule geben wollen und dass sie versuchen, auch ganz schwierige Aufgaben zu lösen, ohne dabei schnell aufzugeben.

Weniger als ein Fünftel der Kinder will zwar auch sein Bestes geben, strengt sich aber nur ungern an, lernt nicht so gern neue Dinge und will lieber leichte Aufgaben lösen. Generell werden in diesen Aussagen eine überaus hohe Anstrengungsbereitschaft und eine hohe Motivation für das Lernen offenkundig.

Tab. 6.7:   Items des Subtests Anstrengungsbereitschaft und deren Mittelwerte in FLEX-Klassen

Item-Nr.	Item-Inhalt: Anstrengungsbereitschaft $N = 227^{203}$	MW	(SD)
12	Ich gebe mein Bestes in der Schule. (Stimmt nicht = 0 / stimmt = 1)	0,99	(0,09)
31	Ich versuche, auch ganz schwierige Aufgaben zu lösen.(Stimmt nicht = 0 / stimmt = 1)	0,95	(0,22)
36	Ich gebe schnell auf, wenn ich Probleme habe. (Stimmt nicht = 1 / stimmt = 0)	0,94	(0,24)
25	Wenn mir etwas schwerfällt, gebe ich schnell auf. (Stimmt nicht = 1 / stimmt = 0)	0,92	(0,28)
50	Ich freue mich auf neue Aufgaben. (Stimmt nicht = 0 / stimmt = 1)	0,92	(0,28)
19	Ich strenge mich ungern an beim Lernen. (Stimmt nicht = 1 / stimmt = 0)	0,86	(0,35)
22	Ich mag nur leichte Aufgaben. (Stimmt nicht = 1 / stimmt = 0)	0,82	(0,39)
03	Es macht mir keinen Spaß, neue Dinge zu lernen. (Stimmt nicht = 1 / stimmt = 0)	0,80	(0,40)

Soziale Integration

Die Skala Soziale Integration (SI) im FEESS 1-2 (Tab. 6.8) ermöglicht es, Aussagen darüber zu treffen, wie sich ein Kind durch die anderen Kinder der Klasse

---

203   Für zwei von 229 Kindern waren die Testwerte laut Manual ungültig.

angenommen fühlt und inwiefern es sich selbst als ein wichtiges Mitglied der Klasse betrachtet.

Der Mittelwert der Kinder in FLEX-Klassen liegt bei 8,83 von 11 möglichen Punkten (SD = 2,40). Im Vergleich zu den anderen Subtests stimmen hier weniger Kinder (30 %) allen Items uneingeschränkt zu. Eine große Mehrzahl der Kinder (90 %) fühlt sich in ihrer Klasse wohl und 87 % der Kinder finden, dass die Mitschüler nett zu ihnen sind. Fast ebenso viele Kinder fühlen sich nicht von den anderen Kindern ausgelacht.

Nur ein Viertel der Kinder wird nicht von anderen getröstet, wenn sie traurig sind. Etwa 28 % der Kinder geben an, nur wenige Freunde zu haben und ein Drittel der Kinder glaubt, dass nur wenige Mitschüler sie leiden können.

Lediglich ein Fünftel der Kinder darf auf dem Hof beim Spielen nicht mitmachen und muss demzufolge in den für Kinder wichtigen Pausen abseits stehen. Trotzdem scheint für einen großen Teil der Kinder die soziale Integration in die Klasse erfolgreich verlaufen zu sein.

Tab. 6.8:   Items des Subtests Soziale Integration und deren Mittelwerte in FLEX-Klassen

Item-Nr.	Item-Inhalt: Soziale Integration N = 229	MW	(SD)
20	Ich fühle mich in der Klasse wohl. (Stimmt nicht = 0 / stimmt = 1)	0,90	(0,30)
10	Meine Mitschüler sind nett zu mir. (Stimmt nicht = 0 / stimmt = 1)	0,87	(0,34)
28	Die anderen lachen mich häufig aus. (Stimmt nicht = 1 / stimmt = 0)	0,86	(0,35)
33	Die anderen suchen Streit mit mir. (Stimmt nicht = 1 / stimmt = 0)	0,85	(0,36)
07	Meine Mitschüler helfen mir, wenn ich etwas nicht kann. (Stimmt nicht = 0 / stimmt = 1)	0,83	(0,37)
15	Die anderen hören zu, wenn ich etwas sage. (Stimmt nicht = 0 / stimmt = 1)	0,80	(0,40)
24	Ich komme mit den anderen Kindern in meiner Klasse gut aus. (Stimmt nicht = 0 / stimmt = 1)	0,80	(0,40)
30	Ich darf beim Spielen auf dem Schulhof mitmachen.(Stimmt nicht = 0 / stimmt = 1)	0,80	(0,40)
27	Meine Mitschüler trösten mich, wenn ich traurig bin. (Stimmt nicht = 0 / stimmt = 1)	0,76	(0,43)

Item-Nr.	Item-Inhalt: Soziale Integration N = 229	MW	(SD)
31	Ich habe wenige Freunde in meiner Klasse. (Stimmt nicht = 1 / stimmt = 0)	0,72	(0,45)
05	Nur wenige Mitschüler können mich leiden. (Stimmt nicht = 1 / stimmt = 0)	0,64	(0,48)

Zusammenhänge zwischen den Variablen der sozio-emotionalen Entwicklung untereinander und mit der sozialen Präferenz eines Kindes

Unter deskriptiven Aspekten ist es von Interesse zu erfahren, wie eng die einzelnen Selbsteinschätzungen von Kindern mit der sozio-emotionalen Entwicklung verwoben sind. Die Kinder wurden aber nicht nur zu sich selbst, sondern auch dazu befragt, neben welchen Kindern sie gern sitzen oder nicht sitzen mögen. Diese Frage ermöglicht eine interne Validierung der Selbsteinschätzungen anhand der Fremdeinschätzungen durch die Peers.

Es zeigt sich, dass die meisten Variablen der sozio-emotionalen Entwicklung in den Kindereinschätzungen eng miteinander zusammenhängen (vgl. Tab. 6.9). Das schulische Wohlbefinden korreliert moderat bis stark mit dem Selbstkonzept, der Lernfreude, der Anstrengungsbereitschaft und der sozialen Integration, hängt jedoch nicht mit der sozialen Präferenz zusammen, d. h., auch wenn Kinder einen geringen Status in der Klasse haben, können sie sich in der Schule sehr wohl fühlen. Für die Variabeln Selbstkonzept, Lernfreude und Anstrengungsbereitschaft stellt sich ein Zusammenhang mit der sozialen Präferenz dergestalt dar, dass die Selbsteinschätzungen nicht ganz unabhängig von der sozialen Wertschätzung sind, die Kinder durch Peers erfahren. Interessanterweise gibt es auch speziell zwischen der selbst eingeschätzten sozialen Integration eines Kindes und der von seinen Mitschülerinnen und Mitschülern angegebenen sozialen Präferenz korrelative Zusammenhänge, d. h., die Selbsteinschätzung des eigenen Angenommenseins in der Klasse verläuft nicht unbeeinflusst von der tatsächlichen Wertschätzung, die ein Kind in seiner Klasse erfährt. Der deutlich gewordene Zusammenhang zwischen der sozialen Präferenz und der vom Kind selbst eingeschätzten, eigenen sozialen Integration ist noch nicht allzu stark ausgeprägt und spiegelt sich bei Einzelfallanalysen darin wider, dass es einige Kinder gibt, bei denen sich die Werte der sozialen Präferenz zu denen der sozialen Integration geradezu komplementär verhalten. Einzelne Kinder mit einem niedrigen sozialen Präferenzmaß (SP $\leq$ -5) schätzen sich selbst als durchschnittlich gut (Kinder 55, 60, 90, 97, 124, 141) oder sogar überdurchschnittlich gut angenommen ein (Kinder 13, 187). Zugleich gibt es Kinder mit hohen Präferenzmaßen (SP $\geq$ 5), die sich selbst als nicht gut bzw. gerade einmal durchschnittlich gut angenommen bezeichnen (Kinder 89, 101, 121, 127). Diese Daten sprechen dafür, dass es bereits ab der Jahrgangsstufe 1 soziale Ausgrenzungsprozesse gibt, zugleich kann vermutet werden, dass Fremdeinschätzungen der eigenen Akzeptanz durch die Peers vom Kind selbst noch nicht in aller Schärfe wahrgenommen und verstanden oder gegebenenfalls auch verdrängt werden. Dies stellt für Kinder vermutlich einen gewissen Schutz dar, sodass Ablehnungsprozesse (noch) nicht automatisch mit belastenden emotionalen Situationen verbunden sind.

Tab. 6.9:   Bivariate Korrelationen (Pearsons r) zwischen sozio-emotionalen Variablen untereinander und mit der sozialen Präferenz

	Selbst-konzept N = 229	Lern-freude N = 227	Anstren-gungsbe-reitschaft N = 227	Soziale In-tegration N = 229	Soziale Präferenz N = 229
Wohl-befinden	.51**	.77**	.55**	.29**	.12
Selbst-konzept		.39**	.47**	.49**	.18*
Lernfreude			.61**	.25**	.16*
Anstrengun-gsbereitschaft				.23**	.18*
Soziale Integration					.25**
* p ≤ .05, ** p ≤ .001					

6.2.2   *Effekte für Kinder in FLEX-Klassen im Vergleich zu Kindern in regulären Klassen*

Im vorangegangenen Abschnitt wurde gezeigt, dass bei FLEX-Kindern das Wohlbefinden, die Lernfreude und die Anstrengungsbereitschaft sehr stark ausgeprägt sind. Zudem ist aber auch von Interesse, wie hoch die Werte dieser Variablen im Unterschied zu Kindern ausfallen, die in regulären ersten und zweiten Jahrgangsklassen lernen, um so einschätzen zu können, ob sich für FLEX-Klassen Effekte zeigen oder ob eine hohe Lernfreude etc. eher für alle Erst- und Zweitklässler typisch sind. Da aus Kapazitätsgründen keine landesinternen Parallelgruppen untersucht werden konnten, wurde hier für den Vergleich auf die

Stichprobenwerte von ca. 1.400 Kindern aus Hamburg und Schleswig-Holstein zurückgegriffen, die Rauer und Schuck (2004) in regulären ersten und zweiten Klassen erhoben haben.[204]

Bei einem Vergleich der Ergebnisse der Kinder im ersten Verweiljahr in FLEX-Klassen mit den Mittelwerten von Kindern aus der Hamburg-Schleswig-Holsteinischen Stichprobe regulärer erster Klassen (Tab. 6.10) liegen die Ergebnisse der FLEX-Stichprobe bei den Erstklässlern in den Variablen schulisches Wohlbefinden, Selbstkonzept, Lernfreude und Anstrengungsbereitschaft signifikant über den Ergebnissen der Hamburger Stichprobe. Bei Kindern im zweiten und dritten Verweiljahr nimmt der Unterschied im Selbstkonzept ab und wird insignifikant. Jedoch tritt weiterhin ein signifikant höheres Ergebnis der FLEX-Kinder im zweiten (und dritten) Verweiljahr beim schulischen Wohlbefinden, in der Lernfreude und in der Anstrengungsbereitschaft im Vergleich zu den Zweitklässlern aus den Hamburger jahrgangsbezogenen Klassen auf (Tab. 6.11). Diese Vergleiche lassen den vorsichtigen Schluss zu, dass positive Effekte des FLEX-Settings auf das schulische Wohlbefinden, die Lernfreude und die Anstrengungsbereitschaft der Kinder sichtbar werden.

Tab. 6.10:   Mittelwerte (SD) und T-Test-Ergebnisse für den Vergleich der
             FLEX-Kinder 1. Verweiljahr und der Hamburger Erstklässler

Variable	FLEX-Kinder N = 111		Hamburger Kinder N ≈ 770		t-Wert
Schulisches Wohlbefinden	12.06	(2.74)	10.1	(4.1)	6.76**
Selbstkonzept	12.86	(2.41)	12.4	(2.6)	2.03*
Lernfreude	11.05	(1.99)	9.7	(2.9)	5.59**
Anstrengungsbereitschaft*	11.75	(1.41)	10.8	(2.2)	6.46**
Soziale Integration	8.85	(2.13)	8.5	(2.2)	1.87
* $p \leq .05$, ** $p \leq .001$					
* Vergleich nur eingeschränkt möglich, da Skala für Kinder im ersten Verweiljahr nicht ausreichend reliabel					

---

204 Da für Erst- und Zweitklässler in der Hamburger Stichprobe die Daten nur getrennt nach Klassenstufen vorliegen, wird hier der Vergleich mit Kindern der jeweiligen Klassenstufen 1 und 2 separat durchgeführt.

Tab. 6.11: Mittelwerte (SD) und T-Test-Ergebnisse für den Vergleich der
            FLEX-Kinder 2./3. Verweiljahr und der Hamburger Zweitklässler

Variable	FLEX-Kinder N = 118		Hamburger Kinder N ≈ 860		t-Wert
Schulisches Wohlbefinden	11.58	(3.54)	10.0	(4.6)	4.47**
Selbstkonzept	12.64	(3.10)	12.7	(2.4)	-0.34
Lernfreude	11.00	(2.56)	10.1	(3.1)	3.44**
Anstrengungsbereitschaft	12.16	(1.35)	11.3	(2.2)	6.04**
Soziale Integration	8.82	(2.62)	8.5	(2.3)	1.19
* p ≤ .05, ** p ≤ .001					

6.2.3 Unterschiede zwischen Kindern in FLEX-Klassen in Abhängigkeit von Verweildauer, Lernbiografiemerkmalen sowie vom Geschlecht

Ein Ziel von FLEX liegt darin, den Schulanfang für alle Kinder zu optimieren. Insofern ist vor dem Hintergrund zahlreicher Forschungsberichte zu prüfen, inwieweit es in FLEX-Klassen gelingt, alle Kinder in ihrer sozio-emotionalen Entwicklung optimal zu fördern.

Unterschiede zwischen Kindern im ersten, zweiten oder dritten Verweiljahr

Vergleicht man die erreichten Mittelwerte von Kindern im ersten oder zweiten Verweiljahr (Tab. 6.12), so fällt auf, dass es zwischen den Kindergruppen keine statistisch bedeutsamen Unterschiede im schulischen Wohlbefinden, im Selbst-konzept, in der Lernfreude und in der sozialen Integration sowie bei der sozialen Präferenz gibt. Es kann konstatiert werden, dass sich diese Variablen im Quer-schnittsvergleich auf einem konstant hohen Niveau befinden. Der von Helmke (1991/1997a) beschriebene Abwärtstrend bei der Lernfreude mit zunehmender Schulbesuchsdauer sowie das von Martschinke und Kammermeyer (2006) auf-gezeigte Kippen der hohen Selbstkonzeptwerte im Verlauf des zweiten Schuljah-res können in den untersuchten FLEX-Klassen nicht nachgewiesen werden und sind als eine für Kinder günstige Tendenz zu werten. Die Anstrengungsbereit-schaft liegt bei Kindern im zweiten Verweiljahr Kindern im ersten Verweiljahr bei einem generell hohen Niveau noch signifikant höher, was im Sinne der Leis-tungserziehung als ein sehr positives Ergebnis gewertet werden kann.

Tab. 6.12:   Mittelwerte (SD) und T-Test-Ergenisse für den Vergleich von
             Kindern im ersten und zweiten Verweiljahr

Variable	1. Verweiljahr n = 111	2. Verweiljahr n = 105	t-Wert
Schulisches Wohlbefinden	3.06 (.96)	3.08 (1.12)	- 0.09
Selbstkonzept	2.88 (.90)	3.04 (.97)	- 1.22
Lernfreude	2.88 (.90)	3.08 (.96)	- 1.54
Anstrengungsbereitschaft	3.19 (.74)	3.51 (.79)	- 2.78**
Soziale Integration	2.80 (.90)	2.93 (1.01)	- 1.00
Soziale Präferenz	-0.04 (3.23)	0.20 (3.55)	- 0.58
* p ≤ .05, ** p ≤ .001			

Vergleicht man hingegen Kinder mit regulärer Verweildauer mit langsamer lernenden Kindern mit längerer Verweildauer (vorgesehenes oder absolviertes drittes Verweiljahr), dann zeigt sich, dass die langsamer lernenden Kinder im Vergleich zu den regulär lernenden Kindern eine geringere Lernfreude entwickeln,
über eine niedrigere soziale Akzeptanz verfügen und sich selbst auch in der
Schule weniger wohl fühlen (Tabelle 6.13). Generell liegen die Mittelwerte von
langsamer lernenden Kindern jedoch noch über dem arithmetischen Mittelwert
(2,5). Auffällig ist der Unterschied beim Selbstkonzept. Trotzdem fühlen sich
langsamer lernende Kinder in gleichem Maße in die Klasse integriert wie regulär
lernende Kinder und zeichnen sich nach eigenem Bekunden durch eine ebenso
hohe Anstrengungsbereitschaft wie alle anderen Kinder aus, was trotz der festzustellenden Beeinträchtigungen zugleich für eine stabilisierende und motivierende
Lernumgebung für langsamer lernende Kinder mit längerer Verweildauer in
FLEX-Klassen spricht.

Tab. 6.13:   Mittelwerte (SD) und T-Test-Ergebnisse im Vergleich von Kindern
             mit regulärer Verweildauer und längerer Verweildauer

Variable	Längere Verweildauer n = 24	Reguläre Verweildauer n = 205	t-Wert
Schulisches Wohlbefinden	2.61 (1.16)	3.08 (1.03)	2.07*
Selbstkonzept	2.13 (.95)	3.00 (.93)	4.39**
Lernfreude	2.57 (1.08)	2.99 (.92)	2.07*
Anstrengungsbereitschaft	3.09 (1.04)	3.37 (.85)	1.47
Soziale Integration	2.54 (1.10)	2.89 (.94)	1.69
Soziale Präferenz	-1.58 (4.52)	0.29 (3.19)	2.23*
* p ≤ .05, ** p ≤ .001			

Unterschiede zwischen Kindern mit unterschiedlichen Lernbiografiemerkmalen

Bei der größten Teilstichprobe von Kindern mit individuellen Lernbiografie-merkmalen, den Kindern mit förderdiagnostischer Lernbeobachtung (FDL), gibt es in nahezu allen Subtests zur sozio-emotionalen Entwicklung signifikant niedrigere Selbsteinschätzungen als bei Kindern ohne FDL (Tab. 6.14). Kinder mit FDL fühlen sich weniger wohl, haben ein deutlich geringeres Selbstkonzept, eine geringere Lernfreude, eine verminderte Anstrengungsbereitschaft und eine deutlich niedrigere soziale Akzeptanz in der Klasse, wenngleich die durchschnittlichen Selbsteinschätzungen hinsichtlich des schulischen Wohlbefindens und der Anstrengungsbereitschaft durchaus noch als positiv aufgefasst werden können, da diese über dem arithmetischen Mittelwert liegen (2,5). Außerdem fühlen sich Kinder mit FDL gut in ihre jeweilige Klasse integriert. Die geringeren Werte der sozio-emotionalen Entwicklung, die auch aus anderen Untersuchungen (Haeberlin et al. 1989, Hinz et al. 1998) bekannt sind, weisen auf ein bislang nicht gelöstes Problem hin.

Tab. 6.14:   Mittelwerte (SD) und T-Test-Ergebnisse im Vergleich von Kindern mit und ohne förderdiagnostische Lernbeobachtung (FDL)

Variable	Kinder mit FDL n = 59		Kinder ohne FDL n = 169		t-Wert
Schulisches Wohlbefinden	2.59	(1.00)	3.18	(1.02)	3.85**
Selbstkonzept	2.44	(1.06)	3.08	(.88)	4.15**
Lernfreude	2.62	(.99)	3.05	(.89)	3.09**
Anstrengungsbereitschaft	2.88	(1.01)	3.05	(.76)	4.24**
Soziale Integration	2.66	(.94)	2.92	(.97)	1.80
Soziale Präferenz	-1.29	(4.50)	0.59	(2.75)	3.43**
* p ≤ .05, ** p ≤ .001					

Für Kinder mit kürzerer Verweildauer und Kinder mit vorzeitiger Einschulung können aufgrund der kleinen Fallzahlen nur Tendenzen beschrieben werden. Kinder mit vorzeitiger Einschulung (n = 8) zeigen in der Tendenz durchschnittlich sehr hohe Werte der sozialen Integration, überaus hohe Selbstkonzeptwerte, Lernfreudewerte sowie sehr hohe Werte für die Anstrengungsbereitschaft und scheinen eine für sie sehr förderliche Lernumgebung gefunden zu haben. Die Kinder mit kürzerer Verweildauer (n = 5), die nach einem FLEX-Jahr in die Jahrgangsstufe 3 wechseln sollen, verfügen ebenfalls über ein sehr hohes Selbstkonzept und sehr hohe Anstrengungsbereitschaft, über eine hohe Lernfreude und ein hohes schulisches Wohlbefinden, aber über eine in der Tendenz gesicherte, nur unterdurchschnittliche soziale Integration im Vergleich zu anderen Kindern.

Unterschiede zwischen Mädchen und Jungen

Prüft man die Mittelwertunterschiede zwischen Mädchen und Jungen (Tab. 6.15), so zeigt sich, dass Jungen sich bis auf eine Ausnahme, nicht signifikant von Mädchen unterscheiden. Die Jungen in den FLEX-Klassen fühlen sich etwas weniger wohl als die Mädchen. Vergleichbare Befunde haben auch Rauer und Schuck (2004) sowie Moser et al. (2005) für Jungen am Schulanfang bzw. in der Jahrgangsstufe 2 veröffentlicht. Bei den Variablen Selbstkonzept, Lernfreude, Anstrengungsbereitschaft, soziale Integration und soziale Präferenz zeigen sich keine bedeutsamen Unterschiede zwischen Mädchen und Jungen, d. h., sie fühlen sich gleichermaßen in die FLEX-Klasse integriert und entwickeln vergleichbare Leistungsemotionen.

Tab. 6.15: Mittelwerte (SD) und T-Test-Ergebnisse im Vergleich von Mädchen und Jungen

Variable	Mädchen n = 113		Jungen n = 116		t-Wert
Schulisches Wohlbefinden	3.18	(.93)	2.90	(1.14)	2.05*
Selbstkonzept	2.90	(.91)	2.92	(1.02)	- 0.16
Lernfreude	3.02	(.91)	2.88	(.97)	1.12
Anstrengungsbereitschaft	3.38	(.85)	3.30	(.89)	0.61
Soziale Integration	2.93	(.96)	2.78	(.97)	1.14
Soziale Präferenz	0.20	(3.43)	- 0.03	(3.38)	0.57
* p ≤ .05, ** p ≤ .001					

6.2.4 Zusammenhänge zwischen der sozio-emotionalen Entwicklung und Schulleistungen in den Vergleichsarbeiten

Bereits für den Schulanfang existieren Hinweise darauf, dass die Schulleistungen und sozio-emotionalen Variablen, wenn auch zumeist schwach, zusammenhängen können (Helmke 1991/1991, Kammermeyer/Martschinke 2006). Prüft man, ob sich Zusammenhänge zwischen den sozio-emotionalen Variabeln aus der Kinderbefragung 2005 und den Ergebnissen aus den Vergleichsarbeiten am Ende der Jahrgangsstufe 2 bestätigen lassen, so sind Zusammenhänge nur in zwei

Fällen zu berichten. Die erzielte Lesegeschwindigkeit, die sich vermutlich auch im Unterricht in einem fehlerfreien, flüssigen Lesen zeigt, korreliert schwach mit dem Selbstkonzept. Die Mathematikleistungen scheinen mit der sozialen Präferenz dahingehend zusammenzuhängen, dass vermutlich die für andere Kinder gut einschätzbaren Mathematikleistungen eines Kindes einen Beitrag zu seinem sozialen Status in der Klasse und umgekehrt zu leisten vermögen.

In Tabelle 6.16 wird darüber hinaus deutlich, dass keine statistisch gesicherten Zusammenhänge zwischen den erreichten Schulleistungen in den Vergleichsarbeiten und den erhoben Variablen zu emotionalen und sozialen Schulerfahrungen, wie schulisches Wohlbefinden, Lernfreude, Anstrengungsbereitschaft und soziale Integration, nachweisbar sind. So kann vermutet werden, dass in den untersuchten FLEX-Klassen für Kinder in ihren Wahrnehmungen eine Entkopplung von Schulleistungen und sozio-emotionaler Entwicklung dahingehend stattgefunden hat, dass schwache Schulleistungen nicht automatisch zu geringerem schulischen Wohlbefinden, geringerer Lernfreude und Anstrengungsbereitschaft oder Integration eines Kindes führen müssen. Kinder mit eher schwachen Leistungen können sich in FLEX-Klassen durch ein hohes Wohlbefinden, Lernfreude, Anstrengungsbereitschaft und ein Gefühl des Angenommenseins auszeichnen und damit eine stabile sozio-emotionale Basis für das Weiterlernen in der Jahrgangsstufe 3 erworben haben.

Tab. 6.16: Bivariate Korrelationen (Pearsons r) zwischen sozio-emotionalen Variablen und Leistungen in den Vergleichsarbeiten am Ende der Jahrgangsstufe 2

	Leseverständnis N = 102	Lesegeschwindigkeit N = 100	Mathematik N = 101
Schulisches Wohlbefinden	- .03	- .08	.06
Selbstkonzept	.12	.21*	.17
Lernfreude	.10	.09	.17
Anstrengungsbereitschaft	.15	.13	.17
Soziale Integration	- .06	.02	.02
Soziale Präferenz	.15	.06	- .19*
*p≤ .05, **p≤ .001			

6.2.5 *Muster der sozio-emotionalen Entwicklung und Risikogruppen*

In den internationalen Leistungsstudien zeigt sich, dass in Deutschland auffällige Risikogruppen von Jugendlichen und Kindern mit schwach ausgeprägten Kompetenzprofilen vorhanden sind. So sind es insbesondere Jungen mit Migrationshintergrund und/oder bildungsfernen Elternhäusern, die in Deutschland im Rahmen internationaler Leistungsstudien vermehrt zur niedrigsten Kompetenzgruppe zählen (Baumert et al. 2003, Bos et al. 2004). Bereits für die vorschulische Bildung, aber auch für den Übergang von der Kita in die Schule, werden männliche Kinder aus bildungsfernen Elternhäusern als Risikokinder betrachtet, insbesondere dann, wenn eine Rückstellung erfolgt (vgl. hierzu das Jahresgutachten 2007 des Aktionsrats Bildung, Blossfeld et al. 2007).

Aus diesem Grund sollte geprüft werden, inwieweit sich bezogen auf die sozio-emotionale Entwicklung von Kindern in FLEX-Klassen risikobehaftete Entwicklungen als Muster beschreiben lassen und ob Jungen, insbesondere solche mit längerer Verweildauer oder mit förderdiagnostischer Lernbeobachtung, eine Risikogruppe im Hinblick auf die sozio-emotionale Entwicklung darstellen.

Für die Beschreibung von kumulativen Risikogruppen bzw. Beziehungsprofilgruppen haben Furrer und Skinner (2003) ein Verfahren beschrieben, das wegen der Vielzahl der in dieser Kinderbefragung erfassten Variablen als nicht übertragbar erscheint. Deshalb wurden mithilfe einer Clusteranalyse Gruppen gebildet, bei denen die Profile der darin enthaltenen Kinder sehr ähnlich sind, sich aber klar von den Profilen der Kinder der anderen Gruppen unterscheiden (Wiedenbeck/Züll 2001). Diese Gruppen lassen sich durch Repräsentanten beschreiben, in dieser Untersuchung also durch Kinder mit gruppentypischen Profilen.

Als am aussagekräftigsten hinsichtlich der erhobenen Variablen Wohlbefinden, Selbstkonzept, Lernfreude und Anstrengungsbereitschaft sowie soziale Integration erwies sich ein Clustermodell mit drei Clustergruppen, das für mehr als 95 % der Fälle mithilfe einer Diskriminanzanalyse bestätigt werden konnte.

Im Cluster 1 befinden sich Kinder, die in allen 5 Subtests des FEESS 1-2 überwiegend höchste Selbsteinschätzungen abgaben (vgl. Tab. 6.17). Insgesamt 52 % aller befragten Kinder zählt zu diesem Cluster 1. Ein zweiter Cluster, welcher ein Drittel der Kinder einschließt, ist gekennzeichnet durch eine in allen Variablen signifikant geringere Selbsteinschätzung der Kinder (vg. Tab. 6.18). Nur bei der Anstrengungsbereitschaft wird in den Selbsteinschätzungen noch der arithmetische Mittelwert erreicht, ansonsten jedoch liegen alle Selbsteinschätzungen unter dem arithmetischen Mittelwert, besonders niedrig fallen die Werte bei der Schuleinstellung bzw. dem Wohlbefinden in der Schule aus. Hier muss konstatiert werden, dass diese Kinder eine schwierige sozio-emotionale Entwicklung durchlaufen und damit über eher ungünstige Voraussetzungen für das Weiterlernen verfügen.

Eine dritte, sehr kleine Gruppe unterscheidet sich von der ersten Gruppe vor allem dadurch, dass diese Kinder zwar ebenso hohe Wohlbefindens-, Lernfreude- und Anstrengungswerte erreichen, aber über ein deutlich geringeres Selbstkonzept als die Kinder der ersten Gruppe verfügen und die geringste soziale Integration von allen Kindern empfinden (vgl. Tab. 6.17 und 6.18).

Tab. 6.17:   Mittelwerte (Standardabweichungen) in den drei Clustern

Variable	Cluster 1 n = 120	Cluster 2 n = 72	Cluster 3 n = 35
Schulisches Wohlbefinden	3.63 (.64)	1.82 (.72)	3.51 (.51)
Selbstkonzept	3.46 (.63)	2.03 (.80)	2.89 (.80)
Lernfreude	3.42 (.64)	2.00 (.79)	3.29 (.57)
Anstrengungsbereitschaft	3.72 (.57)	2.51 (.87)	3.74 (.44)
Soziale Integration	3.51 (.52)	2.39 (.85)	1.66 (.48)
* $p \leq .05$, ** $p \leq .001$			

Tab. 6.18:   Ergebnisse der Anova (F-Werte) sowie der Posthoc-Tests bezogen auf Mittelwerte der drei Cluster

Variable	F- Werte	Mittlere Differenz Cluster 1-2	Mittlere Differenz Cluster 1-3	Mittlere Differenz Cluster 2-3
Schulisches Wohlbefinden	187.06**	1.81**	.11	- 1.69**
Selbstkonzept	89.51**	1.43**	.57*	- .86*
Lernfreude	102.06**	1.42**	.13	- 1.29**
Anstrengungsbereitschaft	81.25**	1.21**	- .02	- 1.23**
Soziale Integration	144.08**	1.12**	1.85**	.73**
* $p \leq .05$, ** $p \leq .001$				

Prüft man hingegen, ob sich die Kinder in den drei Clustern hinsichtlich der Leistungsentwicklung unterscheiden, so zeigen sich bezogen auf die Ergebnisse im Leseverständnistest, im Lesegeschwindigkeitstest sowie im Mathematiktest keine signifikanten Unterschiede zwischen den drei Clustergruppen (F-Werte Anova: .68/ .03/ .329). Ebenso zeigen sich auch hinsichtlich der sozialen Präferenz keine statistisch bedeutsamen Unterschiede zwischen den drei Gruppen (F-Wert Anova: 2.72). In der Zusammenschau dieser Ergebnisse lassen sich die drei

Hauptgruppen bezogen auf die sozio-emotionalen Schulerfahrungen wie folgt umschreiben:

-   Cluster 1 - „leistungsbereite, integrierte und glückliche Kinder"
-   Cluster 2 - „wenig schulbegeisterte Kinder"
-   Cluster 3 - „sich nicht angenommen fühlende, aber leistungsbereite Kinder"

Nachfolgend sollen einige typische Repräsentanten für die jeweiligen Cluster vorgestellt werden:

Cluster 1 - „leistungsbereite, integrierte und glückliche Kinder":

Beispielkinder für den Cluster 1 sind Elena (04) und Timo (09).[205]

-   Elena ist ein fröhliches Mädchen, welches das zweite Jahr in der Klasse lernt und anschließend in die dritte Jahrgangsstufe wechseln wird. Zwei Mädchen möchten sehr gern neben ihr sitzen, eines möchte dies auf keinen Fall. Elena fühlt sich überdurchschnittlich gut in ihre Klasse integriert und ist mit dem Klassenklima überaus zufrieden. Sie fühlt sich in der Schule sehr wohl und ist von einer überdurchschnittlichen Lernfreude und Leistungsbereitschaft geprägt. Den Leseverständnistest schließt sie mit überdurchschnittlichen Ergebnissen ab. Die Tests zur Lesegeschwindigkeit und zu Mathematik schafft sie mit durchschnittlichen Ergebnissen.
-   Timo lernt im zweiten Verweiljahr in der Klasse. Für ihn ist ein drittes Verweiljahr beschlossen und er erhält förderdiagnostische Lernbeobachtung. Das bedeutet, dass er nach einem eigenen Lernplan arbeitet. An den Vergleichsarbeiten am Ende der Jahrgangsstufe zwei hat er wegen seines individuellen Lernplans noch nicht teilgenommen. Sechs Kinder möchten gern neben Timo sitzen. Kein Kind will nicht neben ihm sitzen. Timo fühlt sich überdurchschnittlich gut in die Klasse integriert und von den Lehrerinnen angenommen. Er fühlt sich in der Schule sehr wohl und weist trotz seiner Lernerschwernisse eine überdurchschnittlich hohe Lernfreude und Anstrengungsbereitschaft auf.

---

205   Namen sind anonymisiert. Die Beispiele stammen alle aus der Stichprobenklasse 1.

Auch Fabian (16), Sophia (06) und Nicky (18) gehören in diesen Cluster 1 der „glücklichen Kinder", bilden aber einen Untercluster, in dem von den Kindern ihr Angenommensein etwas kritischer eingeschätzt wird, obwohl diese Kinder mit Ausnahme von Nicky in der Regel über eine vergleichsweise hohe soziale Präferenz verfügen.

- Fabian ist ein Zweitklässler, der dadurch auffällt, dass er sich für einen störungsfreien Ablauf der Befragung in der Klasse zuständig fühlt. Neun Kinder wollen gern neben ihm sitzen. Trotzdem fühlt sich Fabian nur durchschnittlich in der Klasse und von den Lehrerinnen angenommen und empfindet auch das Klassenklima eher als durchschnittlich. Items wie „Ich komme mit den anderen Kindern in meiner Klasse gut aus", „Wir sind alle gute Freunde" oder „Alle dürfen mitmachen" stimmt er trotz seiner Beliebtheit nicht zu. Im Selbstkonzept, im schulischen Wohlbefinden sowie in Lernfreude und Anstrengungsbereitschaft erzielt er überdurchschnittlich hohe Einschätzungen. Bei den Vergleichsarbeiten schließt er im Leseverständnis- und im Mathematiktest mit überdurchschnittlichen Ergebnissen ab.
- Sophia lernt ebenfalls im zweiten Jahr und wirkt etwas reifer als die anderen Kinder. Ein Kind möchte neben ihr sitzen. Sie hat sehr gute Ergebnisse in den Lesetests und durchschnittliche Leistungen im Mathematiktest. Ihr schulisches Wohlbefinden, ihre Lernfreude und ihre Anstrengungsbereitschaft sind überdurchschnittlich hoch ausgeprägt. Auf die sozialen Schulerfahrungen hat sie einen differenzierten Blick. Sie fühlt sich durchschnittlich gut von anderen Kindern und Lehrerinnen angenommen. Dabei fällt es Sophia nicht leicht, einfache „Stimmt/stimmt nicht-Antworten" zu geben. Aus ihren Nachfragen wird ersichtlich, dass sie die Phänomene sehr differenziert wahrnimmt und eher das „Sowohl-als-auch" bei den Antworten sieht. So kreuzt sie an, dass es „andere" Kinder gibt, die es schwer haben und über die gelacht wird. Bei einigen Fragen zum Selbstkonzept fragt sie nach, was sie ankreuzen solle, weil ihre Eltern finden, dass sie mehr leisten könne.
- Nicky ist ein zierlicher Erstklässler, der förderdiagnostische Lernbeobachtung erhält. Er fällt durch seine verwahrloste Kleidung und seine kariösen Schneidezahnstümpfe auf. Zwei Kinder der Klasse wollen gern neben ihm sitzen, während 13 Kinder der Klasse ausdrücklich vermerken, nicht neben ihm sitzen zu wollen. Nicky fühlt sich in seiner Klasse und von seinen Lehrerinnen durchschnittlich gut angenommen, das Klassenklima empfindet er ebenfalls als durchschnittlich. So bestätigt er selbstkritisch, dass er nur wenige Freunde in seiner Klasse hat und dass

die Lehrerinnen einige Kinder besser leiden können als ihn, aber er darf beim Spielen mitmachen, kommt gut mit den anderen aus und findet, dass seine Mitschüler nett zu ihm sind. In der Schule fühlt er sich sehr wohl und gibt Antworten, die auf eine überdurchschnittlich hohe Leistungsfreude und Anstrengungsbereitschaft schließen lassen. Nicky verfügt dabei über ein sehr hohes Selbstkonzept, so hält er sich für einen guten Schüler, der gut lesen und rechnen kann. Dass mimische Bejahen dieses letzten Items ruft bei seinem Banknachbarn allerdings ein verständnisloses Kopfschütteln hervor.

Es wird deutlich, dass für diese Kinder sowohl die emotionale als auch die soziale Entwicklung einen guten Verlauf genommen hat und ein stabiles Fundament für das Weiterlernen darstellt.

Cluster 2 - „wenig schulbegeisterte Kinder":

Beispielkinder für den Cluster 2 sind Laura (02) und Andreas (08):

- Laura ist eine Erstklässlerin, neben der vier andere Mädchen gern sitzen mögen. Sie hält sich für eine gute Schülerin und kreuzt an, dass sie gut lesen und rechnen kann. Sie fühlt sich selbst durchschnittlich gut integriert, findet, dass ihre Mitschüler nett zu ihr sind und gibt an, dass sie auf dem Hof auch mitspielen darf. Allerdings hat Laura trotzdem nicht viel Lust in die Schule zu gehen, sie sagt sogar, dass sie die Schule hasst und lieber spielen würde. Sie hat nicht viel Freude am Lernen, Lesen und der Rechenunterricht machen ihr keinen Spaß. Sie strengt sich nicht so gern an und mag nur leichte Aufgaben, findet aber trotzdem nicht, dass ohne Schule alles viel schöner wäre, denn in der Schule ist es ihrer Meinung nach nicht langweilig, vermutlich wegen ihrer Freundinnen.
- Andreas ist ein Junge im ersten Verweiljahr, der eine förderdiagnostische Lernbeobachtung wegen seiner Sprachentwicklungsprobleme erhält. Zwei Kinder möchten gern neben ihm sitzen, zwei Kinder wollen dies ausdrücklich nicht. Andreas fühlt sich durchschnittlich gut in die Klasse integriert. Von den Lehrerinnen fühlt er sich wenig angenommen und das Klassenklima schätzt er als unterdurchschnittlich ein. Er bestätigt zum Beispiel das Item „Kinder, die anders sind, haben es schwer in unserer Klasse". Zudem gibt er an, dass nicht alle Kinder mitmachen dürfen und er oft ausgelacht wird. Andreas hält sich selbst für einen guten Schüler, der gut rechnen kann. Er schätzt ein, dass er langsam lernt,

nicht gut lesen und nicht vor der Klasse erzählen kann. Andreas empfindet nur wenig Freude am Lernen, strengt sich nicht gern an und gibt
nach eigener Aussage schnell auf. In der Schule fühlt sich Andreas unwohl, er bestätigt, dass er die Schule hasst, keine Lust hat, dorthin zu
gehen und lieber spielen würde. Er fände ohne Schule alles viel schöner.

Für die Kinder dieses Clusters 2 stellt sich die sozio-emotionale Entwicklung
eher schwierig dar. Eine ausgeprägte Schulunlust, gepaart mit wenig Lernfreude
und Anstrengungsbereitschaft kann den Anfang einer schwierigen Lernkarriere
bedeuten (vgl. hierzu Moser et al. 2005 und Kammermeyer et al. 2006).

Cluster 3 - „sich nicht angenommen fühlende, aber leistungsbereite Kinder"

Beispielkinder für diesen Cluster sind Lea (10) und Lissy (03).

- Lea ist eine Erstklässlerin, neben der kein Kind gern sitzen. Sie wird
  aber auch von keinem anderen Kind ausdrücklich abgelehnt und scheint
  wenig Beachtung zu finden. Dementsprechend fühlt sich Lea selbst nur
  sehr wenig angenommen und schätzt auch das Klassenklima eher
  schlecht ein. Sie wird nach ihrer Ansicht oft ausgelacht und darf auch
  beim Spielen auf den Hof nicht mitmachen. Lea glaubt nur wenige
  Freunde zu haben. Trotzdem macht ihr das Lernen in allen Fächern sehr
  viel Spaß, sie freut sich morgens und nach den Ferien darauf, zur Schule
  zu gehen. Dort ist sie fröhlich und gibt sich sehr viel Mühe, auch
  schwierige Aufgaben zu lösen und besser lesen, schreiben und rechnen
  zu können. Ihr Selbstkonzept bewegt sich im mittleren Bereich, sie hält
  sich selbst für eine gute Schülerin, die gut rechnen und gut lesen kann,
  allerdings etwas langsam lernt und eher leichte Aufgaben lösen kann.
- Lissy ist eine Schülerin im zweiten Verweiljahr, die förderdiagnostische
  Lernbeobachtung erhält und für ein drittes Verweiljahr vorgeschlagen
  wurde. Deshalb hat sie auch nicht an den Vergleichsarbeiten teilgenommen. Lissy wird, vermutlich wegen ihres ungepflegten Aussehens
  und ihrer auffälligen Verhaltensformen, in ihrer Klasse stark abgelehnt.
  Fünfzehn Kinder wollen nicht neben ihr sitzen. Sie fühlt sich dementsprechend wenig in die Klasse integriert. Ihr Selbstkonzept ist relativ
  gefestigt, sie hält sich für eine gute Schülerin, die zwar nicht gut rechen
  aber gut lesen kann und nicht immer alles gut in der Schule versteht.
  Trotz dieser sehr schwierigen Konstellation sprechen ihre Ergebnisse

dafür, dass sie sich in der Schule sehr wohl fühlt und eine hohe Lernfreude und Anstrengungsbereitschaft an den Tag legt. So will sie stets
etwas Neues lernen, sie lernt gern in der Schule und freut sich trotz aller
Lernschwierigkeiten auf den Deutsch- und den Rechenunterricht. Sie
strengt sich an, damit sie besser lesen, schreiben und rechnen kann.

Im Cluster 3 verläuft die emotionale Entwicklung überwiegend positiv und unge-
trübt. Die Leistungsemotionen bieten eine Basis für ein erfolgreiches Weiterlernen. Ein echtes Handicap stellt die soziale Integration der Kinder dar, dabei gibt
es Kinder wie Lissy, die tatsächlich und auch in der Klasse deutlich spürbar von
anderen Kindern abgelehnt werden und Kinder wie Lea, die von den anderen
nicht wahrgenommen werden und ein weitgehend unbeachtetes Dasein in der
Klasse führen.

Von allen drei Clustern stellt der Cluster 2 den am meisten risikobehafteten
Cluster für das Weiterlernen dar, denn auch wenn gute Schulleistungen erreicht
werden, kann eine Kumulation von negativen Schuleinstellungen am Schulanfang die weitere Lernentwicklung nachhaltig trüben (vgl. Moser et al. 2005). Aus
diesem Grund soll nachfolgend geprüft werden, ob sich Kinder mit typischen
Merkmalen bestimmen lassen, die in diesem Cluster 2 gehäuft auftreten und eine
Risikogruppe bilden.

Prüft man die Verteilung der Kinder anhand der unabhängigen Merkmale
auf die drei Cluster, so zeigt sich in Tab. 6.19, dass sich sowohl Jungen und
Mädchen mehrheitlich im günstigen Cluster der leistungsbereiten und integrierten Kinder befinden. Die Unterschiede zwischen Jungen und Mädchen sind statistisch nicht bedeutsamen Unterschied ($\chi^2 = 1.68$, p = .43).

Hinsichtlich der Kinder mit unterschiedlich langer Verweildauer lassen sich
keine statistisch bedeutsamen Unterschiede in der Verteilung auf die Cluster
zwischen Kindern im 1. und 2. Verweiljahr ermitteln. Für Kinder im dritten
Verweiljahr sind die Prüfvoraussetzungen nicht gegeben, tendenziell deutet sich
jedoch eine Häufung im Cluster 2 an.

Festzustellen ist auch, dass sich keines der sieben vorzeitig eingeschulten
Kinder im risikobehafteten zweiten Cluster befindet. Von den fünf Kindern mit
kürzerer Verweildauer sind drei dem Cluster der leistungsbereiten, sich nicht
integriert fühlenden Kinder zuzuordnen. Wegen der geringen Fallzahlen in diesen beiden Gruppen lassen sich diese Ergebnisse jedoch nicht verallgemeinern
und allenfalls als eine Tendenz betrachten.

Statistisch gesichert ist allerdings die Einschätzung, dass sich Kinder mit
FDL deutlich häufiger im risikobehafteten Cluster 2 befinden als Kinder ohne
FDL ($\chi^2 = 25.78$, p = .000). Damit lassen sich für einen Teil der Kinder mit FDL

zusätzlich zu den Lernerschwernissen im Lesen, Schreiben und Rechnen solche
der sozio-emotionalen Entwicklung konstatieren.

Tab. 6.19:   Verteilung der Kinder (in %) nach unabhängigen Variablen auf die
              Cluster 1-3

Merkmal	Cluster 1 leistungsbereite integrierte Kinder n = 120	Cluster 2 wenig schulbegeisterte Kinder n = 72	Cluster 3 nicht angenommene leistungsbereite Kinder n = 35
Kinder insgesamt, N=227[206]	53	32	15
Mädchen n = 112	56	28	16
Jungen n = 115	50	36	15
1. Verweiljahr n = 110	50	32	18
2. Verweiljahr n = 105	57	29	14
3. Verweiljahr n = 12	42	58	0
FdL n = 58	33	59	9
vorzeitig eingeschult, n = 7	86	0	14
kürzere Verweildauer, n = 5	20	20	60

---

206   Bei zwei von 229 Kindern waren Fragebogenteile ungültig, sie gehen nicht in die Clusterung
ein.

6.3 Zusammenfassung und Diskussion der Ergebnisse aus der Perspektive der Kinder

Die Kinderbefragung 2005 zielte darauf, Antworten aus der Kinderperspektive auf die Frage nach dem Gelingen des Schulstarts in der FLEX zu erheben. Dazu sollte geklärt werden, wie die Kinder selbst ihre schulischen Leistungen und ihre sozio-emotionale Situation einschätzen, wie diese Einschätzung im Vergleich zu Kindern in regulären Klassen ausfällt und inwieweit sich Jungen und Mädchen, Erst- und Zweitklässler sowie Kinder mit unterschiedlicher Verweildauer, vorzeitiger Einschulung und förderdiagnostischer Lernbeobachtung unterscheiden. Darüber, wie die schulische und die sozio-emotionale Entwicklung aus der Kinderperspektive zusammenhängen und in wieweit sich Risikogruppen in FLEX-Klassen zeigen, sollten ebenfalls Erkenntnisse gewonnen werden.

Die Befragung von 229 Kindern in 13 FLEX-Klassen mithilfe des „Fragebogens zu emotionalen und sozialen Schulerfahrungen" (FEESS 1-2, Rauer/Schuck 2004) konnte als ein erstes Ergebnis zeigen, dass Kinder in FLEX-Klassen ihr schulisches Wohlbefinden, ihre Lernfreude und ihre Anstrengungsbereitschaft selbst als sehr hoch einschätzen. Fast allen Kindern macht die Schule Spaß, nahezu alle Kinder sind bereit, ihr Bestes zu geben und lernen gern in der Schule. Zugleich fühlen sich neun von zehn Kindern in ihrer Klasse wohl und damit in ihrer Klasse angenommen. Ebensoviel Kinder halten sich für gute Lerner und verfügen über ein weitgehend robustes Selbstkonzept. Wichtige Ziele des sozio-emotionalen Anfangslernens sind von fast allen Kindern erreicht, sodass sie in diesem Bereich stabile Fundamente für das Weiterlernen in der Jahrgangsstufe 3 erwerben konnten.

Als ein zweites Ergebnis zeigte sich, dass Kinder in FLEX-Klassen in einigen Bereichen der sozio-emotionalen Entwicklung eine bessere Selbsteinschätzung zeigen als gleichaltrige Kinder in regulären Jahrgangsklassen in Hamburg und Schleswig-Holstein (Rauer/Schuck 2004). Für das schulische Wohlbefinden, die Lernfreude und die Anstrengungsbereitschaft kann angenommen werden, dass das FLEX-Setting auf die Ausbildung dieser Leistungsemotionen stützend wirkt, da Kinder in FLEX-Klassen im Vergleich zu Kindern in ersten und zweiten Jahrgangsklassen in Hamburg und Schleswig-Holstein deutlich positivere Werte erreichen.

Für das Selbstkonzept zeigen sich unauffällige Mittelwerte, die sich nicht bedeutsam von den Werten regulärer Klassen unterscheiden. Damit ist ein positiver Einfluss des Settings der jahrgangsgemischten Lerngruppe auf das Selbstkonzept nicht so gegeben, wie es zuweilen in der Literatur als Erwartung beschreiben wird (vgl. hierzu Faust-Siehl et al. 1996, sowie weiter unten).

Im Subtest zur sozialen Integration erreichen Kinder in den heterogen zusammengesetzten jahrgangsübergreifenden Klassen der FLEX-Klassen einen Mittelwert, der sich vom Mittelwert der Kinder in Hamburger und schleswigholsteinischen regulären Klassen nicht unterscheidet. Zugleich scheint dieses erst einmal neutrale Ergebnis zur sozialen Integration dennoch eine positive Tendenz aufzuweisen. Rauer und Schuck (2004: 65) weisen dass in ihren Untersuchungen in Hamburg und Schleswig-Holstein darauf hin, Klassen mit Integrationsauftrag deutlich niedrigere Mittelwerte beim Subtest Soziale Integration erzielten: „Beide Aspekte des sozialen Klimas [soziale Integration und Klassenklima, Anm. Autorin] werden im zweiten Schuljahr davon geprägt, ob in der Klasse behinderte Kinder, die unter anderen schulorganisatorischen Bedingungen Sonderschulen besuchen würden, integriert sind. Nehmen Klassen einen solchen Integrationsauftrag wahr, wird das soziale Klima von den Schülerinnen und Schülern der Klasse deutlich schlechter eingeschätzt als in den Klassen, in denen der Integrationsauftrag nicht besteht."[207] In Anbetracht eines Anteils von 27 % Kindern mit förderdiagnostischer Lernbeobachtung in der Kinderbefragung in FLEX-Klassen ist das Erreichen eines durchschnittlichen Mittelwerts der Zweitklässler im Subtest Soziale Integration in den integrativen FLEX-Klassen daher tendenziell positiv zu werten.

Ein drittes Ergebnis zeigt, dass es für verschiedene Kindergruppen innerhalb der FLEX-Klassen vergleichbare sowie gruppenspezifische sozioemotionale Entwicklungen geben kann. Für das Einschätzen des schulischen Wohlbefindens, der sozialen Integration sowie der Anstrengungsbereitschaft spielt es keine Rolle, ob ein Kind im ersten oder zweiten Verweiljahr in einer FLEX-Klasse lernt. Beide Kindergruppen unterschieden sich mit einer Ausnahme nicht in ihren überwiegend sehr positiven Selbsteinschätzungen. Eine aus anderen Untersuchungen berichtete Abnahme des Selbstkonzepts, der Lernfreude und der Anstrengungsbereitschaft bereits in der zweiten Jahrgangsstufe (Helmke 1992), lässt sich zumindest im Vergleich der Querschnittsdaten für Erst- und Zweitklässler nicht bestätigen. Bei Kindern im zweiten Verweiljahr nimmt die Anstrengungsbereitschaft sogar noch etwas zu. Insofern scheint die flexible Schuleingangsphase insbesondere auf diese beiden motivationalen Erfahrungsbereiche einen eher positiven Einfluss zu nehmen.

Für Kinder im dritten Verweiljahr stellt sich das Bild etwas differenzierter dar. Sie äußern keine mehr so ausgeprägte Lernfreude wie Kinder in den ersten beiden Lernjahren und fühlen sich im Vergleich zu den regulär lernenden Kin-

---

207 Dieser Effekt ist vermutlich statistisch zu begründen. Mehrere Untersuchungen zeigen, dass sich Kinder mit Förderbedarf weniger gut angenommen fühlen als andere Kinder (vgl. hierzu Haeberlin et al. 1991, Hinz et al. 1998). Befinden sich mehrere integrierte Kinder mit geringeren Integrationswerten in einer Klasse, sinkt statistisch der Durchschnittswert. Zudem mögen Mitschülerinnen und Mitschüler aber auch kritischer die Fragen beantworten, die sich auf die Integration aller Kinder beziehen.

dern in der Schule deutlich weniger wohl, jedoch verbleiben die Durchschnittswerte im positiven Bereich. Vermutlich lässt sich dies damit erklären, dass Kinder im dritten Verweiljahr in der Regel langsamer lernende Kinder oder Kinder
mit Lernproblemen sind, bei denen nicht mehr die gleiche Begeisterung wie bei
Kindern im ersten Jahr gegeben ist, da bereits einige Misserfolge verkraftet und
viele zusätzliche Anstrengungen erbracht werden mussten. Die soziale Akzeptanz ist bei ihren Mitschülerinnen und Mitschülern deutlich geringer als für regulär lernende Kinder. Trotzdem halten sich langsamer lernende Kinder selbst für
genauso gut in die Klasse integriert wie regulär lernende Kinder und zeichnen
sich nach eigenem Bekunden durch eine ebenso hohe Anstrengungsbereitschaft
wie alle anderen Kinder aus. Die Daten sprechen trotz der festzustellenden Beeinträchtigungen zugleich für eine stabilisierende und motivierende Lernumgebung für langsamer lernende Kinder mit längerer Verweildauer in FLEX-
Klassen.

Auffällig ist das starke Absinken des Selbstkonzepts von Kindern im dritten
Verweiljahr. Erwartungen, dass die Organisations- und Lernformen der flexiblen
Eingangsphase die Selbstkonzeptentwicklung von langsamen Lernern im dritten
Verweiljahr vor Beeinträchtigungen schützt, erfüllen sich nicht, sodass hier ver-
mutlich die ursprünglichen Modellannahmen verändert werden müssen. Zum
einen könnte dieses Ergebnis so interpretiert werden, dass der von Martschinke
und Kammermeyer (2006) für Drittklässler beschriebene Skill-Development-
Ansatz dahingehend zum Tragen kommt, dass die schwachen Lernleistungen nun
das Selbstkonzept realistisch beeinflussen (und nicht umgekehrt mehr über das
Selbstkonzept ein Einfluss auf die Leistungen nachweisbar ist, vgl. hierzu auch
Helmke 1997a). Zum anderen kann aber auch vermutet werden, dass ein Fischteich-Effekt (Köller/Zeinz 2006) dahingehend entsteht, dass die tagtäglichen
Leistungen junger, besonders erfolgreicher Kinder als Vergleich immer präsent
sind und langsamer lernenden älteren Kindern eigene Lernprobleme im Alters-
vergleich besonders deutlich vor Augen führen.

Deutlich muss gesagt werden, dass sich Kinder mit förderdiagnostischer
Begleitung (FDL) in den Subtests zum Wohlbefinden, zum Selbstkonzept, zu
Lernfreude sowie zur Anstrengungsbereitschaft signifikant von regulär lernenden
Kindern durch negativere Einschätzungen unterscheiden. Kinder, die eine förderdiagnostische Lernbeobachtung erhalten, fühlen sich weniger wohl als regulär
lernende Kinder, berichten eine geringere Lernfreude und Anstrengungsbereitschaft und weisen einen niedrigeren sozialen Status auf. Trotzdem liegen ihre
Selbsteinschätzungen hinsichtlich des schulischen Wohlbefindens, der Lernfreude und der Anstrengungsbereitschaft durchschnittlich noch im positiven Bereich.
Kinder mit FDL entwickeln auch ein schwächeres Selbstkonzept. Trotz allem
fühlen sie sich von ihren Klassenkameradinnen und Klassenkameraden ver-

gleichbar gut angenommen wie alle anderen Kinder, was jedoch im Widerspruch zu ihren geringeren sozialen Präferenzwerten steht. Einen vergleichbaren Befund berichtet Preuss-Lausitz (1997a) aus der Kinderbefragung in brandenburgischen Integrationsklassen. Anscheinend gelingt es in den FLEX-Klassen, dass die zum Teil vorhandene soziale Ablehnung noch nicht vordergründig zum Tragen kommt. Damit werden Ergebnisse repliziert, die zuvor schon im Forschungsstand dargestellt wurden (Abschnitt 3.5.4, Haeberlin et al. 1989 und Hinz et al. 1998) und für deren Lösung es bislang noch keine tragfähige Lösung gibt. Zugleich ergibt sich damit als eine zukünftige Forschungsaufgabe die Be- und Verarbeitung von Leistungshierarchien und schlechten Schulleistungen schon am Schulanfang (vgl. hierzu Knörzer/Grass 1992 und Prengel 2005b/2006).

Für die fünf vorzeitig eingeschulten Kinder und für die sieben Kinder mit kürzerer Verweildauer lassen sich wegen der geringen Fallzahlen keine statistisch verallgemeinerbaren Ergebnisse beschreiben. Die Antworten der Kinder zeugen von besonders großer Lernfreude und Anstrengungsbereitschaft sowie von einem sehr hoch ausgebildeten Selbstkonzept. Es gibt Hinweise darauf, dass sich Kinder mit kürzerer Verweildauer etwas weniger gut integriert fühlen könnten. Für weitere Klärungen dazu würden Einzelfallstudien oder Untersuchungen mit größeren Fallzahlen benötigt.

Im Hinblick auf die Einschätzungen von Jungen und Mädchen lassen sich beim Selbstkonzept, bei der Lernfreude und Anstrengungsbereitschaft, der sozialen Integration sowie der sozialen Präferenz keine bedeutsamen Unterschiede aufzeigen. Allerdings fühlen sich die Jungen in der Schule deutlich weniger wohl als die Mädchen. Einen ähnlichen Effekt haben Rauer und Schuck (2004) in der Hamburger und schleswig-holsteinischen Stichprobe für Jungen in zweiten Klassen, Moser et al. (2005) für Jungen in ersten Klassen in der Schweiz sowie Gisdakis (2007) im Kinderpanel zum Schulstart in Deutschland nachgewiesen. Dieses Ergebnis korrespondiert damit, dass sich Jungen in FLEX-Klassen auch weniger von ihren Lehrerinnen angenommen fühlen. Interessant ist die Erklärung, die Bos et al. (2005) für solche Untersuchungsbefunde heranziehen, sie argumentieren mit dem eher bei Lehrerinnen Wohlgefallen auslösenden Verhalten der Mädchen. Vermutlich machen Jungen schon in den ersten Schuljahren Erfahrungen, dass ihre geschlechtsspezifische Art und Weise des Erbringens von Leistungen auf weniger Resonanz stößt bzw. wenig Raum findet. Vielleicht fällt es ihnen aber auch schwerer, schuladäquate Verhaltensmuster zu akzeptieren und sie klagen deshalb stärker über die Schule als die Mädchen. Generell können die Ergebnisse der Kinderbefragung jedoch als ein Zeichen dafür interpretiert werden kann, dass die flexible Schuleingangsphase vergleichbare Optionen für Kinder beiderlei Geschlechts beinhaltet.

Bereits weiter oben sind die signifikant geringeren Selbsteinschätzungen von Kindern mit förderdiagnostischer Lernbeobachtung beschrieben worden. Kinder mit förderdiagnostischer Lernbeobachtung können jedoch im Hinblick auf ihre sozio-emotionale Entwicklung nicht als geschlossene Risikogruppe bezeichnet werden, denn Kinder mit förderdiagnostischer Lernbeobachtung verteilen sich auf alle drei Cluster der sozio-emotionalen Entwicklung. Sie finden sich zu einem Drittel im Cluster 1 der „leistungsbereiten integrierten Kinder". Allerdings haben einige von ihnen ein erhöhtes Risiko zum Cluster 2 der wenig schulbegeisterten Kinder mit einer eher ungünstigen sozio-emotionalen Entwicklung zu zählen.

Auf weitere potenziell risikobehaftete Lernbiografiemerkmale, wie z. B. das Geschlecht, eine geringe soziale Präferenz oder schwache Schulleistungen, gibt es in FLEX-Klassen in dieser Untersuchung keine Hinweise. Kinder mit diesen Lernbiografiemerkmalen verteilen sich gleichermaßen auf die drei gefundenen Cluster sozial-emotionaler Schulerfahrungen. Dafür spricht, das sich die Mittelwerte, z. B. der Leistungstests oder der sozialen Präferenz, zwischen den Clustern nicht signifikant voneinander unterscheiden.

Ein viertes Ergebnis verweist auf die Zusammenhänge zwischen den verschiedenen Ausprägungsbereichen der sozio-emotionalen Entwicklung untereinander. Zwischen dem schulischen Wohlbefinden, der Lernfreude, der Anstrengungsbereitschaft, der sozialen Integration und dem Selbstkonzept gibt es in den Selbsteinschätzungen von Kindern moderate korrelative Zusammenhänge. Ebenso zeigen sich Zusammenhänge zur sozialen Präferenz, sodass angenommen werden kann, dass die Einschätzung der sozio-emotionalen Variablen der Entwicklung nicht unabhängig vom Urteil der Peers erfolgt, jedoch die Einschätzung der sozialen Akzeptanz eines Kindes durch die Peers noch nicht das Gewicht der späteren Jahre entfaltet. Auch von anderen Kindern überwiegend abgelehnte Kinder können sich in FLEX-Klassen noch sehr wohl fühlen, weil Kompensationen vermutlich möglich sind. So verweisen Furrer und Skinner (2003) darauf, dass sich das Eingebundensein bei Peers, Lehrern und Eltern zum Teil gegenseitig kompensieren kann, sodass eine Ablehnung durch Peers von Lehrerinnen beispielsweise etwas aufgefangen werden kann. Zwischen dem zugeschriebenen sozialen Status eines Kindes durch die Peers und seiner Selbsteinschätzung des eigenen Angenommenseins in der Klasse gibt es nur einen schwachen Zusammenhang. Das bedeutet, dass von vielen Klassenkameradinnen und -kameraden abgelehnte Kinder sich nicht notwendigerweise ausgestoßen fühlen müssen. Ob dies daran liegt, dass Kinder über ausreichend Resilienzfaktoren verfügen (Wustmann 2004), welche sie unempfindlicher und weniger vulnerabel als andere Kinder machen, ob die betroffenen Kinder sie derart berührende Fragen nur oberflächlich beantworten beziehungsweise sich die Probleme nicht eingestehen, ob die Organisationsformen in der flexiblen Schuleingangsphase sowie die dort herrschenden Klassennormen und Sozialformen des Unterrichts ihre Integration erleichtern, oder ob ganz andere Gründe zu diesem Phänomen führen, kann im Rahmen dieser Untersuchung nicht geklärt werden und weist auf noch zu untersuchende Fragestellungen hin.

Ein (fünftes Ergebnis) lässt sich im Hinblick auf den Zusammenhang von Schulleistungen und sozio-emotionaler Entwicklung konstatieren. Rauer und Schuck (2004) postulieren als ausgesprochen plausibel, dass Kinder mit positiven emotionalen und sozialen Schulerfahrungen bessere Schulleistungen erreichen können und verweisen auf ihre Ergebnisse, bei denen bei Zweitklässlern diese Zusammenhänge als schwache positive Korrelationen sowohl beim Mathematik- als auch beim Rechtschreibtest nachgewiesen werden konnten, für das Selbstkonzept wurden sogar mittelstarke Zusammenhänge offensichtlich. Ähnliche Ergebnisse berichten auch Helmke (1992), Helmke (1997a) sowie Gisdakis (2007). Martschinke und Kammermeyer (2006) betonen, dass der Einfluss des Selbstkonzepts auf die Schulleistung, der in der ersten Klasse noch beobachtbar ist, in der zweiten Klasse kippt, um in der dritten Klasse in der umgekehrten Richtung als Einfluss der Schulleistungen auf das Selbstkonzept zu wirken.

Die in der Literatur beschriebenen Zusammenhänge von sozio-emotionalen Variablen und Schulleistungstests lassen sich für die untersuchten FLEX-Klassen so nicht bestätigen. Es wurden deutlich weniger Zusammenhänge zwischen dem schulischen Wohlbefinden, dem Selbstkonzept, der Lernfreude, der Anstrengungsbereitschaft sowie der sozialen Integration und den Ergebnissen der länderübergreifenden Vergleichsarbeiten in Deutsch und Mathematik am Ende der Jahrgangsstufe 2 gefunden. Statistisch lassen sich nur zwei einzelne korrelative Zusammenhänge zwischen der sozialen Präferenz und den Mathematikleistungen sowie zwischen der Lesegeschwindigkeit und dem Selbstkonzept nachweisen. Eine festzustellende weitgehende Entkopplung von sozio-emotionaler Situation und Schulleistungen in den Selbsteinschätzungen der Kinder kann für Kinder am Schulanfang positiv aufgefasst werden. Für einen beträchtlichen Anteil von Kindern mit nicht so günstigen Schulleistungen in den Vergleichsarbeiten beinhaltet dies die Option, dass sie sich trotzdem emotional und sozial integriert fühlen sowie freudig und motiviert lernen, womit eine wichtige Zielstellung von FLEX-Klassen erreicht wurde. Schwache Schulleistungen führen aus der Kinderperspektive nicht automatisch zu einer sozialen Stigmatisierung und auch noch nicht zu einem Verlust von Lernfreude, Anstrengungsbereitschaft und Wohlbefinden. Dieser Befund kann als ein Hinweis darauf interpretiert werden, dass Kinder ihren eigenen Lernweg in Einklang mit einer stützenden sozialen Umgebung gehen können. Vermutet werden kann, dass die Rahmenbedingungen in der FLEX, die auf Individualisierung innerhalb der jahrgangsübergreifenden Lerngruppe ausgerichtet sind, positiv wirkende Faktoren des Anfangsunterrichts wie Kompetenzerfahrungen, das Handeln in individuellen Freiheitsspielräumen sowie ein soziales Eingebundensein ermöglichen. Zugleich scheint die Sozialnormorientierung zugunsten einer Sach- und Individualnormorientierung bei Leistungsrückmeldungen in den Hintergrund zu rücken und die sozio-emotionale Entwicklung zu stützen (vgl. hierzu Knörzer/Grass 1992, Rheinberg 1999, Martschinke/Kammermeyer 2006).

Die Ergebnisse der Kinderbefragung 2005 deuten darauf hin, dass es in den untersuchten Klassen anscheinend gelungen ist, die flexible Schuleingangsklasse als einen Lern- und Lebensort für Kinder zu gestalten, in dem sich die Mehrzahl der Kinder sehr wohl fühlt, sehr gern und anstrengungsbereit lernt und Schulunlust weitgehend vermieden werden kann. Für die Mehrheit der Kinder in den untersuchten Klassen konnte ein Leistungsklima geschaffen werden, welches bei den Kindern die Bereitschaft erzeugt, ihr Bestes geben zu wollen und eine positive Grundhaltung zum Lernen aufzubauen, sodass der Schulanfang aus ihrer Perspektive als gelungen bezeichnet werden kann. Für ein Zehntel bis ein Sechstel der Kinder zeigte sich, je nach Subtest, dass sie ihre eigene schulische und sozio-emotionale Entwicklung nicht günstig beurteilen.

7 Zusammenfassung aller Ergebnisse und Diskussion zum Gelingen des Schulanfangs der Kinder in der FLEX

7.1 Zielstellung des Kapitels

In den vorangegangenen Kapiteln 4 bis 6 wurde das Gelingen des Schulanfangs der Kinder in der FLEX aus den jeweils unterschiedlichen Perspektiven von Experten, Eltern und Kindern untersucht und beschrieben, wie sich die Entwicklung der Schulleistungen sowie die sozio-emotionale Entwicklung von Kindern in FLEX-Klassen aus den jeweiligen Perspektiven heraus darstellen. Dazu wurden vorliegende deskriptive Ergebnisse zu den Schulleistungen analysiert und neue Befunde dazu sowie zur sozio-emotionalen Entwicklung von Kindern in FLEX-Klassen gewonnen. Die Ergebnisse wurden mit denen von Kindern in regulären Klassen verglichen, zudem wurde untersucht, wie sich Kinder mit unterschiedlichen Lernbiografien innerhalb von FLEX-Klassen unterscheiden und wie die Schulleistungen mit der sozio-emotionalen Entwicklung zusammenhängen. In diesem Kapitel werden im folgenden Abschnitt 7.2 die bereits zuvor separat dargestellten Ergebnisse zu den zentralen Konzepten für das Gelingen des Schulstarts in der FLEX (Schulleistungen, schulisches Wohlbefinden, Selbstkonzept, Lernfreude, Anstrengungsbereitschaft, soziale Integration) aus den drei Perspektiven von Experten, Eltern und Kindern zusammengefasst. Dabei wird geprüft, inwiefern sich die Ergebnisse aus den drei Perspektiven decken, ergänzen oder widersprechen, welche Bezüge zum im Kapitel 3 dargestellten aktuellen Forschungsstand gefunden werden können und welche Verallgemeinerungen zu den untersuchten Konzepten bezogen auf die FLEX möglich sind. Zudem wird auch reflektiert, inwieweit sich im Kapitel 2 vorgestellte historische Annahmen von Konzepten eines gelingenden Schulanfangs in den hier referierten eigenen Ergebnissen widerspiegeln.

In einem weiteren Abschnitt 7.3 erfolgt eine Diskussion aller Ergebnisse der Teilstudien dieser Arbeit. Vor dem Hintergrund der im Kapitel 2 herausgearbeiteten Gemeinsamkeiten historischer und aktueller Reformbestrebungen zum Schulanfang sowie der im Kapitel 3 referierten aktuellen Forschungsbefunde zum Lernen am Schulanfang wird diskutiert, inwiefern mit Blick auf die zentra-

len Konzepte dieser Arbeit von einem gelingenden Schulanfang der Kinder gesprochen werden kann. Dabei wird erörtert, welche Probleme mit den Befunden
verbunden sind und diskutiert, welche Entwicklungsperspektiven in der FLEX
weiter verfolgt werden sollten.

7.2 Zusammenfassung der Ergebnisse aus den Perspektiven von Experten, Eltern und Kindern

7.2.1 Schulleistungen von Kindern in FLEX-Klassen

Die akademischen Schulleistungen im Lesen, Schreiben und Rechen sind Indikatoren, die für eine erfolgreiche Bewältigung der Entwicklungsaufgaben (Oerter
1998) sowie für messbare Ergebnisse des Lernens in der vergleichenden Schul-
leistungsforschung stehen (Weinert/Helmke 1997, Köller/Baumert 2002, Dit-
ton/Krüsken 2004/2005b). Eine den gesellschaftlichen Anforderungen entsprechend angemessene Beherrschung des Lesens, Schreibens und Rechnens stellt
von den Anfängen des modernen Schulwesens an, wenn auch in unterschiedlichen kontextuellen Rahmungen, Ziel des Anfangslernens dar (Riemann 1798,
Pestalozzi 1809/1964, Zerenner 1834, Rother 1954, Dolch 1971, Deutscher Bildungsrat 1970/ 1975, Hagemann 1976, Lichtenstein-Rother/Röbe 1991, Knör-
zer/Grass 1992, Prengel 1999, Offermann 1999, Sandfuchs 2001, Rahmenlehrpläne 2004, Boddin 2005, Reyer 2006).

Bei den in den vorangegangenen Kapiteln 4 bis 6 vorgestellten Befunden
zeigen sich bemerkenswerte Übereinstimmungen aus der Sicht von Experten,
Eltern und Kindern hinsichtlich der Einschätzung der akademischen Lernergebnisse der Kinder in FLEX-Klassen.

Die in Kapitel 4 referierten Ergebnisse der Kinder aus FLEX-Klassen bei
den Vergleichsarbeiten 2004 bis 2006 (Ditton/Krüsken 2006) belegen aus Expertensicht, wie schon zuvor die referierten Ergebnisse von Witzlack und Burrmann
(1995) aus dem ersten Pilotprojekt (1992-1995), dass jeweils vier Fünftel der
Kinder in den FLEX-Klassen mittlere bis sehr gute Leistungen im Leseverständ-
nis- und im Rechentest erzielten, ein Fünftel der Kinder zählt zur unteren Leistungsgruppe im Lesetest, ca. fast ein Viertel der FLEX-Kinder gehören zur unteren Leistungsgruppe in den Mathematiktests.

Die in dieser Arbeit analysierten Leistungsvergleiche von Kindern aus
FLEX-Klassen mit Kindern aus regulären Klassen, in denen Zurückstellungen,
Wiederausschulung und Überweisungen an Förderschulen bereits vor dem
Schulbeginn oder innerhalb der ersten zwei Jahre üblich sind, zeigen, dass Kin-
der in FLEX-Klassen vergleichbare Testleistungen im Leseverständnis und zum

Teil leicht bessere Testleistungen in der Lesegeschwindigkeit sowie in der Mathematik im Rahmen der länderübergreifenden Vergleichsarbeiten erbringen konnten.[208] Der Anteil der schwachen Lerner fällt in FLEX-Klassen auch ohne Aussonderung geringer aus als in regulären Jahrgangsklassen, was als ein Indiz für eine erfolgreiche präventive Förderung lernschwacher Kinder gedeutet werden kann (Witzlack/Burrmann 1995, Ditton/Krüsken 2005a/2006, Neumann/Harych 2007). Diese Ergebnisse können als ein Beleg dafür gewertet werden, dass Kinder in heterogenen und nichtselektiven Settings bei entsprechend differenzierenden Rahmenbedingungen vergleichbare und höhere akademische Schulleistungen erzielen können als Kinder in selektiv orientierten jahrgangsbezogenen Settings. Reformorientierte Bestrebungen zu einem nichtselektiven Schulanfang können damit empirisch gestützt werden (vgl. hierzu zum Beispiel Riemann 1798, Otto nach Saupe 1927, Hilker 1924, Petersen 1934, Montessori 1938/1987, Reichwein 1937/1993, Rother 1954, Schwartz 1975).

Im Hinblick auf die akademischen Schulleistungen kann anhand der im Kapitel 5 dieser Arbeit vorgestellten eigenen Befunde belegt werden, dass sich die Mehrheit der Eltern zufrieden mit dem Wissenserwerb ihrer Kinder in FLEX-Klassen zeigt. Vier Fünftel der Eltern sind in der Elternbefragung 2004 davon überzeugt, dass ihre Kinder am Ende der FLEX überwiegend gut oder sehr gut lesen, schreiben und rechnen können, ein Fünftel schätzt diese Fähigkeiten eher als schwach ein.

Für die Einschätzung der akademischen Schulleistungen illustrieren die im Kapitel 6 vorgestellten Befunde aus der Kinderbefragung 2005, dass die Kinder

---

208 Allerdings erzielen Kinder in FLEX-Klassen keine ‚spektakulär besseren' Ergebnisse als Kinder in regulären Klassen, was implizit von vielen Verantwortlichen in der Politik und in der Administration infolge des als optimal und ressourcenintensiv geltenden Settings erwartet wurde. Auch die Lehrerinnen in einigen FLEX-Schulen mit weniger guten Ergebnissen zeigten sich wegen des von ihnen erbrachten Differenzierungsaufwandes und den im Vergleich dazu scheinbar geringen Ergebnissen enttäuscht. Hier muss einschränkend bemerkt werden, dass derartige Enttäuschungen vorprogrammiert sind, wenn ein Vergleich an Landesdurchschnitten und nicht ein ‚fairer' Vergleich an den klassenindividuellen Erwartungswerten zu Grunde gelegt wird. Eine solche Vergleichsmöglichkeit fehlt jedoch in den Vergleichsarbeiten weitgehend. Der permanent im öffentlichen Raum stehende Wunsch nach einem Vergleich von Kinderleistungen in regulären Klassen und FLEX-Klassen und die verschieden interpretierbaren FLEX-Befunde verweisen auf die Frage, inwieweit aus querschnittlich angelegten Leistungstests auf systembedingte schulische Einflüsse in der zweiten Jahrgangsstufe geschlossen werden kann. Wenn der Beitrag der unterschiedlichen Systeme von FLEX- und Regelklasse verglichen werden soll, bedarf es eigens konzipierter value-added-Studien, um diese Ableitungen treffen zu können, andernfalls können nur Tendenzen beschrieben werden (Ditton/Krüsken 2006, Lipowsky 2006, FAUST 2006a/b). Dabei sind die zuvor schon im Kapitel zum Forschungsstand erörterten Forschungsergebnisse zu berücksichtigen, denen zufolge innerhalb der ersten beiden Schuljahre hochwirksame Einflüsse der Qualität des vorschulischen und elterlichen Settings auf die Lernleistungen festzustellen sind (vgl. hierzu Hany 1997, Tietze et al. 2005, Tietze 2006).

selbst ihre Schulleistungen optimistisch bewerten. Fast alle Kinder in FLEX-Klassen halten sich für gute Lerner, fünf Sechstel der Kinder sind überzeugt, gut lesen zu können und nahezu eben so viele der Kinder halten sich selbst für gute Rechner, nur ein Sechstel der Kinder glaubt, nicht gut lesen zu können.

Damit können deutliche Schnittmengen in den Befunden zu den akademischen Schulleistungen aus Experten-, Eltern- und Kindersicht konstatiert werden. Aus allen drei Perspektiven deutet sich an, dass etwa acht von zehn Kindern in FLEX-Klassen die Kulturtechniken gemäß den Anforderungen des Rahmenlehrplans erwerben konnten, für zwei von zehn Kindern verlief dieser Prozess nicht so erfolgreich.

Die Ergebnisse der Kinderbefragung verweisen darauf, dass aus der Perspektive der Kinder eine leicht höhere Einschätzung der eigenen Leistungen als aus den beiden Erwachsenenperspektiven zu beobachten ist. Diese Tendenz einer robusten Selbstüberschätzung am Schulanfang wird von zahlreichen Forschern betont und wurde bereits im Kapitel 3 zum Forschungsstand dargestellt (stellvertretend Helmke 1991/1992/1997a). Ebenso wie in der im Kapitel zum Forschungsstand zitierten Untersuchung von Schenz (2004) zu Elterneinschätzungen kindlicher Leistungen am Schulanfang existiert auch bei FLEX-Eltern die Tendenz zu einer leichten Überschätzung der Leistungen der eigenen Kinder. So schätzen mehr Eltern die Lese- und Rechenleistungen ihrer Kinder für sehr gut ein als dies die Ergebnisse in den landesweiten Vergleichsarbeiten nahe legen. Anders sieht die Lage bei den Eltern schulschwacher Kinder aus. Der Anteil der Eltern, die ihren Kindern nur geringe oder gar keine Lernerfolge im Lesen und Rechnen attestieren, entspricht weitgehend dem statistischen Anteil an Kindern in FLEX-Klassen, für die in den länderübergreifenden Vergleichsarbeiten nur schwache Lese- und Rechenkompetenzen ermittelt werden konnten, sodass vergleichbare Tendenzen wie in der Untersuchung von Schenz (2004) zu Tage treten, nach deren Darstellung Eltern von Kindern mit unterdurchschnittlichen Leistungen die Situation ihrer Kinder zutreffend erfassen.

Betrachtet man die in den vorangegangenen Kapiteln 4 bis 6 vorgestellten Ergebnisse zu den akademischen Schulleistungen von Kindern mit unterschiedlichen Lernbiografiemerkmalen innerhalb der FLEX-Klassen, dann zeigen sich folgende Befunde:

Mädchen und Jungen zeigen in den Vergleichsarbeiten Unterschiede dahingehend, dass Mädchen deutlich bessere Testleistungen im Leseverständnis erzielen, wohingegen Jungen etwas bessere Mathematikleistungen erreichen (Ditton/Krüsken 2005a/2006). Dieses Ergebnis liegt in der Tendenz vergleichbarer Befunde, die aus nahezu allen Leistungsstudien berichtet werden (Stürzer 2003, Weinert/Helmke 1997, Baumert et al. 2000/2005, Bos et al. 2003/2005, Helmke et al. 2006). Legt man die Befunde von Tiedemann und Faber (1994) daneben, dass Mädchen und Jungen am Schulanfang mit gleichen kognitiven Lernvoraussetzungen starten, mag dieses Ergebnis verwundern, im Gegensatz dazu verweisen allerdings Blossfeld et al. (2007) auf ungleiche Startchancen für Jungen schon am Schulanfang. Perspektivisch erscheint es als angebracht, hierzu genauere Kenntnisse zu erhalten.

Für die Gruppe der schneller lernenden Kinder liegen in den zuvor analysierten Untersuchungen mehrere Belege dafür vor, dass die jungen Kinder, zu denen sowohl vorzeitig eingeschulte Kinder als auch Kinder mit kürzerer Verweildauer gehören, besonders von der FLEX profitieren können. Bereits 1995 verwiesen Witzlack und Burrmann darauf, dass die vorzeitig eingeschulten Kinder im Pilotprojekt „Flexible kindgerechte Schuleingangsstufe" (1992-1995) kaum Schwierigkeiten beim Lesenlernen zeigten, die überwiegende Mehrheit von ihnen erreichten sehr gute und gute Leistungen. Ebenso konnten in der genannten Untersuchung die vorzeitig eingeschulten Kinder mit den altersgerecht eingeschulten Kindern in den Rechtschreibtests mithalten. Im Schulversuch FLEX 2 (1999-2002) wiesen schneller lernende Kinder in den meisten Entwicklungsbereichen einen Vorsprung auf. (Schröder/Emmer 2002). Die analysierte Anschlussuntersuchung im Rahmen des Schulversuchs FLEX 20 (2000-2004) zeigte, dass die Kinder mit besonderen Fähigkeiten in beinahe allen untersuchten Bereichen weit überdurchschnittliche kognitive Leistungen erbrachten (Schröder 2004). Die besonders begabten Kinder offenbarten Denkprozesse, die üblicherweise erst in der mittleren Kindheit auftreten und als Übergangsformen zum Denken im Jugendalter betrachtet werden. Im Vergleich mit den schnellen Lernern lagen sie noch mit großem Abstand vorn. Der bereits vor der Einschulung bestehende Entwicklungsvorsprung wurde unter den Bedingungen des Schulversuches und des Überspringens gehalten und führte zu einem kumulierenden Entwicklungspotenzial. Diese älteren Ergebnisse werden durch die im Kapitel 4 referierten Daten von Ditton und Krüsken (2006) zu den Leistungen sehr junger Kinder in den länderübergreifenden Vergleichsarbeiten 2004-2006 untermauert. In diesen erreichen die jüngsten Kinder, die vorzeitig eingeschult wurden oder die FLEX ein Jahr schneller durchlaufen und zum Zeitpunkt des Tests noch nicht das achte Lebensjahr vollendet hatten, die höchsten Testwerte von allen untersuchten Zweitklässlern, zugleich sind sie häufiger als andere Kinder gebildeten Elternhäusern zuzurechnen (a.a.O.).

In den Befunden zur Elternbefragung 2004 wird der Eindruck bestätigt, dass schneller lernende Kinder in FLEX-Klassen optimale Lerngelegenheiten finden. Besonders die Eltern der vorzeitig eingeschulten Kinder verweisen auf sehr gute Leistungen ihrer Kinder im Lesen, was durch den oben dargestellten Befund von Ditton und Krüsken (2006) bestätigt wird, aber auch auf einen Zusammenhang mit den Bildungsaspirationen dieser Familien schließen lässt.

Für die langsamer lernenden Kinder im dritten Verweiljahr liegen in den in Kapitel 4 analysierten Evaluationsberichten nur wenige Aussagen zur akademischen Leistungsentwicklung vor. Kaiser (2004) konnte in Einzelfallstudien Belege dafür finden, dass das dritte Verweiljahr auf die untersuchten Kinder eine präventive und fördernde Wirkung entfaltete. In den Vergleichsarbeiten 2004-2006 erbrachte die Gruppe der ältesten Kinder, also vorwiegend die der Kinder im dritten Verweiljahr, die schwächsten Leistungen von allen Altersgruppen, trotzdem fiel der Anteil der schwachen Lerner geringer aus als in regulären Klassen. Das Bildungsniveau der Eltern dieser Kinder liegt nach den referierten Befunden von Ditton und Krüsken (2006) unter dem der Gesamtstichprobe, was mit den Befunden von Tietze et al. (2005) zu Schulleistungen und der Qualität des vorschulischen sowie familiären Settings korrespondiert.

Die auf eine präventive Wirkung deutenden Befunde aus den vorgestellten Untersuchungen werden auch durch die in Kapitel 4 dieser Arbeit analysierten Schulversuchsdokumentationen der Schulleiterinnen und Schulleiter aus dem Schulversuch FLEX 20 (2000-2004) sowie den Dokumentationen und Lernbiografien von Lehrerinnen aus diesem Schulversuch illustriert, dem immer wieder wird auf präventive Erfolge gerade bei langsamer lernenden Kindern verwiesen (Liebers 2004d, Prengel/Misslitz 2004).

Die in Kapitel 5 vorgestellten Ergebnisse aus der Elternbefragung 2004 spiegeln das mehrdeutige Bild bezogen auf die Kinder im dritten Verweiljahr. Die Eltern schätzen ein, dass ihre Kinder überwiegend nicht gut lesen und rechnen können und dass sie mit der Lernentwicklung ihres Kindes weniger zufrieden sind als andere Eltern. Trotzdem finden zwei Drittel dieser Eltern, dass die Lernprobleme ihrer Kinder durch das dritte Verweiljahr weitgehend überwunden wurden. Nahezu alle diese Eltern fanden es gut, dass ihr Kind ein drittes Verweiljahr in Anspruch nehmen konnte.

Nur wenige Daten liegen in den analysierten Evaluationsberichten zur Leistungsentwicklung für Kinder mit förderdiagnostischer Lernbeobachtung (FDL) vor. Diejenigen unter ihnen, welche ab der dritten Jahrgangsstufe nach dem Rahmenlehrplan Allgemeine Förderschule unterrichtet werden, nahmen an den Vergleichsarbeiten nicht teil, Kinder mit den Förderschwerpunkten Sprache und Verhalten schrieben in der Regel mit, wurden jedoch nicht gesondert erfasst.[209] Für die Einschätzung ihrer Lernentwicklung kann auf die Auswertungen von Lernbiografien durch Prengel (2004) verwiesen werden. Prengel resümiert, dass sich für einige Kinder die Lernsituation auch dann nachhaltig verbesserte, wenn sie weiterhin nicht die Ziele des Rahmenlehrplans Grundschule erreichten und eine Förderung nach dem Rahmlehrplan für die Förderschule erhielten. Die El-

---

209 Gilt ebenso für Kinder mit erfolgtem Feststellungsverfahren sonderpädagogischer Förderbedarf in regulären Klassen.

tern von Kindern mit FDL bescheinigen ihren Kindern deutlich geringere Schulleistungen im Lesen, Schreiben und Rechnen als andere Eltern. Trotzdem schätzen mehr als vier Fünftel der Eltern ein, dass die spezifischen Probleme ihrer
Kinder rechtzeitig erkannt wurden, dass ihre Kinder in ihrem eigenen Tempi
voranschreiten konnte und zeigen sich überzeugt, dass die sonderpädagogische
Förderung ihrer Kinder zu guten Fortschritten führte.

Fasst man alle in dieser Arbeit vorliegenden Befunde hinsichtlich der Entwicklungen der akademischen Schulleistungen in der FLEX zusammen, so kann
konstatiert werden, dass es zahlreiche Indizien sowohl aus der Experten- als auch
aus der Eltern- und Kinderperspektive dafür gibt, dass vier Fünftel aller Mädchen
und Jungen in den FLEX-Klassen durchschnittliche bis sehr gute Leistungen im
Schriftspracherwerb sowie in der Mathematik erreichen. Für ein Fünftel der
Kinder verläuft die Lernentwicklung gemessen an den Anforderungen der Leistungstests so, dass sie unterhalb der durchschnittlichen Leistungen der Kinder
bleiben. Ausgehend von den individuellen Lernvoraussetzungen dieser Kinder,
die zu den langsamer lernenden Kindern oder den Kindern mit FDL gehören,
kann jedoch auf Grund der Experten- und Elterneinschätzungen vermutet werden, dass die meisten dieser Kinder ein den individuellen Lernvoraussetzungen
angemessenes Leistungsfundament im Lesen und Rechnen erwerben konnten,
auch wenn eventuell eine weitere Förderung nach den Anforderungen des Rahmenlehrplans für den Förderschwerpunkt Lernen erforderlich wird. Vorzeitig
eingeschulte Kinder und Kinder mit kürzerer Verweildauer können sich nach den
vorliegenden Ergebnissen schriftsprachliche und mathematische Kompetenzen
auf einem sehr hohen Niveau aneignen. Diese Befunde lassen sich zu dem Fazit
verdichten, dass in FLEX-Klassen die große Mehrheit der Kinder ein den individuellen Lernvoraussetzungen entsprechendes Leistungsfundament in den Kulturtechniken erwerben kann.

7.2.2   Sozio-emotionale Entwicklung von Kindern in FLEX-Klassen

Schulisches Wohlbefinden

Schulisches Wohlbefinden ist ein wichtiges Ziel des Lernens im Anfangsunterricht (Einsedler 1997b, Petillon 1997), ein Indikator für einen gelungenen Übergang in die Schule (Griebel/Niesel 2006) und zugleich eine Voraussetzung für
ein erfolgreiches Lernen von Kindern (Eder 1995, Hascher 2004a/b,
Fend/Sandmeier 2004, Schubert 2004, Schenz 2004, Gisdakis 2007). Bereits in
den historischen Reformkonzepten hatte das schulische Wohlbefinden aufgrund

der Erfahrung der Pädagogen einen hohen Stellenwert für das Lernen (vgl. hierzu Riemann 1798, Pestalozzi 1809/1964, Spielhagen 1927).

Aus der Kinderperspektive gibt es nach den vorliegenden eigenen Ergebnissen aus der Kinderbefragung 2005 im Kapitel 6 dieser Arbeit gesicherte Hinweise darauf, dass sich die meisten Kinder aus FLEX-Klassen in der Schule überwiegend wohl und sehr wohl fühlen. Die Fragen danach, ob Schule Spaß mache und ob es den Kindern in der Schule gefalle, bejahten fast alle Kinder in der Kinderbefragung 2005. Dieser Befund wird auch durch die im Kapitel 5 vorgestellte Elternbefragung 2004 weitgehend bestätigt, wonach noch vier Fünftel der Kinder am Ende der Schuleingangsstufe nach Ansicht ihrer Eltern gern zur Schule gehen. In der Elternbefragung 2004 lässt sich ein deutlicher Zusammenhang zwischen dem Wohlbefinden und dem Gelingen des Schulanfangs nachweisen, je besser Eltern das Wohlbefinden ihres Kindes erleben, desto eher würden sie ein weiteres Kind noch einmal in eine flexible Eingangsklasse einschulen. Aus der Expertenperspektive der Schulversuchsevaluationen liegen keine Daten zum Wohlbefinden vor.

Im Vergleich zu den Befunden aus regulären 1. und 2. Klassen (Rauer/Schuck 2004) konnte die hier vorgestellte Kinderbefragung 2005 Belege dafür erbringen, dass Kinder in FLEX-Klassen ihr schulisches Wohlbefinden signifikant höher einschätzen als Erst- und Zweitklässler in Hamburg und Schleswig-Holstein.

Die Ergebnisse der Kinderbefragung 2005 verdeutlichen, dass sich bei der Einschätzung des schulischen Wohlbefindens innerhalb der FLEX-Gesamtpopulation Unterschiede zeigen. So fühlen sich Jungen nach ihren eigenen Angaben zwar überwiegend wohl in der Schule, aber dennoch deutlich weniger wohl als Mädchen. Ähnliche Differenzen wurden zuvor schon im Kapitel 3 zum Forschungsstand aus den Untersuchungen von Gisdakis (2007) für Schulanfänger in ganz Deutschland, von Rauer und Schuck (2004) für Zweitklässler in Hamburg/Schleswig-Holstein sowie von Moser et al. (2005) für Schulanfänger in der Schweiz berichtet.

Für Kinder mit kürzerer Verweildauer verweisen die vorliegenden Ergebnisse darauf, dass sie sich in der Schule – sowohl aus Eltern- als auch aus der Kinderperspektive – nahezu vollständig sehr wohl fühlen. Für vorzeitig eingeschulte Kinder liegen vergleichbare Ergebnisse vor, sie schätzen ihr eigenes schulisches Wohlbefinden ebenfalls sehr hoch ein, allerdings sehen ihre Eltern dies tendenziell etwas kritischer.

Das schulische Wohlbefinden nimmt nach den im Kapitel zum Forschungsstand referierten Untersuchungsbefunden aus dem Kinderpanel (Gisdakis 2007) deutschlandweit bereits von der ersten Jahrgangsstufe an kontinuierlich ab (vgl. hierzu auch Breuer/Weuffen 2000). Auf eine Abnahme des Wohlbefindens nach dem ersten Verweiljahr in FLEX-Klassen gibt es jedoch, zumindest in den Quer-schnittsdaten der Kinderbefragung 2005, keine solchen Hinweise, Erst- und Zweitklässler fühlen sich gleichermaßen wohl.

Für Kinder in FLEX-Klassen, die für ein drittes Verweiljahr vorgesehen sind oder dieses absolvieren, lässt sich anhand der Ergebnisse der Kinderbefra-gung belegen, dass diese mit ihren durchschnittlichen Selbsteinschätzungen des Wohlbefindens zwar gerade noch im positiven Bereich, jedoch deutlich unter dem Mittelwert von Kindern mit regulärer Verweildauer liegen. Eltern von Kin-dern im dritten Verweiljahr hingegen bewerteten das Wohlbefinden ihrer Kinder in der Elternbefragung 2004 nicht negativer als Eltern der Kinder mit regulärer Verweildauer.

Kinder mit förderdiagnostischer Lernbeobachtung fühlen sich sowohl nach den vorgestellten Auskünften ihrer Eltern, als auch nach ihren Selbstauskünften deutlich weniger wohl in der Schule als Kinder ohne FDL, jedoch liegt in der Kinderbefragung 2005 ihr Mittelwert für das schulische Wohlbefinden gerade noch im positiven Bereich. Damit weisen die Befunde für Kinder mit FDL in FLEX-Klassen in eine andere Richtung als die im Kapitel 3 zum Forschungs-stand referierten Ergebnisse von Preuss-Lausitz (1997a) für brandenburgische Integrationsklassen. Sie zeigen vielmehr in die Richtung der zuvor schon im Kapitel 3 zum Forschungsstand dargestellten Ergebnisse aus den Untersuchun-gen von Haeberlin et al. (1989), Randoll (1992), Dumke und Schäfer (1993) sowie Hinz et al. (1998), nach denen das schulische Wohlbefinden von Kindern mit Förderbedarf in integrativen Klassen geringer ausfällt als das Wohlbefinden von Kindern ohne Förderbedarf. Allerdings kann aus diesen Befunden nicht auf eine günstigere emotionale Wirkung des Settings Förderschule geschlossen wer-den, denn Haeberlin et al. (1989) konnten zeigen, dass sich die emotionale Situa-tion von lernbehinderten Kindern in Sonderschulen nicht von denen in integrati-ven Systemen unterschied. Sie schlussfolgerten, dass weder integrative noch segregative Formen der Beschulung von lernbehinderten Kindern ihr subjektives Befinden in der Klasse besonders fördern.

Anscheinend vermag auch das spezifische Setting in flexiblen Eingangs-klassen wenig an den Unterschieden im schulischen Wohlbefinden zu ändern. Für eine Erklärung dieses Befunds können verschiedene Ansätze zum Tragen kommen. Ein Interpretationsansatz für das Phänomen des geringeren Wohlbefin-dens von Kindern mit förderdiagnostischer Lernbeobachtung und von langsamer lernenden Kindern im dritten Verweiljahr kann darin gesehen werden, dass diese Kinder erst noch bewältigen müssen, dass sie in der Leistungshierarchie ihrer Klasse weit unten stehen und ihren Eltern und Lehrerinnen Sorgen bereiten. Sie müssen sich damit abfinden lernen, dass sie selbst, auch mit Anstrengungen nur wenig daran ändern können und entwickeln ggf. Schuldgefühle über das eigene

Versagen (Breuer/Weuffen 2000, Prengel 2005b). Schwache Lernleistungen bringen zudem nur wenig positive Verstärkung und soziale Zuwendung durch Lehrkräfte und Eltern ein, was sich negativ auf das subjektive Befinden auswirken kann. Alle genannten Emotionen können schließlich dazu beitragen, dass negative Emotionen gegenüber Schule, schulischen Personen und schulischen Kontexten dominieren und das Wohlbefinden in der Schule negativ beeinflussen (vgl. hierzu Hascher 2004b).

Ein zweiter Interpretationsansatz kann darin gesehen werden, dass lernschwache Kinder zum Teil einen bedeutsam niedrigeren sozialen Status bei ihren Mitschülerinnen und Mitschülern innehaben. Einige von ihnen erhalten vermutlich beim Vorliegen von gewissen personalen Bedingungen ein Stigma (vgl. hierzu Goffman 1967, Cloerkes 2000), aus dem soziale Ablehnung und vermindertes Wohlbefinden resultieren (vgl. hierzu Hascher/Baillod 2004 sowie die Ergebnisse weiter unten).

Bei der Betrachtung eines geringeren Wohlbefindens lernschwacher Kinder muss zudem berücksichtigt werden, dass Kinder mit sonderpädagogischem Förderbedarf im Land Brandenburg nach den im Kapitel 3 zum Forschungsstand referierten Erhebungen von Böhm und Lüdecke (2005) sowie Müller-Senftleben (2005) sehr viel häufiger als andere Kinder aus armen und bildungsfernen Familien stammen[210], ebenso liegen aus den im Kapitel 4 analysierten Untersuchungen von Ditton und Krüsken (2006) Hinweise darauf vor, dass Kinder im dritten Verweiljahr häufiger zu bildungsfernen Familien mit in der Regel geringerem Einkommen gehören. Armut in den Herkunftsfamilien kann sich dann ungünstig auf das Wohlbefinden von Kindern auswirken, wenn mehrere ungünstige Faktoren kumulieren (Montessori 1938/1987, Holz/Skoluda 2003, Palentin 2005) oder wenn die Armut trotz vermehrter Anstrengungen durch die Familie nicht überwunden werden kann (Beisenherz 2007). Ein geringes Wohlbefinden kennzeichnet jedoch bei weitem nicht alle Kinder mit förderdiagnostischer Lernbeobachtung, circa ein Drittel von ihnen fühlt sich überaus wohl und gehört zum Cluster der emotional und sozial gut integrierten Kinder.

Von welchen konkreten Faktoren eine ungünstige Entwicklung des schulischen Wohlbefindens im Einzelnen abhängt und welche Rolle dabei spezielle personale und soziale, risikomildernde oder risikoerhöhende Faktoren, wie zum Beispiel die Resilienz und das Sozialverhalten spielen (Wustmann 2004, Kammermeyer et al. 2006), ist erst noch genauer zu klären. Ebenso ist zu klären, wie Lehrerinnen in der FLEX den Schulalltag und den Unterricht so gestalten können, dass Kinder besser mit persönlichen Verletzungen, die aus der Leistungshierarchie, der sozialen Position, aus Armut, Behinderungen und weiteren individu-

---

210 Vergleichbare Befunde werden in der Lernbehindertenpädagogik seit Jahrzehnten diskutiert, so zum Beispiel von Begemann (1970), Hiller (1989), Böhm (1996) oder Mand (2006).

ellen Dispositionen entstehen können, umgehen lernen (vgl. hierzu Haeberlin et al. 1989, Prengel 2005b, Hössl/Vossler 2007).

Im Hinblick auf die in Kapitel 5 und 6 vorgestellten Zusammenhänge zwischen dem schulischen Wohlbefinden und weiteren Variablen der sozio-emotionalen Entwicklung sowie den Schulleistungen konnte in der Elternbefragung 2004 gezeigt werden, dass das schulische Wohlbefinden der Kinder aus der Elternsicht mit der Lernfreude und Anstrengungsbereitschaft sowie den vorhandenen Freunden in der Klasse zusammenhängt. Dieser Zusammenhang wird auch in der Kinderbefragung 2005 offensichtlich. Aus der Kinderperspektive zeigen sich stabile Zusammenhänge vom schulischen Wohlbefinden zu allen anderen selbst eingeschätzten sozio-emotionale Variablen, besonders stark zur Lernfreude, zum Selbstkonzept und zur Anstrengungsbereitschaft sowie etwas schwächer zur sozialen Situation in der Klasse. Der Befund bestärkt den in der FLEX gewählten und historisch gewachsenen Unterrichtsansatz, kindliche Bedürfnisse ebenso wie den Erwerb fachlicher Schulleistungen in den Mittelpunkt des Unterrichts zu stellen, da Lernfreude und Anstrengungsbereitschaft eng mit einem Wohlbefinden als Schülerin oder Schüler zusammenhängen.

Aus der Elternperspektive eröffnet sich ein deutlicher Zusammenhang zwischen dem schulischen Wohlbefinden und den Schulleistungen der Kinder, aus ihrer Sicht sind leistungsstarke Kinder in der Schule eher froh als leistungsschwache. Aus der Perspektive der Kinder stellt sich dieser Zusammenhang erstaunlicherweise nicht dar, zwischen ihren Einschätzungen in der Kinderbefragung 2005 zum eigenen schulischen Wohlbefinden und ihren Leistungen in den Vergleichsarbeiten gibt es keinen Zusammenhang. Dieser Befund bedeutet, dass sich lernstarke ebenso wie auch lernschwache Kinder in FLEX-Klassen sehr wohl fühlen und damit eine stabile emotionale Basis für das Weiterlernen erwerben können. Damit dürften sich in der Tendenz historisch überlieferte Annahmen von positiven Auswirkungen eines reformorientierten Anfangsunterrichts auf die Schuleinstellungen zumindest aus der Kinderperspektive bestätigt sehen (vgl. hierzu bspw. Riemann 1798, Petersen 1934, Homack 1934, Montessori 1938/1987).

Selbstkonzept

Das akademische Selbstkonzept wird definiert als die Summe aller im Gedächtnis gespeicherten Selbsteinschätzungen der eigenen schulischen Leistungen und schulbezogenen Fähigkeiten (Maier/Pekrun 2004). Im Anfangsunterricht kann über das Selbstkonzept noch Einfluss auf die schulischen Leistungen von Kindern genommen werden, wohingegen in späteren Jahren die schulischen Leistungen das Selbstkonzept prägen (Martschinke/Kammermeyer 2006). Insofern kann ein hohes Selbstkonzept am Schulanfang von besonderer Bedeutung für gute Schulleistungen und als ein risikomildernder personaler Faktor im Hinblick auf Schulversagen aufgefasst werden (Kammermeyer/Martschinke/Drechsler 2006). Das Selbstkonzept ist ein aktuelles psychologisches Konstrukt, zu dem sich im weiteren Sinne durchaus historische Entsprechungen finden lassen, zum Beispiel bei Zerrenner (1834), der an der Methode der wechselseitigen Unterrichtung auch das Bild des Kindes über sein Fortschreiten oder Stillstehen im Lernen hervorhob oder bei Montessori (1938/1987), die von Stolz und Würde des Kindes im Hinblick auf seine Leistungen sprach.

Zum Selbstkonzept von Kindern in FLEX-Klassen liegen ausschließlich Befunde aus der Kinderbefragung 2005 vor, Daten aus den Evaluationen oder der Elternperspektive sind nicht verfügbar. Die Befragung der Kinder in den FLEX-Klassen zeigt, dass das Selbstkonzept bei den Kindern durchschnittlich ausgeprägt ist. Zwar sind neun von zehn Kindern überzeugt, ganz gut lernen zu können, zugleich werden die eigenen Kompetenzen in den Domänen eher kritischer als die allgemeinen Selbstwahrnehmungen eingeschätzt.

Im vorgestellten Vergleich der Mittelwerte des Selbstkonzepts der FLEX-Kinder mit denen der Hamburger und schleswig-holsteinischen Erst- und Zweitklässler (Rauer/Schuck 2004) zeigen sich kaum Unterschiede. Zwar gibt es einen signifikanten Unterschied zwischen Erstklässlern in FLEX-Klassen und Erstklässlern in Regelklassen, dieser ist jedoch nicht bedeutsam und verschwindet beim Vergleich von Kindern im zweiten Verweiljahr in FLEX-Klassen mit denen der Hamburger Stichprobe.

Innerhalb der FLEX-Population zeigen die vorliegenden Befunde, dass Mädchen und Jungen, anders als in der amerikanischen Untersuchung von Entwisle et al. (1987), über ein vergleichbar hohes Selbstkonzept verfügen.

Das durchschnittliche Selbstkonzept von Kindern im ersten und zweiten Verweiljahr unterscheidet sich nach den vorliegenden Ergebnissen im Querschnittsvergleich nicht. Besonders hohe Selbstkonzeptwerte offenbaren lernstarke Kinder, die frühzeitig eingeschult wurden oder für eine kürzere Verweildauer vorgesehen waren. Das Mädchen Daniela drückt diesen Zusammenhang auf die Frage nach ihrer frühen Einschulung in einem Interview mit der Autorin so aus: „Da war ich noch 5 und (...) hoch intelligent (...)."

Für Kinder im dritten Verweiljahr sowie Kinder mit förderdiagnostischer Lernbeobachtung erbrachte diese Untersuchung, dass sie das schwächste Selbstkonzept aufweisen, beide Gruppendurchschnittswerte liegen im Bereich eines schwach ausgeprägten Selbstkonzepts. Dass schulleistungsschwache Kinder in jeder Organisationsform von Schule und in jeder Klasse eine signifikant geringere Erfolgszuversicht zeigen, ist seit langem bekannt (vgl. hierzu den Überblick bei Haeberlin et al. 1989[211]). Deshalb, so argumentieren Haeberlin et al. (a.a.O.), muss in integrationsfähigen Schulen eine Orientierung an individuellen Bezugsnormen erfolgen, damit auch lernschwache Kinder zu einer positiven Beurteilung der eigenen Leistungen gelangen können. Dieser Ansatz ist weitgehend für das FLEX-Modell zugrunde gelegt worden. Auf Grund der Befunde wird von der Autorin vermutet, dass die große Bandbreite an Schulleistungen in den jahrgangsstufenübergreifenden FLEX-Klassen trotz einer weitgehenden Individualisierung und individueller Bezugsnormen nicht dazu führt, den Einfluss des alltäglich präsenten Vergleichs der Leistungen durch Kinder untereinander zu neutralisieren.

Ein erster möglicher Erklärungsansatz für diese Hypothese kann mithilfe des Fischteich-Effekts (Heinz/Köller 2006) konstruiert werden. So können Kinder, die bei vorzeitigem Schuleintritt ohne größere Anstrengung bereits lesen, von den leseschwachen älteren Kindern vermutlich nicht ignoriert werden und verdeutlichen die Leistungshierarchien gegebenenfalls noch intensiver als im Vergleich mit gleichaltrigen Kindern. Beispielhaft kann dafür ein Ausschnitt aus dem bereits weiter oben erwähnten Interview der Autorin mit Daniela zitierten werden, die sich als jüngste Schülerin ihrer Klasse in ihren Leistungen direkt mit den älteren Kindern vergleicht. Auf die Frage nach der Mathematikvergleichsarbeit gab sie zur Antwort dass sie diese ebenso wie die Deutschvergleichsarbeit im Alter von sechs Jahren (6; 10 J.) mitgeschrieben habe: „Bei Deutsch war ich auch die Jüngste, da hatten wir auch so eine Vergleichsarbeit in Deutsch und da habe ich sechseinhalb Seiten geschafft." Auf die Frage, ob sie denn damit alle Aufgaben geschafft hätte, antwortete sie: „Ja, Michel, die war zwei Jahre älter und die hat nur fünf geschafft." Michel, eine Schülerin im dritten Verweiljahr, hat vermutlich diese Situation, die nach Hössl und Vossler (2006) für langsamer lernende Kinder nicht selten sein dürfte, mit umgekehrtem Vorzeichen erlebt. Dauenheimer und Frey (1996) führen in diesem Sinne als ein weiteres erschwerendes Argument für leistungsschwache Kinder an, dass sie zusätzlich durch den fehlenden „Vergleich nach unten" das eigene Selbstwertgefühl nicht mehr schützen können.

Als ein zweiter möglicher Erklärungsansatz für die geringen Selbstkonzeptwerte kann vermutet werden, dass Kinder im dritten Verweiljahr oder (ältere) Kinder mit FDL in FLEX-Klassen ihre Leistungen relativ realistisch einschätzen und deshalb ein wirklichkeitsnahes Annehmen der eigenen Situation in der Klasse erfolgt ist (vgl. hierzu Haeberlin et al. 1989). Dieser Erklärungsansatz kann von der Skill-Development-Theorie dahingehend gestützt werden, dass mit zunehmender Verweildauer in der FLEX die tatsächlichen, eben schwachen

---

211 Zugleich weisen Haeberlin et al. (1989) darauf hin, dass das Fähigkeitsselbstbild von lernschwachen Kindern in der Sonderschule etwas günstiger ist als in Regelklassen.

Schulleistungen das Selbstkonzept prägen und die optimistischeren Selbsteinschätzungen aus der Zeit des Schulanfangs bereits relativiert worden sind (vgl.
dazu Martschinke/Kammermeyer 2006). Zugleich müsste an dieser Stelle noch
einmal genauer geprüft werden, welche Selbstkonzeptwerte Kinder im dritten
Verweiljahr erreichen, wenn sie mit dem FEESS 3-4 und den Normwerten für
Drittklässler verglichen würden.

In mehreren der im Kapitel 3 zum Forschungsstand referierten Untersuchungen zeigten sich Korrelationen zwischen den Schulleistungen sowie dem
Selbstkonzept der Kinder schon am Schulanfang (Helmke 1991, 1997a, Kam-
mermeyer/Martschinke 2003/2006). Entsprechende Korrelationen konnten von
der Autorin für Kinder in FLEX-Klassen nur zum Lesegeschwindigkeitstest
ermittelt werden. Anders als bei Helmke (1991/1997a) lassen sich in dieser Arbeit keine Zusammenhänge zwischen individuellen Testleistungen in den Vergleichsarbeiten im Leseverständnis oder in der Mathematik sowie den individuellen Selbstkonzeptwerten nachweisen. Dieser Befund kann als ein vorsichtiger
Hinweis darauf gewertet werden, dass die individuelle Bezugsnormorientierung
in den jahrgangsübergreifenden Gruppen für Kinder dahingehend erfolgreich
wirken konnte, dass im Leistungsvergleich schwache Schulleistungen nicht bei
allen betroffenen Kindern zu einem schwachen Selbstkonzept führen müssen und
dass Kinder gegebenenfalls trotz schwacher Schulleistungen die eigenen Fortschritte durchaus als Erfolg wahrnehmen. Ein solcher Rahmen stellt nach Haeberlin et al. (1991) eine essenzielle Voraussetzung einer gelingenden Pädagogik
für alle Kinder dar und wäre auch deshalb besonders positiv zu werten, weil nach
der bereits mehrfach zitierten Studie von Martschinke und Kammermeyer (2006)
im Anfangsunterricht noch über ein hohes Selbstkonzept Einfluss auf die schulischen Leistungen genommen werden kann, ein Vorteil der sich in späteren
Schuljahren schnell verliert.

Lernfreude und Anstrengungsbereitschaft

Lernfreude und Anstrengungsbereitschaft gelten als wichtige motivationale Voraussetzungen für den Lernerfolg in der Grundschule (Rheinberg 1996, Möl-
ler/Köller 1996, Einsiedler 1997b, Petillon 1997, Pekrun 1998). Die Lernfreude
vermag dabei über das Selbstkonzept Einfluss auf die Schulleistungen zu nehmen (Kammermeyer/Martschinke 2006). In den reformorientierten Anfangsun-
terrichtskonzepten spielten Lernfreude und Anstrengungsbereitschaft sowie ihnen verwandte Konzepte wie Lerneifer, Fleiß und Ausdauer beim Lernen, eine
überaus wichtige Rolle. Diese sollten zumeist mit Methoden des Unterrichts
erzielt werden, die kindliche Lernbedürfnisse und Lerninteressen berücksichtigen

sowie entsprechende Lernumgebungen und Materialien für eine vom Kind selbstgesteuerte Lerntätigkeit bereitstellen (so z. B. bei Rochow 1776, vgl. hierzu Riemann 1798 und Sandfuchs 2001 sowie Schmitt 2006, Spielhagen 1927, Homack 1934, Montessori 1938/1987, Hilker 1924, Saupe 1929 und Flitner/Kudritzki 1984). Eine weitere Möglichkeit zur Förderung von Lernfreude und Anstrengungsbereitschaft wurde zudem in dem jeweiligen Kind angemessenen Aufgabenstellungen und Organisationsformen des Unterrichts gesehen, so zum Beispiel bei Rochow, Zerrenner, Sickinger, Petersen (1934) und bei Reichwein (1937/1993); (vgl. hierzu Riemann 1798, Hilker 1924, Saupe 1929, Lassahn/Stach 1979, Flitner/Kudritzki 1984, Amlung et al. 1993).

In den Kapiteln 4 bis 6 wurden von der Autorin erhobene Daten zur Lernfreude und zur Anstrengungsbereitschaft von Kindern in FLEX-Klassen aus der Kinderbefragung 2005, aus der Elternbefragung sowie aus den Evaluationen vorgestellt. Die im Kapitel 6 referierten Ergebnisse der Kinderbefragung in FLEX-Klassen zeigen, dass die Lernfreude bei nahezu allen Kindern sehr hoch ausgeprägt ist, ebenso die Anstrengungsbereitschaft. Neu von zehn Kindern lernen gern in der Schule, ebenso viele arbeiten im Unterricht gern mit. Fast ausnahmslos alle Kinder sind überzeugt, in der Schule ihr Bestes zu geben und fast ebenso viele Kinder geben an, auch ganz schwierige Aufgaben lösen zu wollen.

Im vorgelegten Vergleich zu den vorliegenden Werten von Erst- und Zweitklässlern aus Hamburg und Schleswig-Holstein (Rauer/Schuck 2004) wird offenkundig, dass sowohl für die Lernfreude als auch für die Anstrengungsbereitschaft bei Kindern in FLEX-Klassen Durchschnittswerte erreicht wurden, die deutlich höher liegen als die Mittelwerte in regulären ersten und zweiten Jahrgangsklassen. Daraus kann geschlossen werden, dass die Mehrheit der Kinder in FLEX-Klassen von einer sehr hohen Lernfreude und einer sehr hohen Anstrengungsbereitschaft gekennzeichnet ist.

Die Ergebnisse zur hohen Ausprägung der Lernfreude und der Anstrengungsbereitschaft decken sich mit den im Kapitel 5 vorgestellten Befunden aus der Elternbefragung sowie mit den analysierten Lehrerinnenurteilen im Kapitel 4. Allerdings sehen die Eltern in der Elternbefragung 2004 die Entwicklung von Lernfreude und Anstrengungsbereitschaft nicht ganz so optimistisch wie die Kinder in der Kinderbefragung 2005. Vier Fünftel der Eltern bestätigen, dass ihre Kinder mit viel Freude lerne und drei Viertel der Eltern bestätigen, dass der Unterricht die Lernbereitschaft der Kinder gefördert habe.

Die Analysen in der Kinderbefragung 2005 haben ergeben, dass sich innerhalb der FLEX-Klassen Mädchen und Jungen bezüglich ihrer Lernfreude und ihrer Anstrengungsbereitschaft nicht voneinander unterscheiden und dass das von Helmke (1993) beschriebene bedeutsame Abfallen der Lernfreude von der ersten zur zweiten Jahrgangsstufe hin in den FLEX-Klassen auszubleiben scheint, denn es gibt keine bedeutsamen Unterschiede in der selbst eingeschätzten Lernfreude von Erst- und Zeitklässlern im Querschnittsvergleich. Ähnliche Ergebnisse berichtet auch das LEU (2002) für die Projektklassen in Baden-Württemberg. Hinsichtlich der Anstrengungsbereitschaft zeigt sich in der Kinderbefragung 2005 in FLEX-Klassen, dass die Zweitklässler über eine noch höhere Anstrengungsbereitschaft als die schon hoch motivierten Erstklässler zeigen und somit vermutlich über ideale motivationale Voraussetzungen für das Weiterlernen im dritten Schuljahr verfügen.

Die vorgestellten Befunde der Kinderbefragung 2005 verdeutlichen, dass Kinder mit vorzeitiger Einschulung und Kinder mit kürzerer Verweildauer fast alle Höchstwerte hinsichtlich ihrer Lernfreude und Anstrengungsbereitschaft erreichen. Diese Befunde stimmen weitgehend mit den Befunden aus der Elternbefragung 2004 überein, bei denen die Urteile der Eltern von Kindern mit kürzerer Verweildauer ebenfalls auf eine deutlich höhere Lernfreude der Kinder schließen lassen. In der Elternbefragung zeigen die Einschätzungen der Eltern vorzeitig eingeschulter Kinder allerdings keine besonderen Vorteile hinsichtlich der Lernfreude und Anstrengungsbereitschaft im Vergleich zu den Einschätzungen von Eltern regulär lernender Kinder.

Für Kinder im dritten Verweiljahr ergab die Kinderbefragung, dass diese sich nach ihren Selbstauskünften in ihrer Lernfreude von Kindern mit regulärer Verweildauer unterscheiden: ihre Lernfreudewerte liegen niedriger, verbleiben aber im Durchschnitt im positiven Bereich. Dieser Befund der geringeren Mittelwerte kann vermutlich durch Helmkes (1997a) Ansatz erklärt werden, dass ab dem dritten Schuljahr bei allen Kindern zumindest in Mathematik die Lernfreude kausal von den tatsächlichen Leistungen in Mathematik abhängt und nicht umgekehrt. Damit kann vermutet werden, dass die schwachen Schulleistungen der Kinder im dritten Verweiljahr nun einen negativen Einfluss auf ihre Lernfreude nehmen dürften. Auch hier wäre noch einmal zu prüfen, welche Ergebnisse Kinder im dritten Verweiljahr bezogen auf die Normwerte für Drittklässler im FEESS 3-4 erhalten würden. Der Befund zur geringeren Lernfreude von Kindern im dritten Verweiljahr wird durch die Ergebnisse aus der Elternbefragung 2004 bestätigt, auch hier geben die Eltern von Kindern im dritten Verweiljahr eine geringere Lernfreude für ihre Kinder als Eltern regulär lernender Kinder an, obwohl der Mittelwert der Elternantworten noch auf eine durchschnittlich gute Lernfreude für Kinder im dritten Verweiljahr verweist.

Für Kinder mit förderdiagnostischer Lernbeobachtung weisen die im Kapitel 6 vorliegenden Befunde aus, dass ihre Lernfreude signifikant geringer ausfällt als bei regulär lernenden Kindern, der durchschnittliche Lernfreudewert jedoch noch knapp im positiven Bereich verbleibt. Der Unterschied zwischen Kindern mit und ohne FDL zeigt sich in gleicher Ausprägung auch in den referierten Befunden der Elternbefragung, die Eltern von Kindern mit FDL konstatieren eine deutlich geringere Lernfreude als alle anderen Eltern, nach ihren Einschätzungen liegt die Lernfreude der Kinder mit FDL aber noch im positiven Bereich. Diese Befunde korrespondieren mit Darstellungen von Matthes (2006), er verweist vor allem auf den ungünstigen Einfluss der schwachen Schulleistungen auf die Lernfreude bei Kindern mit sonderpädagogischem Förderbedarf im Förderschwerpunkt Lernen.

Für die Anstrengungsbereitschaft konnte in dieser Arbeit gezeigt werden, dass alle Kinder der FLEX, mit Ausnahme der Kinder mit förderdiagnostischer Lernbeobachtung, vergleichbar hohe Wertungen abgeben. Zwar liegen die Anstrengungsbereitschaftswerte von Kindern mit FDL deutlich unter denen von Kindern ohne FDL, sie erreichen aber trotzdem einen hohen Wert. Für Kinder im dritten Verweiljahr kann in dieser Arbeit belegt werden, dass ihre Anstrengungsbereitschaft, trotz nachlassender Lernfreude im Jahr nicht abfällt, was eine wichtige motivationale Voraussetzung für das Weiterlernen nach dem Verlassen der FLEX darstellt. Dieses Ergebnis wird auch durch die vorgelegten Befunde in der Befragung der Eltern von Kindern im dritten Verweiljahr gespiegelt und kann als überaus positiver Befund für Kinder im dritten Verweiljahr gewertet werden. Für Kinder mit FDL stehen die Befunde zur Anstrengungsbereitschaft im Widerstreit, denn anders als die Kinder in der Kinderbefragung 2005 schätzen die Eltern in der Elternbefragung 2004 die Anstrengungsbereitschaft der Kinder mit FDL ebenso hoch ein wie die Eltern regulär lernender Kinder, sodass weitgehend motivierende Rahmenbedingungen in FLEX-Klassen für die Anstrengungsbereitschaft auch von Kindern mit FDL vermutet werden können.

Die in dieser Untersuchung vorgestellten engen Zusammenhänge zwischen Lernfreude, Anstrengungsbereitschaft und schulischem Wohlbefinden konnten sowohl in der Kinderbefragung als auch in der Elternbefragung nachgewiesen werden. Sie veranschaulichen die hohe Bedeutsamkeit eines Unterrichtsmodells, das sowohl akademische als auch emotionale und motivationale Zielsetzungen unterstützt. Auch an dieser Stelle zeigt sich noch einmal, wie wichtig der zuvor schon mehrfach zitierte empirische Befund von Kammermeyer und Martschinke (2006) auch für FLEX-Klassen ist, nach dem Anfangsunterrichtsmodelle als besonders erfolgreich verifiziert werden konnten, in denen Selbstbestimmung in Freiheitsspielräumen, soziales Eingebundensein sowie Kompetenzerfahrungen auf der Basis einer individuellen Bezugsnormorientierung der Lehrkräfte erfahrbar werden. Werden die pädagogischen Merkmale der flexiblen Eingangsklasse mit diesen Merkmalen verglichen, so zeigt sich, dass diese Merkmale mit den pädagogischen Standards der FLEX korrespondieren. Insofern bestätigen die hohe Lernfreude und die hohe Anstrengungsbereitschaft der Kinder in FLEX-

Klassen die pädagogischen Standards, die auf Individualisierung und Öffnung des Unterrichts zielen, um ein erfolgreiches Lernen möglichst aller Kinder zu erreichen.

Die vorgestellten Ergebnisse der Kinderbefragung im Kapitel 6 beinhalten Korrelationen sowohl der Lernfreude als auch der Anstrengungsbereitschaft mit dem Selbstkonzept der Kinder, sodass hier auf den schon erwähnten Effekt zu setzen ist, dass eine hohe Lernfreude über das Selbstkonzept einen bedeutsamen Einfluss auf die Schulleistungen zu entfalten vermag (Martschinke/Kammermeyer 2006). Nach Ansicht der genannten Autorinnen liegt für lernschwächere Kinder vor allem im Anfangsunterricht die Chance, über eine positive emotionale Entwicklung und über das Selbstkonzept die Leistungsentwicklung positiv zu beeinflussen. Die zuvor schon erwähnten Befunde von Ditton und Krüsken (2006), nach denen der Anteil lernschwacher Kinder in FLEX-Klassen (trotz fehlender Segregation) geringer ausfällt als in Regelklassen, stützen die Hypothese, dass in der FLEX die Lernfreude, vermittelt über das Selbstkonzept, positive Einflüsse auf die Lernleistungen zu entfalten vermag.

Aus diesen Faktoren heraus lässt sich vermutlich auch begründen, dass in dieser Untersuchung eine Entkopplung des Zusammenhangs von Lernfreude, Anstrengungsbereitschaft und den Leistungen in den Vergleichsarbeiten in FLEX-Klassen konstatiert werden konnte. Auch Kinder, die in den Vergleichsarbeiten nur schwach abschneiden, können sich nach diesem Befund durch eine hohe Lernfreude und Anstrengungsbereitschaft auszeichnen und damit wichtige Ziele des Anfangslernens erreichen. Damit kann vermutet werden, dass FLEX einen wesentlichen Beitrag zur Optimierung des Schulanfangs für alle Kinder zu leisten vermag. Zugleich können mit diesem Befund historisch überlieferte Annahmen zur Wirksamkeit von kindgerechten Anfangsunterrichtssettings auf die Leistungsemotionen empirisch gestützt werden (Riemann 1798, Zerenner 1834, Pestalozzi 1809/1964, Petersen 1934, Homack 1934, Montessori 1938/1987, Rother 1954, Schwartz 1975).

Soziale Integration

Für Kinder bietet eine gelungene soziale Integration in ihre Klasse den Rahmen, eine eigene soziale Identität aufzubauen, Konflikte, Freundschaften und Kooperation zu pflegen sowie Toleranz und Solidarität zu erfahren (vgl. hierzu Petillon 1993, Beck/Scholz 1995). Zugleich unterstützt eine gelingende Kooperation mit den Peers Ko-Konstruktionsprozesse und erfolgreiches Lernen (Krappmann/Oswald 1995, Oswald/Krappmann 2004, Oswald 2004). Die Initiierung sozialen Lernens durch entsprechende soziale Lernformen gehört zu den wesentlichen Methoden eines reformorientierten Unterrichts und findet sich zum Beispiel bei Pädagogen wie Rochow (vgl. hierzu Riemann 1798, Schmitt 2006), Pestalozzi (1799/1992), Zerrenner (1834), Otto (vgl. hierzu Prengel/Schmitt 2000), Petersen (1934) und Reichwein (1937/1993) als ein konstituierendes Moment ihrer Unterrichts- und Schulkonzepte wieder.

Dass die soziale Integration und die Kooperation von Kindern in FLEX-Klassen aus der Expertensicht weitgehend gut gelingt, wird durch die in Kapitel 4 dargestellten Expertenbefunde zum Schulversuch FLEX 2 (1999-2002) sowie zum Schulversuch FLEX 20 (2000-2004) belegt. In den analysierten Dokumentationen von Lehrerinnen sowie Schulleiterinnen und Schulleitern finden sich zahlreiche Hinweise auf gelingendes soziales Lernen. Der referierte Befund von Protzen (2002) bescheinigte zudem den FLEX-Klassen im Schulversuch FLEX 2 einen unauffälligen soziometrischen Status.

Nach den vorliegenden Daten aus der Kinderbefragung 2005 konnte in dieser Arbeit gezeigt werden, dass sich 90 % der befragten Kinder in ihrer FLEX-Klasse wohlfühlen und 87 % der Kinder meinen, dass ihre Klassenkameradinnen und Klassenkameraden nett zu ihnen seien. Allerdings geben die Kinder in dieser Skala des FEESS 1-2 im Vergleich zu den zuvor vorgestellten Skalen die kritischsten Wertungen bezogen auf ihre eigen sozio-emotionale Entwicklung ab, nur noch 30 % der Kinder können allen Items einer positiven Sozialentwicklung uneingeschränkt zustimmen. Ein Fünftel der Kinder gibt in der Kinderbefragung an, in den für Kinder so überaus wichtigen Spielen in den Hofpausen nicht mitmachen zu dürfen, 28 % der Kinder bekunden, nur wenige Freunde zu haben. Diese Daten replizieren damit Ergebnisse, die Petillon 1993 für Schulanfänger erstmalig veröffentlichte.

Dementsprechend zeigt der vorgelegte Vergleich der Daten aus der Kinderbefragung 2005 mit den Daten der Kinder aus Hamburger und schleswig-holsteinischen Klassen (Rauer/Schuck 2004), dass sich der Durchschnittswert des eigenen Angenommenseins von Kindern in FLEX-Klassen nicht von dem von Kindern aus den jahrgangsbezogenen Klassen in Hamburg und Schleswig-Holstein unterscheidet.

Die vorgestellten Befunde aus der Kinderbefragung 2005 decken sich weitgehend mit den in Kapitel 5 vorgetragenen Ergebnissen aus der Elternbefragung 2004: Von den Eltern sieht etwas weniger als ein Zehntel mit Sorge, dass ihr Kind keine Freunde hat, ein weiteres Sechstel schätzt ein, dass es in diesem Bereich Probleme gibt, obwohl die sozialen Beziehungen von ihnen eher positiv beurteilt werden. Dennoch stimmen acht von zehn Eltern der Aussage zu, dass sich die Sozialbeziehungen in den FLEX-Klassen gut entwickelt hätten und die Kinder füreinander Verständnis zeigten.

Für Jungen und Mädchen lässt sich nach ihren Selbstauskünften schlussfolgern, dass sie sich in den untersuchten FLEX-Klassen gleichermaßen gut in ihre Klassen integriert fühlen (vgl. hierzu Kap. 6 in dieser Arbeit). Dieser Befund fällt für Jungen in FLEX-Klassen positiver aus als der im Kapitel zum Forschungsstand zitierte Befund von Moser et al. (2005), der für Schweizer Jungen eine geringere soziale Integration im ersten Schuljahr bescheinigt.

Vergleicht man die in Kapitel 6 vorgestellten Daten zur sozialen Integration von Kindern im ersten, zweiten und dritten Verweiljahr aus der Kinderbefragung 2005, so zeigt der Vergleich, dass sich alle Kinder unabhängig von der Verweildauer gleichermaßen gut in ihre FLEX-Klassen integriert fühlen. Dieser Befund kann insbesondere für Kinder im dritten Verweiljahr als ein Erfolg gewertet werden, weil hier die längere Verweildauer nicht zu Stigmatisierungsprozessen führt. Dieser Befund wird auch von den Elterneinschätzungen der Kinder im dritten Verweiljahr bestätigt, sie betonen deutlich häufiger als andere Eltern, dass auf die Sozialformen in den Klassen großer Wert gelegt wird und geben genauso oft wie andere Eltern an, dass ihre Kinder Freunde in der Klasse finden. Damit sind die im Forschungsstand in Kapitel 3 dargestellten Teufelskreise von schwachen Schulleistungen, mangelnder sozialer Integration und abweichendem Verhalten für eine Vielzahl von Kindern im dritten Verweiljahr in FLEX-Klassen anscheinend durchbrochen (vgl. hierzu Betz/Breuniger 1996, Krappmann/Oswald 1995, Oswald/Krappmann 2004, Oswald 2004).

Ähnlich positiv fallen die vorliegenden Daten zur sozialen Integration zumindest aus der Sicht von Kindern mit förderdiagnostischer Lernbeobachtung aus, sie fühlen sich nach den weiter oben dargestellten Befunden der Kinderbefragung 2005 genau so gut integriert wie ihre Klassenkameradinnen und Klassenkameraden ohne FDL. Eltern von Kindern mit FDL sehen dies etwas kritischer und schätzen in der Elternbefragung 2004 häufiger als andere Eltern ein, dass ihre Kinder keine Freunde finden.

Im Gegensatz zu den positiven Selbstauskünften der lernschwachen Kinder im dritten Verweiljahr sowie der Kinder mit FDL zum eigenen sozialen Angenommensein stehen die im Kapitel 6 referierten Befunde aus den Soziometrien, die im Zusammenhang mit der Kinderbefragung 2005 von der Autorin erhoben wurden. Der soziale Status sowohl von Kindern mit längerer Verweildauer als auch von Kindern mit FDL fällt in den Soziometrien deutlich geringer aus als der von regulär lernenden Kindern. Die in dieser Arbeit vorgestellten eigenen Befunde zur geringeren sozialen Präferenz von lernschwachen Kindern weisen in die gleiche Richtung wie die zuvor im Kapitel zum Forschungsstand vorgestellten Ergebnisse aus den Studien von Haeberlin et al. (1991), Niedermann et al. (1992), Randoll (1992), Preuss-Lausitz (1996), Hinz et al. (1998) sowie Maikowski und Podlesch (1999) sowie auf weiteren Forschungsbedarf.

Die in Kapitel 4 enthaltene Analyse der Dokumentationen von Schulleiterinnen und Schulleiter sowie von Lehrerinnen im Schulversuch FLEX 20 (2000-2004) deutet darauf hin, dass die praktisch tätigen Experten nicht bei allen Kindern von gelungener Integration und vermiedener Stigmatisierung berichten konnten. Aus den Texten kann geschlossen werden, dass besonders dann, wenn Kinder sehr auffällig sind, provozierend oder aggressiv reagieren oder ungepflegt wirken, sie bei Mitschülerinnen und Mitschülern Vorurteile hervorrufen kann, welche soziale Akzeptierung ausschließen, zu weiteren negativen Generalisierungen sowie zu Kontaktverlusten und Isolation der betroffenen Kinder führen (vgl. hierzu Goffman 1967, Cloerkes 2000). Dass allerdings bei weitem nicht alle Kinder mit förderdiagnostischer Lernbeobachtung von Stigmatisierungsprozessen betroffen sind, zeigen sowohl die im Kapitel 6 vorgestellte Clusteranalyse zur Kinderbefragung 2005 als auch die in Kapitel 4 referierten Unterrichtsbeobachtungen von Protzen (2002), bei denen viele Kinder mit förderdiagnostischer Lernbeobachtung in FLEX-Klassen einen soziometrisch unauffälligen Status innehatten.

Interessanterweise ist nach dem im Kapitel 6 vorgestellten Befund der Zusammenhang zwischen der selbst eingeschätzten sozialen Situation und dem von anderen Kindern zugeschriebenen sozialen Status in den FLEX-Klassen noch überraschend schwach. Dieser schwache Zusammenhang spiegelt sich auch in ergänzend vorgenommenen Einzelfallanalysen der Autorin, in denen Kinder mit einer hohen sozialen Präferenz und einer geringen Selbsteinschätzung der sozialen Integration ebenso auffielen wie Kinder mit absolut niedrigen Werten der sozialen Präferenz, die sich selbst trotzdem gut in ihre Klassen integriert fühlen. Ein Beispiel für diesen Befund ist der in den vorangegangenen Clusteranalysen bereits geschilderte Junge Nicky, der in der Soziometrie fünfzehn Abwahlen und zwei Wahlen erhielt und sich trotzdem sehr wohl und durchschnittlich integriert fühlt. Nicky zeigt anscheinend ein resilientes Verhalten (Wustmann 2004) und es könnte vermutet werden, dass er seine überaus hohe Ablehnung leugnet und sich damit den Eindruck erhält, seine Umwelt nehme eine positive Einschätzung seiner Person vor. Möglich ist auch, dass die Ablehnung so schmerzlich für Nicky ist, dass er sie verdrängen muss. Es könnte auch sein, dass er die negative Bewertung wahrnimmt, diese jedoch als relativ unwichtig oder als immer noch positiv im Vergleich zu seinen sonstigen, offensichtlich verwahrlosten Lebensumständen empfindet (vgl. hierzu Cloerkes 2000). An dieser Stelle kann auch auf die im Kapitel zum Forschungsstand zitierten Befunde von Furrer und Skinner (2003) hingewiesen werden, nach denen gute Beziehungen zum Beispiel zu den Lehrerinnen dazu beitragen können, die Folgen fehlender Beziehungen zu den Peers etwas zu kompensieren, denn die Lehrerinnen schienen eine empathische Beziehung zu Nicky zu pflegen.

Bei den schneller lernenden Kindern zeigen sich hinsichtlich der einge-
schätzten sozialen Integration in den vorgestellten Befunden zwei Tendenzen:
Während sich in der Kinderbefragung 2005 die vorzeitig eingeschulten Kinder
als überaus gut in der Klasse angenommen fühlen, tendieren Kinder mit kürzerer
Verweildauer eher dazu, unterdurchschnittliche Integrationswerte anzugeben.
Vermutet werden kann, dass dies mit dem bevorstehenden Wechsel in die dritte
Jahrgangsstufe zusammenhängt, bei dem ein Teil der vertrauten Kameradinnen
und Kameraden zurückgelassen werden muss. In den Einschätzungen der sozia-
len Situation gibt es in der Elternbefragung 2004 keine Hinweise auf Unterschiede zwischen den Eltern von schneller lernenden Kindern und regulär lernenden
Kindern.

Wie bereits im Kapitel 6 ausgeführt, ließen sich überraschenderweise keine
Hinweise auf korrelative Zusammenhänge zwischen der von Kindern selbst
eingeschätzten Integration in ihre FLEX-Klasse und ihren Ergebnissen in den
Vergleichsarbeiten Deutsch und Mathematik finden. Diese fehlenden Zusammenhänge können dahingehend gedeutet werden, dass für Kinder selbst ihre
soziale Position in der Klasse, anders als es Eltern und viele der zuvor im Kapitel
3 zum Forschungsstand zitierten Studien sehen (stellvertretend Petillon 1993,
Breuer/Weuffen 2000, Oswald/Krappmann 2004), anscheinend noch nicht mit
dem Niveau ihrer Schulleistungen zusammenhängt. Anders ausgedrückt bedeutet
dies, dass aus Kindersicht eine gute soziale Position in der Klasse nicht von guten Leistungen abhängt und damit auch für schwächere Lerner in FLEX-Klassen
eine Option auf eine als gut empfundene Integration gegeben ist.

Hinsichtlich der Zusammenhänge zwischen der sozialen Präferenz und den
Leistungen in den Vergleichsarbeiten konnte in dieser Arbeit gezeigt werden,
dass eine schwache Korrelation der sozialen Präferenz nur zum Mathematik-
jedoch nicht zum Lesetest existiert, sodass vermutet werden kann, dass in FLEX-
Klassen ebenso wie in den integrativen Klassen im Hamburger Schulversuch
(Hinz et al. 1998: 361) durch Integration „die Wirkkraft der Schulleistungen auf die
Beliebtheit von SchülerInnen gemildert" werden konnte. Zugleich sind auch in den
FLEX-Klassen ebenso wie in den Hamburger Klassen die weiter oben schon
zitierten Befunde zu konstatieren, nach denen der soziale Status eines Kindes
von Überalterung, Lernschwäche und Entwicklungsbesonderheiten negativ beeinflusst wird. Den Schluss, den Hinz et al. (1998: 361) ziehen, dass „auch integrative Erziehung (...) nicht in der Lage [ist], diese gesetzesmäßigen Zusammenhänge
grundsätzlich und nachhaltig aufzubrechen", lässt sich auch auf die Befunde in
FLEX-Klassen übertragen, wenngleich die erfolgte Milderung für etliche Kinder
in FLEX-Klassen schon als eine Entlastung begriffen werden kann, die sich in
durchschnittlich guten Einschätzungen des eigenen Angenommenseins von Kindern mit Lern-, Sprach- und Verhaltensproblemen ausdrückt.

Verdichtet man alle in der Arbeit vorliegenden Befunde zum sozio-emotionalen Lernen, so kann eingeschätzt werden, dass fast alle Kinder in FLEX-Klassen gern in die Schule gehen und bereit sind, ihr Bestes zu geben. Zugleich fühlen sich die meisten Kinder nach den vorliegenden Befunden selbst gut integriert und verfügen über ein robustes Selbstkonzept. Wichtige Ziele des sozio-emotionalen Anfangslernens werden von den meisten Kindern gut erreicht, sodass sie in diesem Bereich stabile Fundamente für das Weiterlernen in der Jahrgangsstufe 3 erwerben konnten. Für einige Kinder können jedoch nicht so positive Ergebnisse berichtet werden, sie fühlen sich aus unterschiedlichsten Gründen nicht wohl und nicht in ihre Klasse integriert. Einige wenige Kinder zeigen eine geringe Lernfreude und Anstrengungsbereitschaft.

Für das schulische Wohlbefinden, die Lernfreude und die Anstrengungsbereitschaft kann jedoch generell angenommen werden, dass hier positive Effekte des FLEX-Settings auf die Ausbildung dieser Leistungsemotionen wirken, da die Kinder in FLEX-Klassen hier im Vergleich deutlich positivere Werte erreichten als Kinder in ersten und zweiten Jahrgangsklassen in Hamburg und Schleswig-Holstein.

Für die Entwicklung des schulischen Wohlbefindens, der sozialen Integration sowie der Anstrengungsbereitschaft spielt es dabei nach den vorliegenden Befunden keine Rolle, ob ein Kind im ersten oder zweiten Verweiljahr in einer FLEX-Klasse lernt. Bei Kindern im zweiten Verweiljahr nimmt die Anstrengungsbereitschaft nach den vorliegenden Ergebnissen sogar noch etwas zu und die in der Literatur beschriebene Abnahme sowohl der Lernfreude als des Selbstkonzepts lässt sich zumindest im Vergleich der Querschnittsdaten für Zweitklässler nicht feststellen. Kinder im dritten Verweiljahr äußern zwar eine überwiegende, aber keine mehr so ausprägte Lernfreude wie Kinder in den ersten beiden Lernjahren und verfügen über ein geringer ausgeprägtes Selbstkonzept der Leistungen. Langsamer lernende Kinder im dritten Verweiljahr fühlen sich im Vergleich zu den regulär lernenden Kindern in der Schule zwar wohl, aber weniger wohl als ihre jüngeren Mitschüler. Zugleich halten sich langsamer lernende Kinder selbst für genauso gut in die Klasse integriert wie regulär lernende Kinder und zeichnen sich nach eigenem Bekunden durch eine ebenso hohe Anstrengungsbereitschaft wie alle anderen Kinder aus, was trotz der festzustellenden Beeinträchtigungen als Hinweis auf stabilisierende und motivierende Lernumgebungen für langsamer lernende Kinder mit längerer Verweildauer in FLEX-Klassen gedeutet werden kann.

Für vorzeitig eingeschulte Kinder und für Kinder mit kürzerer Verweildauer zeigt sich in den Untersuchungen, dass diese Kinder von besonders großer Lernfreude und Anstrengungsbereitschaft erfüllt sind und über ein sehr hoch ausgebildetes Selbstkonzept verfügen.

Kinder, die eine förderdiagnostische Lernbeobachtung erhalten, fühlen sich nach den vorliegenden Ergebnissen weniger wohl als regulär lernende Kinder, bekunden eine geringere Lernfreude und Anstrengungsbereitschaft und weisen einen niedrigeren sozialen Status auf. Trotzdem fühlen sie sich gut integriert und ihre Selbsteinschätzungen hinsichtlich des schulischen Wohlbefindens und der Anstrengungsbereitschaft liegen durchschnittlich noch im positiven Bereich.

Zwischen dem schulischen Wohlbefinden, der Lernfreude, der Anstrengungsbereitschaft, der sozialen Integration und dem Selbstkonzept lassen sich in den Daten zur Selbsteinschätzungen von Kindern moderate korrelative Zusammenhänge finden. Ebenso zeigen sich in den Daten Zusammenhänge zur sozialen Präferenz, sodass angenommen werden kann, dass die Einschätzung der sozioemotionalen Variablen der Entwicklung nicht unabhängig vom Urteil der Peers erfolgt, jedoch die Einschätzung der sozialen Akzeptanz eines Kindes durch die Peers noch nicht das Gewicht der späteren Jahre entfaltet. Auch von anderen Kindern überwiegend abgelehnte Kinder können sich in FLEX-Klassen noch sehr wohl fühlen, weil Kompensationen anscheinend möglich sind.

Zwischen den emotionalen und sozialen Selbsteinschätzungen der Kinder sowie den erreichten Leistungen in den Vergleichsarbeiten am Ende der Schuleingangsphase lassen sich statistisch nur zwei korrelative Zusammenhänge nachweisen. Dieser Befund einer weitgehenden Entkopplung wird für den Schulanfang positiv gesehen, weil es für einen beträchtlichen Anteil von Kindern mit nicht so günstigen Schulleistungen in den Vergleichsarbeiten bedeutet, dass sie sich trotzdem emotional sowie sozial integriert fühlen und freudig sowie motiviert lernen. Dieser Befund spricht dafür, dass eine wichtige Zielstellung von FLEX anscheinend realisiert werden kann: Den Schulanfang für alle Kinder, auch für lernschwache, erfolgreich zu gestalten.

7.3 Diskussion zum Gelingen des Schulanfangs der Kinder in der FLEX – Fazit und Ausblick

Die vorliegende Arbeit hat sich die Beantwortung der Frage zum Ziel gestellt, wie der Schulstart der Kinder in der flexiblen Schuleingangsphase im Land Brandenburg (FLEX) aus den Perspektiven von Experten, Eltern und Kindern gelingt. Dazu wurde in einem ersten Schritt untersucht, welche Reformbestrebungen zum Schulanfang seit dem Einsetzen des öffentlichen Schulwesens in der Kurmark seit dem 18. Jahrhundert bis zur heutigen Zeit relevant geworden sind und mithilfe welcher Konzepte in den jeweiligen historischen Kontexten ein erfolgreiches Lernen aller Kinder am Schulanfang unterstützt werden sollte. Die Arbeit zeigt, dass im brandenburgischen Raum eine nahezu zweihundertfünfzigjährige Geschichte von Reformbestrebungen zum Schulanfang nachweisbar ist, die sowohl von Kontinuitäten als auch von Brüchen gekennzeichnet ist. Im Mittelpunkt dieser Reformbestrebungen von den Musterschulen F. E. von Rochows im 18. Jahrhundert bis hin zur neuen Schuleingangsphase des frühen 21. Jahrhunderts lässt sich über die Jahrhunderte hinweg als ein Axiom die besondere Bedeutung des Anfangslernens für die weitere Entwicklung von Kindern erkennen. Diese besondere Anerkennung des ersten Lernens in der Schule äußerte sich dahingehend, dass in den Reformbestrebungen zum Schulanfang immer wieder explizit Wert auf die Gestaltung eines solchen Anfangsunterrichts gelegt wurde, der eine Alphabetisierung aller Kinder aus allen Schichten und Ständen zum Ziel hatte (Riemann 1798, Petersen 1934, Montessori 1938/1987, Rother 1954, Deutscher Bildungsrat 1975, Schwartz 1975, Schmitt 1999/2006, Schmitt/Tosch 2001, Prengel 1999, Götz/Sandfuchs 2001).

In den vorgestellten Bestrebungen für einen reformorientierten Anfangsunterricht werden Kinder als vernunftbegabte Wesen gesehen, deren kindliche Bedürfnisse, zum Beispiel nach Geborgenheit, nach Anschaulichkeit oder im Hinblick auf lebenswelt- bzw. interessenbezogene Inhalte, im Unterricht weitgehend berücksichtigt werden. In den historischen Reformbestrebungen wird dabei ebenso wie heute in der FLEX von den unterschiedlichen Anlagen und Begabungen im Kinde ausgegangen, es werden nahezu alle Kinder in die Schule aufgenommen und Aussonderungen weitgehend vermieden (Riemann 1798, Pestalozzi 1799/1992, Lassahn/Stach 1979, Petersen 1934/1980, Montessori 1938/1987, Prengel 1999, Prengel/Liebers 2005).

In diesem Bestreben wird Zeugnis von einer Auseinandersetzung mit einem Phänomen abgelegt, das heute als Heterogenität von Lerngruppen am Schulanfang diskutiert wird. In den historischen Reformbestrebungen zum Schulanfang wurde ebenso wie in der FLEX versucht, den unterschiedlichen Lernvoraussetzungen der Kinder mithilfe gestufter beziehungsweise individuell passfähiger Lernangebote innerhalb der jahrgangsstufenübergreifenden Lerngruppe gerecht werden zu können. Während jahrgangsstufenübergreifende Lerngruppen bis zur einsetzenden zweiten Industrialisierung die vorherrschende Organisationsform in der Elementar- und Volksschule darstellten, setzten sich zugleich mit der Durchsetzung der Bildungspflicht zunehmend Jahrgangsklassen als ein Mittel der Komplexitätsreduktion durch, die bis in die heute Zeit vorrangig präferiert werden (Tenorth 1988, Wenning 2004, Katzenbach/Schroeder 2007). Der zugleich mit der Effizienzsteigerung durch Jahrgangsklassen erkauften Selektion und Fragmentierung wird in FLEX-Klassen durch altersgemischtes Lernen begegnet.

In den Reformbestrebungen bilden unterschiedlichste Organisationsformen von Kurs- und Lerngruppenbildungen den Rahmen dafür, innerhalb der wenig oder nicht gegliederten, jahrgangsübergreifenden Elementar- und Volksschul-

klassen sowie auch innerhalb der jahrgangsbezogenen Klassen, bessere individuelle Passungen zwischen der Lernausgangslage und den Lernangeboten am
Schulanfang zu ermöglichen und ein zumindest partiell individuelles Voranschreiten im Lernen für alle Kinder zu unterstützen. Diesem Zweck dienen auch
Möglichkeiten des individuell unterschiedlich langen Verweilens, eine konzeptionelle Idee, die bereits Rochow in seinem Musterschulen entwickelte (Riemann
1798, Schmitt 2006), und die auch die Schulkonzepte von Petersen (1934), Montessori (1938/1987) sowie die der heutigen FLEX-Klassen kennzeichnet.
    Vielfältige Lernformen, wie zum Beispiel das ‚Katechisieren' der Lernin-
halte mit jedem einzelnen Kind bei Rochow, die Lernstufeneinteilungen bei
Zerrenner oder die Wochenplanarbeit bei Petersen werden bereits speziell für das
Lernen am Schulanfang entwickelt oder auch für Schulanfänger methodisch
adaptiert, um so eine differenzierte und zugleich systematische Aneignung der
Kulturtechniken und der Inhalte weiterer Domänen für alle Kinder zu ermöglichen. Insbesondere die Lernformen, die Petersen entwickelte, wie die Wochen-
plan- und Werkstattarbeit sowie die von Montessori entwickelte Freiarbeit, finden sich als konstituierende Elemente im FLEX-Modell wieder (LISUM 2003).
    In allen Reformbestrebungen zum Schulanfang wurde in der Diktion der
jeweiligen historischen Phase konzeptionell ein enger Zusammenhang zwischen
den emotionalen, motivationalen und sozialen Lernerfahrungen und den Lerner-
folgen der Kinder angenommen und deshalb auch ein besonderer Wert auf die
kindgerechte Gestaltung der Lernumgebung gelegt (Riemann 1798, Spielhagen
1927, Homack 1934, Petersen 1934, Montessori 1938/1987, Lassahn/Stach 1979,
Prengel 1999, Götz/Sandfuchs 2001, LISUM 2003, Schmitt 2006). Sowohl in
den historischen Reformbestrebungen als auch in der FLEX werden jeweils spezifische vorbereitete Lernumgebungen bereitgehalten, so zum Beispiel räumliche
und sächliche Ausstattungen von Klassenräumen oder spezielle, didaktisch begründete Lernmaterialien, die eine Individualisierung unterstützen. In FLEX-
Klassen gibt es zudem auch Experimentierecken und Computerinseln. Die Lernumgebungen werden personell ergänzt durch Tutorensysteme wie sie sowohl
Rochow (Riemann 1798), Zerenner (Lassahn/Stach 1979) als auch Petersen
(1934) beschrieben. Kindorientierte, zum Teil auch rhythmisierte Unterrichtsset-
tings konstituieren einen Lernort, in dem Kinder sich grundlegende Fähigkeiten
in weitgehender Selbsttätigkeit aneignen können.
    Die heutige Schuleingangsphase FLEX, so wie sie sich seit dem frühen 21.
Jahrhundert im Land Brandenburg etabliert hat, gehört zu dem am weitesten
fortgeschrittenen Modelltyp veränderter Schuleingangsmodelle in Deutschland,
weil in ihr ein nichtselektiver, integrativer Schulanfang in jahrgangsübergreifenden Lerngruppen von multiprofessionellen Lehrerinnenteams gestaltet wird (vgl.
hierzu Faust 2006a/b). Die FLEX im Land Brandenburg beruht damit auf tradier-

ten pädagogischen Annahmen, greift reformpädagogische, individualisierende Lern- und Organisationsformen im Kontext einer sich verändernden Dienstleistungs- und Wissensgesellschaft (Blossfeld 2005) auf und interpretiert diese neu. Entsprechend den kompetenz- und standardorientierten Anforderungen und Standards der gemeinsamen Rahmenlehrpläne für die Grundschule der Länder Berlin, Brandenburg, Mecklenburg-Vorpommern und Bremen (2004) wird eine Didaktik des Lernens in heterogenen Lerngruppen weiterentwickelt, um die individuelle Kompetenzentwicklung aller Kinder in einen förderlichen Kontext für fachliches und soziales Lernen einzubetten (vgl. hierzu Götz 2004). Bewährte historische sowie neue Lern- und Organisationsformen für den Anfangsunterricht werden im Land in der FLEX im Land Brandenburg, das einen gravierenden demografischen Wandel und einen damit verbundenen Prozess der zunehmenden Heterogenisierung gesellschaftlicher Gruppen durchläuft (vgl. hierzu Matthiesen 2003, Mäding 2004, Hartig 2005), in den Dienst von mehr Bildungsgerechtigkeit in einer globalisierten Gesellschaft gestellt. Deshalb empfahl die Bildungskommussion Berlin-Brandenburg bereits im Jahr 2003 dem Land eine landesweite Einführung von FLEX.

Der Blick über das Land Brandenburg hinaus zeigt, dass eine flächendeckende Einführung einer nichtselektiven und integrativen Schuleingangsphase vom jahrgangsübergreifenden Typ I (Faust 2006a/b) bislang nur in den Ländern Berlin und Thüringen verbindlich für alle Grundschulen vorgesehen ist und dort schrittweise umgesetzt wird. Im Land Nordrhein-Westfalen sind entsprechende politische Beschlüsse nach den Landtagswahlen 2005 revidiert worden. In den meisten anderen Bundsländern können Schulen optional Schuleingangsphasen einrichten, die sehr unterschiedliche Konzeptionen verfolgen (vgl. Hovestadt/Kessler 2004, Berthold 2005, Faust 2006a/b und Anhang).

Auch der Blick auf die Nachbarländer Österreich und Schweiz eröffnet ein in vielerlei Hinsicht ähnliches Bild zu Reformbestrebungen im Anfangsunterricht. In Österreich, das von einer Vielfalt von Eingangsmodellen vergleichbar zu den Entwicklungen in Deutschland gekennzeichnet ist, gibt es unterschiedlich ausgerichtete Angebotsmodelle für einen veränderten Schulanfang, die wahlweise von Schulen im Rahmen von Schulversuchen gewählt werden können (vgl. hierzu Stanzel-Tischer/Grogger 1996/1997, Tajalli/Polzer 2004, Grogger/Wolf 2004). In der Schweiz wurde das Modell der Basisstufe (Heyer-Oeschger 2004, Stamm 2004) entwickelt, das als eine gemeinsame Eingangsstufe für Kinder im Alter von vier bis acht Jahren konzipiert worden ist. Die Basisstufe wird in den Kantonen der Erziehungsdirektorenkonferenz Ost in einem breit angelegten Schulversuch bis zum Jahr 2010 erprobt (EDK 2000, Kanton Bern 2005,). In den meisten anderen europäischen Ländern sind keine zu den im deutschsprachigen Raum vergleichbare Ansätze vorhanden, was vermutlich mit den historisch gewachsenen, unterschiedlichen Konzepten frühkindlicher, elementarer und schulischer Bildung begründet werden kann. Empirische Befunde zum akademischen und sozio-emotionalen Lernen von Kindern in nichtselektiven, jahrgansstufenübergreifenden Eingangstufen liegen in Deutschland nach der Durchsicht der vorliegenden Berichte aus den Schulversuchen bislang bis auf einzelne Ausnahmen nicht vor (vgl. hierzu das Kapitel 3 zum Forschungsstand sowie den Anhang). Insofern wurde mit den Forschungsfragen dieser Arbeit Neuland betreten.

Die in dieser Arbeit vorgestellten Befunde aus den Perspektiven von Experten, Eltern und Kindern können als ein Beleg dafür gewertet werden, dass ein nichtselektiver integrativer Schulanfang für alle Kinder in der FLEX weitgehend realisiert werden kann. Wichtige Erkenntnisse der Grundschulforschung zur Grundlegung von Bildung für alle Kinder können damit auch mit standardisierten Verfahren empirisch gestützt werden. Zugleich zeigt sich, dass die Grundschule ihrem Auftrag zur Förderung aller Kinder unabhängig von ihrer sozialen Herkunft und Vorleistung, so wie der Auftrag seit 1920 definiert wird, gerecht werden kann (vgl. hierzu Rother 1954, Knörzer/Grass 1992, Faust-Siehl et al. 1996, Prengel 1999, Einsiedler 1997a/b/2001b).

Wesentliche Zielstellungen aus den KMK-Empfehlungen von 1997 (KMK 1997a), wie die Verringerung der Zurückstellungen am Schulanfang, die Stärkung der vorzeitigen Einschulungen sowie die präventive Förderung von lernschwachen Kindern, werden in FLEX-Klassen im Land Brandenburg erreicht (vgl. dazu die statistischen Daten bei Liebers 2007).[212] Damit kann vorsichtig geschlussfolgert werden: In der FLEX hat eine Ablösung des Postulats der Schulfähigkeit von Kindern durch das Postulat der Kindfähigkeit der Schule (Carle 2000) eingesetzt.

Als eine Quintessenz aus der Analyse der Evaluationsberichte, aus der Elternbefragung 2004 sowie aus der Kinderbefragung 2005 kann konstatiert werden, dass die FLEX sowohl historisch tradierte als auch zugleich aktuell begründete Ansprüche an einen gelingenden Schulanfang für alle Kinder weitgehend einzulösen vermochte. Für die überwiegende Mehrzahl der Kinder kann die zentrale Fragestellung dieser Arbeit positiv beantwortet werden. Nach den vorgestellten Selbsteinschätzungen von Kindern sowie den Einschätzungen der

---

212 Die Schülerzahlstatistik weist aus, dass der Anteil derjenigen Kinder, die während oder am Ende der FLEX auf Förderschulen wechseln, im Vergleich zu denjenigen Kindern in Regelschulen, die im Laufe der ersten beiden Schuljahre auf eine Förderschule wechseln deutlich geringer ausfällt. Während aus Regelklassen vor, während oder am Ende der zweiten Jahrgangsstufe 2 % der Kinder in Förderschulen übergehen, wechseln aus FLEX-Klassen nur 1 % der Kinder (Liebers 2007). Ebenso fallen die Zurückstellungszahlen in FLEX-Klassen deutlich geringer aus als in regulären Klassen. Fast alle Zurückstellungen beruhen auf Elternwünschen und zugleich gibt es in FLEX-Klassen deutlich mehr Kinder mit kürzerer Verweildauer als Springer in Regelklassen.

Eltern und Experten in dieser Arbeit kann für die meisten Kinder, wenn auch nicht für alle, von einem gelungenen Schulstart in der FLEX gesprochen werden. Als Antwort auf die erste Forschungsfrage nach den deskriptiven Ergebnissen zu den akademischen Schulleistungen und zur sozio-emotionalen Entwicklung kann zusammenfassend konstatiert werden: Kinder in FLEX-Klassen sind nach den vorliegenden Befunden durch ein hohes schulisches Wohlbefinden, eine große Lernfreude und eine überaus hohe Anstrengungsbereitschaft gekennzeichnet. Zugleich legen die Befunde nahe, dass Kinder in der Mehrheit eine gelungene soziale Integration erfahren, ein robustes Selbstkonzept entwickeln und sich wichtige akademische Fähigkeiten aneignen konnten.

Im Hinblick auf die zweite Forschungsfrage nach den Unterschieden von Kindern in FLEX-Klassen und regulären Klassen zeigen die referierten Ergebnisse: FLEX-Klassen konnten sich in ihrer heterogenen Zusammensetzung sowohl im Hinblick auf die sozio-emotionale Entwicklung als auch im Hinblick auf die Entwicklung der akademischen Schulleistungen bewähren. In den länderübergreifenden Vergleichsarbeiten ereichen Kinder in FLEX-Klassen vergleichbar gute Ergebnisse im Lesen und zum Teil bessere Ergebnisse in den Mathematiktests als Kinder in regulären Klassen (vgl. hierzu ausführlicher Abschnitt 7.1.1 und 7.1.2). Zugleich legen die vorgestellten Vergleiche aus der Befragung von FLEX-Kindern mit dem standardisierten FEESS 1-2 (Rauer/Schuck 2004) gegenüber Kindern in regulären Klassen nahe, dass die Mittelwerte von Kindern in FLEX-Klassen auf ein deutlich höheres schulisches Wohlbefinden, eine erhöhte Lernfreude und eine deutlich verstärkte Anstrengungsbereitschaft schließen lassen können, während sich bei der wahrgenommen Integration in die Klasse und beim Selbstkonzept keine Hinweise auf Unterschiede finden lassen.

Bezogen auf die Forschungsfrage nach den Zusammenhängen von Schulleistungen und sozio-emotionaler Entwicklung deuten die Befunde auf eine weitgehende Entkopplung der in der Literatur üblicherweise berichteten statistischen Zusammenhänge von Schulleistungen und sozio-emotionaler Entwicklung hin (Helmke/Weinert 1997, Hinz et al. 1998, Martschinke/Kammermeyer 2003/2006, Rauer/Schuck 2004). Statistische Zusammenhänge zwischen den akademischen Schulleistungen in den Vergleichsarbeiten und der von Kindern bekundeten Lernfreude, Wohlbefinden, Anstrengungsbereitschaft sowie soziale Integration lassen sich in FLEX-Klassen nicht nachweisen. Damit kann mit hoher Wahrscheinlichkeit angenommen werden, dass lineare Zusammenhänge dergestalt, dass Kinder mit schwachen Leistungen in den Vergleichsarbeiten vor allem ungünstige sozio-emotionale Schulerfahrungen machen und umgekehrt positive sozio-emotionale Schulerfahrungen ausschließlich mit guten Schulleistungen einhergehen, in FLEX-Klassen für die Mahrzahl der Kinder nicht gegeben sind. Diese Entkopplung von Schulleistungstestergebnissen und sozio-emotionaler Entwicklung kann als ein zusätzliches positives Zeichen für einen gelingenden Schulanfang gedeutet werden, da sich gerade am Schulanfang positive sozio-emotionale Schulerfahrungen für Risikokinder, aber auch für alle anderen Kinder risikomildernd in Hinsicht auf ein späteres Schulversagen auswirken können.

Vielfältige Antworten konnten auf die Untersuchungsfrage nach den Unterschieden in den Schulleistungen und in der sozio-emotionalen Entwicklung zwischen Kindern in der FLEX in Abhängigkeit vom Geschlecht, von den Schulbesuchsjahren sowie individuellen Lernbiografiemerkmalen gefunden werden. Einige typische, in anderen Untersuchungen referierte Probleme, wie zum Beispiel eine weitgehende Benachteiligung von Jungen oder von Kindern mit längerer Verweildauer (Moser et al. 2005, Motakef 2006, Blossfeld et al. 2007, Gisdakis 2007) sowie ein Nachlassen der Lernfreude ab der zweiten Jahrgangsstufe (Helmke 1991/1997a), lassen sich für die untersuchten Kinder in FLEX-Klassen nicht bestätigen, sodass hier begünstigende Faktoren im FLEX-Setting vermutet werden können (Vgl. hierzu 7.1.2).

Für Kinder mit vorzeitiger Einschulung und verkürzter Verweildauer können die vorgestellten Ergebnisse so interpretiert werden, dass diese Kinder sowohl nach ihren Selbsteinschätzungen, als auch aus der Sicht von Eltern und Schulleitungen sowie der Begleituntersuchungen besonders für die Entwicklung ihrer akademischen Fähigkeiten, aber auch für ihre sozio-emotionale Entwicklung profitieren konnten.

Für die nicht unkomplizierte Gruppe der langsamer lernenden Kinder, die ein drittes Verweiljahr in Anspruch nehmen, bieten sich nach den vorliegenden Befunden in der FLEX einige Vorteile: Ihre emotionale, motivationale und soziale Entwicklung verläuft anscheinend weitgehend vergleichbar zur Entwicklung der regulär lernenden (schnelleren) Kinder. Ihre Lernfreude ist nach den vorliegenden Daten zwar etwas vermindert, aber immer noch positiv gefärbt. Sie selbst fühlen sich gut in ihre Klasse integriert und von den anderen Kindern angenommen, allerdings ist ihre soziale Akzeptanz bei ihren Peers in der Erhebung niedriger als die der regulär lernenden Kinder. Auffällig ist das in der Kinderbefragung geäußerte geringe Selbstkonzept von Kindern im dritten Verweiljahr, das alters- und leistungsbedingt ein vermutlich realistisches Bild ihrer Leistungen widerspiegelt. Da ihre Anstrengungsbereitschaft dennoch sehr hoch ausfällt, kann vermutet werden, dass sie gelernt haben, ihre eigene Situation in der Klasse wirklichkeitsorientiert anzunehmen, ohne dass deutlich negative Auswirkungen auf die Leistungsemotionen erfolgten (vgl. hierzu Haeberlin et al. 1991). Die weiter oben im Kapitel 3 zum Forschungsstand dargestellten Teufelskreise von schwachen Schulleistungen, sozialer Ausgrenzung und ungemessenem Verhalten (Petillon 1993, Betz/Breuniger 1996, Breuer/Weuffen 2000, Oswald/Krappmann 2004, Moser et al. 2005) werden für langsamer lernende Kinder in FLEX-Klassen nach den vorliegenden Befunden zumindest für das Lernen am Schulanfang weitgehend vermieden. Vermutlich konnten der hohe Anteil individualisierter Lernangebote und das Voranschreiten im eigenen Lerntempo bei einer überwiegend individuellen Bezugsnormorientierung Versagens- oder Überforderungssituationen für schwache Lerner reduzieren (Rheinberg 1996/1999). Die überwiegende Mehrheit der Eltern zeigt sich mit der Entscheidung für ein drittes Verweiljahr für ihr Kind zufrieden und auch die Schulleitungen und Lehrerinnen sehen gerade bei dieser Gruppe deutliche präventive Erfolge in der Leistungsentwicklung. In der Zusammenschau der Befunde kann geschlussfolgert werden, dass für die meisten der langsamer lernenden Kinder ein den individuellen Lernvoraussetzungen entsprechendes Fundament für das Weiterlernen gelegt werden konnte.

Für Kinder mit einer förderdiagnostischen Lernbeobachtung, die zeitweilig oder dauerhaft zusätzliche sonderpädagogische Unterstützung im ersten, zweiten oder dritten Verweiljahr in den Förderschwerpunkten Lernen, emotionales und soziales Verhalten oder Sprache erhalten, zeigt sich sowohl bezogen auf die Leistungsentwicklung als auch auf die sozio-emotionalen Schulerfahrungen ein ambivalentes Bild.[213] Die Eltern von Kindern mit förderdiagnostischer Lernbeobachtung zeigen für die Lernbedingungen ihrer Kinder in der FLEX nach den Daten der Elternbefragung eine hohe Zustimmung, auch wenn sie die Entwicklung ihrer Kinder im Hinblick auf die schulischen Leistungen und sozioemotionale Lernziele deutlich ungünstiger als andere Eltern bewerten. Von den Kindern mit förderdiagnostischer Lernbeobachtung selbst wird ihr Wohlbefinden, ihre Lernfreude und Anstrengungsbereitschaft in der Kinderbefragung zwar grundsätzlich positiv eingeschätzt, allerdings liegen die Mittelwerte dieser Einschätzungen deutlich unter denen von Kindern ohne FDL. Sozial fühlen sich Kinder mit FDL genau so gut integriert wie alle anderen Kinder, auch wenn ihr sozialer Status in der Erhebung im Durchschnitt deutlich geringer ausfällt als der ihrer Mitschülerinnen und Mitschüler.

Dass Kinder mit förderdiagnostischer Lernbeobachtung in der FLEX in dieser Untersuchung dennoch keine geschlossene Risikogruppe von Kindern mit einer ungünstigen sozio-emotionalen Entwicklung bilden, zeigen die Befunde der Clusteranalysen. Nach diesen sind Kinder mit FDL sowohl im Cluster 1 der

---

213   Kinder mit Förderbedarfen im Bereich geistiger, körperlicher und sinnlicher Behinderungen können auch in FLEX-Klassen aufgenommen werden. Sie fallen jedoch nicht unter die präventiven Fördermaßnahmen der FDL sondern erhalten sonderpädagogische Förderungen gemäß den Regelungen und Ausstattungen zum gemeinsamen Unterricht. Über ihre Anzahl und über ihre Entwicklung in FLEX-Klassen liegen bislang keine Daten vor.

leistungsbereiten und integrierten Kinder als auch im Cluster 2 der wenig schulbegeisterten Kinder sowie im Cluster 3 der sich nicht angenommen fühlenden
aber leistungsbereiten Kinder vertreten. Für das Drittel der Kinder mit FDL,
welches zum Cluster 1 der leistungsbereiten und integrierten Kinder gehört,
scheinen sich die Optionen der FLEX voll und ganz einzulösen. Für die anderen
Kindern mit FDL kann festgestellt werden: Das Ziel der FLEX, auch für Kinder
mit (FDL) möglichst optimale emotionale und soziale Lernbedingungen zu
schaffen und Stigmatisierung weitgehend zu vermeiden, konnte erst teilweise
zufriedenstellend erreicht werden (vgl. hierzu ausführlicher Abschnitt 7.1.2).

Die in den Befunden deutlich werdende Selbstunzufriedenheit von Kindern
mit FDL kann zum einen im Rückgriff auf die nicht gelösten Entwicklungsaufgaben des Übergangs in die Schule sowie des Erwerbs der Kulturtechniken erklärt werden. Havinghurst (zit. nach Oerter 1998) verweist darauf, dass ein Versagen bei der Lösung der Entwicklungsaufgaben das Individuum unglücklich
mache und zur Ablehnung durch andere führe.

Zum anderen ist bislang nur in Ansätzen diskutiert, wie schmerzlich sich für
diese Kinder die Auseinandersetzung mit ihrer eigenen Lage in der Klasse gestaltet. Prengel (2005b: 30) verweist darauf, dass eine Auseinandersetzung mit der
eigenen Behinderung einer Trauerarbeit gleichzusetzen ist, deren erfolgreiche
Bearbeitung erst „neue vitalisierende Handlungsenergien auf realistischer Basis bringt".
Die von Prengel vorgeschlagene Auseinandersetzung der Lehrkräfte im Anfangsunterricht mit den Tatsachen der Unterlegenheit und Überlegenheit auf der
Basis einer Vision der Menschrechte, in der alle als Gleiche und als Verschiedene anerkannt werden, steht in den konzeptionellen Modellannahmen der FLEX
bislang noch aus. Hierzu bedarf es weiterer Forschung, wie eine inklusive und
zugleich lebenslagenorientierte Unterrichtsgestaltung im Sinne einer egalitären
Differenz den aktuellen Befunden besser entgegenwirken kann (vgl. hierzu Haeberlin et al. 1991, Prengel 1993, Wenning 2004, Hössl/Vossler 2006, Katzen-
bach/Schroeder 2007).

Ein dritter Aspekt ergibt sich aus der Tatsache, dass sowohl für langsamer
lernende Kinder in FLEX-Klassen als auch für Kinder mit FDL Belege existieren, dass diese überzufällig häufiger aus bildungsfernen und sozial schwachen
Familien stammen (Böhm/Lüdecke 2005, Müller-Senftleben 2005, Dit-
ton/Krüsken 2006). Auf Grund der nur eingeschränkt erteilten Befragungsge-
nehmigung für diese Arbeit können keine eigenen Befunde dazu vorgelegt werden, wie viele und welche Kinder durch Armut belastet sind und wie sich diese
Belastungen in FLEX-Klassen verteilen (vgl. hierzu Holz/Skoluda 2003, Palentin
2005, Walper 2005, Miller 2006, Beisenherz 2007). Aus den Veröffentlichungen
des MASGF (1999), des Landesgesundheitsamtes (Böhm/Lüdecke 2005) und
des LASV (2005) zu den Brandenburger Sozialindikatoren kann jedoch ersehen

werden, dass sozial schwache, durch Armut belastete Kinder häufiger an Entwicklungsstörungen, Allergien, chronischen Krankheiten sowie an den Folgen von Kinderunfällen und falscher Ernährung leiden als andere Kinder. Diese kumulierend ungünstigen Voraussetzungen dürften sich vermutlich auch auf die Lernentwicklung, auf die sozio-emotionale Entwicklung und auf den Status bei den Peers auswirken.[214] Nur wenige Erkenntnisse liegen bislang dazu vor, wie sich das kulturelle und soziale sowie das daraus resultierende symbolische Kapital von Familien (Bourdieu 1992) unter den speziellen demografischen Bedingungen im Land Brandenburg darstellt und welche Folgen daraus für das Anfangslernen von Kindern resultieren (vgl. hierzu Ditton/Krüsken 2005b). Ebenso gibt es kaum Erkenntnisse dazu, inwieweit Kinder weiteren familiären Belastungen durch ungünstige Erziehungskonzepte der Eltern oder Gewalt in Familien ausgesetzt sind (vgl. hierzu Spangler 1999, Haunberger/Teubner 2007) und welche vorschulischen Bildungsangebote von ihnen durchlaufen wurden (vgl. hierzu Tietze et al. 2004, Hössl/Vossler 2006, Tietze 2006).

Belastungen durch Armut, Migration und demografischen Wandel sowie dementsprechende Unterrichtskonzepte stellen bislang eher marginale Themen in der Diskussion um die FLEX im Land Brandenburg dar. Geprägt wurde die Entwicklung der FLEX, wie die der veränderten Eingangsphase in ganz Deutschland, im Kontext der Diskussion um verspätete und frühzeitige Einschulungen, von präventiver Förderung von Behinderung bedrohter Kinder sowie von einem besseren Übergang von der Kindertagesbetreuung in die Schule durch ein verändertes Organisationsmodell (Faust-Siehl et al. 1996, KMK 1997a/b). Aus diesem Kontext heraus entstanden auch die Modellparameter für die FLEX im Land Brandenburg, die genau diese Schwerpunkte fokussierten (Lambrich et al. 1997, Liebers 1997).

Damit beruht das Modell der FLEX auf theoretischen Grundlegungen der Grundschul- und Reformpädagogik sowie auf bildungspolitischen Zielstellungen der neunziger Jahre, also der Zeit vor TIMSS, PISA und IGLU und vor der sogenannten empirischen Wende der Unterrichtsforschung. Seinerzeit galt die Suche einem Modell, mit dessen Hilfe Zurückstellungen reduziert und frühzeitige Einschulungen erhöht werden sollten, um das Einschulungsalter in Deutschland zu senken. Dafür wurde im Land Brandenburg ein nichtselektives Anfangsunterrichtsmodell entwickelt, mit dessen Hilfe allen Kindern ein erfolgreicher Schulstart ermöglicht werden sollte (Witzlack 1993, Faust-Siehl et al. 1996, KMK 1997a/b, Lambrich et al. 1997). Es war nicht das beabsichtigte Hauptziel

---

214 An dieser Stelle sei noch einmal auf die Veröffentlichungen von Begemann (1970) zu soziokulturell benachteiligten Kindern sowie auf die Beitrage von Böhm (1996) und Mand (2006) verwiesen, die Zusammenhänge zwischen Armut/Wohlstand, Lernbehinderung und Bildungserfolg von lernschwachen Kindern thematisieren.

der Modelle der veränderten Eingangsphase der neunziger Jahre, dass, polemisch
formuliert, in veränderten Eingangsklassen intensiver oder schneller gelesen
werden sollte. Insofern werden FLEX-Klassen im Vergleich mit regulären Klassen heute an Zielen gemessen, die nicht zu den originären Zielstellungen des
Modells gehörten (vgl. hierzu Carle 2000). Trotzdem dürfen die Ergebnisse der
neueren internationalen Schulleistungsstudien nicht ignoriert werden und es
müssen Anstrengungen erfolgen, die Ergebnisse dieser Studien im Hinblick auf
eine veränderte und fachdidaktisch legitimierte Aufgabenkultur in das FLEX-
Modell zu integrieren. Fachdidaktische Entwicklungen und Perspektiven aus den
jüngeren internationalen Schulleistungsstudien (Baumert et al. 2001/2002/2005,
Bos et al. 2003/2004/2005) sind bislang noch kaum auf die Fachdidaktiken des
Anfangsunterrichts in jahrgangsübergreifenden Lerngruppen bezogen worden.
Dies erfordert für die Weiterentwicklung der Qualität des Anfangsunterrichts im
FLEX-Modell unter anderem eine stärkere Einbindung aktueller fachdidaktischer
Erkenntnisse in die jahrgangsübergreifenden Unterrichtsskripte sowie eine stär-
kere Berücksichtigung von Aspekten einer veränderten Aufgabenkultur in der
Modellbildung (vgl. hierzu Rossbach/Wellenreuther 2002, Huf 2006, Car-
le/Metzen 2007, Hanke 2007, Boer et al. 2007). Die vorhandenen individualisierenden Rahmenbedingungen innerhalb der FLEX bieten eine gute Grundlage
dafür, eine anspruchsvolle Pädagogik mithilfe herausfordernder und zugleich
individuell angemessener Aufgabenstellungen beim Erwerb der grundlegenden
Fähigkeiten noch stärker als bisher zu realisieren (vgl. hierzu Weinert/Helmke
1997, Schründer-Lenzen 2004/2006, Prengel/Liebers 2005, Scheerer-Neumann
et al. 2006). An dieser Stelle zeichnet sich ein Hauptschwerpunkt für die Weiterentwicklung des FLEX-Modells ab, wenn es zukünftigen Qualitätsansprüchen
genügen soll.

Ein zweiter Hauptschwerpunkt für die Weiterentwicklung wird darin liegen,
das FLEX-Modell zukünftig unter den Zielstellungen der Inklusionsdiskussion
konzeptionell weitergehend zu definieren. Dass heißt, dass neben Benachteiligung und Behinderung auch Dimensionen wie das Geschlecht, der soziokulturelle und sozio-ökonomische Hintergrund konstituierend für das Modell und
die Unterrichtsgestaltung werden sollten (vgl. hierzu Prengel 1993, Wenning
2004, Katzenbach/Schroeder 2007). Dazu sind perspektivisch noch stärker Fragen zu integrieren, die sich aus der demografischen Situation und den damit
verbundenen Folgen ergeben. Zu klären wäre beispielsweise wie die FLEX in
Schulen gestaltet werden sollte, in denen, wie im Landkreis Uckermark fast die
Hälfte aller Kinder in Hartz-IV-Familien leben und Armut zum Thema einer
ganzen Schule wird. Im Sinne einer inklusiven Pädagogik, in der die spezifischen Hilfen zum Kind kommen, ist Multiprofessionalität der Klassenteams

unter inklusiven Aspekten neu zu bestimmen und die Rolle von Sozialpädagogik und Schulpsychologie sowie der Einbindung weiterer Dienste zu beschreiben. Im Rahmen dieser Forschung konnte nicht untersucht werden, wie sich FLEX-Klassen untereinander unterscheiden und wie die verschiedenen Lehrerinnenteams Erfahrungen des Eingebundenseins, der Kooperation sowie Kompetenzerfahrungen im Unterricht für Kinder ermöglichen (vgl. hierzu Martschinke/Kammermeyer 2006). Aus den klassenbezogenen Auswertungen, die sowohl für die Vergleichsarbeiten vorlagen (MBJS 2004a) als auch den eigenen klassenbezogenen Auswertungen der Kinderbefragung 2005, die parallel zu dieser Arbeit für die Feedbackgespräche an den Schulen vorbereitet wurden, gibt es Hinweise darauf, dass es zwischen FLEX-Klassen sowohl große Unterschiede in den akademischen Schulleistungen als auch in den sozio-emotionalen Schulerfahrungen der Kinder gibt, zu deren Ursachen im Rahmen dieser Arbeit jedoch keine Aussagen getroffen werden können. Auffällig war, dass es unter den 13 untersuchten Klassen einzelne wenige Klassen gab, in denen sich Kinder häufig von anderen Kindern ausgelacht oder gehänselt fühlten oder aber auch häufiger erlebten, wie andere Kinder ausgegrenzt werden. Für die aus sozialer Ausgrenzung folgenden Probleme müssten Lehrerinnen eigentlich sensibilisiert sein. In drei Klassen wurde jedoch bei den Schulbesuchen erlebt, dass Lehrerinnen nicht gegen solche Situationen vorgingen und selber ausgrenzend wirkten. Eine Lehrerin reagierte offensichtlich herabwürdigend und teilte der Autorin, wenn auch leise, so doch vor den Ohren der Kinder sinngemäß mit: „Bei der Dicken hier, da müssen Sie aufpassen, die lügt." Eine zweite Lehrerin zeigte der Autorin, wenn auch wohlwollend gemeint, den „Russentisch", an dem sie, wie sie flüsternd erklärte, die Wochenplanaufgabenstellungen auch immer in Russisch erklären müsse und bot damit ebenfalls ein Beispiel falsch verstandener Vielfalt, bei denen Gruppenzugehörigkeiten identifizierend von anderen zugeschrieben werden. An diesen beiden Einzelfällen zeigt sich, dass eine Idee von egalitärer Differenz, bei der Unterschiede nicht gleichzeitig zu hierarchischen Auf- bzw. Abwertungen von Kindern führen, noch nicht in allen Klassen gelebt wird. Ebenso wurden bei einem Auswertungsgespräch positive Testergebnisse eines lernschwachen Kindes von einer Lehrerin vor den versammelten FLEX-Teams abwertend kommentiert („Wie kann der denn so was ankreuzen?") und von ihr über Eigenschaften und Schwierigkeiten bestimmter Kinder geklagt, ohne dass eine professionelle Lösungssuche oder aber Empathie und Unterstützung für diese Kinder erkennbar wurde. Hier mag eine Rolle spielen, dass es einen Anteil von etwa 40 % an Lehrerinnen in FLEX-Klassen gibt, die nach den Befragungsergebnissen von Geiling et al. (2007) von einer inklusiven Pädagogik eher nicht überzeugt sind und damit vermutlich schwierige Kinder und notwendige Differenzierungen als Belastung empfinden. Für die Weiterentwicklung des FLEX-Modells bedeuten diese Beispiele, dass neben der oben bereits erwähnten Verknüpfung der FLEX mit der Inklusionsdiskussion als ein dritter Hauptschwerpunkt für die Weiterentwicklung des FLEX-Modells die Perspektiven einer wertschätzenden und anerkennenden Pädagogik konzeptionell noch deutlicher herauszuarbeiten sind (Prengel 2000/2005a/b, Katzenbach/Schroeder 2007).

Schaut man auf die Verbreitung des FLEX-Modells im Land Brandenburg, so kann konstatiert werden, dass bislang ein Drittel aller Grundschulen dieses Angebotsmodell anbietet, circa ein Sechstel der Schulanfänger des Landes findet Aufnahme in eine FLEX-Klasse (Liebers 2007).[215] Weitaus mehr Schulen hätten jedoch bei ihrem Schulamt Anträge auf Einrichtung von FLEX-Klassen einrichten können, entsprechende personelle Ausstattungsressourcen waren nach Aussagen der Schulämter vorhanden. Diese Diskrepanzen zwischen den Möglichkeiten einer administrativ unterstützten Innovation und der tatsächlichen Realisierung in den Schulen des Landes verweist auf ein Phänomen, dass bereits in der historischen Analyse mehrfach sichtbar wurde, vielfach erwiesen sich Reformbestrebungen zum Anfangsunterricht im Land Brandenburg in den letzten drei Jahrhunderten trotz überzeugender Ergebnisse in den Schulen und trotz deutlicher administrativer Unterstützung von geringer Reichweite. Obwohl das Wissen über einen guten Anfangsunterricht seit 250 Jahren bedeutende Gemeinsamkeiten aufweist, war und ist dieses Wissen für die pädagogische Praxis nur partiell maßgeblich (vgl. Lassahn/Stach 1979, Tenorth 1988, Schmitt 1999/2001, Schmitt/Tosch 2001, Götz 2004, Faust 2006a/b, Blossfeld et al. 2007). Ein nicht unbedeutender Anteil von Lehrerinnen in FLEX-Klassen glaubt trotz der selbst erzeugten, erfolgreichen inklusiven Unterrichtspraxis in FLEX weiterhin an die Vorzüge eines Modells der homogenen und selektiven Jahrgangsklasse und der ‚besseren' Förderung in Förderschulen schon am Schulanfang (vgl. hierzu Geiling et al. 2007). Dass die Lehrerinnen mit dieser Meinung nicht allein stehen, zeigen die seit Jahren geführten öffentlichen bildungspolitischen Diskussionen (vgl. hierzu die "Potsdamer Neuesten Nachrichten", zuletzt vom 23.06.07, 04.07.07, 05.07.07 sowie 07.07.07). Inwieweit eine flächendeckende Einführung des FLEX-Modells erfolgen soll, bleibt vorerst ein kontrovers diskutiertes Thema in der Bildungspolitik im Land Brandenburg.

Dieser Ausblick auf die bildungspolitische Situation und die öffentlichen Diskussionen verdeutlicht, dass die meisten Kinder nach wie vor den Schulanfang als einen Übergang in ein System von homogenen Jahrgangsklassen mit häufig gleichschrittigem Unterricht und früher Selektion erleben (vgl. hierzu Bos et al. 2005, Kammermeyer/Martschinke 2006, ZENSOS). Ein selektiver Schul-

---

215 Die Diskrepanz aus den unterschiedlichen Anteilen an Schulen und Kindern erklärt sich daraus, dass zumeist zwei Anfangsklassen an einer Schule als FLEX-Klassen geführt werden, während weitere Klassen oft als Regelklassen eingerichtet sind.

anfang findet Befürworter unter Schulleitungen, Lehrerinnen, Eltern und öffentlichen Personen. Damit wird von vielen Akteuren der Übergang in ein System befürwortet, das von Wenning (2004: 572) als „Prototyp des industrialisierten Lernens" bezeichnet wird, das er als ursächlich verantwortlich dafür hält, dass über den Homogenisierungsdruck in der Schule eine heterogenisierende Wirkung der Schule erreicht wird. Dass für einen anderen, nämlich einen sowohl kindgerechten als auch leistungsorientierten Schulanfang für alle Kinder seit langem reformorientierte Bestrebungen in der Grundschulpädagogik und in der schulischen Praxis existieren, kann diese Arbeit zeigen. Ebenso kann diese Arbeit ermutigende empirische Belege dafür vorweisen, dass ein nichtselektiver und integrativer Schulanfang für Kinder in der FLEX gelingen kann.

Literatur- und Quellenverzeichnis

Aken, M.A.G. van; Helmke, A.; Schneider W. (1997): Selbstkonzept und Leistung –
Dynamik ihres Zusammenspiels. Ergebnisse aus dem SCHOLASTIK-Projekt. In:
Weinert, F. E.; Helmke, A. (Hrsg.): Entwicklung im Grundschulalter. Beltz Psycho-
logie Verlags- Union: Weinheim und Basel

Albers, S.; Hameyer, U.; Schusdziarra, G. (Hrsg.) (1997): Flexible Schuleingangsphase in
der Grundschule. Sechs Porträts aus der Praxis. Eigendruck: Kronshagen

Alexander, K.L. und Entwisle, D.R. (1988): Achievment in the first two years of school:
Patterns and processes. Mongraphs of the Society for Research in Child Development, 53: 337-348

Alt, R. (1960): Bilderatlas zur Schul- und Erziehungsgeschichte/ Band 1/ Von der Urgesellschaft bis zum Vorabend der bürgerlichen Revolutionen. Volk und Wissen
Volkseigener Verlag: Berlin

Amlung, U. (1993): Adolf Reichweins Alternativschulmodell Tiefensee 1933-1939. Ein
reformpädagogisches Gegenkonzept zum NS-Erziehungssystem. In: Amlung, U.;
Haubfleisch, D.; Link, J.-W.; Schmitt, H. (Hg): Die alte Schule überwinden. Reformpädagogische Versuchsschulen zwischen Kaiserreich und Nationalsozialismus,
dipa-Verlag: Frankfurt am Main

Amlung, U.; Haubfleisch, D.; Link, J.-W.; Schmitt, H. (Hg) (1993): Die alte Schule überwinden. Reformpädagogische Versuchsschulen zwischen Kaiserreich und Nationalsozialismus, dipa-Verlag: Frankfurt am Main

Apel, H.J.; Kluger, A. (2000): Die Volksschule im NS-Staat. Nachdruck des Handbuchs
„Die deutsche Volksschule im großdeutschen Reich" von 1940. Böhlau: Köln

Baader, M.S. (1996): Die romantische Idee des Kindes und der Kindheit. Luchterhand -
Verlag Neuwied, Kriftel: Berlin

Baader, M.S. (2002): Die romantische Idee der Kindheit. Fröbels Kindergärten. In:
Schmitt, H.; Siebrecht, S. (Hrsg.): Eine Oase des Glücks. Der romantische Blick auf
Kinder. Henschel, Ohne Ort

Babu, S.; Mendro, R. (2003): Teacher accountability: HLM-based teacher effectivness
indices in a State Assesment Programm. Paper presented at the annual meeting of
the American Educational Research Association: Chicago

Baronjan, C. (1993): Früherkennung, Früherfassung und rehabilitationspädagogische
Früherziehung in der DDR. In: Zusammen Heft 4: 24-25

Baudisch, W. (1979): Einheitliches und differenziertes Vorgehen im Unterricht der allgemeinbildenden polytechnischen Hilfsschule: Potsdam

Baumert, J.; Klieme, E.; Neubrand, M.; Prenzel, M.; Schiefele, U.; Schneider, W.; Stanat, P.; Tillmann, K.-J.; Weiß, M. (2001) (Hrsg.): PISA 2000. Basiskompetenzen von Schülerinnen und Schülern im internationalen Vergleich. Leske+Budrich: Opladen

Baumert, J.; Klieme, E.; Neubrand, M.; Prenzel, M.; Schiefele, U.; Schneider, W.; Stanat, P.; Tillmann, K.-J.; Weiß, M. (2002) (Hrsg.): PISA 2000. Die Länder der Bundesrepublik Deutschland im Vergleich. Leske+Budrich: Opladen

Baumert, J.; Klieme, E.; Neubrand, M.; Prenzel, M.; Schiefele, U.; Schneider, W.; Stanat, P.; Tillmann, K.-J.; Weiß, M. (2005) (Hrsg.): PISA 2003. Basiskompetenzen von Schülerinnen und Schülern im internationalen Vergleich, Leske+Budrich: Opladen

Beck, G.; Scholz, G. (1995): Soziales Lernen – Kinder in der Grundschule. Rororo: Reinbek

Becker, K.; Sieck, K. (1992): Aussonderung – Sonder- und Spezialschulen der DDR. In: PLIB (Hrsg.): Erinnerung für die Zukunft. Zur Geschichte der Volksbildung in der DDR: Ludwigsfelde

Becker, P. (1994): Theoretische Grundlagen In: Abele, A.; Becker, P. (Hrsg.): Wohlbefinden: Theorie – Empire –Diagnostik. Juventa Verlag: Weinheim

Becker, P. (1997): Psychologie der seelischen Gesundheit. Band 1. Hogrefe: Göttingen

Beelman, A. (2000): Entwicklungsrisiken und -chancen bei der Bewältigung normativer sozialer Übergänge im Kindesalter. In: Leyendecker, C.; Horstmann, T. (Hrsg.): Große Pläne für kleine Leute. Ernst Reinhardt: München

Beelmann, W. (2006): Normative Übergänge im Kindesalter. Anpassungsprozesse beim Eintritt in den Kindergarten, in die Grundschule und in die weiterführende Schule. Verlag Dr. Kovac: Hamburg

Begemann, E. (1970): Die Erziehung soziokulturell benachteiligter Kinder. Schroedel: Hannover

Beisenherz, H.G. (2007): Wohlbefinden und Schulleistung von Kindern armer Familien. Auswirkungen der Dauer der Armut auf Grundschulkinder. In: Alt. C. (Hrsg.): Kinderleben – Start in die Grundschule. Band 3: Ergebnisse aus der zweiten Welle. Schriften des deutschen Jugendinstituts: Kinderpanel. VS Verlag für Sozialwissenschaften: Wiesbaden

Bellenberg, G. (1999): Individuelle Schullaufbahnen. Eine empirische Untersuchung über Bildungsverläufe von der Einschulung bis zum Abschluss. Max-Träger-Stiftung. Juventa Verlag: Weinheim und München

Benner, D. (1998): Die Performanz der Reformpädagogik. In: Rülcker, T.; Oelkers, J. (Hrsg.): Politische Reformpädagogik. Peter Lang AG: Bern, Berlin, Frankfurt/M., New York, Paris, Wien

Berger, M. (2000): Clara Grunwald: Wegbereiterin der Montessori-Pädagogik. Brandes und Apsel: Frankfurt a.M.

Bergg, F. (1913): Ein Proletarierleben. Bearbeitet und hrsg. von N. Welter: Frankfurt a. M.

Berthold, B. (2005): Zum Stand der Diskussion um die flexible jahrgangsgemischte veränderte Schuleingangsphase in den Bundesländern. www.grundschulpädagogik.uni-bremen.de, zuletzt besucht am 01.09.2005.

Berthold, B.; Carle, U. (2004): Heute kann ich nur belächeln, wie ich damals unterrichtet habe. Ergebnisse des Thüringer Schulversuchs Veränderte Schuleingangsphase.

Kurzbericht der wissenschaftlichen Begleitung. In: ThILLM (Hrsg.): Veränderte Schuleingangsphase an Thüringer Grundschulen. Ergebnisse und Erfahrungen eines Schulversuchs. ThILLM: Bad Berka

Betz, W.; Breuniger, H. (1996): Teufelskreis Lernstörungen. Psychologie Verlags Union: Weinheim

Beutel, S.-I.; Hinz, R. (2006): DÜnE. Der Übergang in die neue Eingangstufe. Flyer vom 6.10.2006: Uni Dortmund

Bildungskommission der Länder Berlin und Brandenburg (2003): Bildung und Schule in Berlin und Brandenburg, Herausforderungen und gemeinsame Entwicklungsperspektiven. Wissenschaft und Technik Verlag: Berlin

Binger, L. (2006): In: Jäger, H.: Versüßtes Grausen. Von der Schwere der Schultüte. Eine Ausstellung im Stern Center erzählt Alltagsgeschichte. Potsdamer Neueste Nachrichten vom 10.08.2006

BLK (1976): Fünfjährige in Kindergarten, Vorklassen und Eingangsphasen: Stuttgart

Block, R.; Klemm, K. (2005): Gleichwertige Lebensverhältnisse im Bundesgebiet? Demografische, ökonomische, institutionelle und familiale Bedingungen des Lernens im Bundesländervergleich. Arbeitspapier: Essen

Blossfeld, H.-P. (2005): Lebensverläufe im Globalisierungsprozess. Ein international vergleichendes Forschungsprojekt, gefördert durch die Volkswagenstiftung 1999-2005. www.uni-bamberg.de/sowi/soziologie-i/globalife, zuletzt besucht am 1.9.2006.

Blossfeld, H.-P.; Bos, W.; Lenzen, D.; Müller-Böling, D.; Oelkers, J.; Prenzel, M.; Wößmann, L. (2007): Bildungsgerechtigkeit. Jahresgutachten 2007. Aktionsrat Bildung. VS Verlag für Sozialwissenschaften: Wiesbaden

Boddin, I. (2005): Lesen lernen – ABC-Bücher aus fünf Jahrhunderten. http://fotothek-slub-dresden.de, zuletzt besucht am 26.09.2006.

Boer, Heike de; Burk, K.; Heinzel, F. (Hrsg.) (2007): Lehren und Lernen in jahrgangsgemischten Klassen. Beiträge zur Reform der Grundschule 123. Grundschulverband - Arbeitskreis Grundschule e.V.: Frankfurt am Main

Böhm, A.; Lüdecke, K. (2005): Einschulungsuntersuchung im Land Brandenburg 2004. Standardtabellen. Herausgegeben vom Landesamt für Soziales und Versorgung, Landesgesundheitsamt: Wünsdorf

Böhm, W. (1991): Maria Montessori: Hintergrund und Prinzipien ihres pädagogischen Denkens. Klinkhardt: Bad Heilbrunn

Böhm, O. (1996): Wann wird die derzeitige Sonderpädagogik der Armut eine Stimme geben. Zeitschrift für Heilpädagogik 6/96: 241-242

Böhme, G.; Tenorth, H.-E. (1990): Einführung in die historische Pädagogik. Wissenschaftliche Buchgesellschaft: Darmstadt

Bos, W. (2005): IGLU-Pressegespräch. Handout vom 07.11.2005

Bos, W.; Lankes, E.-M.; Prenzel, M.; Schwippert, K.; Valtin, R.; Walther, G. (Hrsg.) (2003): Erste Ergebnisse aus IGLU. Schülerleistungen am Ende der vierten Jahrgangsstufe im internationalen Vergleich. Waxmann: Münster, New York, München, Berlin

Bos, W.; Lankes, E.-M.; Prenzel, M.; Schwippert, K.; Valtin, R.; Walther, G. (Hrsg.) (2004): IGLU. Einige Länder der Bundesrepublik Deutschland im nationalen und internationalen Vergleich. Waxmann: Münster, New York, München, Berlin

Bos, W.; Lankes, E.-M.; Prenzel, M.; Schwippert, K.; Valtin, R.; Walther, G. (Hrsg.) (2005): IGLU. Vertiefende Analysen zu Leseverständnis, Rahmenbedingungen und Zusatzstudien. Waxmann Verlag: Münster, New York, München, Berlin

Bourdieu, P. (1992): Die verborgenen Mechanismen der Macht: Hamburg

Brandt, B. (2005): Interaktionsprozesse in jahrgangsübergreifenden Arbeitsgruppen. In: Götz, M.; Müller, K. (Hrsg.): Grundschule zwischen den Ansprüchen der Individualisierung und Standardisierung. Jahrbuch Grundschulforschung. VS Verlag für Sozialwissenschaften: Wiesbaden

Branzke, R. (2002): Optimierung des Schulanfangs: Fachliches und soziales Lernen in einer integrierten Eingangsphase unter Einbeziehung förderdiagnostischer Aufgaben, Abschlussbericht zum Modellversuch FLEX. Schulamt: Cottbus

Breuer, H.; Weuffen, M. (2000): Lernschwierigkeiten am Schulanfang. Schuleingangsdiagnostik zur Früherkennung und Frühförderung. Beltz Taschenbuch: Weinheim und Basel

Brill, W. (1994): Pädagogik im Spannungsfeld von Eugenik und Euthanasie. St. Ingbert: Röhrig

Bronfenbrenner, U. (1981): Die Ökologie der menschlichen Entwicklung. Klett-Cotta: Stuttgart

Brosius, B.; Koschel, F. (2005): Methoden der empirischen Kommunikationsforschung. VS Verlag für Sozialwissenschaften: Wiesbaden

Bund-Länder-Kommission für Bildungsplanung (1976): Fünfjährige in Kindergärten, Vorklassen und Eingangsstufen. Bericht über eine Auswertung von Modellversuchen. Klett: Stuttgart

Burgener Woeffray, A. (1996): Grundlagen der Schuleintrittsdiagnostik. Kritik traditioneller Verfahren und Entwurf eines umfassenden Konzepts. Verlag Paul Haupt: Bern, Stuttgart, Wien

Burk, K. (1998): Schulanfang für alle Kinder. In: Burk, K.; Mangelsdorf, M.; Schoeler, U. et al.: Die neue Schuleingangsstufe. Lernen und Lehren in entwicklungsheterogenen Gruppen. Beltz Verlag: Weinheim und Basel

Burk, K. et al. (1994): Eingangsstufe in Hessen – pädagogische und strukturelle Impulse. Materialien zur Schulentwicklung, Heft 21. HIBS Eigendruck: Wiesbaden

Burk, K.; Mangelsdorf, M.; Schoeler, U. et al. (1998): Die neue Schuleingangsstufe. Lernen und Lehren in entwicklungsheterogenen Gruppen. Beltz Verlag: Weinheim und Basel

Carle, U. (2000): Was bewegt die Schule? Internationale Bilanz, praktische Erfahrungen, neue systematische Möglichkeiten für Schulreform, Lehrerbildung, Schulentwicklung und Qualitätssteigerungen. Schneider Verlag Hohengehren, Baltmannsweiler

Carle, U. (2003): Neustrukturierung des Schulanfangs in Niedersachsen. Abschlussauswertung. Internetfassung. www.grundschulpädagogik.uni-bremen.de/ forschung/ niedersachsen/index.html, zuletzt besucht am 30.09.2005.

Carle, U.; Berthold, B.. (2001): Veränderte Schuleingangsphase in Thüringen. Erster Zwischenbericht der wissenschaftlichen Begleitung. www.grundschulpädagogik.uni-bremen.de/forschung/thueringen/index.html, zuletzt besucht am 15.06.2004.

Carle, U.; Berthold, B.. (2003a): Veränderte Schuleingangsphase in Thüringen. Zweiter Zwischenbericht der wissenschaftlichen Begleitung, Teil 1. www.grundschulpädagogik.uni-bremen.de/forschung/thueringen/index.html, zuletzt besucht am 15.06.2004.

Carle, U.; Berthold, B.. (2003b): Veränderte Schuleingangsphase in Thüringen. Zweiter Zwischenbericht der wissenschaftlichen Begleitung, Teil 2. www.grundschulpädagogik.uni-bremen.de/forschung/thueringen/index.html, zuletzt besucht am 15.06.2004.

Carle, U.; Metzen, H. (2007): Wie entwickelt sich die FLEX im Land Brandenburg? Projektbeurteilung auf der Basis exemplarischer Videoanalysen zur Unterrichtsqualität der FLEX-Schulen im Land Brandenburg. In: LISUM (Hrsg.): Evaluation der flexiblen Schuleingangsphase im Land Brandenburg in den Jahren 2004-2006. Eigendruck: Ludwigsfelde

Christiani, R. (Hrsg.) (2004): Schuleingangsphase neu gestalten. Cornelsen Scriptor: Berlin

Cloerkes, G. (2000): Die Stigma-Identitäts-These. In: Gemeinsam leben 3/2000: 104-111

Cornelsen (1997): Putzger Historischer Weltatlas. 102. Auflage. Cornelsen: Berlin

Cornelsen (2002): Putzger. Atlas und Chronik zur Weltgeschichte. Cornelsen: Berlin

Cosson, R. (2001): Veränderte Schuleingangsphase – Beispiele aus Nordrhein-Westfalen. In: Faust-Siehl, G.; Speck-Hamdan, A. (Hrsg.): Schulanfang ohne Umwege. Beiträge zur Reform der Grundschule, 111, Grundschulverband – Arbeitskreis Grundschule e.V.: Frankfurt am Main

Dathe, G. (1981): Erstleseunterricht. Volk und Wissen Volkseigener Verlag: Berlin

Dauenheimer, D.; Frey, D. (1996): Soziale Vergleichsprozesse in der Schule. In: Möller, J.; Köller, O. (Hrsg.): Emotionen, Kognitionen und Schulleistung. Beltz Psychologie Verlags Union: Weinheim

Deusinger, I.M. (Hrsg.) (2002): Wohlbefinden bei Kindern, Jugendlichen und Erwachsenen. Verlag Hogrefe: Göttingen, Bern, Toronto, Seattle

Deutscher Bildungsrat (1975): Die Bildungskommission. Bericht' 75 – Entwicklungen im Bildungswesen: Bonn

Deutscher Bildungsrat (Hrsg.) (1970): Strukturplan für das Bildungswesen: Empfehlungen der Bildungskommission. Klett: Stuttgart

Dietrich, T. (1991): Die Pädagogik Peter Petersens. Der Jena-Plan: Beispiel einer humanen Schule. Verlag Julius Klinkhardt: Bad Heilbrunn

Ditton, H. (2005): QUASSU. Qualitätssicherung in Schule und Unterricht. www.quassu.net/hartmut_ditton.htm, zuletzt besucht am 20.12.2005.

Ditton, H.; Krüsken, J. (2004): Begleitstudie zu den Orientierungsarbeiten/Vergleichsarbeiten in Berlin und Brandenburg 2004 - Testaufgaben und Erläuterungen zur Durchführung. Arbeitspapier für die Schulen: München

Ditton, H.; Krüsken, J. (2005a): Ergänzungsbericht über die Ergebnisse der Begleitstudie zu den Vergleichsarbeiten 2004 Jahrgangsstufe 2 in Brandenburg. Vergleichende Auswertung zum Schulversuch FLEX in Brandenburg. Interner Bericht.

Ditton, H.; Krüsken, J. (2005b): Orientierungsarbeiten Jahrgangsstufe 2. Schuljahr 2003/2004. Bericht über die Ergebnisse der Begleitstudie in Berlin und Brandenburg. Herausgeber: Senatsverwaltung für Bildung, Jugend und Sport: Berlin

Ditton, H.; Krüsken, J. (2006): Ergänzungsbericht über die Ergebnisse der Begleitstudie zu den Vergleichsarbeiten 2004/2005 Jahrgangsstufe 2 in Brandenburg. Vergleichende Auswertung zum Schulversuch FLEX in Brandenburg. Interner Bericht.

Döbert, H. (1995): Das Bildungswesen der DDR in Stichworten. Inhaltliche und administrative Sachverhalte und ihre Rechtsgrundlagen. Luchterhand-Verlag GmbH Neuwied, Kriftel: Berlin

Dolch, J. (1971): Lehrplan des Abendlandes. Zweieinhalb Jahrtausende seiner Geschichte. 3. Auflage, Aloys Henn Verlag: Ratingen

Drews, U. (1994): Das Kind in der Unterstufenpädagogik der DDR – Unvollendetes Nachdenken über ein Konzept. In: Cloer, E.; Wernstedt, R. (Hrsg.): Pädagogik in der DDR. Eröffnung einer notwendigen Bilanzierung. Deutscher Studien Verlag: Weinheim

Dühlmeier, B. (2004): Und die Schule bewegte sich doch. Unbekannte Reformpädagogen und ihre Projekte in der Nachkriegszeit. Klinkhardt Verlag: Bad Heilbrunn

Dumke, D.; Schäfer, G. (1993): Entwicklung behinderter und nichtbehinderter Schüler in Integrationsklassen. Einstellungen, soziale Beziehungen, Persönlichkeitsmerkmale und Schulleistungen. Beltz Verlag: Weinheim

Dümmler, K.; Helbig, P.; Renner, G. (2005): Entwicklung der Leistung, der Persönlichkeit und der sozialen Beziehungen in der jahrgangsgemischten Eingangsstufe. Berichte und Arbeiten aus dem Institut für Grundschulforschung, Heft 104: Nürnberg

Edelstein, W. (1997): Theoretischer Ertrag und praktischer Nutzen der SCHOLASTIK-Studie: Kommentar. In: Weinert, F.E.; Helmke, A. (Hrsg.): Entwicklung im Grundschulalter. Beltz Psychologie Verlags- Union: Weinheim und Basel

Eder, F. (2004): Der Einfluss der schulischen Lehrpersonen auf das Befinden von Schülerinnen und Schülern. In: Hascher, T. (Hrsg.): Schule positiv erleben. Ergebnisse und Erkenntnisse zum Wohlbefinden von Schülerinnen und Schülern. Haupt Verlag: Bern, Stuttgart, Wien

Eder, F. (Hrsg.) (1995): Das Befinden von Kindern und Jugendlichen in der Schule. Studienverlag: Innsbruck

Edition Rieger (2005): Brandenburgs Kurfürsten, Preußens Könige, Deutsche Kaiser. Das Taschenlexikon. Edition Rieger: Karwe

EDK (2000): Erste Empfehlungen zur Bildung und Erziehung der vier- bis achtjährigen Kinder in der Schweiz. Empfehlungspapier. www.edk-ost.ch, zuletzt besucht am 25.4.2005.

Einsiedler, W. (1997a): Unterrichtsqualität und Leistungsentwicklung: Literaturüberblick. In: Weinert, F.E.; Helmke, A. (Hrsg.): Entwicklung im Grundschulalter. Beltz Psychologie Verlags- Union: Weinheim und Basel

Einsiedler, W. (1997b): Unterrichtsqualität in der Grundschule. Empirische Grundlagen und Programmatik. In: In: Glumpler, E./Luchtenberg, S. (Hrsg.): Jahrbuch Grundschulforschung Band 1. Beltz Deutscher Studien Verlag: Weinheim

Einsiedler, W. (2001a): Lehr-Lern-Konzepte für die Grundschule: Einsiedler, W.; Götz, M.; Hacker, H.; Kahlert, J.; Keck, R.W.; Sandfuchs, U. (Hrsg.): Handbuch Grundschulpädagogik. Klinkhardt-Verlag: Bad Heilbrunn

Einsiedler, W. (2001b): Grundlegende Bildung. In: Einsiedler, W.; Götz, M.; Hacker, H.; Kahlert, J.; Keck, R.W.; Sandfuchs, U. (Hrsg.): Handbuch Grundschulpädagogik. Klinkhardt-Verlag: Bad Heilbrunn

Einsiedler, W.; Götz, M.; Hacker, H.; Kahlert, J.; Keck, R.W.; Sandfuchs, U. (Hrsg.)(2001): Handbuch Grundschulpädagogik. Klinkhardt-Verlag, Bad Heilbrunn

Ellger-Rüttgardt, S. (1995): Historische Aspekte der gemeinsamen Bildung behinderter und nichtbehinderter Kinder und Jugendlicher. Zeitschrift für Heilpädagogik 10/95: 477-484

Ellger-Rüttgardt, S. (1999): Vor 60 Jahren. Erinnerungen an die Opfer der ‚Euthanasie' in Deutschland. Zeitschrift für Heilpädagogik 12/99: 559-563

Ellger-Rüttgardt, S. (2005): Prügelknabe Sonderschule – ungeliebte Tochter Sonderpädagogik? Zeitschrift für Heilpädagogik 2/2005: 42-54

Elschenbroich, D. (2001): Das Weltwissen der Siebenjährigen. Wie Kinder die Welt entdecken können. Kunstmann: München

Entwisle, D.R. et al. (1987): The emergent academic self-image of first graders: Its response to social structure. In: Child Development, 58, No. 5: 1190-1206

Eßbach, S. (1993): Was war die Rehabilitationspädagogik für schulbildungsunfähige förderungsfähige Kinder und Jugendliche in der DDR wirklich? In: Zusammen Heft 4 1993: 6-12

Faust, G. (2004): Die neue Schuleingangsphase. In: Faust, G.; Götz, M.; Hacker, H. und Rossbach, H.-G. (Hrsg.): Anschlussfähige Bildungsprozesse im Elementar- und Primarbereich. Klinkhardt-Verlag: Bad Heilbrunn

Faust, G. (2005): Die neue Schuleingangsphase. Folien der Antrittsvorlesung an der Universität Bamberg vom 28.6.2005.

Faust, G. (2006a): Die neue Schuleingangsphase und die Einschulung in den Bundesländern – eine aktuelle Bestandsaufnahme. In: Hinz, R.; Schumacher, B. (Hrsg.): Auf den Anfang kommt es an: Kompetenzen entwickeln – Kompetenzen stärken. Jahrbuch Grundschulforschung. VS Verlag für Sozialwissenschaften: Wiesbaden

Faust, G. (2006b): Die neue Schuleingangsphase und die Einschulung in den Bundesländern – eine aktuelle Bestandsaufnahme. In: ZfE. 3-06: 328-347

Faust, G.; Götz, M.; Hacker, H. und Rossbach, H.-G. (Hrsg.) (2004): Anschlussfähige Bildungsprozesse im Elementar- und Primarbereich. Klinkhardt-Verlag: Bad Heilbrunn

Faust-Siehl, G. (1997): Schulanfang in der „Veränderten Grundschule". In: Die Grundschulzeitschrift, Heft 104 (11): 10-14

Faust-Siehl, G. (1998): Veränderte Anforderungen an die Lehrkräfte. In: Burk, K.; Mangelsdorf, M.; Schoeler, U. et al.: Die neue Schuleingangsstufe. Lernen und Lehren in entwicklungsheterogenen Gruppen. Beltz Verlag: Weinheim und Basel

Faust-Siehl, G. (2001): Die neue Schuleingangsstufe in den Bundesländern. In: Faust-Siehl, G.; Speck-Hamdan, A. (Hrsg.): Schulanfang ohne Umwege. Beiträge zur Reform der Grundschule, 111, Grundschulverband – Arbeitskreis Grundschule e.V.: Frankfurt am Main

Faust-Siehl, G.; Garlichs, A.; Ramseger, J.; Schwarz, B.; Warm U. (1996): Die Zukunft beginnt in der Grundschule. Empfehlungen zur Neugestaltung der Primarstufe. Arbeitskreis Grundschule - Der Grundschulverband. Rororo: Reinbek

Faust-Siehl, G.; Speck-Hamdan, A. (Hrsg.) (2001): Schulanfang ohne Umwege. Beiträge zur Reform der Grundschule, 111, Grundschulverband – Arbeitskreis Grundschule e.V.: Frankfurt am Main

Fend, H.; Sandmeier, A. (2004): Wohlbefinden in der Schule: „Wellness" oder Indiz für gelungene Pädagogik? In: Hascher, T. (Hrsg.): Schule positiv erleben. Ergebnisse und Erkenntnisse zum Wohlbefinden von Schülerinnen und Schülern. Haupt Verlag: Bern, Stuttgart, Wien

Fillip, S.-H. (1990): Kritische Lebensereignisse. Psychologie Verlags Union: München

Flitner, W.; Kudritzki, G. (Hrsg.) (1984): Die deutsche Reformpädagogik. Die Pioniere der pädagogischen Bewegung. Klett-Cotta: Stuttgart

Focus/Microsoft (2007): Bildungsstudie Deutschland 2007. Schule aus Sicht von Eltern, Lehrern und Personalverantwortlichen. Basisfakten. Focus Magazin Verlag: München

Foerster, O. (1902): Das erste Schuljahr: Leipzig

Fölling-Albers, M. (Hrsg.) (1995): Schulkinder heute. Beltz Verlag: Weinheim

Freyer, M. (2001): Rochows „Kinderfreund" – ein Bestseller der Schulgeschichte. In: Schmitt, H.; Tosch, F. (Hg.): Vernunft fürs Volk. Friedrich Eberhardt von Rochow im Aufbruch Preußens. Henschel: Leipzig

Fricke-Finkelnburg, R. (1989): Nationalsozialismus und Schule. Amtliche Erlasse und Richtlinien 1933-1945. Leske+Budrich: Opladen

Fthenakis, W. (2004): Konzeptionelle Neubestimmung von Bildungsqualität in Tageseinrichtungen für Kinder mit Blick auf den Übergang in die Grundschule. Beltz Verlag: Weinheim und Basel

Fuchs, E.; Petermann, E. (1991): Bildungspolitik der DDR 1966-1990. Dokumente. In Kommission bei Otto Herassowitz: Wiesbaden, Berlin

Furrer, C.; Skinner, E. (2003): Sense of Relatedness as a Factor in Children's Academic Engagement and Performance. Journal of Educational Psychologie, 2003, Vol. 95, No. 1: 148-162

Gamsjäger, E.; Sauer, J. (1996): Determinanten der Grundschulleistung und ihr prognostischer Wert für den Sekundarschulerfolg. Psychologie in Erziehung und Unterricht 43: 182-204

Geiling, U. (1999): Schulfähigkeit und Einschulungspraxis in der DDR. Ein Rückblick – im Spannungsfeld von Förderung und Ausgrenzung. In: Prengel, A.: Vielfalt durch gute Ordnung im Anfangsunterricht. Unter Mitarbeit von U. Geiling, F. Heinzel, M. Hemme-Kreutter. Leske + Budrich: Opladen

Geiling, U. (2006): Selektion im Schuleingangsbereich oder zur Konstruktion von Differenz. Manuskript.

Geling, U. et al. (2007): Evaluation der Wirkungen der förderdiagnostischen Begleitung und der systemischen Auswirkungen auf Grund- und Förderschulen –Ergebnisse der quantitativen Studie. In: LISUM (Hrsg.): Evaluation der flexiblen Schuleingangsphase im Land Brandenburg in den Jahren 2004-2006. Eigendruck: Ludwigsfelde

Geißler, G.; Blask, F.; Scholze, T. (1996): Schule: Streng vertraulich! Die Volksbildung der DDR in Dokumenten. Eine Publikation des Ministeriums für Bildung, Jugend und Sport des Landes Brandenburg. Basis Druck Verlag GmbH: Berlin.

Giest, H. (2006): Wenn aus Kindern Schüler werden. Einführung in das Themenheft. In: Grundschulunterricht 5/2006: 2-6

Gisdakis, B. (2007): Oh, wie wohl ist mir in der Schule. Schulisches Wohlbefinden – Veränderungen und Einflussfaktoren im Laufe der Grundschulzeit. In: Alt. C. (Hrsg.): Kinderleben – Start in die Grundschule. Band 3: Ergebnisse aus der zweiten Welle. Schriften des deutschen Jugendinstituts: Kinderpanel. VS Verlag für Sozialwissenschaften: Wiesbaden

Goethe, J.W. von (1974): Maximen und Reflexionen. In: Nationale Forschungs- und Gedenkstätten der klassischen Literatur in Weimar (Hrsg.): Goethes Werke in 12 Bänden, Bd.7, Aufbau-Verlag: Berlin und Weimar

Goffman, E. (1967): Stigma. Über Techniken der Bewältigung beschädigter Identität. Suhrkamp Verlag: Frankfurt/M.

Gogolin, I. (2002): Kulturelle und sprachliche Vielfalt in der Grundschule In: Heinzel, F.; Prengel, A. (Hrsg.): Heterogenität, Integration und Differenzierung in der Primarstufe. Jahrbuch Grundschulforschung 6. Leske+Budrich: Opladen

Götz, M. (1997): Zur Ideologisierung der Grundschularbeit in der Zeit des Nationalsozialismus. In: Glumpler, E.; Luchtenberg, S. (Hrsg.): Jahrbuch Grundschulforschung Band 1. Beltz Deutscher Studien Verlag: Weinheim

Götz, M. (2004): Die neue Schuleingangstufe in Deutschland: Alter Wein in neuen Schläuchen? In: Faust, G.; Götz, M.; Hacker, H. und Rossbach, H.-G. (Hrsg.): Anschlussfähige Bildungsprozesse im Elementar- und Primarbereich. Klinkhardt-Verlag: Bad Heilbrunn

Götz, M. (2006): Unterrichtsgestaltung in der jahrgangsgemischten Schuleingangstufe. In: Hinz, R.; Schumacher, B. (Hrsg.): Auf den Anfang kommt es an: Kompetenzen entwickeln – Kompetenzen stärken. Jahrbuch Grundschulforschung. VS Verlag für Sozialwissenschaften: Wiesbaden

Götz, M.; Sandfuchs, U. (2001): Geschichte der Grundschule. In: Einsiedler, W.; Götz, M.; Hacker, H.; Kahlert, J.; Keck, R.W.; Sandfuchs, U. (Hrsg.): Handbuch Grundschulpädagogik. Klinkhardt-Verlag: Bad Heilbrunn

Götz, T.; Zirngibl, A.; Pekrun, R. (2004): Lern- und Leistungsemotionen von Schülerinnen und Schülern. In: Hascher, T. (Hrsg.): Schule positiv erleben/ Ergebnisse und Erkenntnisse zum Wohlbefinden von Schülerinnen und Schülern. Haupt Verlag, Bern, Stuttgart: Wien

Griebel, W. (2004): Schulanfang aus der Familienperspektive. In: Diskowski, D.; Hammes-Di Bernado, E. (Hrsg.): Lernkulturen und Bildungsstandards. Kindergarten und Schule zwischen Vielfalt und Verbindlichkeit. Schneider Verlag Hohengehren: Baltmannsweiler

Griebel, W.; Niesel, R. (2004): Transitionen. Fähigkeiten von Kindern in Tageseinrichtungen fördern, Veränderungen erfolgreich zu bewältigen. Beltz Verlag: Weinheim und Basel

Griebel, W.; Niesel, R. (2006): Transitionen zwischen Familie und Bildungseinrichtungen. Der Übergang zum Schulkind und zu Eltern eines Schulkindes. In: Grundschulunterricht 5/2006: 7-11

Grogger, G.; Wolf, W. (2004): Die Reform der Schuleingangsstufe in Österreich. In: Faust, G.; Götz, M.; Hacker, H. und Rossbach, H.-G. (Hrsg.): Anschlussfähige Bildungsprozesse im Elementar- und Primarbereich. Klinkhardt-Verlag: Bad Heilbrunn

Grotz, T. (2005): Die Bewältigung des Übergangs vom Kindergarten zur Grundschule. Zur Bedeutung kindbezogener, familienbezogener und institutionenbezogener Schutz- und Risikofaktoren im Übergang. Verlag Dr. Kovac: Hamburg

Grundschulverband (2005): Kinder vermessen? Grundschule aktuell. Heft 89, Frankfurt M.

Grundschulzeitschrift 104 (1997): Integrativer Schulanfang. Friedrich-Verlag: Velber

Gümbel, R. (1980): Erstleseunterricht: Entwicklungen – Tendenzen – Erfahrungen. Cornelsen Scriptor (4. Auflage 1991): Frankfurt/M.

Hacker, H. (1992): Vom Kindergarten zur Grundschule. Studientexte zur Grundschuldidaktik. Verlag Julius Klinkhardt: Bad Heilbrunn

Hacker, H. (2001): Die Anschlussfähigkeit von Kindergarten und Grundschule. In: Faust-Siehl, G.; Speck-Hamdan, A. (Hrsg.): Schulanfang ohne Umwege: Frankfurt/M.

Hacker, H. (2004): Die Anschlussfähigkeit von vorschulischer und schulischer Bildung. In: Faust, G.; Götz, M.; Hacker, H. und Rossbach, H.-G. (Hrsg.): Anschlussfähige Bildungsprozesse im Elementar- und Primarbereich. Klinkhardt-Verlag: Bad Heilbrunn

Haeberlin, U. (2002): Schulschwache und Immigrantenkinder in der Primarstufe – Forschungen zu Separation und Integration. In: Heinzel, F. ; Prengel, A.: Heterogenität, Integration und Differenzierung in der Primarstufe. Jahrbuch Grundschulforschung 6. Leske+Budrich: Opladen

Haeberlin, U.; Bless, G.; Moser, U.; Klaghofer, R. (1991): Die Integration von Lernbehinderten. Versuche, Theorien, Forschungen, Enttäuschungen, Hoffnungen. Verlag Paul Haupt: Bern und Stuttgart

Haeberlin, U.; Moser, U.; Bless, G.; Klaghofer, R. (1989): Integration in die Schulklasse. Fragebogen zur Erfassung von Dimensionen der Integration von Schülern. FDI 4-6. Verlag Paul Haupt: Bern und Stuttgart

Hagemann, W. und Autorenkollektiv, Herausgegeben von der Akademie der Pädagogischen Wissenschaften der Deutschen Demokratischen Republik (1976): Der Unterricht in den unteren Klassen (Ziele, Inhalte, Methoden). Volk und Wissen Volkseigener Verlag: Berlin

Hanke, P. (2007): Zusammenfassende Stellungnahme zur Evaluation der Prozessqualität von Unterricht in der flexiblen Schuleingangsphase im Land Brandenburg. In: LISUM (Hrsg.): Evaluation der flexiblen Schuleingangsphase im Land Brandenburg in den Jahren 2004-2006. Eigendruck: Ludwigsfelde

Hanke, P.; Hein, A.K. (2005): Bildungsprozesse von Kindern in jahrgangsübergreifenden und jahrgangsbezogenen Lerngruppen der Schuleingangsphase. In: Götz, M.; Müller, K. (Hrsg.): Grundschule zwischen den Ansprüchen der Individualisierung und Standardisierung. Jahrbuch Grundschulforschung. VS Verlag VS Verlag für Sozialwissenschaften: Wiesbaden

Hanke, P.; Hein, A.K. (2006): FiS-Projekt. Fördern der Bildungsprozesse von Kindern in der Schuleingangsphase. Informationen für Lehrerinnen und Lehrer. Flyer: Uni Münster

Hänsel, D. (2006): Die NS-Zeit als Gewinn für Hilfsschullehrer. Verlag Julius Klinkhardt: Bad Heilbrunn

Hany, E.A. (1997): Literaturüberblick über den Einfluss der vorschulischen Entwicklung auf die Entwicklung im Grundschulalter. In: Weinert, F.E.; Helmke, A. (Hrsg.): Entwicklung im Grundschulalter. Beltz Psychologie Verlags-Union: Weinheim und Basel

Hany, E.A. (1998): Begabtenförderung in der Grundschule: Theoretische Konzepte - praktische Maßnahmen. www.mpipf-muenchen.mpg.de/~hany/eh, zuletzt besucht 14.3.2001.

Hartig, M. (2005): Moderne heißt jetzt Schrumpfung. Berliner Demographie-Forscher warnt vor Blauäugigkeit: Auch in Brandenburg werden die Folgen von weniger Kindern bald deutlich zu spüren sein – und das nicht nur in den Randgebieten. PNN vom 16.2.2005.

Hascher, T. (2004a): Wohlbefinden in der Schule. Waxmann: Münster

Hascher, T. (Hg.) (2004b): Schule positiv erleben. Ergebnisse und Erkenntnisse zum Wohlbefinden von Schülerinnen und Schülern. Haupt Verlag, Bern Stuttgart Wien

Hascher, T. (2005): Emotionen im Schulalltag: Wirkungen und Regulationsformen. In: Z.f.Päd. Heft 5 (51): 610-625.

Hascher, T.; Baillod, J. (2004): Soziale Integration als Prädiktor für Wohlbefinden. In: Hascher, T. (Hrsg.): Schule positiv erleben. Ergebnisse und Erkenntnisse zum Wohlbefinden von Schülerinnen und Schülern. Haupt Verlag: Bern, Stuttgart, Wien

Hattie, J. (2003): Teachers Make a Difference: What is the research evidence? www.visionschools.co.nz/assets/documents/john_hattie.pdf, zuletzt besucht am 30.10.2006.

Haubfleisch, D. (1998): Berliner Reformpädagogen in der Weimarer Republik. Überblick, Forschungsergebnisse und -perspektiven. http://archiv.ub.uni-marburg.de/sonst/ 1998/0013.html, zuletzt besucht am 26.2.2006.

Haunberger, S.; Teubner, M. (2007): Familie und Schulstart. Zur Bedeutung intrafamilialer und struktureller Ressourcen für den Eintritt in die Grundschule. In: Alt. C. (Hrsg.): Kinderleben – Start in die Grundschule. Band 3: Ergebnisse aus der zweiten Welle. Schriften des deutschen Jugendinstituts: Kinderpanel. VS Verlag für Sozialwissenschaften: Wiesbaden

Häuser, D.; Jülisch, B.-R. (2003): Sprechverhalten und Sprachförderung in der Kita – Ergebnisse eines Modellprojektes des Landes Brandenburg. Eigendruck: Berlin

Heinemann, M. (1974): Schule im Vorfeld der Verwaltung. Die Entwicklung der preußischen Unterrichtsverwaltung 1771-1800. Vandenhoeck und Rupprecht: Göttingen

Heinemann, M. (1980): „Bildung" in Staatshand. Zur Zielsetzung und Legitimationsproblematik der „niederen" Schulen in Preußen, unter besonderer Berücksichtigung des Unterrichtsgesetzentwurfs des Ministeriums Falk (1877). In: Baumgart, P. (Hrsg.): Bildungspolitik in Preußen zur Zeit des Kaiserreichs. Preußen in der Geschichte. Band 1. Klett-Cotta: Stuttgart

Heinrich , G. (2006): Kulturatlas Brandenburg. Historische Landkarten. Geschichte der Mark im Überblick. Scantinental: Berlin

Heinzel, F. (Hrsg.) (2000): Methoden der Kindheitsforschung. Ein Überblick über Forschungszugänge zur kindlichen Perspektive. Juventa Verlag: Weinheim und München

Heinzel, F. (2006): „…ich sitze hier eigentlich nicht als Schulleiter, sondern als jemand, der irgendwann mal in die Schule gekommen ist." In: Hinz, R.; Schumacher, B. (Hrsg.): Auf den Anfang kommt es an: Kompetenzen entwickeln – Kompetenzen stärken. Jahrbuch Grundschulforschung. VS Verlag für Sozialwissenschaften: Wiesbaden

Heller, K.A. (1997): Individuelle Bedingungsfaktoren der Schulleistung: Literaturüberblick. In: Weinert, F. E.; Helmke, A. (Hrsg.): Entwicklung im Grundschulalter. Beltz Psychologie Verlags-Union: Weinheim und Basel

Helmke, A. (1983): Schulische Leistungsangst: Erscheinungsformen und Entstehungsbedingungen. Lang Verlag: Königstein im Taunus

Helmke, A. (1991): Entwicklung des Fähigkeitsselbstbildes vom Kindergarten bis zur dritten Klasse. In: Pekrun, R.; Fend, H. (Hrsg.): Schule und Persönlichkeitsentwicklung. Ein Resümee der Längsschnittforschung. Enke: Stuttgart

Helmke, A. (1992): Selbstvertrauen und schulische Leistungen. Verlag Hogrefe: Göttingen, Toronto, Zürich

Helmke, A. (1997a): Entwicklung von lern- und leistungsbezogenen Motiven und Einstellungen. Ergebnisse aus dem SCHOLASTIK-Projekt. In: Weinert, F.E.; Helmke, A. (Hrsg.): Entwicklung im Grundschulalter. Beltz Psychologie Verlags-Union: Weinheim und Basel

Helmke, A. (1997b): Individuelle Bedingungsfaktoren der Schulleistung. Ergebnisse aus dem SCHOLASTIK-Projekt. In: Weinert, F.E.; Helmke, A. (Hrsg.): Entwicklung im Grundschulalter. Beltz Psychologie Verlags-Union: Weinheim und Basel

Helmke, A. (2006): Erfassung und Bewertung des Grundschulunterrichts: Forschungsstand, Probleme und Perspektiven. http://uni-landau.de, passwortgeschützt, zuletzt besucht am 10.10.2006.

Helmke, A. et al. (2006): Ergebnisbericht VERA 2005: Brandenburg: Universität Koblenz-Landau

Herrlitz, H.-G.; Hopf, W.; Titze, H. (1993): Deutsche Schulgeschichte von 1800 bis zur Gegenwart. Eine Einführung. Juventa Verlag: Weinheim und München

Herrmann, U.; Oelkers, J. (1989) (Hrsg.): Pädagogik und Nationalsozialismus. Beltz Verlag: Weinheim und Basel

Heuß, G. E. (1993): Erstlesen und Erstschreiben. Verlag Ludwig Auer: Donauwörth

Heyer–Oeschger, M. (2004): Die Grundstufe im Kanton Zürich. In: Faust, G.; Götz, M.; Hacker, H. und Rossbach, H.-G. (Hrsg.): Anschlussfähige Bildungsprozesse im Elementar- und Primarbereich. Klinkhardt-Verlag: Bad Heilbrunn

HIBS (1994): Eingangsstufe in Hessen – Pädagogische und strukturelle Impulse. Materialien zur Schulentwicklung. Heft 21: Wiesbaden

Hilker, F. (1924): Deutsche Schulversuche. C.A. Schwetschke und Sohn Verlag: Berlin

Hill, H.C.; Rowan, B.; Ball, D. (2005): Effects of teachers' mathematical knowledge for teaching on student's achievement. In: American Eductional Research Journal 42: 513-534

Hillenbrandt, C. (1994): Reformpädagogik und Heilpädagogik unter besonderer Berücksichtigung der Hilfsschule. Klinkhardt Verlag: Bad Heilbrunn

Hinz, A. (1993): Heterogenität in der Schule. Integration – Interkulturelle Erziehung – Koedukation. Bidok Textindex. http://info.uibk.ac.at/c/c6/bidok/texte/heterogenitaet.html, zuletzt besucht am 30.09.2005.

Hinz, A. (2002): Von der Integration zur Inklusion – terminologisches Spiel oder konzeptionelle Weiterentwicklung?. Zeitschrift für Heilpädagogik 9/2002: 354-361

Hinz, A., Katzenbach, D.; Rauer, W.; Schuck, K. D.; Wocken, H.; Wudtke, H. (1998): Die Entwicklung der Kinder in der integrativen Grundschule. Hamburger Buchwerkstatt: Hamburg

Hinz, R. (1991): Pestalozzi und Preußen. Zur Rezeption der Pestalozzischen Pädagogik in der Preußischen Reformzeit. Haag + Herchen Verlag: Frankfurt am Main

Hofsäss, T. (1995): Zur Überweisung von Schülern mit erheblichen Lernproblemen auf die Sonderschule aus historischer Perspektive. Zeitschrift für Heilpädagogik 4/95:168-170

Hofstätter, P.R. (1967): Sozialpsychologie. Sammlung Göschen: Berlin

Holz, G.; Skoluda, S. (2003): Armut im frühen Grundschulalter. Eine vertiefende Untersuchung zu Lebenssituation, Ressourcen und Bewältigungshandeln von Kindern. www.familienhandbuch.d/cmain/f_Fachbeitrag/a-Kindheitsforschung/g991.html, zuletzt besucht am 6.11.2006.

Homack, K. (1934): Das erste Schuljahr im Schul- und Unterrichtsleben der Untergruppe 1930-1933. In: Petersen, P. (Hrsg.): Die Praxis der Schulen nach dem Jena-Plan. Dritter Band. Verlag Herrmann Böhlau Nachf.: Weimar

Hopemann, S. (1988): Lehrplanarbeit als Verwaltungshandeln. IPN: Kiel

Horstkemper, M. (2002): Geschlechtervielfalt in der Grundschule In: Heinzel, F. ; Prengel, A. (Hrsg.): Heterogenität, Integration und Differenzierung in der Primarstufe. Jahrbuch Grundschulforschung 6. Leske+Budrich: Opladen

Hosenfeld, I.; Helmke, A. (2004): Wohlbefinden und Leistung – unvereinbare Ziele?. In: Hascher, T. (Hrsg.): Schule positiv erleben/ Ergebnisse und Erkenntnisse zum Wohlbefinden von Schülerinnen und Schülern. Haupt Verlag: Bern, Stuttgart, Wien

Hössl, A.; Vossler, A. (2006): Bildungsverläufe in der Grundschule. Schulerfolg und Belastungen aus der Sicht von Kindern. Verlag Julius Klinkhardt: Bad Heilbrunn

Hovestadt, G.; Kessler, N. (2004): Weichenstellung nach PISA 2004. Fortschreibung der Recherchen in den Bundesländern. Educon: Rheine

Hübener, K. (1993): Brandenburgische Heil- und Pflegeanstalten in der NS-Zeit. In: Eichholtz, D. (Hrsg.): Brandenburg in der NS-Zeit. Studien und Dokumente. Verlag Volk und Welt: Berlin

Huf, C. (2006): Didaktische Arrangements aus der Perspektive von SchulanfängerInnen. Eine ethnografische Feldstudie über Alltagspraktiken, Deutungsmuster und Handlungsperspektiven von Schülerinnen der Eingangsstufe der Bielefelder Laborschule. Klinkhardt-Verlag: Bad Heilbrunn

Hymel , S.H.; Rubin, K.H.; Rowden, L.; LeMare, L. (1990): Children's peer-relationships: Longitudinal prediction of internalizing and externalizing problems from middle to late childhood. In: Child Development, (61): 2002-2021

Jäger, R.S.; Riebel, J. (2006): Kompetenzen von Schulanfängern: Was sollten Schulanfänger können. Manuskript. Zentrum für empirische Forschung (zepf) der Universität Koblenz-Landau

Jerusalem, M.; Mittag, W. (1999): Selbstwirksamkeit, Bezugsnormen, Leistung und Wohlbefinden in der Schule. In: Jerusalem, M.; Pekrun, R. (Hrsg.): Emotion, Motivation und Leistung. Verlag Hogrefe: Göttingen, Bern, Toronto, Seattle

Kaiser, D. (2004): Abschlussbericht zur Untersuchung von Schülerinnen und Schülern im dritten Verweiljahr. In: Liebers, K. (Hg.): Abschlussbericht und Begleituntersuchungen zum Schulversuch FLEX 20. Optimierung des Schulanfangs – fachliches und soziales Lernen in einer integrierten Eingangsphase im Land Brandenburg. LISUM Bbg: Ludwigsfelde

Kammermeyer, G. (2000): Schulfähigkeit. Kriterien und diagnostisch/prognostische Kompetenz von Lehrerinnen, Lehrern und Erzieherinnen. Klinkhardt-Verlag: Bad Heilbrunn

Kammermeyer, G. (2001): Schulfähigkeit. In: Faust-Siehl, G.; Speck-Hamdan, A. (Hrsg.): Schulanfang ohne Umwege: Frankfurt/M.

Kammermeyer, G.; Mahrhofer, C. (2002): Wie gehen Lehrerinnen mit der Heterogenität im Anfangsunterricht um? In: Heinzel, F. ; Prengel, A. (Hrsg.): Heterogenität, Integration und Differenzierung in der Primarstufe. Jahrbuch Grundschulforschung 6. Leske+Budrich: Opladen

Kammermeyer, G.; Martschinke, S. (2006): Was ist guter Anfangsunterricht? Ergebnisse aus der KILIA-Studie. Vortragsfolien zur Jahrestagung der DGfE-Kommission Grundschulforschung: Münster

Kammermeyer, G.; Martschinke, S.; Drechsler, K. (2006): Zur Entwicklung von Risiko- und Sorgenkindern in der Grundschule. In: Schründer-Lenzen, A. (Hrsg.): Risikofaktoren kindlicher Entwicklung. Migration, Leistungsangst und Schulübergang. VS Verlag VS Verlag für Sozialwissenschaften: Wiesbaden

Kanders, M. (2004): IFS-Umfrage: Die Schule im Spiegel der öffentlichen Meinung. Ergebnisse der 13. IFS-Repräsentativbefragung der bundesdeutschen Bevölkerung. In: Holtappels, H.G. et al. (Hrsg.): Jahrbuch der Schulentwicklung Band 13, Juventa Verlag, Weinheim: München

Kanter, G. (1999): Zur Lebenssituation behinderter Kinder und Jugendlicher in den zurückliegenden 50 Jahren – sonderpädagogisches Engagement. Zeitschrift für Heilpädagogik 8/99: 370-376

Kanton Bern (2005): Wissenschaftliche Evaluation des Schulversuchs EDK-Ost. http://www.edk.ost-4bis8.ch/seiten/Evaluation.html, zuletzt besucht am 25.4.2005.

Katzenbach, D.; Schroeder, J. (2007): „Ohne Angst verschieden sein können". Über Inklusion und ihre Machbarkeit. Zeitschrift für Heilpädagogik 06/07: 202-213

Keck, R. W.; Sandfuchs, U.; Feige, B. (2004): Wörterbuch Schulpädagogik. 2. Auflage. Klinkhardt-Verlag: Bad Heilbrunn

Kehr, C. (1880): Die Praxis der Volksschule: Gotha

Kern, A. (1951): Sitzenbleiberelend und Schulreife. Ein psychologisch-pädagogischer Beitrag zu einer inneren Reform der Grundschule. Herder: Freiburg

Kerner, G. (1924): Die Berthold-Otto-Schule. In: Hilker, F. (1924): Deutsche Schulversuche. C.A. Schwetschke und Sohn Verlag: Berlin

Key, E. (1907): Das Jahrhundert des Kindes. Volksausgabe. S.Fischer Verlag: Berlin

Kienig, A. (2002): The importance of social adjustment for future success. In: Fabian, H.; Dunlop, A.W. (Eds.): Transitions in the early years. Routledge Fahner: London

Klöden, K.F. (1874): Jugenderinnerungen. Hrsg. von M. Jähns: Leipzig

KMK (1997a): Empfehlungen zum Schulanfang. 24.10.1997, Vorlage des Schulausschusses und der Amtschefkonferenz für die 280. Plenarsitzung der Kultusministerkonferenz, Bonn, www.kmk.org, zuletzt besucht am 22.2.2007.

KMK (1997b): Empfehlungen zum Schulanfang. Berichtsentwurf vom 08.10.1997. Vorlage des Schulausschusses und der Amtschefkonferenz für die 280. Plenarsitzung der Kultusministerkonferenz: Bonn

KMK (2002): „PISA - Aufforderung zum Handeln". Gemeinsame Erklärung der Bildungsminister der SPD-geführten Länder: Bonn

KMK (2003): Bildungsbericht für Deutschland - Erste Befunde. Leske und Budrich: Opladen

Knörzer, W.; Grass, K. (1992): Den Anfang der Schulzeit pädagogisch gestalten. Studien- und Arbeitsbuch für den Anfangsunterricht. Beltz Verlag: Weinheim und Basel

Kolessowa, A.M. (1960): Zum individuellen Eingehen auf die Schüler in der Unterstufe. Volk und Wissen Volkseigener Verlag: Berlin

Köller, O.; Baumert, J. (2002): Entwicklung schulischer Leistungen. In: Oerter, R.; Montada, L. (Hrsg.) (2002): Entwicklungspsychologie. Beltz Verlage: Weinheim, Basel und Berlin

Königlicher Preußischer Minister der geistlichen, Unterrichts- und Medicinalangelegenheiten (Hrsg.) (1876): „Allgemeine Bestimmungen über das Volksschul-, Pärperanden- und Seminar-Wesen" vom 15.10.1872. Heusersche Buchhandlung: Neuwied und Leipzig

Konsortium Bildungsberichterstattung (2006): Bildung In Deutschland. Ein indikatorengestützter Bericht mit einer Analyse zu Bildung und Migration. W. Bertelsmann Verlag: Bielefeld

Kornmann, R.; Burgard, P.; Eichling H.-M. (1999): Zur Überrepräsentation von ausländischen Kindern und Jugendlichen in Schulen für Lernbehinderte. In: Zeitschrift für Heilpädagogik 50/99: 106-109.

Kottman, B. (2006): Die Überweisung in die Sonderschule: Typische Fälle und Benachteiligungsmuster. In: . In: Hinz, R.; Schumacher, B. (Hrsg.): Auf den Anfang kommt es an: Kompetenzen entwickeln – Kompetenzen stärken. Jahrbuch Grundschulforschung. VS Verlag für Sozialwissenschaften: Wiesbaden

Krajewski, K. (2003): Vorhersage von Rechenschwäche in der Grundschule. Verlag Dr. Kovac: Hamburg

Kränzl-Nagel, R.; Wilk, L. (2000): Möglichkeiten und Grenzen standardisierter Befragungen unter Berücksichtigung der Faktoren soziale und personale Wünschbarkeit. In: Heinzel (Hrsg.) (2000): Methoden der Kindheitsforschung. Ein Überblick über Forschungszugänge zur kindlichen Perspektive. Juventa: Weinheim und München

Krapp, A. (2003): Die Bedeutung der Lernmotivation für die Optimierung des schulischen Bildungssystems. In: Politische Studien, Sonderheft 3/2003, 54.Jg.; S. 91-105

Krapp, A.; Mandl, H. (1977): Einschulungsdiagnostik. Beltz: Weinheim

Krappmann, L. (1985): Förderung von Kindern im Kindergarten. Das Erprobungsprogramm im Elementarbereich. In: Bund- Länder- Kommission für Bildungsplanung und Bildungsförderung (Hrsg.): Erprobungsprogramm im Elementarbereich. Bericht über die Auswertung von Modellversuchen. Eigendruck: Bühl/Baden

Krappmann, L.; Oswald, H. (1995): Alltag der Schulkinder. Beobachtungen und Analysen von Interaktionen und Sozialbeziehungen. Juventa Verlag: Weinheim und München

Krappmann, L.; Uhlendorff, H. (1999): Soziometrische Akzeptanz in der Schulklasse und Kinderfreundschaften. In: Renner, E.; Reimann, S.; Schneider, I. K. (Hrsg.): Kindsein in der Schule. Interdisziplinäre Annäherung. Beltz Deutscher Studien Verlag: Weinheim

Kucharz, D. (2001): Flexibilisierung des Schuleintritts und Individualisierung des Schulanfangs. In: Döbert, H.; Ernst, C. (Hg.): Basiswissen Pädagogik. Aktuelle Schulkonzepte Band 5: Flexibilisierung von Bildungsgängen. Schneider Verlag Hohengehren: Baltmannsweiler

Kucharz, D.; Wagener, M. (2005): Helfen und andere um Hilfe bitten. Lernverhalten im jahrgangsgemischten Anfangsunterricht. Grundschule 1/2005: 16-18

Ladd, G.W. (1990): Having friends, keeping friends, making friends and being liked by peers in the classroom. Predictors of children's early school adjustment. In: Child Development: 1081-1100

Laging, R. (Hrsg.) (1999): Altersgemischtes Lernen in der Schule. Grundlagen, Schulmodelle, Unterrichtspraxis. Schneider Verlag Hohengehren: Baltmannsweiler

Lambrich, H.-J. (1987): Schulleistung, Selbstkonzeption und Unterrichtsverhalten. Eine qualitative Untersuchung zur Situation „schlechter" Schüler. Deutscher Studienverlag: Weinheim

Lambrich, H.-J. (1997): Die Eingangstufe als "Caring Community" und das altersgemischte Lernen. In: Grundschulzeitschrift 104; S. 58-63

Lambrich, H.-J. (2004): Soziale Beziehungen als Grundlage für soziales Lernen. Eine Fallstudie in einer Jenaplanschule. In: Das Andere Erforschen. Empirische Impulse aus Reform- und Alternativschulen. VS Verlag VS Verlag für Sozialwissenschaften: Wiesbaden

Lambrich, H.-J.; Liebers, K.; Sieger, K. (1997): Landesmodellversuch „FLEX" – Optimierung des Schulanfangs. Unveröffentlichtes Konzeptpapier

Langfeldt, H.-P.; Prücher, F. (2004): Bildertest zum sozialen Selbstkonzept. Beltz Test GmbH: Göttingen.

Lassahn, R.; Stach, R. (1979): Geschichte der Schulversuche. Theorie und Praxis. Quelle und Meyer: Heidelberg

Lassek, M.; Struckmeier, R. (1999): Altersgemischte Anfangsklassen – eine Regelschule geht neue Wege. In: Laging, R. (Hrsg.): Altersgemischtes Lernen in der Schule. Grundlagen, Schulmodelle, Unterrichtspraxis. Schneider Verlag Hohengehren: Baltmannsweiler

LASV (2005): Brandenburger Sozialindikatoren. Aktuelle Daten zur sozialen Lage im Land Brandenburg. http://www.ldspdm.ldsbb.lvnbb.de/media/1336/so05-anhang.pdf, zuletzt besucht am 1.11.2006.

LDS (2005): Überblick Land und Kreise: Kreischarakteristik. http://www.ldsbb.de/sixcms/detail.php/lbm1c.235032.de, zuletzt besucht am 1.11.2006.

Lehberger, R. (2002): Die städtischen Versuchsschulen in der Weimarer Republik. In. Hansen-Schaberg, I.; Schonig, B. (Hrsg.): Basiswissen Pädagogik: reformpädagogische Schulkonzepte. Schneider Verlag Hohengehren: Baltmannsweiler

Lehmann, R.; Niklova, R. (2005): Element – Erhebung zum Lese- und Mathematikverständnis. Entwicklungen in den Jahrgangsstufen 4 bis 6 in Berlin. Bericht über die Untersuchung 2003 an Berliner Grundschulen und grundständige Gymnasien. Herausgeber: Senatsverwaltung für Bildung, Jugend und Sport: Berlin

Lehmann, R.; Peek, R. (1997): Aspekte der Lernausgangslage von Schülerinnen und Schülern der fünften Klassen an Hamburger Schulen. Bericht über die Untersuchung im September 1996. Amt für Schule: Hamburg

LEU – Landesinstitut für Erziehung und Unterricht Stuttgart (Hg) (2002): Vorläufiger Abschlussbericht zur Eingangsstufe der Grundschule: Stuttgart, Heft 02/13

Lichtenstein-Rother, I.; Röbe, E. (1991): Grundschule. Der pädagogische Raum für Grundlegung der Bildung. Beltz Verlag: Weinheim und Basel

Liebers, K. (1997): Sonderpädagogik und Sonderschulwesen der DDR als Ausgangssituation für gemeinsame Erziehung nach der Wende in Brandenburg. In: Ministerium für Bildung, Jugend, Sport des Landes Brandenburgs (Hrsg.): „Behinderte sind doch Kinder wie wir!": Gemeinsame Erziehung in einem neuen Bundesland. Wissenschaft und Technik Verlag: Berlin

Liebers, K. (2001): Flexibilisierung der Schuleingangsphase zur Optimierung des Schulanfangs für alle Kinder – Schulversuch FLEX. In: Döbert, H.; Ernst, C. (Hg.): Basiswissen Pädagogik: Aktuelle Schulkonzepte Band 5: Flexibilisierung von Bildungsgängen. Schneider Verlag Hohengehren: Baltmannsweiler

Liebers, K. (Hg) (2004a): Abschlussbericht und Begleituntersuchungen zum Schulversuch FLEX 20. Optimierung des Schulanfangs – fachliches und soziales Lernen in einer integrierten Eingangsphase im Land Brandenburg. LISUM Bbg: Ludwigsfelde

Liebers, K. (2004b): Die Ergebnisse der Elternbefragung zum Schulversuch FLEX. In Liebers, K. (Hg.): Abschlussbericht und Begleituntersuchungen zum Schulversuch FLEX 20. Optimierung des Schulanfangs – fachliches und soziales Lernen in einer integrierten Eingangsphase im Land Brandenburg. LISUM Bbg: Ludwigsfelde

Liebers, K. (2004c): Analysen zur Schülerzahlentwicklung. In: Liebers, K. (Hg.): Abschlussbericht und Begleituntersuchungen zum Schulversuch FLEX 20. Optimierung des Schulanfangs – fachliches und soziales Lernen in einer integrierten Eingangsphase im Land Brandenburg. LISUM Bbg: Ludwigsfelde

Liebers, K. (2004d): Dokumentation von Schulleitungen und Lehrkräften. In: Liebers (Hg.): Abschlussbericht und Begleituntersuchungen zum Schulversuch „flexible Schuleingangsphase" FLEX 20, LISUM: Ludwigsfelde

Liebers, K. (2005): Was ist das Neue? Die länderübergreifenden Rahmenlehrpläne im historischen Kontext. In: In Knauf, A.; Liebers, K.; Prengel, A. (Hrsg.): Länderübergreifende Curricula für die Grundschule. Klinkhardt-Verlag: Bad Heilbrunn

Liebers, K. (2007): Die Umsetzung verbindlicher pädagogischer Standards der flexiblen Eingangsphase im Spiegel der Schülerzahlstatistik in der FLEX-Klassen. In: LISUM (Hrsg.): Evaluation der flexiblen Schuleingangsphase im Land Brandenburg in den Jahren 2004-2006. Eigendruck: Ludwigsfelde

Liebers, K.; Prengel, A.; Bieber, G. (Hrsg.) (in Druck 2008): Die flexible Eingangsphase. Evaluationen zur Neugestaltung des Anfangsunterrichts. Beltz: Weinheim

Lingelbach, K.C. (1998): Adolf Reichweins politische Auffassungen und das Schulmodell Tiefensee. In: Rülcker, T.; Oelkers, J. (Hrsg.): Politische Reformpädagogik. Peter Lang AG: Bern, Berlin, Frankfurt/M., New York, Paris, Wien

Link, J.-W. (2002): Ländliche Reformschulen in ihrer Konzeption und Praxis zwischen 1918 und 1945. In. In. Hansen-Schaberg, I.; Schonig, B. (Hrsg.): Basiswissen Pädagogik: reformpädagogische Schulkonzepte. Schneider Verlag Hohengehren: Baltmannsweiler

Lipowsky, F. (2006): Auf den Lehrer kommt es an. Empirische Evidenzen für den Zusammenhang zwischen Lehrerkompetenzen, Lehrerhandeln und dem Lernen der Schüler. In: Z.f.Päd. – 51. Beiheft (52): 47-70

LISUM (Hg) (2003): Die Ausgestaltung der flexiblen Schuleingangsphase im Land Brandenburg – pädagogische Standards, Leitfäden und Praxismaterialien. Ludwigsfelde

LISUM (Hrsg.): Evaluation der flexiblen Schuleingangsphase im Land Brandenburg in den Jahren 2004-2006. Eigendruck: Ludwigsfelde

Lost, C. (2002): Vom Umgang mit Reformpädagogik in der DDR 1945 bis 1989 als Fallbeispiel für das Problem Hinwendung zum Kind. In: Hansen-Schaberg, I.; Schonig, B. (Hrsg.): Basiswissen Pädagogik: reformpädagogische Schulkonzepte. Schneider Verlag Hohengehren: Baltmannsweiler

Löwe, H.C. (2004): Erster Schultag. http://www.erster-schultag.de/sammlung/sammlung. html, zuletzt besucht am 9.6.2006.

Mächler, A. (1980): Aspekte der Volksschulpolitik in Preußen im 19. Jahrhundert. Ein Überblick über wichtige gesetzliche Grundlagen im Hinblick auf ausgewählte Gesichtspunkte. In: Baumgart, P. (Hrsg.): Bildungspolitik in Preußen zur Zeit des Kaiserreichs. Preußen in der Geschichte. Band 1. Klett-Cotta: Stuttgart

Mäding, H. (2004): Demografische Trends in Ostdeutschland als Herausforderung für die öffentliche Verwaltung. In: Schriftenreihe der Landesakademie für öffentliche Verwaltung, Heft 5: Neu Fahrland (Potsdam)

Magdanz, W.; Ballmann, F. (1960): Vom Erstleseunterricht in der Landschule. Volk und Wissen Volkseigener Verlag: Berlin

Maier, M. A.; Pekrun, R. (2004): Selbstkonzept. In: Keck, R.W.; Sandfuchs, U.; Feige, B.: Wörterbuch Schulpädagogik. 2. Auflage. Klinkhardt-Verlag: Bad Heilbrunn

Maikowski, R.; Podlesch, W. (1999): Zur Sozialentwicklung behinderter und nichtbehinderter Kinder in der Grundschule. In: Eberwein, H. (Hrsg.): Integrationspädagogik. Beltz: Weinheim Basel

Mand, J. (2006): Integration für die Kinder der Mittelschicht und Sonderschulen für die Kinder der Migranten und Arbeitslosen? Zeitschrift für Heilpädagogik 3/2006: 109-116

Markussen, I. (2001): Friedrich Eberhard von Rochows Einfluss in Dänemark. In: Schmitt, H.; Tosch, F. (Hg.): Vernunft fürs Volk. Friedrich Eberhardt von Rochow im Aufbruch Preußens. Henschel: Leipzig

Marsh, H.W. (1987): The big-fish-little-pond-effect on academic self-concept. Journal of Educational Psychologie, 79: 280-295

Marsolek, T. (2003): Empirische Studien zum jahrgangsübergreifenden Unterricht. In: Heyer, P.; Preuss-Lausitz, U.; Sack, L. (Hg.): Länger gemeinsam lernen. Arbeitskreis Grundschule e.V.: Frankfurt/M.

Martschinke, S.; Frank, A. (2002): Wie unterscheiden sich Schülerinnen und Schüler in Selbstkonzept und Leistung am Schulanfang? Erste Ergebnisse aus dem Kooperationsprojekt Identitäts- und Leistungsentwicklung im Anfangsunterricht KILIA. In: Heinzel, F.; Prengel, A.: Heterogenität, Integration und Differenzierung in der Primarstufe. Jahrbuch Grundschulforschung 6. Leske+Budrich: Opladen

Martschinke, S.; Kammermeyer, G. (2003): Jedes Kind ist anders. Jede Klasse ist anders. Ergebnisse aus dem KILIA-Projekt zur Heterogenität im Anfangsunterricht. In: ZfE (6), Heft 2: 257-275

Martschinke, S.; Kammermeyer, G. (2006): Selbstkonzept, Lernfreude und Leistungsangst und ihr Zusammenspiel im Anfangsunterricht. In: Schründer-Lenzen, A. (Hrsg.): Risikofaktoren kindlicher Entwicklung. Migration, Leistungsangst und Schulübergang. VS Verlag für Sozialwissenschaften: Wiesbaden

Martschinke, S.; Kammermeyer, G.; Frank, A. (2005): Die ersten Notenzeugnisse und der Übertritt in der Perspektive der Kinder – Ergebnisse aus der KILIA-Studie. In: Götz, M.; Müller, K. (Hrsg.): Grundschule zwischen den Ansprüchen der Individualisierung und Standardisierung. Jahrbuch Grundschulforschung. VS Verlag für Sozialwissenschaften: Wiesbaden

MASGF (Hg.) (1999): Einschüler in Brandenburg: Soziale Lage und Gesundheit: Potsdam

Matthes, G. (2003): Förderdiagnostische Lernbeobachtung. FLEX-Handbuch 6B. In: LISUM (Hg): Die Ausgestaltung der flexiblen Schuleingangsphase im Land Brandenburg – pädagogische Standards, Leitfäden und Praxismaterialien: Ludwigsfelde

Matthes, G. (2006): Individuelle Lernförderung bei Lernstörungen. Universitätsverlag: Potsdam

Matthiesen, U. (2003): Ist der Bevölkerungsrückgang der Untergang Brandenburgs? Statement zur Landespressekonferenz am 11. Juli 2003. Handout. IRS: Erkner

MBJS (2001): Gesetz über die Schulen im Land Brandenburg (Brandenburgisches Schulgesetz – BbgSchulG). Vom 12. April 1996 (GVBl. IS. 102): Potsdam

MBJS (2003): Grundsätze zur Arbeit in flexiblen Eingangsklassen. (RS 14/03).Vorschriften online. www.mbjs.brandenburg.de, zuletzt besucht am 10.1.2006.

MBJS (2004a): Einschätzung der FLEX-Klassen –Ergebnisse bei der VG 2 vom Mai 2004. Unveröffentlichtes Arbeitspapier: Potsdam

MBJS (2004b): Begleitstudie für 97 Klassen an Stichprobenschulen und 43 FLEX- Klassen. Unveröffentlichtes Arbeitspapier: Potsdam

MBJS (2005): Ergebnisse der FLEX-Klassen bei der VG 2 vom Juni 2005. Unveröffentlichtes Arbeitspapier: Potsdam

Menze, C. (1975): Die Bildungsreform W. v. Humboldts. Herrmann Schroedel Verlag: Hannover, Darmstadt, Berlin

Meyer, H.; Klapper, A. (2006): Unterrichtsstandards für ein kompetenzorientiertes Lernen und Lehren. In: In Knauf, A.; Liebers, K.; Prengel, A. (Hrsg.): Länderübergreifende Curricula für die Grundschule. Grundlegende Bildung, Kompetenzen, Standards und neue Lernkultur im Entwicklungsprozess. Klinkhardt-Verlag: Bad Heilbrunn

Meyers Konversationslexikon (1885): www.meyers-konversationslexikon.de, zuletzt besucht am 7.10.2006.

Miller, S. (2006): Heterogene Lerngruppen aus grundschulpädagogischer Sicht unter besonderer Berücksichtigung von Armutslagen. In: Hinz, R.; Schumacher, B. (Hrsg.): Auf den Anfang kommt es an: Kompetenzen entwickeln – Kompetenzen stärken. Jahrbuch Grundschulforschung. VS Verlag für Sozialwissenschaften: Wiesbaden

Miller-Kipp, G. (1989): Die ausgebeutete Tradition, die ideologische Revolution und der pädagogische Mythos. Versuche und Schwierigkeiten, „nationalsozialistische Pädagogik" zu begreifen und historisch einzuordnen. In: Herrmann, U.; Oelkers, J. (Hrsg.): Pädagogik und Nationalsozialismus. Beltz Verlag: Weinheim und Basel

Ministerium der Unterrichts… 367): Amtliche Nachrichten über das Ele… n. http://amtspresse.staatsbibliothek-…867-11-…, zuletzt besucht am

…führung. Kohlhammer: Stuttgart, Berlin,

…d Schulleistung. In: Möller, J.; Köller, O. …chulleistung. Beltz Psychologie Verlags

…eutscher Taschenbuch Verlag GmbH und

…) (2005): „Für die Schule bereit". Lesen, …ompetenzen bei Schuleintritt. Sauerländer

…ung und der Schutz vor Diskriminierung. …klusionschancen im deutschen Bildungs-…chte: Berlin

…ntlichen Befunde aus der LOGIK-Studie. …2006.

…d Aufwachsen in Brandenburg". Auszug …SGF: Potsdam

Natorp, B.C.L. (1809): Kleine Schulbibliothek. Ein geordnetes Verzeichnis auserlesener Schriften für Lehrer an Elementar- und niederen Bürgerschulen. 3. Auflage. Bädecker und Kürzel: Duisburg und Essen

Naujok, N. (2000): Schülerkooperation im Rahmen von Wochenplanunterricht. Analyse von Unterrichtsausschnitten aus der Grundschule. Beltz: Weinheim

Nave, K.-H. (1980): Die allgemeine deutsche Grundschule. Ideengeschichtliche Grundlegung und Verwirklichung in der Weimarer Republik. Arbeitskreis Grundschule: Frankfurt/M.

Neuhaus, E. (1991): Reform der Grundschule. Darstellung und Analyse auf dem Hintergrund erziehungswissenschaftlicher Erkenntnisse. 5. überarbeitete und erweiterte Auflage der „Reform des Primarbereichs". Verlag Julius Klinkhardt, Bad Heilbrunn

Neuhaus-Siemon, E. (1993): Frühleser in der Grundschule. Leseleistung, Lesegewohnheiten und Schulerfolg. Klinkhardt-Verlag: Bad Heilbrunn

Neumann, L. (1995): Der andere Lehrer. Reformpädagogische Bestrebungen im Umfeld der Entschiedenen Schulreformer und ihre Nachwirkungen, auch auf die Erziehung behinderter und benachteiligter Schüler. Potsdamer Studientexte – Sonderpädagogik: Universität Potsdam

Neumann, A.; Harych, P. (2007): Vergleichsarbeiten Jahrgangsstufe 2 im Land Brandenburg im Schuljahr 2005/2006. Deskriptive Auswertungen der Deutschtests Leseverstehen, Lesegeschwindigkeit und Mathematik sowie übergreifende Befunde. Hrg. ISQ: Berlin

Nickel, H. (1981): Schulreife und Schulversagen: Ein ökopsychologischer Erklärungsansatz und seine psychologischen Konsequenzen. In: Psychologie in Erziehung und Unterricht, 28. Jg.: 19-37

Niedermann, A.; Bless, G.; Sassenroth, M. (1992): Heilpädagogischer Stützunterricht. Ergebnisse einer Meinungsumfrage in Deutschfreiburg. Edition SHZ: Luzern

Oelkers, J. (1989): Pädagogischer Liberalismus und nationale Gemeinschaft. Zur politischen Ambivalenz der „Reformpädagogik" in Deutschland vor 1914. In: Herrmann, U.; Oelkers, J. (Hrsg.): Pädagogik und Nationalsozialismus. Beltz Verlag: Weinheim und Basel

Oelkers, J. (1996): Reformpädagogik. Eine kritische Dogmengeschichte. Juventa Verlag: Weinheim und München

Oelkers, J.; Osterwalder, F. (Hrsg.) (1999): Die neue Erziehung. Beiträge zur Internationalität der Reformpädagogik. Verlag: Bern, Berlin, Frankfurt/M., New York

Oerter, R. (1998): Kindheit. In: Oerter, R.; Montada, L. (Hrsg.) (1998): Entwicklungspsychologie. 4. Auflage, Beltz Verlage: Weinheim, Basel und Berlin

Oerter, R.; Montada, L. (Hrsg.) (1998): Entwicklungspsychologie. 4. Auflage, Beltz Verlage: Weinheim, Basel und Berlin

Oerter, R.; Montada, L. (Hrsg.) (2002): Entwicklungspsychologie. 5. Auflage, Beltz Verlage: Weinheim, Basel und Berlin

Offermann, J. (Hrsg.) (1999): Fibeln aus dem 19. und 20. Jahrhundert. Böhlau Verlag: Köln, Weimar, Wien

Opp, G.; Helbig, P.; Speck-Hamdan, A. (1999): Problemkinder in der Grundschule. Verlag Julius Klinkhardt: Bad Heilbrunn

Opp, G.; Speck-Hamdan, A. (2001): Heterogenität der Schulanfänger – Herausforderung für die Schule. In: Faust-Siehl, G.; Speck-Hamdan, A. (Hrsg.): Schulanfang ohne Umwege. Beiträge zur Reform der Grundschule, 111, Grundschulverband - Arbeitskreis Grundschule e.V.: Frankfurt/M.

Oswald, H. (2004): Demütigung und Statuskämpfe auf einer Klassenreise. In: sozialersinn, 3/2004: 313-333

Oswald, H.; Krappmann, L. (2004): Soziale Ungleichheit in der Schulklasse und Schuler-folg. Eine Untersuchung in dritten und fünften Klassen Berliner Grundschulen. In: ZfE 4-04: 479-496

Palentien, C. (2005): Aufwachsen in Armut – Aufwachsen in Bildungsarmut. Über den Zusammenhang von Armut und Schulerfolg. In: Zeitschrift für Pädagogik Heft 2 (51): 154-169

Peery, J.C. (1979): Popular, Amiable, Isolated, Rejected: A Reconceptulalization of Soziometric Status in Preschool Children. In: Child Development (1979) Vol. 50:1231-1234

Pekrun, R. (1998): Schüleremotionen und ihre Förderung: ein blinder Fleck in der Unter-richtsforschung. In: Psychologie in Erziehung und Unterricht, Heft 3: 230-248.

Pekrun, R.; Hoffmann, H. (1999): Lern- und Leistungsemotionen: Erste Befunde eines Forschungsprogramms. In: Jerusalem, M.; Pekrun, R. (Hrsg.): Emotion, Motivation und Leistung. Verlag Hogrefe: Göttingen, Bern, Toronto, Seattle

Pekrun, R.; Jerusalem, M. (1996): Leistungsbezogenes Denken und Fühlen. Eine Über-sicht zur psychologischen Forschung. In: Möller, J.; Köller, O. (Hrsg.): Emotionen, Kognitionen und Schulleistung. Beltz Psychologie Verlags Union: Weinheim

Pestalozzi, J.H. (1964): Ausgewählte Werke. Band I, II und III. Eingeleitet und erläutert von Otto Boldemann. Volk und Wissen Volkseigener Verlag: Berlin

Pestalozzi, J.H. (1992): Pestalozzi über seine Anstalt in Stans. Mit einer Interpretation von Wolfgang Klafki. Beltz Verlag: Weinheim und Basel.

Petersen, P. (Hrsg.) (1934): Die Praxis der Schulen nach dem Jena-Plan. Dritter Band. Verlag Herrmann Böhlau Nachf: Weimar

Petersen. P. (1980): Der Kleine Jena-Plan. 56.-60. Auflage der 1. Auflage von 1927. Beltz Verlag: Weinheim und Basel

Petillon, H. (1980): Soziometrischer Test für 3.-7. Klassen. Beltz Verlag: Weinheim und Basel

Petillon, H. (1993): Das Sozialleben des Schulanfängers. Die Schule aus der Sicht des Kindes. Pädagogische Verlagsunion: Weinheim

Petillon, H. (1997): Zielkonflikte in der Grundschule. Literaturüberblick. In: Weinert, F.E.; Helmke, A. (Hrsg.): Entwicklung im Grundschulalter. Beltz Psychologie Ver-lags Union: Weinheim

Petrat, G. (1995): „Wie bin ich denn auf das alles gekommen? Lehrer Bruns vermittelt seinen Schülern Rochows „Kinderfreund" vor den Augen der pädagogischen Welt. In: Tosch, F. (Hrsg.): "Er war ein Lehrer". Heinrich Julius Bruns (1746-1794). Bei-träge des Reckahner Kolloquiums anlässlich seines 200. Todestages: Universität Potsdam

Pianta, R.C.; Cox, M.J. (Eds.) (1999): The transition to kindergarten. P.H. Brooks: Bal-timore

Picht, G. (1964): Die deutsche Bildungskatastrophe, Analyse und Dokumentation. Walter: Olten/Freiburg i.Br.

Prengel, A. (1993): Pädagogik der Vielfalt. Verschiedenheit und Gleichberechtigung in Interkultureller, Feministischer und Integrativer Pädagogik. Leske+Budrich: Opla-den

Prengel, A. (1999): Vielfalt durch gute Ordnung im Anfangsunterricht. Unter Mitarbeit von U. Geiling, F. Heinzel, M. Hemme- Kreutter. Leske + Budrich: Opladen

Prengel, A. (2000): Falsch verstandene Vielfalt – Zum Problem etikettierender Differenz-vorstellungen. In: Thomas, H. Z.; Weber, N. H. (Hrsg.): Kinder und Schule auf dem Weg. Bildungsreformpolitik für das 21. Jahrtausend. Beltz Verlag: Weinheim und Basel

Prengel, A. (2004): Kurzauswertung der Lernbiografien, Unveröffentlichtes Manuskript: Ludwigsfelde

Prengel, A. (2005a): Heterogenität versus Lehrplan? – Perspektiven der Grundschul- und Kindheitsforschung. In: In Knauf, A.; Liebers, K.; Prengel, A. (Hrsg.): Länderüber-greifende Curricula für die Grundschule. Klinkhardt-Verlag: Bad Heilbrunn

Prengel, A. (2005b): Egalität, Heterogenität und Hierarchie im Anfangsunterricht und darüber hinaus. In: Hinz, A.; Geiling, U. (Hg): Integrationspädagogik im Diskurs – auf dem Weg zu einer inklusiven Pädagogik. Klinkhardt-Verlag: Bad Heilbrunn

Prengel, A. (2006): Anerkennung und Anforderungen. Zum Einstieg der Kinder in die widersprüchliche Welt der Schule. In: Grundschulzeitschrift 5/2006: 12-15

Prengel, A.; Liebers, K. (2004/2005): Lernstandsanalysen im Anfangsunterricht. Ein Leitfaden für die ersten sechs Wochen und darüber hinaus. LISUM Bbg: Ludwigs-felde.

Prengel, A.; Mißlitz, C. (2004): Lernbiografien in der flexiblen Eingangsphase aus Leh-rersicht. In: Liebers (Hg.): Abschlussbericht und Begleituntersuchungen zum Schul-versuch „flexible Schuleingangsphase" FLEX 20, LISUM: Ludwigsfelde

Prengel, A.; Schmitt, H. (2000): Erziehung vom Kinde aus: Reformpädagogische Ver-suchsprojekte nach 1900 und ihre heutige Bedeutung. In: Larass, P. (Hrsg.): Kindsein kein Kinderspiel: Das Jahrhundert des Kindes (1900-1999). Verlag der Franckeschen Stiftungen: Halle

Prengel, A.; Geiling, U.; Carle, U. (2001): "Flexible Eingangsphase" und "Feste Öff-nungszeiten" - Vorschläge für Reformen in der Primarstufe Sachsen-Anhalts. Klink-hardt-Verlag: Bad Heilbrunn

Preuss-Lausitz, U. (1997a): Integration und Toleranz – Erfahrungen und Meinungen von Kindern innerhalb und außerhalb von Integrationsklassen. In: Ministerium für Bil-dung, Jugend, Sport des Landes Brandenburgs (Hrsg.): „Behinderte sind doch Kin-der wie wir!": Gemeinsame Erziehung in einem neuen Bundesland. Wissenschaft und Technik Verlag: Berlin

Preuss-Lausitz, U. (1997b): Erfahrungen fördern Akzeptanz –Elternmeinungen zur ge-meinsamen Erziehung. In: In: Ministerium für Bildung, Jugend, Sport des Landes Brandenburgs (Hrsg.): „Behinderte sind doch Kinder wie wir!": Gemeinsame Erzie-hung in einem neuen Bundesland. Wissenschaft und Technik Verlag: Berlin

Protzen, M. (2002): Bericht der wissenschaftlichen Begleitung im Schulversuch, Optimie-rung des Schulanfangs – fachliches und soziales Lernen in einer integrierten Ein-gangsphase unter Einbeziehung förderdiagnostischer Aspekte: Unveröffentlichter Bericht.

Puhani, P.A.; Weber, S.M. (2005): Does the Early Bird Catch the Worm? Instrumental Variable Estimates of Educational Effects of Age of School Entry in Germany. Forschungsinstitut zur Zukunft der Arbeit, Darmstadt. ftp://ftp.iza.org/dps/dp1827.pdf, zuletzt besucht am 30.11.2005.

Quellensammlung zur Geschichte der Erziehung (1968): Volk und Wissen Volkseigener Verlag: Berlin.

Rabenstein, R.; Schorch, G.; Treinies, G. (1989): Leistungsunterschiede im Anfangsunterricht. Berichte aus dem Institut für Grundschulforschung 68: Nürnberg

Rahmenlehrpläne für die Grundschule (2004): Herausgegeben von den Kultusministerien der Länder Berlin, Brandenburg, Bremen und Mecklenburg-Vorpommern. Verlag Wissenschaft und Technik: Berlin

Ramseger, J.; Dreier, A.; Kucharz, D.; Sörensen, B. (2004): Grundschulen entwickeln sich. Ergebnisse des Berliner Schulversuchs Verlässliche Halbtagsgrundschule. Waxmann: Münster

Ramseger, J. (2007): Gibt es eigentlich „Vorläuferfähigkeiten"? Wie moderne Kindergärten grundschulpädagogische Gewissheiten infrage stellen. In: DKJS/INA: Bildungsqualität von Anfang an. Eigendruck: Berlin

Randoll, D. (1992): Die schulische Integration Lernbehinderter und ihre Wirksamkeit. Ergebnisse einer Längsschnittstudie. In: Vierteljahresschrift für Heilpädagogik und ihre Nachbargebiete 61 (1992): 376-387

Rauer, W.; Schuck, K.D. (2004): FEESS 1-2. Fragebogen zur Erfassung emotionaler und sozialer Schulerfahrungen von Grundschulkindern erster und zweiter Klassen. Beltz Test GmbH: Göttingen

Reichwein, A. (1993): Schaffendes Schulvolk – Film in der Schule. Die Tiefenseer Schulschriften – Kommentierte Neuausgabe. Herausgegeben von W. Klafki et al. Beltz Verlag: Weinheim

Reiser, H. (1997): Lern- und Verhaltensstörungen als gemeinsame Aufgabe von Grundschul- und Sonderpädagogik unter dem Aspekt der pädagogischen Selektion. In: Zeitschrift für Heilpädagogik, Heft 7/97: 266-275

Renkl, A. (1996): Vorwissen und Schulleistung. In: Möller, J.; Köller, O.: Emotionen, Kognitionen und Schulleistung. Beltz Psychologie Verlags Union: Weinheim

Retter, H. (1995): Der Reformpädagoge Peter Petersen (1884-1952). Zur Durchsetzung seiner Schul- und Lehrerbildungskonzeption in den zwanziger und dreißiger Jahren. In: Z.f.Päd., H. 2 (41): 205-224

Reyer, J . (2006): Einführung in die Geschichte des Kindergartens und der Grundschule. Verlag Julius Klinkhardt: Bad Heilbrunn

Rheinberg, F. (1996): Von der Lernmotivation zur Lernleistung: Was liegt dazwischen? In: Möller, J.; Köller, O. (Hrsg.): Emotionen, Kognitionen und Schulleistung. Beltz Psychologie Verlags Union: Weinheim

Rheinberg, F. (1999): Motivation und Emotionen in Lernprozess. Aktuelle Befunde und Forschungsperspektiven. In: Jerusalem, M.; Pekrun, R. (Hrsg.): Emotion, Motivation und Leistung. Verlag Hogrefe: Göttingen, Bern, Toronto, Seattle

Riemann, C.F. (1798): Beschreibung der Reckahnschen Schule. Dritte, ganz umgearbeitete und mit durchgängigen Erläuterungen, praktischen Anweisungen und Beyspielen für Lehrer in niederen Bürger- und Landschulen vermehrte Ausgabe. Friedrich Nicolai: Berlin und Stettin

Riemann, C.F. (1809): Beschreibung der v. Rochowschen Lehrart in Volksschulen nebst Vergleichung derselben mit der Pestalozzischen und anderen Lehrarten. 4. Ausgabe bei Friedrich Nicolai: Berlin und Stettin

Rittel, D. und Autorenkollektiv (2004): Begleituntersuchung zum FLEX-Modellprojekt zur diagnostischen Klärung der Schülerpopulation 2002 – Schülerinnen und Schüler unter förderdiagnostischer Lernbeobachtung. In: Liebers (Hg.): Abschlussbericht und Begleituntersuchungen zum Schulversuch „flexible Schuleingangsphase" FLEX 20, LISUM, Ludwigsfelde

Rochow, E.F. von (1776): Der Kinderfreund. Ein Lesebuch zum Gebrauch in Landschulen. Bey den Gebrüdern Halle, Brandenburg und Leipzig. Sonderdruck für das Schulmuseum und Rochow-Museum Reckahn 2003. WEIDLER Buchverlag, Berlin

Rocksch, W. (1996): J. H. Pestalozzi – L. Natorp – W. V. Türk. Ein Beitrag zur Pestalozzi-Rezeption in Preußen. In: Pädagogik und Schulalltag 51/1: 119-132.

Rocksch, W. (1998): Schulgeschichtliche Wanderungen durch Potsdam. Zur Geschichte seiner Schulen- und Unterrichtsanstalten. Audio-Visuelles Zentrum der Universität Potsdam

Rocksch, W. (2002): Wilhelm von Türk (1774-1846). Ein führender deutscher Pestalozzianer, Schul- und Sozialreformer. WEIDLER Buchverlag: Berlin

Rodehüser, F. (1989): Epochen der Grundschulgeschichte. Darstellung und Analyse der historischen Entwicklung einer Schulstufe unter besonderer Berücksichtigung ihrer Entstehungszusammenhänge und möglicher Perspektiven für die Zukunft. Winkler: Bochum

Röhrs, H. (1991): Die Reformpädagogik. Ursprung und Verlauf unter internationalem Aspekt. Deutscher Studien Verlag: Weinheim

Rosin, H. (1927): Adalbert Falk. Der Erneuerer der preußischen Volksschule. Ein Gedenkblatt zu seinem 100. Geburtstage. Im Auftrag des Preußischen Lehrervereins verfasst von H. Rosin. Preußischer Lehrerverein: Magdeburg

Roßbach, H.-G.; Tietze, W. (1996): Schullaufbahnen in der Primarstufe. Eine empirische Untersuchung zu Integration und Segregation von Grundschülern. Waxmann: Münster

Roßbach, H.-G.; Wellenreuther, M. (2002): Empirische Forschungen zur Wirksamkeit von Methoden der Leistungsdifferenzierung in der Grundschule. In: Heinzel, F.; Prengel, A. (Hrsg.): Heterogenität, Integration und Differenzierung. Jahrbuch Grundschulforschung 6. Leske+Budrich: Opladen

Rossi, P.H.; Freemann, H.E.; Hofmann, G. (1988): Programm-Evaluation. Einführung in die Methoden angewandter Sozialforschung. Enke: Stuttgart

Rossi, P.H.; Freemann, H.E.; Lipsey, M.W. (2004): Evaluation. A Systematic Approach. Seventh Edition. Sage Publications: London

Rost, D.H. (2005): Interpretation und Bewertung pädagogisch-psychologischer Studien. Beltz Verlag: Weinheim und Basel

Rother, I. (1954): Schulanfang. Ein Beitrag zur Arbeit in den ersten beiden Schuljahren. Verlag Moritz Diesterweg: Frankfurt am Main, Berlin, Bonn

Rüdiger, D.; Kormann, A.; Peez, H. (1976): Schuleintritt und Schulfähigkeit. Zur Theorie und Praxis der Einschulung. UTB Ernst Reinhard Verlag: München und Basel

Rudnick, M. (1985): Behinderte im Nationalsozialismus. Von der Ausgrenzung und der Zwangssterilisation zur „Euthanasie". Beltz Forschungsberichte: Weinheim und Basel

Rutschky, K. (2003): Deutsche Kinder-Chronik. Wunsch- und Schreckensbilder aus vier Jahrhunderten. Kiepenheuer und Witsch, Köln 1983, Lizenzausgabe Parkland Verlag: Köln

Rutter, M.; Maughan, B.; Mortimer, P.; Ouston, J. (1980): Fünfzehntausend Stunden. Beltz Verlag: Weinheim und Basel

Ryan, R.M.; Deci, E.L. (2001): On Happiness an human potentials – A review of research on hedonic an eudemonic well being. Annual Review of Psychologie (52): 141-166

Sandfuchs, U. (1998): Geschichte der Grundschule. In: Becher, H.-R.; Bennack, J.; Jürgens, E. (Hrsg.): Taschenbuch Grundschule. Schneider Verlag Hohengehren: Baltmannsweiler

Sandfuchs, U. (2001): Schulanfang und Anfangsunterricht bei Friedrich Eberhardt von Rochow. In: Schmitt, H.; Tosch, F. (Hg.): Vernunft fürs Volk. Henschel: Leipzig

Sasse, A.; Valtin, R. (Hrsg.) (2006): Schriftspracherwerb und soziale Ungleichheit. Zwischen Kompensation der Erziehung und Family Literacy. Deutsche Gesellschaft für Lesen und Schreiben: Berlin

Satow, L. (1999): Klassenklima und Selbstwirksamkeitsentwicklung. Eine Längsschnittstudie in der Sekundarstufe 1. Dissertationsschrift. http://deposit.ddb.de\cgi-bin\dokserv?idn=961956565, zuletzt besucht am 25.4.2005.

Saupe, E. (1929): Deutsche Pädagogen der Neuzeit. Ein Beitrag zur Geschichte der Erziehungswissenschaft zu Beginn des 20. Jahrhunderts. A.W. Zickfeldt, Verlag: Osterwieck am Harz

Scheerer-Neumann, G.; Schnitzler, C.; Ritter, C. (2006): ILeA-Leseanalysen zur individuellen Analyse der basalen Lesefähigkeiten auf der Wortebene in Jahrgangsstufe 2. In: LISUM (Hrsg.): ILeA 2. Individuelle Lernstandsanalysen. Eigendruck: Ludwigsfelde

Schenz, C. (2004): Leistungseinschätzung und Selbstwertgefühl bei Kindern in der Schuleingangsphase. Eine empirische Untersuchung an Wiener Volksschulen. Verlag Dr. Kovac´: Hamburg

Scheuerl, H. (1998): Reformpädagogik –Kontinuitäten und Gegensätze. In: Rülcker, T.; Oelkers, J. (Hrsg.): Politische Reformpädagogik. Peter Lang AG: Bern, Berlin, Frankfurt/M. New York, Paris, Wien

Schiffler, H.; Winkeler, R. (1991): Bilderwelten der Erziehung: die Schule im Bild des 19. Jahrhunderts. Juventa Verlag: Weinheim, München

Schiffler, H.; Winkeler, R. (1999): Tausend Jahre Schule: eine Kulturgeschichte des Lernens in Bildern. Belser: Stuttgart

Schmitt, H. (1993a): Topografie der Reformschulen in der Weimarer Republik: Perspektiven ihrer Erforschung. In: Amlung, U.; Haubfleisch, D.; Link, J.-W.; Schmitt, H. (Hg): Die alte Schule überwinden. Reformpädagogische Versuchsschulen zwischen Kaiserreich und Nationalsozialismus, dipa-Verlag: Frankfurt am Main

Schmitt, H. (1993b): Versuchsschulen als Instrumente schulpädagogischer Innovation vom 18. Jahrhundert bis zur Gegenwart. In: Historische Kommission der Deutschen

Gesellschaft für Erziehungswissenschaften (Hrsg.): Jahrbuch für Bildungsforschung Band 1. Juventa Verlag: Weinheim und München

Schmitt, H. (1999): Zum Ausbau des preußischen Volksschulwesens (1808-1827). Das Beispiel des Regierungsbezirks Potsdam. In: Schmitt, H.; Tosch, F. (Hrsg.): Erziehungsreform und Gesellschaftsinitiative in Preußen 1798-1840. WEIDLER Buchverlag: Berlin

Schmitt, H. (2001): Der sanfte Modernisierer Friedrich Eberhardt von Rochow. Eine Neuinterpretation. In: Schmitt, H.; Tosch, F. (Hg.): Vernunft fürs Volk. Friedrich Eberhardt von Rochow im Aufbruch Preußens. Henschel, Leipzig

Schmitt, H. (2006): Volksaufklärung an der Rochowschen Musterschule in Reckahn. Manuskript.

Schmitt, H.; Tosch, F. (Hg.) (2001): Vernunft fürs Volk. Friedrich Eberhardt von Rochow im Aufbruch Preußens. Henschel: Leipzig

Schneider, I.K. (1996): Einschulungserlebnisse im 20. Jahrhundert. Studie im Rahmen pädagogischer Biographieforschung. Deutscher Studien Verlag: Weinheim

Schneider, I.K. (1997): Kinder erleben ihre Einschulung. Eine biografische Studie. In: Jahrbuch Grundschulforschung Band 1. Beltz Deutscher Studien Verlag: Weinheim

Scholz, J. (2001): Das Besucherbuch der Reckahner Schule (1772-1805). In: Schmitt, H.; Tosch, F. (Hg.): Vernunft fürs Volk. Friedrich Eberhardt von Rochow im Aufbruch Preußens. Henschel: Leipzig

Scholz, J. (2006): Die Rollen Pestalozzis und Rochows bei der Reform des Brandenburgischen Elementarschulwesens (1806-1816). Vortragsfolien.

Schreiter, R. (2001): Von Reckahn nach Potsdam: Die philanthropische Reform des Potsdamer Militärweisenhauses 1779-1796. In: Schmitt, H.; Tosch, F. (Hg.): Vernunft fürs Volk. Friedrich Eberhardt von Rochow im Aufbruch Preußens. Henschel: Leipzig

Schröder, E. (2004): Kinder mit besonderen Fähigkeiten in der flexiblen Eingangsphase der Grundschule: Bericht über eine Längsschnittstudie zur kognitiven Entwicklung in den ersten beiden Schuljahren. In: Liebers (Hg.): Abschlussbericht und Begleituntersuchungen zum Schulversuch „flexible Schuleingangsphase" FLEX 20, LISUM: Ludwigsfelde

Schröder, E.; Emmer, A. (2002): Schnell lernende Kinder in der flexiblen Eingangsphase der Grundschule: Bericht über eine Längsschnittstudie der kognitiven Entwicklung in den ersten beiden Schuljahren, unveröffentlichte Dokumentation

Schründer-Lenzen, A. (2004): Schriftspracherwerb und Unterricht. Bausteine professionellen Handlungswissens. Leske+Budrich: Opladen

Schründer-Lenzen, A.; Merkens, H. (2006): Differenzen schriftsprachlicher Kompetenzentwicklung bei Kindern mit und ohne Migrationshintergrund. In : Schründer-Lenzen, A. (Hrsg.): Risikofaktoren kindlicher Entwicklung. Migration, Leistungsangst und Schulübergang. VS Verlag für Sozialwissenschaft: Wiesbaden

Schubert, A. (2004): Der Einfluss der Schule auf das kindliche Wohlbefinden. Zusammenhänge zwischen separierenden vs. integrativen Schulformen und Teilbereichen des subjektiven Wohlbefindens. Verlag Dr. Kovac: Hamburg

Schuck, K.D. (2003): Wertschätzung der Heterogenität oder Ende der Solidarität: Zur Funktion pädagogischer Diagnostik im Schulwesen. In: Warzecha, B. (Hrsg.): Heterogenität macht Schule. Beiträge aus sonderpädagogischer und interkultureller Perspektive. Wachsmann: Münster, New York, München, Berlin

Schumacher, J.; Klaiberg, A.; Brähler, E. (Hrsg.) (2003): Diagnostische Verfahren zu Lebensqualität und Wohlbefinden. Diagnostik für Klinik und Praxis, Band 2. Verlag Hogrefe: Göttingen, Bern, Toronto, Seattle.

Schwartz, E. (Hrsg.) (1970): Materialien zur Vorschulerziehung und elementaren Sprachbildung. Beiträge zur Reform der Grundschule, Band 2/3. Arbeitskreis Grundschule e.V.: Frankfurt am Main

Schwartz, E. (Hrsg.) (1975): Modell „Erstes Schuljahr". Beiträge zum Schulanfang, Sonderband 19/20. Arbeitskreis Grundschule e.V.: Frankfurt am Main

Shavelson, R.J. et al. (1972): Self-concept: Validation of construct interpretations. Review of Educational Research, 46: 407-441.

Smith, M.L.; Shepard, L.A. (1988): Kindergarten readiness and retention: A qualitative study of teacher's beliefs and practices. In: American Educational Research Journal (25): 307-333

Spangler, G. (1999): Leistung, Motivation und Streß in der Grundschule: Vorhersagen aus dem Kleinkind- und Vorschulalter. In: Jerusalem, M.; Pekrun, R. (Hrsg.): Emotion, Motivation und Leistung. Verlag Hogrefe: Göttingen, Bern, Toronto, Seattle.

Speck, O. (1990): Menschen mit geistiger Behinderung und ihre Erziehung: ein heilpädagogisches Lehrbuch. Ernst Reinhardt GmbH und Co: München

Speck-Hamdan, A. (2006): Neuanfang und Anschluss: zur Doppelfunktion von Übergängen. In: Diskowski, D.; Hammes-Di Bernado, E.; Hebenstreit-Müller, S.; Speck-Hamdan, A. (Hrsg.): Übergänge gestalten. Wie Bildungsprozesse anschlussfähig werden. verlag das netz: Weimar, Berlin

Spiegel, H.; Selter, C. (1997): Wie Kinder rechnen. Klett: Leipzig

Spielhagen, M. (1927): Gesamtunterricht in der einklassigen Landschule im ersten und zweiten Schuljahre unter besonderer Berücksichtigung der sprachlichen Schulung mit Wandtafelzeichnungen. 2. Auflage, Hirt: Breslau.

Stamm, M. (2003): Evaluation und ihre Folgen für die Bildung. Eine unterschätzte pädagogische Herausforderung. Waxmann: Münster, New York, München, Berlin

Stamm, M. (2004): Bildungsraum Vorschule. Theoretische Überlegungen und Perspektiven zu den Möglichkeiten des früher als bisher üblichen kognitiven Kompetenzerwerbs. Z.f.Päd. - Heft 6 (50): 865-878

Stanzel-Tischer, E.; Grogger, G. (1996): Ergebnisse einer Schulleiterbefragung im Rahmen der Evaluation der Schulversuche zum Eingangsbereich (§131c SchOG) im Schuljahr 1994/95. ZSE-Report 19: Graz

Stanzel-Tischer, E.; Grogger, G. (1997): Ergebnisse einer Lehrerbefragung im Rahmen der Evaluation der Schulversuche zum Eingangsbereich (§131c SchOG) im Schuljahr 1994/95: Graz

Steinhaus, H. (1989): Blut und Schicksal. Die Zerstörung der pädagogischen Vernunft in den geschichtsphilosophischen Mythen des Wilhelminischen Deutschlands. In: Herrmann, U.; Oelkers, J. (Hrsg.): Pädagogik und Nationalsozialismus. Beltz Verlag: Weinheim und Basel

Stern, E. (2003): Lernen – der wichtigste Hebel der geistigen Entwicklung. Vortrag am Hanse-Wissenschaftskolleg vom 13.01.2003.

Stiensmeier-Pelster, J.; Schlangen, B. (1996): Erlernte Hilflosigkeit und Leistung. In: Möller, J.; Köller, O. (Hrsg.): Emotionen, Kognitionen und Schulleistung. Beltz Psychologie Verlags Union: Weinheim

Stuchlik, E. (1999): Neugestaltung der Schuleingangsphase – ein Modellversuch an der Grundschule „Gebrüder Grimm" Halle/Saale unter dem Schwerpunkt Sprache im Auftrag des Kultusministeriums des Landes Sachsen Anhalt. LISA: Halle

Stürzer, M. (2003): Geschlechtsspezifische Schulleistungen. In: Stürzer, M.; Roisch, H.; Hunze, A.; Cornelißen, W.: Geschlechterverhältnisse in der Schule. Leske + Budrich, Opladen

Tajalli, E.; Polzer, S. (2004): Bildungsentwicklung in 2000/2003. www.bmbwk.gv.at, zuletzt besucht am 25.4.2005.

Tenorth, H.-E. (1988): Geschichte der Erziehung. Einführung in die Grundzüge der neuzeitlichen Entwicklung. Juventa Verlag, Weinheim und München

ThILLM (Hrsg.) (2000): Veränderte Schuleingangsphase an Thüringer Grundschulen. Entwicklungsstand und Perspektive eines Schulversuchs. ThILLM, Bad Berka

ThILLM (Hrsg.) (2004): Veränderte Schuleingangsphase an Thüringer Grundschulen. Ergebnisse und Erfahrungen eines Schulversuchs. Heft 43.ThILLM, Bad Berka

Tiedemann, J.; Faber, C. (1994): Mädchen und Grundschulmathematik. Erkenntnisse einer vierjährigen Längsschnittuntersuchung zu ausgewählten geschlechtsbezogenen Unterschieden in der Leistungsentwicklung. In: Zeitschrift für Erziehungspsychologie und pädagogische Psychologie 26/2: 101-111

Tietze, W. (2006): Schulfähigkeit als Bildungserfolg in der Eingangsphase der Grundschule. In: Diskowski, D.; Hammes-Di Bernado, E.; Hebenstreit, M.; Speck-Hamdan, A, (Hrsg.): Übergänge gestalten. Wie Bildungsprozesse anschlussfähig werden. verlag das netz: Weimar, Berlin

Tietze, W.; Rossbach, H.-G.; Grenner, K. (2005): Kinder von 4 bis 8 Jahren. Zur Qualität der Erziehung und Bildung in Kindergarten, Grundschule und Familie. Beltz Verlag: Weinheim und Basel

Tosch, F. (2006): Gymnasium und Systemdynamik. Regionaler Strukturwandel im höheren Schulwesen der preußischen Provinz Brandenburg 1880-1938. Verlag Julius Klinkhardt: Bad Heilbrunn

Tosch, F. (Hrsg.) (1995): "Er war ein Lehrer". Heinrich Julius Bruns (1746-1794). Beiträge des Reckahner Kolloquiums anlässlich seines 200. Todestages: Universität Potsdam

Troll, M. (1906): Die Reform des Lehrplans der Elementarklasse. Hermann Beyer und Söhne: Langensalza

Troll, M. (1921): Das erste Schuljahr in der Grundschule. Theorie und Praxis für die Elementarklasse der Einheitsschule als Erziehungs- und Arbeitsschule. Hermann Beyer und Söhne: Langensalza

Trost, G.; Sieglen, J. (1992): Biografische Indikatoren herausragender beruflicher Leistungen. Verlag Huber: Bern.

Tunmer, W.E.; Chapman, J.W.; Prochnow, J.E. (2002): Preventing Negative Matthew Effects in At Risk Readers: A Retrospective Study. Final Report Phase IV. www.ministryofeducation.newzealand.nz, zuletzt aufgerufen am 14.9.2004.

Ullrich, H. (1998): Ursprungsdenken vom Kinde aus – Über die widersprüchliche Modernität des reformpädagogischen Grundmotivs. In. Rülcker, T.; Oelkers, J. (Hrsg.): Politische Reformpädagogik. Peter Lang AG: Bern, Berlin, Frankfurt/M., New York, Paris, Wien

Ullrich, H. (2002): Reformpädagogisches Denken „vom Kinde aus". Betrachtungen über das romantische Kindbild und seine Wirkungen auf den pädagogischen Diskurs der Moderne. In: Schmitt, H.; Siebrecht, S. (Hrsg.): Eine Oase des Glücks. Der romantische Blick auf Kinder. Henschel: ohne Ort.

Unterrichtshilfen (1991): Deutsch Klasse 1. Volk und Wissen Volkseigener Verlag, Berlin

Valtin, R. (2002): Was ist ein gutes Zeugnis? Noten und verbale Beurteilungen auf dem Prüfstand. Juventa: Weinheim

Valtin, R. (2006): Das Reformprojekt der kompensatorischen Erziehung: Nostalgie oder Notwendigkeit? In: Sasse, A.; Valtin, R. (Hg.): Schriftspracherwerb und soziale Ungleichheit. Deutsche Gesellschaft für Lesen und Schreiben: Berlin

Wagner, J.; Krappmann, L. (1982): Erprobungsprogramme im Elementarbereich: Bericht über eine Auswertung von Modellversuchen. Bund-Länder-Kommission für Bildungsplanung und Bildungsförderung: Bühl/Baden

Walper, S. (2005): Tragen Veränderungen in den finanziellen Belastungen von Familien zu Veränderungen der Befindlichkeit von Kindern und Jugendlichen bei? In: Z.f.Päd. - Heft 2 (51): 170-189

Weinert, F.E. (1998): Neue Unterrichtskonzepte zwischen gesellschaftlichen Notwendigkeiten, pädagogischen Visionen und psychologischen Möglichkeiten. In: Wissen und Werte für die Welt von Morgen: München

Weinert, F.E.; Helmke, A. (Hrsg.) (1997): Entwicklung im Grundschulalter. Beltz Psychologie Verlags- Union: Weinheim und Basel

Weinert, F.E.; Stefanek, J. (1997): Entwicklung vor, während und nach der Grundschulzeit. Ergebnisse aus dem SCHOLASTIK-Projekt. In: Weinert, F.E.; Helmke, A. (Hrsg.): Entwicklung im Grundschulalter. Beltz Psychologie Verlags-Union: Weinheim und Basel

Weisser, J. (1995): Das heilige Kind. Über eine Beziehung zwischen Religionskritik, materialistischer Wissenschaft und Reformpädagogik im 19. Jahrhundert und zu Beginn des 20. Jahrhunderts. Ergon Verlag: Würzburg

Wenning, N. (2004): Heterogenität als neue Leitidee der Erziehungswissenschaft? Zur Berücksichtigung von Gleichheit und Verschiedenheit. In: Z.f.Päd. – Heft 4 (50): 565-581

Werler, M. (1992): Die Dorfschule in Bornim bei Potsdam – eine Stätte der Verwirklichung (Reform?)pädagogischer Gedanken in der Zeit der Weimarer Republik. In: Ein Plädoyer für unser reformpädagogisches Erbe: Protokollband der internationalen Reformpädagogik-Konferenz, 24.9.1991 an der PH Halle-Köthen. Luchterhand Verlag Neuwied, Kriftel: Berlin

Wiedenbeck, M.; Züll, C. (2001): Klassifikation mit Clusteranalyse: Grundlegende Techniken hierarchischer und K-means-Verfahren. ZUMA How-to-Reihe, Nr. 10. http://gesis.org./publikatonen/berichte/ZUMA-How-to/Dokumente/pdf/how-to-10mwcz.pdf, zuletzt besucht am 30.11.2004.

Wischer, B. (2003): Soziales Lernen an einer Reformschule. Evaluationsstudie über Unterschiede von Sozialisationsprozessen in Reform- und Regelschulen. Juventa Verlag: Weinheim und München

Witzlack, G. (1985): Die Entwicklung und Feststellung der Schulfähigkeit. In: Lompscher, J.: Persönlichkeitsentwicklung in der Lerntätigkeit. Volk und Wissen Volkseigener Verlag: Berlin

Witzlack, G. (1993): Entwicklung, Erprobung und Verallgemeinerung eines alternativen Einschulungsmodells für das Land Brandenburg. Unveröffentlichter Bericht: Ludwigsfelde

Witzlack, G; Burrmann, U. (1995): Forschungsbericht 1995 „Flexible kindgemäße Schuleingangsstufe" Schulversuch in Neu Zittau und Werneuchen. Unveröffentlichter Forschungsbericht: Berlin

Wocken, H. (1996): Hilfsschule – Schule für Lernbehinderte – Förderschule. Der Wandel einer Schule im Spiegel der Aufnahmeverfahren. Zeitschrift für Heilpädagogik 7/96: 266-276

Wustmann, C. (2004): Resilienz. Beltz Verlag, Weinheim und Basel

Zeinz, H.; Köller, O. (2006): Noten, soziale Vergleiche und Selbstkonzepte in der Grundschule. In: Schründer-Lenzen, A. (Hrsg.): Risikofaktoren kindlicher Entwicklung. Migration, Leistungsangst und Schulübergang. VS Verlag für Sozialwissenschaft: Wiesbaden

ZENSOS (o.J.) Zentrale Systeme für Online Statistik. Zusatzerhebungen von Schuldaten in FLEX-Klassen. https://10.159.31.52/zensos/index.jsp, passwortgeschützte Seite, zuletzt besucht am 30.09.2006.

Zerrenner, C.C.G. (1834): Mittheilungen und Winke die Einführung der wechselseitigen Schuleinrichtung betreffend: Magdeburg

Zins, J.E.; Bloodworth, M.R.; Weissberg, R.P.; Walberg, H.J. (Eds.) (2004): Building Academic Success on Social and Emotional Learning. What Does the Research Say? Teachers College, Columbia University, www.casel.org, zuletzt besucht am 7.2.2007.

Zinnecker, J. (1996): Grundschule als Lebenswelt des Kindes. Plädoyer für eine pädagogische Ethnografie. In: Bartmann, T.; Ulonska, H. (Hrsg.): Kinder in der Grundschule. Anthropologische Grundlagenforschung. Klinkhardt-Verlag, Bad Heilbrunn

Zirfas, J. (2004): Vom Zauber der Rituale. Der Alltag und seine Regeln. Reclam Bibliothek: Leipzig

Tabellenverzeichnis

Anhang: **Übersicht zu Modellprojekten und Schulversuchen zur Schuleingangsphase und deren Begleitforschungen** in den Ländern der Bundesrepublik seit den neunziger Jahren des 20. Jahrhunderts (Stand: 5/2006)

Zeitraum	Bundesland	Anz. Schulen	Name des Modellprojekts/ Schulversuchs	Vorliegende Evaluationsberichte/Abschlussberichtet
1992-1995	Brandenburg	2	Flexible kindgerechte Schuleingangsphase	Witzlack, G./Burmann, U. (1995): Forschungsbericht 1995 „Flexible kindgemäße Schuleingangsstufe. Unveröffentlichter Bericht.
1993-1999	Bremen	12	Neustrukturierung des Schulanfangs	Lassek, M./Struckmeyer, U. (1999): Altersgemischte Anfangsklassen – eine Regelschule geht neue Wege. In: Laging (1999)
1994-1998	Bremen	5	Neukonzeption des Schulanfangs (BLK-Versuch)	Burk, K. et al. (1998): Die neue Schuleingangsstufe. Lernen und Lehren in entwicklungsheterogenen Gruppen. Weinheim.
1994-1998	Rheinland-Pfalz	12	Gemeinsamer Schulanfang	
1994-2002	Niedersachsen	10	Neustrukturierung des Schulanfangs	Carle, U. (2003): Neustrukturierung des Schulanfangs in Niedersachsen. www.grundschulpädagogik.uni-bremen.de Pfad: forschung->niedersachsen->index.html, zuletzt besucht am 01.02.2006
1994-1997	Schleswig-Holstein	4+5	Flexible Schuleingangsphase	Albers, S. et al. (Hrsg.) (1997 und 1999): Flexible Schuleingangsphase in der Grundschule. Band I und II. Kiel.
1996-2004	Baden-Württemberg	500	Schulanfang auf neuen Wegen	LEU (Hg.) (2002): Vorläufiger Abschlussbericht zur Eingangsstufe der Grundschule. Stuttgart. LEU (Hg.) (2004): noch unveröffentlicht

Zeitraum	Bundesland	Anz. Schulen	Name des Modellprojekts/ Schulversuchs	Vorliegende Evaluationsberichte/Abschlussberichtet
1997-2003	Nordrhein-Westfalen	30	Integrierte Eingangsstufe	Cosson, R. (2001): In: Speck-Hamdan/Faust-Siehl (2001)
1997-1999	Sachsen-Anhalt	4		Stuchlik, E.(1999): Beiträge zur Neugestaltung der Schuleingangsphase –theoretische Ansätze, Erfahrungen, Einblicke, Praxisbeispiele zum Modellversuch an der Grundschule „Brüder Grimm".
1997	Sachsen	4	Schulanfang ohne Zurückstellung	
1998-2000	Thüringen	5	Veränderte Schuleingangsphase	
1998-2002	Bayern	7+17	Jahrgangsgemischte Eingangsklassen	ISB
1998-2004	Hessen	29	Neukonzeption der Schuleingangsstufe	
1999-2001	Brandenburg	2	Flexible Schuleingangsphase	Branzke, R. (Hg.)(2002): Abschlussbericht zum Schulversuch FLEX 2 in Spremberg und Forst. Unveröffentlichter Bericht.
1999-2004	NRW	7	Förderung innovativer Lernkultur in der Schuleingangsphase (BLK-Versuch QUISS)	Universität Bielefeld

Zeitraum	Bundesland	Anz. Schulen	Name des Modellprojekts/ Schulversuchs	Vorliegende Evaluationsberichte/Abschlussberichtet
2000-2003	Thüringen	20	Veränderte Schuleingangsphase in Thüringen	ThILLM (Hg.) (2004): Veränderte Schuleingangsphase an Thüringer Grundschulen. Ergebnisse und Erfahrungen eines Schulversuchs Carle, U./Berthold, B. (2001, 2003a/b): Bericht der wissenschaftlichen Begleitung, www.grundschulpädagogik.uni-bremen.de/forschung/thueringen/index.html zuletzt besucht am 15.6.2004
2000-2003	Sachsen-Anhalt	17+23	Schuleingangsphase	
2000-2004	Berlin	9	Verlässliche Halbtagsgrundschule – Teilprojekt Flexibilisierung des Schuleintritts und Individualisierung der Schuleingangsphase	Ramseger, J. et al. (2004): Grundschulen entwickeln sich. Ergebnisse des Berliner Schulversuchs Verlässliche Halbtagsgrundschule. Münster.
2001-2004	Brandenburg	20	Flexible Schuleingangsphase	Liebers, K. (Hg) (2004): Abschlussbericht und Begleituntersuchungen zum Schulversuch „Flexible Schuleingangsphase" FLEX 20. Optimierung des Schulanfangs - fachliches und soziales Lernen in einer integrierten Schuleingangsphase im Land Brandenburg (2001-2004). Ludwigsfelde.

Zeitraum	Bundesland	Anz. Schulen	Name des Modellprojekts/ Schulversuchs	Vorliegende Evaluationsberichte/Abschlussberichtet
2002-2004	Bayern		Jahrgangsgemischte Schuleingangsphase mit individueller Verweildauer	
2005-2008	Mecklenburg-Vorpommern		Veränderte Schuleingangsphase in Diagnoseförderklassen an Grundschulen	

Neu im Programm
Bildungswissenschaft

Bernd Dollinger
Klassiker der Pädagogik
Die Bildung der modernen Gesellschaft
2006. 376 S. Br. EUR 26,90
ISBN 978-3-531-14873-1

Von Rousseau bis Herbart, über Diesterweg, Natorp, Nohl und Mollenhauer bis
Luhmann werden in diesem Band die
Grundlegungen der Pädagogik der
modernen Gesellschaft dargestellt.

Marius Harring / Christian Palentin /
Carsten Rohlfs (Hrsg.)
Perspektiven der Bildung
Kinder und Jugendliche in formellen,
nicht-formellen und informellen Bildungs-
prozessen
2007. 310 S. Br. EUR 29,90
ISBN 978-3-531-15335-3

Hans-Rüdiger Müller /
Wassilios Stravoravdis (Hrsg.)
**Bildung im Horizont
der Wissensgesellschaft**
2007. 256 S. Br. EUR 29,90
ISBN 978-3-531-15561-6

Christian Palentien / Carsten Rohlfs /
Marius Topor (Hrsg.)
Kompetenz-Bildung
Soziale, emotionale und
kommunikative Kompetenzen von
Kindern und Jugendlichen
2008. ca. 280 S. Br. ca. EUR 28,90
ISBN 978-3-531-15404-6

Norbert Ricken
Die Ordnung der Bildung
Beiträge zu einer Genealogie der Bildung
2006. 383 S. Br. EUR 39,90
ISBN 978-3-531-15235-6

Dass Bildung und Macht miteinander
zusammenhängen und einander bedin-
gen, ist offensichtlich; wie aber das Verhältnis beider genauer justiert werden
muss, ist weithin umstritten und oszilliert
meist zwischen Widerspruch und Funkti-
onsbedingung. Vor diesem Hintergrund
unternehmen die Studien zur Ordnung
der Bildung eine machttheoretische Lek-
türe der Idee der Bildung und eröffnen
einen irritierenden Blick in die Macht der
Bildung.

Erhältlich im Buchhandel oder beim Verlag.
Änderungen vorbehalten. Stand: Juli 2007.

www.vs-verlag.de

VS VERLAG FÜR SOZIALWISSENSCHAFTEN

Abraham-Lincoln-Straße 46
65189 Wiesbaden
Tel. 0611.7878-722
Fax 0611.7878-400